博物館教育論

新しい博物館教育を描きだす

Museum Education Theory

小笠原喜康　並木美砂子　矢島國雄　編

百科全書による啓蒙主義時代　教育博物館　来館者サービス　野外博物館　コミュニティ教育との連携　多文化理解　Borun, M.　チルドレンズ・ミュージアム　行動観察　状況に埋め込まれた学習　学習観の変化　歴史観　ワークシート　教育の近代化　生涯学習時代　学び合う場　ペスタロッチ主義の実物教授　コミュニケーションする場　アクティビティ　J. Lave & E. Wenger　第三世代の博物館像　郷土館　利用者研究　民俗学博物館　ハンズ・オン　植民地支配主義の清算　ふりかえり　コミュニケーションデザイン　ワークショップ　学びの3つの身体的モード　対話型鑑賞法　親しむ博物館づくり　相互作用型　総合的な学習　科学技術博物館　博物館による大衆教育　博学連携　教育普及係から学習支援へ　エデュケイター　経験主義　色覚特性　鷹野光行　ミッションステートメント　世界図会　4MATシステム　啓示的学び　注入vs.構成の知識観　エントリーポイント　市民による調査・研究　視聴覚教育　探求的な学び　実践での折衷主義　ミュージアム・リテラシー　ネクストジェネレーション　来館者行動　Hein, G. E.　教師対象夜間講座　知ることの三つの方略　E. Sheldon　アイデンティティ　民族学博物館　フォーラムの場　記号的学び　知の解放　美術館　学習動機とレディネス　企業館　プラトン的知識観　McCarthy, B　有意味受容学習　非利用者調査　MI理論　文化複合施設　フィールドにおける学習　J. Dewey　ICOM博物館教育グループ　ストーリー性とコンテクスト性の重視　博物館実習　市民のための博物館　自由な学び　オリエンテーション　エコミュージアム　ペタゴジー・モデルとアンドラゴジー・モデル　CSR　教育事業の体系的な計画・評価　ボランティア支援　文学館　Excellence and Equity　命の教育　展示デザイン　博情館　インタープリテーション　ミュージアムキット　博物館体験　ボランティア　修正的な評価　インタラクティブな教育環境　生涯学習　認識論　参加型　Vygotsky, L. S.　ミュージアムコミュニティ　回想法　モノとかかわりあう知　教育プログラム　学芸員　地域博物館論

ぎょうせい

博物館教育論

新しい博物館教育を描きだす

Museum Education Theory

小笠原喜康　並木美砂子　矢島 國雄　編

ぎょうせい

はじめに

近代教育の問題点が指摘されるようになってから久しい。近代教育すなわち、同一年齢・同一内容・一斉教授の弊害は、少なくても百数十年以上前から指摘されてきた。それは、近代教育が成立し普及してすぐにであった。そして博物館は、この近代教育の弊害を改善するのに役立つと、これも古くから期待されてきた。

他方、近代市民社会の成立とともに、その市民の教育にも博物館が期待されてきた。順序的には、こちらの方が先だろう。というよりも、博物館の発生には長い歴史があるとはいえ、近代的な意味での博物館ということになると、それは最初から市民教育のために作られるという側面があった。

だがしかし、西洋諸国はおいておくとして、我が日本ではどうだったのだろうか。広島の原爆ドームのように殖産興業のための市民教育の場としての役割が期待された戦前よりも、戦後はある面停滞してきたことは否めないのではないだろうか。というよりも、国威発揚・殖産興業といった明確な役割を与えられなくなった戦後の博物館は、一部の館種を除けば、そのミッションの意識化をうまく果たせなかったのかもしれない。

その一方で、学問的経済的な戦後の発展は、学芸員たちをより深く専門的な研究へと駆り立ててきた。そして市民の側も、高度成長経済の中での走り続けの余裕のない生活に浸ってきた。こうした事情が重なり、博物館は長く市民から遠い存在、ないしは別次元の存在とみなされるようになってしまった。

しかし世界も日本も新たな秩序を模索している今日、博物館も新たな存在意義をを模索している。市民も、自分たちの生き方に以前とは違った感覚を持つようになってきている。それは何か。ここでそれをいうのは僭越というものだろう。それを探すのは、それぞれの学芸員であり市民でなくてはならないからである。ただいえるのは、博物館がなにをめざすべきかは、これからの私たちの生き方、幸せ観に根ざしたものでなくてはならないということである。とりわけその教育機能は、人々のそうした想いに根ざしていなくてはならない。

本書は、博物館法が改正されて学芸員養成課程に新たに設置された「博物館教育論」のための本である。しかし今まで、学芸員養成を意識して作られた教育に関する本はなかった。それだけに、なんの台本もない中で本書はつくられた。しかもいわゆる博物館が多岐にわたる施設であることから、執筆者も34人というそれぞれの専門家を動員しなくてはならなかった。

しかし本書は、上記のような想いを共有しながらつくられた。博物館が、これからの社会にどのような役割を果たすべきか、その想いをそれぞれに抱きながら執筆された。日頃の「博物館教育実践」紹介にとどまらず、何を目ざしているのか、それはなぜなのかを示す内容になっている。本書を手にすることで、日頃の教育活動を推進する上で、ネット時代であるからこそモノとかかわる博物館の大切な事は何か、その視点やヒントが得られると思う。

もちろんその想いが貫徹されているかどうかの評価は、本書の読者子にお任せするほかはない。とはいえ本書は、なるべく図版を多くして、文字以外のコトバでの理解が得やすいようにした。その意味では、本書自体が一つの博物館である。楽しみながら、そして考えながらこの館内をめぐっていただきたい。（小笠原喜康）

教育という営みは、人類に固有のものである。誉める、認める、誘(いざな)う、授ける、そんな「動詞」で語ることのできる行為は、すべて「誰か(たち)」と「誰か(たち)」の間で執りおこなわれる。一方、学習は、それを自分のものとしたいという意思による、それぞれの質的な変容への欲求に基づく行為であり、自己変容という意味において多分に個人的である。

博物館教育の目的は、一般的に、こうした「教育」と「学習」の交叉を、「もの」を媒介として意図的におこすことであるといえるが、その大きなの目標のひとつは、社会が創り出した博物館という「公共の場」の存在意義を批判的に検討し、その役割を熟考できる力を生み出すことにあると考えている。

どうか、本書を読むときは、具体的な「生身の人間」「顔のある、暮らしを背負った人々」を思い浮かべてほしい。博物館の職員であれば、日々、顔を合わせる来館者のことを、学芸員を目指す方であれば、自分や知人の博物館体験をありありと思い起こしながら。(並木美砂子)

倉田公裕が指摘するように、外国語のeducationやErziehenという語には、元のラテン語educoの「養育する」「引き出す」という意味を含んでいるにもかかわらず、わが国の教育は「伝達」に終始し、可能性を伸ばし、育てるといった創造を促すことに欠けていたといえる(『新編博物館学』東京堂出版、1997年)。

明治初期に創設された内務省や文部省の博物館は、殖産興業政策や学制発布に伴う欧米式の教育に不慣れであった当時の教員の資質向上に資することを目的とした、いわば「啓蒙」的な性格のものであった。周知のように、内務省の博物館は、明治中期には帝国博物館、そして帝室博物館となり、文化財の保護を中心的な役割とする博物館となって、教育的な色彩を薄くしていく。文部省の博物館も東京師範学校の付属博物館となるが、これも広く国民大衆に向けた博物館としての色彩は薄かった。

ところが、明治末から大正期になって、文部省が通俗教育(社会教育)を強化するに及び、東京高等師範学校の教育博物館を直轄して東京教育博物館として、国民教化策の一環とすることになる。ここにおいて棚橋源太郎は、自身が欧米で見聞した博物館の各種の教育活動を参考にして、国民大衆に向けた教育活動を活発に展開することとなる。官製の「上から下へ」の感はあるとはいえ、その通俗教育館などでの活動展開や、博物館事業促進会(日本博物館協会)の機関誌『博物館研究』を通じての博物館教育の意義や重要性の主張は、当時の我が国の博物館の活動を主導するものであったことは記憶されるべきであろう。(矢島國雄)

なお本書は、34人という大所帯で書かれたこともあり、所期の期日を大幅に遅れての出版となってしまった。この間、多くの方の努力と忍耐の支えがあったことを記憶し、この場を借りて皆様に感謝と謝罪を表したい。なおまた、この数年の間にも東日本大震災などの大きな変動があった。被災文化財などの収集保存にかかわる教育的な問題もあったが、本書ではそれらを十分尽くせなかったかもしれない。こうした新たな問題などの不十分な部分については、読者の皆様のご指摘・ご教示をお願いし、改訂の際にそれらのご意見を反映したい。

目 次

第1章　博物館における教育

1-1-1

日本の博物館教育史

佐藤 優香

1. 陳列による啓蒙から教育機能の拡張へ

1.1 教育博物館における博物館教育のはじまり

日本における博物館教育のはじまりを1877(明治10)年に開館した教育博物館、すなわち国立科学博物館の前史からみていく。教育博物館は、文部省が最初につくった博物館で、西欧の教育事情を紹介しそれを日本に定着させることを目的としていた。内容だけでなく、教育関係の資料を展示しそれを見てもらうことで情報を伝達するという手法も、西欧のエデュケーショナル・ミュージアムに範を求めている。展示物は、理科の実験道具や標本、学校で使われる机や椅子、教科書や規則などで、後に教育のショールームと評された。開館からの10年間経営にあたった手島精一は、自分の博物館での業績のひとつとして学術講演会の開催をあげている。これは、博物館における集会活動の嚆矢で、教育効果をねらいとした機能が「陳列」のみであった中、ソフト面への働きかけの先駆けであった。また、手島の時代に学術標本の貸し出しも始めていた。

教育博物館の性格から、こうした教育活動の主目的は学校教育における教具と知識の頒布にあり、対象は教師や地方の学事担当者で、一般や子どもへ向けた活動がなされるようになるのは先のことであった。しかし、子どもの利用者もあり、10歳の児童によれば「実物を見なければ解らない事があったら、直に此処へ駆け付けようと思った」「実際動かして見なければ、何の効用があるのか、僕には解らないものも沢山あって、ただ瑠璃越しに見て仕舞ふのは、如何にも惜しいものだ」と感じられていた。(1)

1.2 棚橋源太郎による機能の拡張

棚橋源太郎
(©岐阜県博物館友の会)

日本の博物館教育の歴史を考察する上ではずすことができないのが棚橋源太郎の業績である。棚橋は、理科教諭としてそのキャリアをスタートさせ、高等師範学校の教授として、観察科、郷土科、理科を教え、教科書の執筆もした。高等師範学校を中心に広まったペスタロッチ主義のオブジェクト・レッスンを思想的背景にもち、実物を用いた教授方法を実践していた。そのため、博物館の仕事に就く前から博物館に関心を寄せており、教育博物館に着任してから次々と事業を展開し博物館機能を拡大充実させていった。また、アメリカやドイツに留学し、西欧の博物館情報を積極的に伝えた。

教育博物館は、1911(明治44)年に定められた「通俗教育調査委員会官制」を受けて通俗教育館を開館させ、その運営が高等師範学校の附属を離れた後、より社会教育への歩みをすすめることとなった。棚橋は、生活の科学化を提唱しており、大正期には、コレラ、廃物利用、災害防止、家事科学など暮らしにかかわることをテーマとした特別展を企画し、そこで新たな試みをいくつもおこない、博物館のメディアとしての機能を拡大させた。(2)

1.3 子どものための博物館

教育することを主眼とした博物館として、子ども博物館があげられる。子ども博物館の最初のものは、1899年にアメリカのブルックリンに誕生したチルドレンズ・ミュージアムである。棚橋源太郎などが1920年代後半ごろから『博物館研究』などでたびたびアメリカの例を紹介し、日本でも積極的に博物館利用者としての子どもに注目し、その分野を開拓していくことを説いた。

日本で最初につくられた子どものための博物館は、京都の仏教家中井玄道が寄付を集めて1928(昭和3)年に設立した仏教児童博物館である。ボストン在住の親日家との日米親善人形交換事業に端を発しており、設立当初からボストンのチルドレンズ・ミュージアムとさかんに交流をおこなっていた。そこには博物館経営の情報のみならず、利用者間の交流も含まれており、当時、地域における子どもの学びと国際交流のセンター的機能を発揮していた。

仏教児童博物館。初代館長中井玄道(右)と運営の中心的人物だった日野大心(左)(©正福寺)

ほか、教育を目的とした博物館としては学校博物館があげられる。昭和のはじめには、郷土教育運動と関連して多くの小学校に郷土室や郷土資料室がつくられた。また、師範学校の附属小学校内に児童博物館が設置されたりもした。

2. 教育事業の充実と探求者としての市民

仏教児童博物館展示場の様子(©正福寺)

大きく時代をのぼり、次いでは1990年ごろ以降の様相をみていく。1990年代に入ったころから、博物館と利用者のかかわりについての関心が、より一層の高まりを見せ、それにともない博物館教育の充実がさまざまな角度から図られるようになってきた。そこには、いくつかの視点が見いだせる。たとえば、利用者の博物館における学びに目を向ければ学習観の変化があり、社会の様相としては生涯学習時代の到来があり、教育政策としては学校週5日制や総合的な学習の時間の導入があり、博物館学からの醸成としては利用者研究等があげられる。いずれも欧米では日本より早い時期から議論されてきており、それらの受容と日本独自の発展の両者によって今日的な博物館教育事情を作り出している。

この時期以降の博物館教育の最大の特徴は、利用者を情報の受け手から、自ら学びを作り出す探求者として位置づけるようになったことにあるといえるだろう。明治より続いた、一方的な知識伝達の場としての博物館から、学び合う場、コミュニケーションする場へとその性格を変えつつある。これは、博物館における学習と、学びの場としての博物館の定義を変えることとを意味している。博物館側が用意した文化やパッケージとしての知識を利用者が受け取るという構造は、利用者自らが博物館を活用することで文化の創り手になっていくというあり方へと変わってきているのである。

2.1 博物館における評価

時期を同じくして、博物館における評価にも関心が向けられ始めた。欧米ですでに活発に議論されていた利用者研究が日本でも徐々に注目をあびるようになってくる。2000(平成12)年2月、滋賀県立琵琶湖博物館で開催されたシンポジウムとワークショップ「博物館を評価する視点」は、博物館評価の日本における契機のひとつといえるだろう。

評価方法のひとつに利用者によるものがあるが、これは利用者の行動を調査し分析することで、展示開発のための評価として活用したり、博物館における学びを解き明かすことを可能にしたりする。評価の普及と同時に、利用者に寄り添って展示や教育プログラム開発をするという考えや実践も広がった。そこでは、内容のみならず、利用者の学び、すなわち博物館における利用者の経験の可能性が重要視されることになる。

2.2 博物館におけるソフト面の充実

ハンズ・オン展示の一例。伊丹市昆虫館「おりおりムッシー」展の様子

この時期の注目すべき動向として、ハンズ・オンやワークショップの普及があげられる。ハンズ・オンとは、参加・体験型の展示手法のことで、資料に触れない「hands-off」に対して、展示に触れる「hands-on」からきており、より積極的に「please touch」といわれることもある。一般の展示の一部としての導入のほか、子ども向けの専用コーナーとして設置される場合や、ワークショップと連動させて企画されることもある。言葉の解釈はかなり広義で、展示手法のみをさす場合もあるが、期待される効果までをふくめて使われることも多々見られる。

ハンズ・オンは、欧米の情報が紹介される中で、チルドレンズ・ミュージアムなどとともに急速にひろまった。特に、「親しむ博物館づくり事業」を始まりとする、1999(平成11)年度より実施された、文部省による子どもを対象とした博物館のソフト面充実へ向けた動きの中で、積極的な呼びかけのような形で使われた。このような助成事業の報告や欧米の事例紹介など、博物館教育に関するシンポジウム等も多く開催されるようになり、それは博物館での経験を豊かにする仕組みづくりを全国的に広め定着させることへとつながった。[(3)]

2.3 学校教育における博物館利用

時期を同じくして、学校教育における博物館の利用もより進められていく。利用を促した背景のひとつに、2000(平成12)年から段階的に導入された総合的な学習の時間がある。総合的な学習の時間は、探究的で協同的で体験的な学習を基本的な考え方としている。学校では得難い体験や、問題解決型の学習プロセスを踏むための場として、地域の資源を積極的に活用することが勧められた。その資源には施設だけでなく人材も含まれ、博物館は課題を解決する調べ学習のための場として、学芸員は専門知識を提供する人材として好適とみなされた。

2008(平成20)年に公示された新学習指導要領には、博物館、郷土資料館、美術館等の積極的な利用を促す文言が、社会、理科、図画工作、美術、総合的な学習の時間の各項目に加えられた。そこでは、ただ利用するだけではなく積極的な活用を求めており、児童生徒の見学利用のみならず、教師による連携や協力をも含む内容となっている。学校教育における積極的な博物館利用は「博学連携」という言葉とともに広がりを見せ始めているが、連携の深さはさまざまで、文字通りの博物館と学校が連携をした学びづくりはまだ途上にあるといえる。

3. 教育普及からコミュニケーションデザインへ

日本における博物館教育の歴史は、公教育と同じく、その時代の政策や教育思想と密接に関連してきた。博物館が日本に誕生したのは明治に入ったころだが、その定義が最初に明文化されたのは、鶴田総一郎『博物館学入門』である。鶴田は博物館の本質を「物と人との結びつき」にあるとし、博物館の機能のひとつとして「教育普及」をあげた。博物館において、利用者にかかわる部門を教育普及係と名付けているところは今も多い。近年、それについても少しずつ変化が見え始めており、「学習支援」が使われるようにもなってきている。

鶴田の考える博物館教育には、利用者からの視点がなかったが、彼の理論を継承し発展させた伊藤寿朗は博物館を社会から眺め、利用者の存在に光をあてて、博物館の存在意義や教育についての考えを展開した。伊藤が唱えた第三世代の博物館像とは「市民の参加・体験を運営の軸」とし、「参加し体験するという継続的な活用をとおして、知的探究心を育んでいくことをめざす施設」であり、「自己学習能力を育むということを軸とするところに意味」があるという。すなわち、価値ある資料の保存に重きをおいた運営にはじまった博物館が、資料の公開を軸とした時代へとうつり、次いで利用者の存在が運営の中心に据えられるという考え方である。

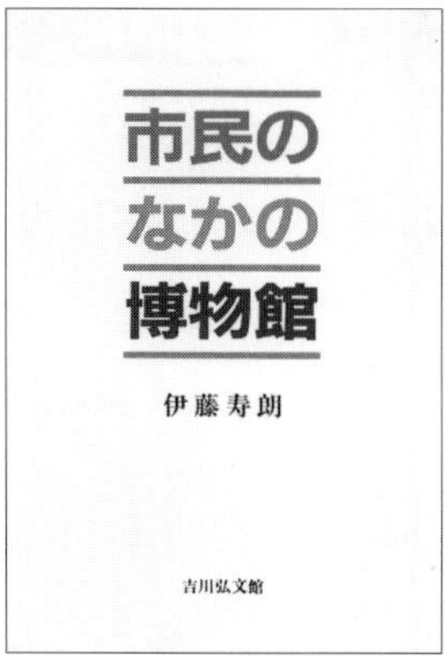

伊藤寿朗『市民のなかの博物館』

啓蒙に始まり、知識を教え普及させる役割をになってきた博物館の教育機能は、学習観や知識観が変化する時代の中で、学びの支援へと役割をかえつつある。物と人の結びつきを越え、物や情報を媒介にした人と人の結びつきこそに利用者の学びがあると考えられる。博物館教育はもはや、コミュニケーションのデザインと呼ぶべき領域だろう。

本文注釈

(1) 明治初期に誕生した博物館だが、およそ20年後には教育専門誌『教育界』臨時増刊号『東京教育博物館』(1903年)や、少年雑誌『少年世界』定期増刊号『博物館』(1902年)に特集が組まれるほどの隆盛ぶりだった。上述の10歳の少年による感想は、「助三郎『教育博物館』を観るの記」として『少年世界』10号1895年に掲載されている。

(2) 棚橋源太郎が記した『目に訴へる教育機関』は博物館教育に関する日本で最初の専門書である。

(3) 山本哲也「ハンズ・オンの解釈をめぐって」『博物館学雑誌』第27巻第2号(2002年)は、参加体験をともなう展示を分類し、効果としての「マインズ・オン」までを含んだ意味としてハンズ・オンが普及している現状をまとめている。

参考文献

●石附実（1986）『教育博物館と明治の子ども』福村出版
●伊藤寿朗（1993）『市民のなかの博物館』吉川弘文館
●日本博物館協会編（1956）『博物館総論』理想社
●山本哲也（2002）「ハンズ・オンの解釈をめぐって」『博物館学雑誌』第27巻第2号
●佐藤優香（2011）「日本における子ども博物館のはじまり──チルドレンズ・ミュージアムを媒介にした国際交流──」『博物館学雑誌』36巻1号
●佐藤優香（2009）「棚橋源太郎の教育思想と博物館経営」『博物館学雑誌』34巻2号
●佐藤優香（1998）「教育博物館における教育機能の拡張──手島精一と棚橋源太郎による西洋教育情報の受容──」『博物館学雑誌』23巻2号
●琵琶湖博物館・滋賀県博物館ネットワーク協議会編（2000）『琵琶湖博物館研究調査報告17号・ワークショップ＆シンポジウム・博物館を評価する視点』
●浜田弘明（2010）平成19～21年度科学研究費補助金研究成果報告書『博物館学資料「鶴田文庫」の整理・保存及び公開に関する調査・研究』

1-1-2-a

西洋の博物館教育　英国

梨本 加菜

1. 近代公共博物館と博物館教育のはじまり

1.1 創成期の近代公共博物館と教育の機能

英国は、大英博物館(British Museum)などの伝統的な館と、博物館法や博物館協会といった近代的システムを世界に先駆けて生んだ。しかし、今日的な意味での博物館教育、つまり専門化・組織化された教育事業は、20世紀に定着したに過ぎない。

18世紀は、いわば行為としてのコレクションとキュレーションが、そのままエデュケーションと見なされた幸福な時代であった。1759年の大英博物館法に象徴される近代公共博物館の誕生は、コレクションの公的な管理に加え大衆教育を目的とした施設の創設でもある。1683年開館のオックスフォードのアシュモレアン博物館(Ashmolean Museum)、またロンドンのハンター博物館(the Hunterian Museum)やダルウィッチ写真美術館(the Dulwich Picture Gallery)、ロンドン動物園(London Zoo)は、大学や学会の学術機関であると同時に、膨大な珍しい資料で観衆を魅了した。

19世紀半ばのロンドン万国博覧会は、大英帝国の黄金期ならではの大衆啓蒙の舞台となった。植民地を含め全国から集まった展示品を収めて新設されたのがサウスケンジントン博物館(the South Kensington Museum)である。実質的な館長のヘンリー・コール(Henry Cole, 1808-1882)は、教養講座や入館料減免、夜間開館、食堂開設などにより労働者の利用をうながした。学校向けに資料を貸し出し、教育展示室も開設した。

1.2 20世紀初頭の教育運動と博物館教育

サウスケンジントン博物館はヴィクトリア・アンド・アルバート美術館(Victoria & Albert Museum)とロンドン科学博物館(Science Museum)の母体となり、大衆教育の機能が受け継がれた。1881年に大英博物館から自然史部門(the Natural History Museum)が独立した。学校の実物教育や体験、実験を重視する教育運動、また都市の余暇活動の活発化を

「ノミの展示ケースを囲む群衆(1927年)」
写真提供：The Natural History Museum, London
ノミと害虫の模型を児童が囲んでいる。20世紀初頭よりロンドンの大英自然史博物館は一般来館者や子ども対象の教育的展示を充実させ、専属の模型製作者をおいた。

背景に、専門の解説員もおかれた。展示技術が発展し、迫力あるジオラマ、精緻な模型や剥製、導線、冊子などで一般向けの導入(introductive)展示が構想された。そして学芸部門と教育活動の専門分化もすすんだ。

地方都市では、19世紀より学校や行政機関と連動した教育活動が活発化した。1845年の博物館法は、人口1万以上の都市に美術館や科学館の新設・維持をうながした。博物館協会の初代会長となったヘンリー・ヒギンズ(Henry Higgins, 1814-1893)は、リバプール博物館で学校への資料貸出や教師対象の夜間講座を始めた実績をもつ。

2. 第二次世界大戦後の博物館教育

2.1 1960年代以降の教育普及活動の展開

1960年代以降、理数系の学力を重視する「教育の現代化」運動が国際的に広がった。北米で発展した科学技術の体験型の展示手法は、英国にも大きな影響を与えた。教育普及を専門とする部署も増え、博物館協会は1967年に教育担当者対象の冊子を初めて刊行した。1948年のロンドンでのICOMの会合を契機に博物館教育グループ(the Group for Education in Museums:GEM)が生まれており、専門家組織の活動も盛んとなった。

1980年代前後は、「ヴィクトリア様式」と揶揄される旧式の展示方法の改革が進んだ。1986年にロンドン科学博物館は体験型展示(Launch-Pad)を公開した。素朴な手法ではあるが来館者調査も広まった。一方で地方では、工場などの近代化遺産、城郭や農村などの保存運動が盛んとなり、トラストなどが運営する私立館(independent museums)が急増した。ボランティアが往時の行事や生活を再現するなど、観光産業とともに学校やコミュニティ教育との連携がすすめられた。

2.2 1990年代以降の基準・評価システムの導入

サッチャー保守党政権下の1988年に生まれた二つの制度は、博物館教育の理念的枠組みの変容と認証評価を迫ることとなった。一つは学校のナショナル・カリキュラムで、試験制度(GCSE)と合わせて全国的な教育評価制度が構築された。もう一つは、博物館登録(2004年より認証(Accreditation))制度である。教育事業を含め最小限の基準を設け、全国2,000館ほどのうち8割以上が登録する制度に成長した。学校対象の教育事業はカリキュラムの年齢段階(KS)と到達目標(AT)との関係が示され、同時に認証に向けた事業評価が重視される。

1990年代後半以降、「教育」を重視するブレア労働党政権のもとで、イングランドでは地区ごとに核となる博物館(ハブ)をおき、政府が直接補助を行う制度が導入される。学校教育だけでなく生涯学習や社会的包摂を含めた教育理念の枠組み(ILFA)も示され、教育事業の体系的な計画・評価がいっそう求められるようになった。

参考文献

- Eilean Hooper-Greenhill, (1991). *Museum and Gallery Education,* London: Leicester University Press
- Kenneth Hudson, (1987). *Museums of Influence,* London: Cambridge University Press
- David Anderson, (1999). *A Common Wealth : Museums in the Learning Age,* London: Stationery Office

1-1-2-b

西洋の博物館教育　オランダ

中山 京子

1. 教育活動に定評があるオランダの博物館

オランダの博物館教育活動は、博物館教育に関心をもつ人々の間で早くから注目されてきた。世界遺産のキンデルダイクやザーンセ・スカンスの風車村では風車が保存され使い続けられ、野外博物館として紹介されてきた。近年、日本の博物館・教育関係者がオランダの博物館教育の先駆性に注目するようになり、オランダ王立熱帯博物館子ども博物館部門のバリをテーマにした活動(染川・西川・増山 1993、染川・吹田 1996)や、ハーグ市立博物館の「アフリカへの旅」(箕浦 1997)などが紹介されてきた。

パフォーマンス力の優れたオランダ王立熱帯博物館子ども博物館スタッフ

オランダ王立熱帯博物館は、以前は植民地支配のための研究施設であったが、戦後は多文化理解を主たるテーマとするようになり、子ども博物館(Tropenmuseum Junior)において教育活動を展開してきた。以前はトロッペン・キンダーの名称であったが、対象年齢層を上げるために「ジュニア」と改称した。本博物館では、スタッフが時間をかけて現地調査を実施し、その経験をもとに構成した参加型プログラム、子どもの目線を意識した空間づくりとその活用など、緻密に構成されている。保護者や教師の手を離れてプログラムに参加する子どもたちは、「学び手」からいつしか「主役」となり、衣装をつけてパフォーマンス(踊りやティーセレモニーなどのおもてなし等)を披露する。それらを支えているのは、スタッフのダンスやストーリーテリングといったパフォーマンス能力の高さ、指導力である。

ハーグ市立博物館では豊富な教材が常備されている。

ハーグ市立博物館(Museon)は、教職経験がある豊富な博物館教師の存在や多文化理解の教材開発に定評があり、博物館と教師の連携協力のモデルともなってきた。博物館では、積極的に教師を博物館に招待して教員研修を行うなど、学校との連携を重視している。教師は博物館でどのような学習を展開することができるかについて理解し、博物館の担当者はその学校や教師の要望を理解する。時には、実際に子どもたちを連れてくる前に、何度も教師と担当者が会い、プログラムを検討しあうこともあるという。こうした経験の積み重ねをもとに、常備的なプログラムと個々対応型のプログラムが用意されている。地域の学校カリキュラムに関して、博物館展示と結びつきやすい学習内容は既にリストアップされており、移動博物館として対応できるように教材トランクキットとして準備されている。

オランダの教育の一つの特色として、国家が植民地支配の歴史を経ていることの影響がある。かつて植民地支配をしていた国家や地域からの移民の流入もあり、多文化社会の進展に対応するための多文化教育の推進が求められ、博物館教育も積極的にその課題に応えようとしている。

2. ライデン国立民族学博物館の取り組み

ライデンにある国立民族学博物館(Rijksmuseum voor Volkenkunde, National Museum of Ethnology)もまた、この課題に応える努力を積

極的にしてきた。常設展示は、アジア、アフリカ、インドネシア、オセアニア、中南米、北米、日本と韓国、中国のセクションから構成され、かつてオランダが植民地としていたインドネシア展示が特に充実している。

一方で同館は、植民地主義からの脱却をはかる試みもおこなってきた。1996(平成8)年から1997(平成9)年にかけて、企画展「覆いをとったベール」が開催され、ベールの社会的意味が紹介された。しかし、この企画展開催中にフランスの学校でムスリムの女生徒がベールをとるように強要されて議論が起こった。そこで、博物館では、討論の場を設けたり新聞記事の切り抜きコーナーを設置したりするなど、積極的にフォーラムの場としての空間を提供した。

キャラクター「タンタン」を導入した「インカ展」で使用されたワークシート

同博物館は、世界に広く「タンタン」(TinTin)として知られているキャラクターをガイド役に設定した企画展示「インカ帝国展」を2003年9月から2005年1月まで開催した。1929年、ベルギーのカトリック系日刊紙「20世紀」に、子どものための「プチ20世紀」新聞が付録され、エルジェ(本名ジョルジュ・レミ)の手によって新聞記者タンタンがデビューした。世界中を旅する連載マンガ「タンタンの冒険」は、全23話の冒険シリーズとなり、日本の子どもたちにも人気の絵本である。「インカ帝国展」では、冒険シリーズ「太陽の神殿」と組み合わせ、ストーリーや場面にあわせてインカ文明が紹介された。展示場では、マンガ「太陽の神殿」の中のコマ絵も展示された。歴史的収蔵物へ子どもたちの興味関心をいかに引き寄せるかという工夫である。入り口で子どもたちにワークシートが配られ、物語と同じコマ絵を用いた12項目の問いについて考えながら展示場をめぐる活動が用意されていた。

しかし、キャラクターの導入、展示の仕方、コマの使い方に迫ってみると、植民地支配主義の問題点もある。タンタンを通して「インカ帝国」の理解を深めようとしているが、「異文化をどうみるか」という教育的な課題は見過ごされてしまっている。たとえば、展示場で一つのコマが大きくパネル化されておかれた。太陽を神と信仰するインカの人々は日食によりパニックになったが、タンタンは日食現象を理解しているが故に、太陽神を自分の言論であやつったようにみせかけた場面の一コマである。この展示空間において、「太陽を神として信仰したインカの人々の文化」を尊重する姿勢と同時に、「西洋人は知っている日食を神の仕業と思い込みパニックになる人々」という印象が残るかもしれない。安易にコマ絵を選択し、ワークシートや展示にそえることにより、尊重する姿勢をもって異文化を理解しようとすることよりも、植民地主義的な見方を促進する結果となってしまった可能性も否定できない。

オランダの博物館の教育活動では、それぞれの博物館の特色をもちつつ、ある一つの共通点があると言えよう。それは、植民地支配主義の時代は終わっても、国家が歩んだ歴史や、現代もつづく葛藤を引き受けて、新たな取り組みを模索し、挑戦していることである。

参考文献

●染川香澄・西川豊子・増山均(1993)『子ども博物館から広がる世界』たかの書房：24-28
●染川香澄・吹田恭子(1996)『ハンズ・オンは楽しい—見て、さわって、遊べる子どもの博物館』工作舎：160-166
●箕浦康子(1997)『子どもと教育　地球市民を育てる教育』岩波書店：138-144

1-1-2-c

西洋の博物館教育　米国
―デンバー美術館の例を中心に―

鈴木 みどり

1. 米国の博物館教育の重要性

市民のための博物館といった意識の強い米国の博物館では、古くから教育普及のプログラムに取り組んでいる館も多い。しかし、現在のように、博物館全体で博物館教育の重要性を認識し、取り組む意識が高まったのは、米国博物館協会(以下AAM)の報告"Excellence and Equity"による影響が大きい。「博物館は公共の教育機関として中核的な使命に教育的役割をもつ」とはっきりと教育を打ち出し、各博物館のミッションステートメントでも、それを明言するよう求めている。すべてのスタッフは、来館者を念頭においた質の高い活動をおこなうこと、また多彩なバックグラウンドをもつ市民に公平に提供し、事業や組織のなかでも多様性を反映させるよう提言している。

AAMでは、さらに公共博物館の評価制度(MAPIII)を設け、その提言が実現するための具体的方策も示している。ほぼ1年間をかけた博物館の自己点検と指導助言を受けることで、規模の大小にかかわらず、公共性を念頭において、質を向上することができる。

また、理念だけではなく、実際の運営のためにも、市民の支持を得なくてはならない。数ある博物館や公共施設の中で、市民にとって、自分たちとかかわりのある大切なものと思われ、その効果が認められなければ、数々の助成金が受けられず、運営費や、寄贈者、寄付者も減り、博物館の存在自体が危ぶまれることになる。

そういった側面から、米国の博物館では、各々の部署が公共の教育機関としての役割を強く念頭におくようになった。また、博物館教育の研究もすすみ、各プログラムの手法調査に加え、来館者調査、作品のインタープリテーション、展示デザイン、教育学や社会学、心理学など、さまざまな方向へと広がっている。その結果、教育と他の部署や他の社会教育機関との連携が積極的におこなわれ、博物館全体の教育的役割に活かされている。

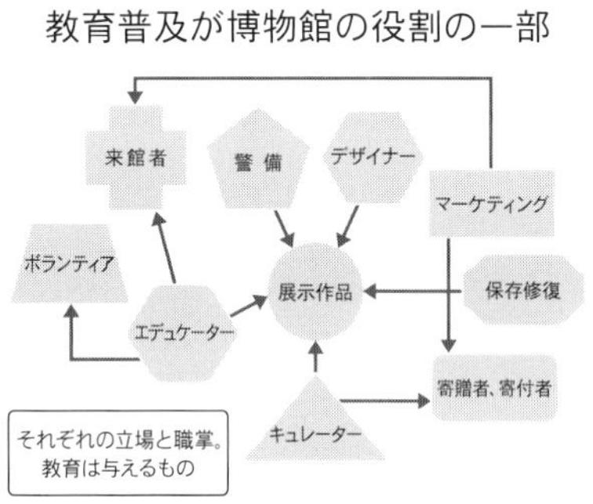

図1　教育普及が博物館の役割のひとつ

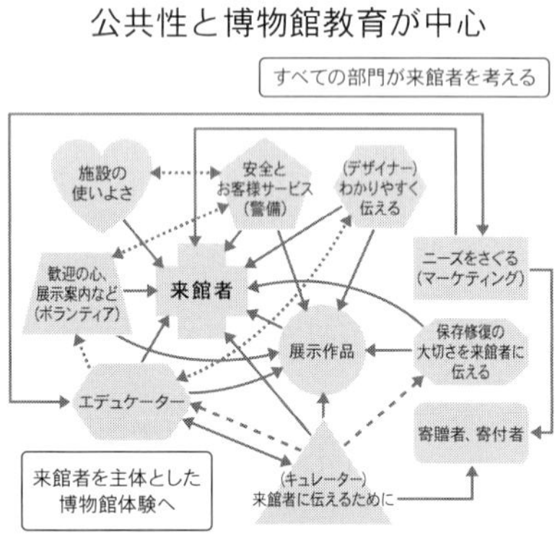

図2　公共性と博物館教育が中心

2. 博物館教育から博物館体験へ

博物館教育の考え方や取り組みは、一方向的な「教育」から来館者の自主的な「学び」のサポート、さらに多彩な来館者の「博物館体験」を重視へ変化している。その代表的な例として、デンバー美術館があげられる。この中規模館が、全米でも先進的とよばれる理由は、詳細な来館者調査の実施に加え、それを基盤とした、来館者の博物館体験を高めるための工夫による。美術館の展示室内で常時体験型の鑑賞ツールや教育的志向の大きい展示がされるのは稀である。しかし、デンバー美術館では、ほぼすべての展示室でそれがみられ、さらに、一人の作家や作品、テーマにあわせた「フォーカスギャラリー」で、より展示室内での作品との結びつきをもつことができる。そのような工夫が鑑賞の妨げにならず、来館者の博物館体験を高めるためには、キュレイターとエデュケイターの相互の協力が必要になる。デンバー美術館では、エデュケイターも分野別の専門に分かれ、同じ専門同士が継続した信頼関係を築いている。新しい展示をおこなう際には、両者の案のもと、展示デザイナーやコンピューターエンジニア、保存修復、出版部などの各部署が協力し、来館者の博物館体験を高めるために、最大限の効果を発揮している。

また、多様な来館者の年齢や特性を考慮し、それぞれが自分に合った方法を選べるよう、「読む」「聞く」「作る」「答える」の違う手段からのアプローチを用意している。たとえば、通常の作品解説パネルとは違う、マガジン風のレイアウトやクイズ形式の親しみやすいもの、キューブ状に書かれたさまざまな視点からの作品解釈などを読み比べることができる。作品に関連する音楽や演説・祈りの言葉などを聴いたり、西部美術にみられるモチーフのスタンプを使ったポストカード作りなども、展示室内でおこなわれ、大人も創造性を刺激される。また、アフリカ美術の展示室の「あなたにとって美とは何か」のように、展示作品に関連するキーワードについて、来館者がじっくりと考えて記入するノートを置いている。来館者がそれぞれの博物館体験の中で、感じる心をもち、自身の経験と重ねて深く考え、また、ほかの人の考え方を知る機会を設けている。さらに、展示室では来館者を温かく迎え、博物館体験を高めるためにアンバサダー(ボランティア)や来館者サービスが活躍する。

図3　工夫を凝らした解説

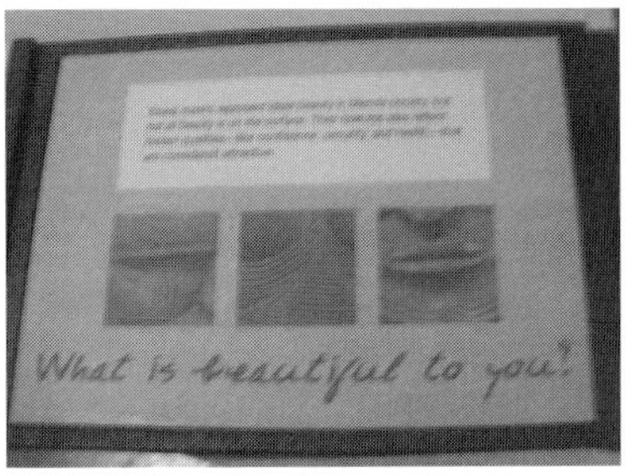

図4　あなたにとって、美とは何か?

3. 今後の米国博物館について

近年多くの米国博物館が力を入れている対象にネクストジェネレーション(高校生〜20代)がある。博物館でDJや演劇など、若者向けの催しをおこなったり、展示やプログラムの実施にもかかわってもらうことで、若者の考えや力を取り入れている。また、エスニックグループや、障害をもった人々への取り組みも進んでいる。社会を反映し、多様な人々への取り組みをおこなうことで、博物館にも活気が起こる。

また、コンピューターやネットワークを利用した取り組みも注目されている。Blog、Facebook、Flicker、Twitter、YouTube、PodCastなどを利用し、博物館の外に積極的に情報発信し、他機関や来館者ともつながることで、今までと違ったかかわりの可能性を広げている。

このように、博物館教育の取り組みや研究は、常にAAMやその分科会でも話題になっている。米国の博物館は、AAMなどの組織や、人材の厚さとネットワークに支えられ、新しい博物館教育の研究とともに、今まで以上に多様な来館者への取り組みをおこなうことだろう。

参考文献

●Excellence and Equity－Education and the Public Dimension of Museums－(1992) American Association of Museums
（邦訳）卓抜と均等──教育と博物館がもつ公共性の様相　1992年米国博物館協会報告書　財団法人日本博物館協会
●鈴木みどり（2007）「デンバー美術館の教育普及事業──ミュージアム・エデュケーション からビジターズ・エクスペリエンスへ」『MUSEUM』611：27-46、東京国立博物館

1-1-2-d

西洋の博物館教育　ドイツ

柴山　英樹

1. ドイツ博物館

ドイツ博物館

ドイツの博物館においては、ドイツ博物館(Deutsches Museum)をはじめとした、ベルリン技術博物館、フンボルト大学附属自然史博物館などの科学博物館が世界に広く知られている。ここでは、世界一の科学技術博物館であるとの定評を得るドイツ博物館を中心に考察していく。

ミュンヘン市にあるドイツ博物館(1906年に仮展示開設、1925年に正式開館)は、これまでの自然科学や科学技術の発展過程をさまざまな角度から展示している。ドイツ博物館を創設したオスカー・フォン・ミラー(Oskar von Miller, 1855-1934)は、従来の産業振興を目的とする科学博物館ではなく、科学と技術の基本的原理とその歴史的展開をわかりやすく語りかける市民の教育の場として構想した。そこで彼は、来館者が実験装置や機械を直接操作する相互作用型(interactive)・参加型(participatory)の展示などの工夫をおこなった(高橋雄造、2008)。またドイツ博物館では、オリジナルのモノへのこだわりがあり、「モノ自体が語る」要素を重視している。ただし、単に分類・体系化して展示するではなく、たとえば、本物のUボートを中が見えるようにカットし、Uボートの内部の構造や鉄板の厚さ等を理解しやすくするなどの工夫がなされている。

ドイツ博物館は、これまで科学技術の進展や体系に基づく展示が中心であったため、「科学技術の勝利」というような進歩主義的歴史観を感じさせる側面もあった。しかし近年、科学技術の社会史の研究が進められたことによって、「モノ自体が語る」という従来の視点だけでなく、モノが作られた社会的・政治的背景も考慮されるようになった(高橋雄造、2008)。研究手法の変化は展示方法にも影響しており、ストーリー性やコンテクスト性を重視する展示が増えてきているため、来館者自身が展示物とのかかわりがより見出しやすいものになっている。

2. ケルシェンシュタイナー・コレーク

1976年、ドイツ博物館では、教員研修・教員養成のための支援活動として、ケルシェンシュタイナー(Georg Kerschensteiner, 1854-1932)の業績を称えて命名されたケルシェンシュタイナー・コレーク(Kerschensteiner Kolleg、以下「コレーク」と略す)という研修機関を開設した。コレークではケルシェンシュタイナーの博物館教育の理念に基づき、受講者は体験的に研修する。対象は、技術や歴史の現役の教員、教育学部の学生、企業の教育担当者などである。コレークでは、まずテーマごとにグループを編成し、受講者自身が博物館を歩き回って教材を探索し、付属図書館(科学技術史に関する蔵書が90万冊ほどある)での原著や原典で調査し、必要な資料を複写してそれらの教材を活用しながら教材づくりや授業づくりなどを研修する(石田、1995)。この研修のために、

ケルシェンシュタイナー・コレークの実験室

ドイツ博物館内には30室ほどの宿泊施設や実験室を用意している。

ケルシェンシュタイナーは、ドイツ博物館の創設にあたり、博物館の理念と活動の基本について提唱した人物である。彼は、「作業学校論」を提唱した理論家であり、ミュンヘン市の実業補習学校の改革を指導した実践家でもあった。ケルシェンシュタイナーは、高橋勝が指摘しているように、デューイの「反省的思考」の影響を受けつつ、生徒がある事柄に疑問を抱き、「直観的予想(intuitive Vermutung)」を自分で立て、その論理的整合性を吟味した上で、実際の作業の中で検証するという「論理的思考(logischen Denken)」のプロセスを重視した(高橋勝、1987)。つまり、彼は自ら「見通し」を立てて、混沌とした世界の意味を探るという仮説検証に基づく実験的思考方法を重んじたのであった。この精神がコレークに受け継がれているのである。

またコレークでは、科学技術史上の発見や科学の法則に関する教員向けの教則本を何冊も刊行している。しかし、コレークの最大の魅力は、教員自身が博物館の展示物を探究する活動を通して、教材研究力や実験的思考力を養うことができる点にある。これはそのまま、子どもたちの問題解決に必要な道具や資料を準備するという教師の探究支援の力となる。

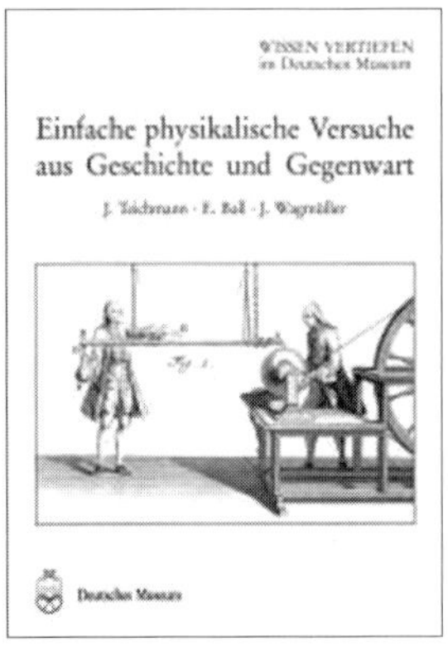

ケルシェンシュタイナー・コレークによる教員のための『歴史と現代を結ぶ簡単な物理実験ガイド』1988

3. 子ども博物館

ドイツ博物館には、2003年に3歳から8歳の子どもに向けた「子どもの国(Kinderreich)」という子ども博物館が開設された。自然、コミュニケーション、運動とエネルギー、光と宇宙、音楽などのテーマ中心の構成になっており、さまざまな現象を体験することができる。たとえば、目に見えないエネルギーの存在を体感できる展示物がある。蛇行する川を再現した展示物は、自分の力で水門の開閉をおこなうことができ、船などを浮かべてその動きの違いを探究したり、水の勢いによって生じる力を身体で体験できるようになっている。また、巨大なギターの中に入ることができる展示物がある。ギターの空洞の中で反響する音や振動を身体全体で感じ取りながら、音の世界に浸る体験ができる。このような展示の目的に関して、「子どもの国」のプロジェクト・マネージャーであるガイスラーは、子どもが遊びの中で世界を獲得するととらえ、自分なりの方法で世界を探究する契機を作りたいと述べている(Degmair, 2006)。子どもたちが体験している現象は物理学で説明できるが、ここでは世界と一体化した身体的な行為を通して、混沌とした世界の探究へと誘うことが目的とされる。

「子どもの国」にある巨大なギター
ドイツ博物館のHPより

以上のように、ドイツ博物館は、本物のモノの展示と遊びによる体験が共存する科学博物館へと展開しつつ、教員研修や教員養成にも力を入れることで、博物館教育の充実をめざしている。

参考文献

- 石田正治（1995）「博物館と技術教育」http://www.tcp-ip.or.jp/~ishida96/museum/Duetsches_Museum/museum_&_education_of_technology.html（2010.11.5入手）
- 高橋勝（1987）「『作業』による学習の構造―ケルシェンシュタイナーのデューイ思想受容の視角分析を中心に」『横浜国立大学教育紀要』27：45-59
- 高橋雄造（2008）『博物館の歴史』法政大学出版局
- Degmair,J., (2006). *Deutsches Museum Presseinformation,* München,Deutsches Museum.

1-1-2-e

西洋の博物館教育　フランス

臺 由子

1. 公開の精神の萌芽

1635年に現在の自然史博物館の前身である王立薬草園が設立され、ルイ13世の侍医であったブロスが初代園長となった。この時代、学問もコレクションの収集や鑑賞も一部の限られた特権階級のものであった。薬草園は、当時の医科学教育に反し、実験と実地指導に基づく専門職教育を行い、迷信にとらわれた一般市民に正しい知識を与えるために薬草園と講義を開放した。系統だったコレクション収集とその研究成果によって、ルイ15世の時代には、自然誌博物館としての性格を持つようになる。フランス革命下の1793年に自然誌博物館となり、禁止された見世物興行の動物、ヴェルサイユ宮のメナジェリ(動物舎)を移設し、公開する。

18世紀、啓蒙思想の代表作である『百科全書』は、コレクションの公開を求めた。“Musée”の項目では「アレクサンドリアのムーセイオン」や英国のアシュモレアン博物館を紹介し、“Louvre”の項目ではルーヴル宮に美術品と自然誌のキャビネなどが陳列された想像図を描写した。それは、当時力をつけてきた一部の裕福な市民(ブルジョア階級)の意思を反映するもので、1750年に王の美術品と図書のコレクション展示をしたリュクサンブール宮絵画ギャラリーでは、貴族や学者だけでなく、一部の裕福な市民にも公開された。

2. フランス革命と公教育

1789年、フランス革命が起きる。1791年憲法は、「すべての市民に共通で不可欠な教育の部分について、無償の公教育が組織される」、と謳う。公教育委員会が組織され、そのメンバーのコンドルセは、学校や学院などの教育機関を設立し、今まで教育を受けられなかった一般の市民に開放し、理解に供するための図書館、陳列室、植物園、農園などの必要な施設を配し、一般市民や専門知識を持つ人々にその階梯に応じた公開講座を行うことを提案した。

革命の象徴として、ルーヴル宮には「科学及び芸術の全作品」を収蔵することが決定し、美術品の宮殿へと歩み始める。国王や亡命貴族の財産、教会等から美術品が集められ、国家管理となる。それらが「万民の共有財産である」という考えにより、すべての市民が平等に鑑賞できるようになっていく。これらの美術品には、王家や貴族の隷属から解放され自由な市民のものとなったという、大きな象徴としての役目が与えられる。

国立自然史博物館「進化の大行進」の展示資料と観覧者が同じフロアー上にいる。足もとに低いバリアーがあるだけである。

1793年、ルーヴル宮で美術博物館(3か月後には共和国中央美術館と改称)が開館する。絵画は派別に展示されたが、その他の美術品は並べただけだった。リブレと呼ばれるカタログが出版された。共和歴は1週が10日間であり、最初の5日間は芸術家・模写する人に、2日間は清掃のため、3日間は一般公開された。ルーヴル宮の対岸、プティ・ゾーギュスタン修道院にも美術品が集められ、1795年、フランス記念物博物館が開館する。ヴェルサイユ宮は、1795年にヴェルサイユ中央美術館として開館し、10日間のうち2日が公開された。また、グレゴワール神父は、教育機関と博物館を連携させる。「工芸に関わるあらゆる機械、模型、道具、設計図、記述物、書物」を集め、職業教育を行う国立工芸院をパリに設立し、新たに発明・改良された道具・機械類を収集した。フランス産業を振興し、技術者の研究を奨励し、人々の関心を呼び覚ますという三つの意図と、教育・技術者養成の使命を担った。1802年に工芸院付属国立技術博物館(現在は工芸技術博物館)は、サン・マルタン・デ・シャン小修道院の建物で開館となる。

いずれも革命の所産である自由・平等・公共という観念が生み出した博物館であり、その主題は「知の社会化」である。

ルーヴル美術館 模写事務所へ申込みして、許可が得られると、模写をすることができる。欧米で模写を奨励するのは、重要な教育活動と伝統的に考えられている。

3. ナポレオンの博物館計画と略奪

1792年4月、フランスは、ボヘミア及びハンガリー王フランツ2世に宣戦布告を行い、次第にヨーロッパ中を戦乱に巻き込んでいった。ナポレオンによる戦勝の連続に、ヨーロッパ中から戦争賠償の一つとして多くの美術品が中央美術館に集められた。

1804年、ナポレオンは、第一帝政を建て、自ら第一統領となると、中央美術館の館長にドゥノンを任命した。ドゥノンは、ナポレオン美術館と改称し、展示方法を年代順、流派別に変更し、美術の変化を辿れる展示をした。この展示方法は、時代や流派は問題とせず大小の絵画をもって壁一面を埋め尽くすように配置した当時の展示とは、全く異なる原理による画期的なものであった。そして、征服した国に美術館を開設し、美術品を適切に配分した。しかし、1815年、ナポレオンが失脚すると、ウィーン会議で美術品の返還が決定された。ルーヴルに倣い、フランスから返還された美術品によって、ヨーロッパ各国で美術館が設立されることになるが、その展示は1920年代までは、ドゥノンの方法論がモデルとなった。

工芸技術博物館 小修道院の中の展示の一つ。フーコーの振り子のデモンストレーション

4. 19世紀の博物館と万国博覧会

ナポレオン以降、博物館・美術館は、国家政策に組込まれる。19世紀の教育や啓蒙といった文化政策の本質は、国家主義を奮い高めるために利用されたが、ヨーロッパにおけるフランス文化の優越性は、普仏戦争の敗戦からの復興に役立つものへと成長していた。

シャルル10世は、ルーヴル宮の美術館をシャルル10世美術館と改称し、シャンポリオンを迎えたエジプト部門を1827年に公開するが、美術品だけでなく、石碑やパピルスの銘文、日常品、信仰的な資料・作品を歴史学や民族学の視点で考察した展示が行われ、フランスの文化的優位性と植民地支配の正当性を示すという政治目的と教育目標が1つの展示に共存していた。ルイ=フィリップ1世は、1837年、荒廃していたヴェルサイユ宮をフランスのすべての栄光に捧げる歴史博物館として開館する。ナポレオン1世の甥であるナポレオン3世が、1852年に第二帝政の皇帝となると、セーヌ県知事オスマンとのパリ改造や万国博覧会などの政策を進めた。

1851年のロンドン万国博覧会の成功に刺激され、フランスの殖産振興のため、1855年に第1回パリ万国博覧会が開かれた。1867年の第2回パリ万国博覧会には、日本の幕府、薩摩藩、佐賀藩も出展した。そして、第3〜6回まで開催されたパリ万国博覧会は、それぞれ、ベル・エポック、植民地、印象派、アール・ヌーボー、アール・デコなどの時代を映し出すものであり、その建築物──エッフェル塔、オルセー駅、グラン・パレ、パレ・ド・トーキョーなど──は、今もその象徴としてパリに残る。

産業革命により経済力を付けた大衆の嗜好が、芸術や近代化を牽引したともいえるこの時代、フランスのみならず欧米各地で開かれた万国博覧会や植民地博覧会は、帝国主義下の列強がそれぞれの国力を誇示する政治的なプロパガンダでもあった。「視覚」を通じた壮大な大衆教化の場であったこれらの博覧会は、博物館とは近縁なものであり、博物館教育の歴史を考える上で見逃すことができない。

なお、1937年のパリ万国博覧会で設置された発見の殿堂は、コレクションを持ち合わせず、その意味では従来の博物館とは異なるが「国民教育省博物館」に数えられ、その啓蒙的展示や参加体験型展示は、経験を通じ、科学的知識や「発見」を紹介するのが目的であった。今日の科学技術系博物館における参加体験型展示の一つのルーツでもある。

5. 第二次大戦後、アンドレ・マルローから始まる文化の民衆化

1959年、第五共和制初代大統領となったシャルル・ド・ゴールは、新たに文化省(現在は文化・コミュニケーション省)を設立する。初代大臣に就任したアンドレ・マルローは、「万人のための文化」を目的にし、フランス国の各地に文化会館を設置した。文化省には，教育省に属していた美術・文芸総局と美術館が組み入れられた。一般市民を主体にした「万人のための文化」という理想は、次世代へ引き継がれる。

ポンピドゥ文化センター・近代美術館
オーディオガイドの貸出コーナー
iPhoneをオーディオガイドとして、一早く導入した美術館の一つ。(2008年)

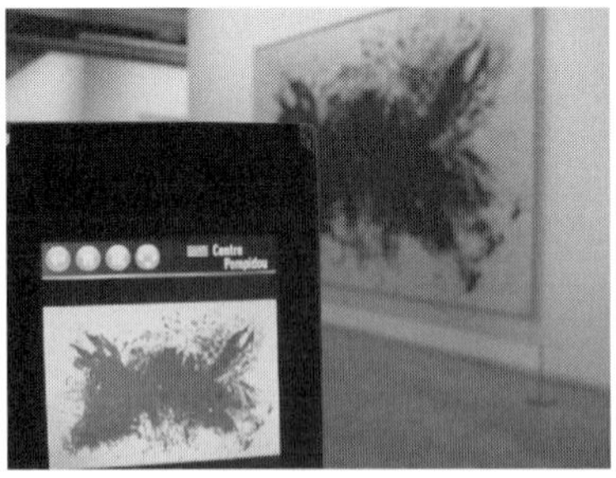

ポンピドゥ文化センター・近代美術館
オーディオガイドでの表示　イヤホーンから作品の説明が聞けるだけでなく、画面に同じ作品が写し出される。展示室全体の配置図も見ることができる。(2008年)

1970年代は、経済再建が進み、都市のインフラや教育、娯楽が充実し、博物館・美術館に資金が提供されるようになり、余暇の新たな過ごし方が人々のテーマとなった。そして、博物館の展示にも今までのような結果より、プロセスを公開するという透明性が求められていった。

1969年、ジョルジュ・ポンピドゥーが第五共和国第二代大統領に就任し、パリの中心に国立近代美術館、産業創造センター、音響音楽研究所、公共図書館、映画館などを含んだ総合文化センターの建設構想を発表した。「未来の開かれた美術館」を理想とし、パレ・ド・トーキョーから国立近代美術館が移転し、ジョルジュ・ポンピドゥー文化センターが1977年に開館する。どの入り口からでも入れ、自由に歩き回れるという実験の場であった。美術館の当初の間仕切りのないオープンな展示室は、絵画や彫刻の理想的展示には不向きの上、混雑時の美術品鑑賞に不都合であったため、後に大規模な改造を行ったが、現代美術とそれを生み出した都市に焦点を当てた数々の特別展は、大衆が現代芸術に関心を持つきっかけとなった。

6. エコミュゼ Écomusée(エコミュージアムEcomuseum)

一方、1960年代後半にジョルジュ＝アンリ・リヴィエールとユグ・ド・ヴァリーンがエコミュゼという新しい博物館概念を提唱した。野外博物館から発展し、住民、来館者、地域をそのまま博物館という有機体として組込むという、地域の生態そのものを文化資源とする考え方である。コレクショ

ンを収集することよりフィールドそのものを保存活用し教育活動することが主である。基本理念にコレクション収集がないという点では、博物館であるとは言い難いとする考え方もある。しかし、地域文化遺産の活用は、観光資産として地域の活性化に一役を担い、地域研究推進の機運を高めたことは評価されねばならない。

7.「シテ＝都市」としての博物館・美術館

ポンピドゥ文化センターの複合施設のイメージは、“Ville”や“Cité”という、人々が行き交い、活動する「都市」のイメージへと成長し、近年では、研究機関、教育機関、博物館・美術館を有機的に連携させて機能させる方向が探られ、教育・研究・交流・レクリエーションの高度の複合的な空間を創造しようとしている。現在なお進行中といえるこの方向は、一応成功しているように見える。そしてこの流れの中に、博物館教育の新たな可能性を見出していこうとする意識も見える。

7.1 グラン・ルーヴル計画

1981年、ミッテラン大統領は、ルーヴル美術館、オペラ・バスティーユ、新凱旋門、新国立図書館などの文化施設の建築や改造の計画に着手する。特に、グラン・ルーヴル計画は、国家的プロジェクトの第一位であった。展示スペースと来館者へのサービスの不足や施設の老朽化といった問題を抱えていたルーヴル美術館は、大蔵省など政府機関を移転させ、地下を増築した。美術館、研究施設、ルーヴル学院と店舗・食堂などの一般商業施設の同居という「美術館都市」を作り上げた。

7.2 科学産業都市　ラ・ヴィレット

1986年に落成したヨーロッパ最大の科学博物館である科学産業都市は、パリの19区の屠殺場だった35ヘクタールの敷地を再開発したラ・ヴィレット公園にある。一帯を「科学産業都市」という一つのコンセプトで括り、科学博物館、ドームシアター、音楽ホールなどの専門施設を配した。プラネタリウムなどの施設を含む子供から大人まで楽しめる参加体験型の教育施設であり、現在、発見の宮殿と経営統合され、運営されている。

7.3 建築・文化遺産都市

1878年のパリ万国博覧会で誕生したトロカデロ宮は、1937年のパリ万国博覧会でシャイヨー宮の国立フランス文化財博物館に建てかえられた。2007年に博物館、シャイヨー学院、フランス建築研究所の3部門が、「建築・文化遺産都市」として再編された。

21世紀に入り、「フランス博物館」の呼称の新設などの改革がおこなわれ、教育活動については、18歳未満者の観覧料無料化、多彩な参加プログラムの提供など、世界を牽引する存在である。

ラ・ヴィレット　コンピュータの双方向システムのクイズ方式で楽しむ親子。

発見の宮殿　発電の原理がわかるデモンストレーション。インストラクターの話術で観客を引きつけている。暗くして行う放電実験は圧巻である。

参考文献

- ダニエル・ジロディ他（1993）『美術館とは何か　ミュージアム＆ミュゼオロジー』松岡智子訳　鹿島出版会
- ジャック・サロワ（2003）『フランスの美術館・博物館』波多野宏之他訳　白水社
- M.ブラン＝モンマイユール他（2003）『フランスの博物館と図書館』松本栄寿他訳　玉川大学出版部
- K.シュバート（2004）『進化する美術館　フランス革命から現代まで』松本栄寿他訳　玉川大学出版部

1-2-1

市民教育の場としての博物館

布谷 知夫

1. 博物館でおこなう教育学習活動

博物館は生涯教育の場であり、学校教育とは異なる教育をおこなう場である。学校での教育は、人類が蓄積してきた知識を子どもたちに順序立てて伝えることが第一の目的となる。そのため、教育の方法論は確立されており、また結果として集団でおこない、画一的である。それに対して博物館では、個人が関心をもったことについて、自主的に学ぶ「自由な学び」が中心となる。その教育方法はまだ確立されておらず、基本的には個別的であり、個性的なものとなる。

それでは博物館での教育活動の目的は何であろうか。それは自立的な学習による自己の確立と考えられる。年齢や知識などには関係なく、ある個人が関心をもつことを見つけ、そのことについて学び、さらに追求して自分でも調べ、同じことに関心をもつ人とのネットワークを作り、関心を深めて調査研究をすすめていくようなことに対して、博物館は協力をし、情報提供をする。学芸員は自分の専門性を活かしてそのお手伝いをする。そのような過程で、利用者が自分自身について考え、自分が暮らす地域社会について考えるような機会を作るのが博物館の教育機能である。

かつては博物館も、一方的に学芸員が知識を教える場と考えられていたかもしれない。しかし、近年ではその様相は変わってきた。それはインターネットやマスコミなどに代表される情報量の多さ、博物館という場に対する社会的な要請の変化、また博物館界自体の議論の中からの変化などによると思われる。博物館に収集され、発信される研究成果の情報を求めて博物館を利用する人はこれまでどおりにいるだろうが、近年になってこれまでとは違った活動がおこなわれるようになっている。さまざまな館種でおこなわれている子ども向けの事業や美術館でおこなわれているワークショップなど、また老人向けの回想法なども、博物館での教育活動の新しい動きといえるだろう。

博物館の教育活動は、博物館内での展示や講演会、ワークショップ、そして学芸員に対する個別の質問などに対する対応などがおこなわれており、博物館外でも見学会や観察会、講演会などや、学校や公民館などへの出張事業、研究会の調査やグループ活動などと、非常に幅広くおこなわれていることに特徴がある。

2. 博物館での教育学習の特徴

博物館は、その資料や研究成果を活用しながら、誰でも、その関心や知識に従って、自由に学ぶことができる場である。現代社会には多くの学びの場があり、またテレビや雑誌などを通して、世界中からの新しい情報の提供がある。しかし、博物館は博物館でしかできないような学びが提供できる場である。その特徴とは、学芸員という研究者がその経験を活かして対応することと、あらゆる人に向けての窓口ともいうべきプログラムを準備していることである。

現在の日本の博物館では博物館の機能をすべて学芸員がおこなっており、その是非については議論がされてきた。しかしこの学芸員がすべてをおこなうというやり方は、ある意味では最も効果的な教育方法であるといえる。それは誰かに教わったことを使って教育活動をするのではなく、自分自身が研究をし、失敗をしたり、悩んだ経験を活かして、目の前にいる人に対して何を伝えることが一番いいのか、ということを自分で考えながら教育ができるからである。結果としては、対応する利用者ごとに、その人に最も必要なアドバイスをすることができる。

欧米の大型博物館の事業は基本的には分担しておこなわれている。近年になって日本でもエデュケイターとして博物館教育を担当するスタッフをおく博物館も出てきた。残念ながら学芸員は、資格をとるために多少の勉強をしているだけで、本格的には教育学や心理学などのエデュケイションの基本に当たる勉強はしていない場合が多い。そのため博物館の事業をおこなう上での効果や結果を十分には考えることをしていない。おそらく学芸員とエデュケイターが十分に相談しながら教育プログラムを作り実施していくことができれば、楽しい、次の発展につなげていくことができるような効果的な事業ができるようになるだろう。特に博物館利用者の中でこれから何かをしてみたいという気持ちで利用する人に対しては、教育的な配慮が効果的である。

博物館という場の特徴の一つは、多くの人やグループに取り囲まれているということである。熱心に利用しているアマチュアグループや同好会、研究会、友の会などの博物館と結びつきのあるさまざまな団体があり、そういう博物館を取り巻く人やグループの数が多いほど、博物館は活発な活動をしているといえるかもしれない(図1)。

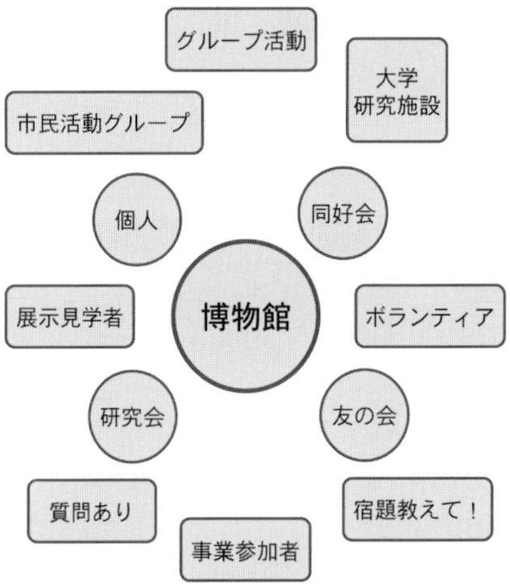

図1　博物館はいろいろな個人や団体に囲まれて存在している

さらに博物館は、年齢、趣味、理解の程度などにこだわらず、誰でも受けいれる場である。誰もが気楽に来ることができる展示室、気楽に申し込んで参加できる観察会や講座などの事業、ちょっと勉強してみようと思ったときに参加できるグループ活動や同好会、友の会やボランティア組織、もっとテーマを決めて勉強しようと思った時の研究グループなど、いろいろな段階の参加窓口がある。そうした中で顔見知りの人ができると、その人とのネットワークが広がって、学ぶことも人とのつながりの中で楽しく過ごすことができるようになる。そしてこういう場に参加すると、多くの場合、人はもっと知りたい、自分でもやってみたい、あるいはわかったことがあればまとめて人にも知らせたい、と思うようになり、より専門的に、より幅を広げて活動するようになっていく。つまりより専門的な学びを自発的に続けるようになる。

博物館がおこなう教育活動の特徴をもう一つあげるとすれば、それはすべての人に対して情報を伝えようと努力をしているということであろう。これまで博物館がおこなう事業は、自分で博物館を訪れてくれる人を主な対象としてきた。しかし近年は来ない人に対してどのように情報を伝えるか。博物館を活用する楽しさを伝えるためのプログラムを考えるようになっている。

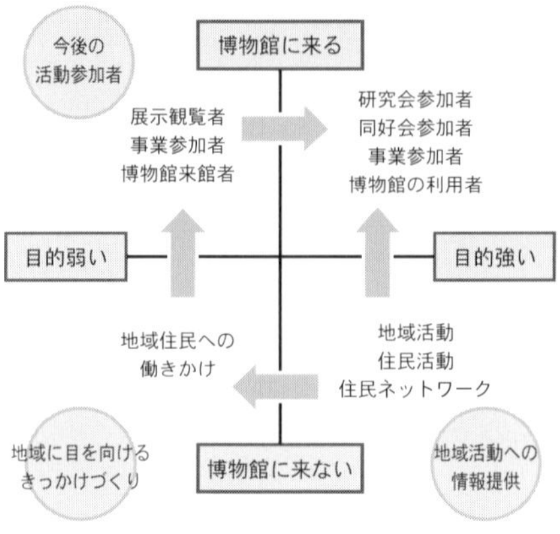

図2　博物館を取り巻く人々を大きく分けると

図2は博物館を取り巻く人を大きく二つの軸で分けたものである。2本の軸は博物館に来る人と来ない人、自分の活動をおこなっている人とおこなっていない人で分けてある。これまで博物館が意識的に対応していたのは、自分でやっている活動があってそのために博物館に来てくれる人だけであった。展示を見に来るけれども、一度見たら次に博物館には来ない人も多い。そういう人に向けて楽しいワークショップを準備したり、展示室を見るためのワークシートの作成やスタッフを配置して展示室内での対話をおこなうなどのいろいろな工夫をして、次の来館に結び付け、また利用しようと思ってもらえるような活動をおこなおうとしている。あるいはまた何らかの活動をしているけれども博物館を利用していない人に対しては、活動の際に必要になるいろいろな地域の情報が博物館にあることを知ってもらい、具体的な使い方を伝えることで利用者として活動をしてもらう試みもおこなっている。また特に活動をしているわけではなく、博物館にも来ない大多数の人に対しても、博物館を使う経験をしてもらうために、巡回展示や地域社会を巻き込んだ調査活動の実施などを通して利用方法を伝えることをしている。このようにして図の中の矢印のように順に進んでもらって、熱心な利用者にと変化をしてもらい、より多くの人に博物館を使った学びに参加してもらうようにしている。

3. 教育学習を通した博物館の役割

博物館が提供する教育プログラムは、参加者個人の自主的な活動であるとともに、地域社会につながり、地域づくりに役立つ活動となることができる。博物館の利用者が関心をもつ分野は幅広いものであるが、どの分野であっても、大多数は自分の暮している地域の中で考え、調査することができるテーマであることが多い。博物館の側も地域に目を向けることができるように意図的にプログラムを組み、実施している。

何らかのテーマ、たとえば地域史であれ、あるいは昆虫や植物であれ、石碑や祭りなどのような民俗的なことであれ、関心をもち、博物館の学芸員に聞いたり、自分でも調べてみたりする。そうして自分が知りたいことがわかってくると、同好の仲間を見つけて一緒に調査に行ったり、学芸員に相談しながら、自分で地域の調査に行くようになり、あるいは人のネットワークの中でより深く知りたくなってくるものである。このようにして自分が関心をもったテーマについて、自主的に学ぶ人は、その学びの場となる地域社会、そのテーマの対象である地域に伝えられてきたことにおもしろさを感じるようになる。

地域の中で見られることは、ふだん暮らしていて、毎日見ていても、特別な物とはわからず、特に興味をもつことはない場合が多い。しかしそういう地域の中にある資源についての情報は、多くの場合は博物館がもっている。博物館のもつ情報を使って博物館とともに自分の暮らす地域について学ぶ人は、その地域のおもしろさをもっと知りたいと思うだろうし、その地域の良さを残し、もっといい地域にしたいと思うだろう。博物館を通して地域について学ぶ人は、結果としては自分の興味を伸ばすとともに、地域をもっと良くするための働きかけをするようになる。博物館の教育活動が、地域社会にかかわり、地域づくりにつながるという理由である。

4. 博物館でおこなわれる自主的な活動

博物館が活動のきっかけとなり、それが楽しくて活動を続けている人たちが目立つようになっている。その一つは博物館からの募集や依頼によって活動を始める、従来はボランティアと呼ばれることが多かった人たちである。

博物館のボランティア活動は展示室の監視と解説や、事業の補助、学芸員の仕事の補助などが多いが、どのような仕事であっても、関連したことを学ぶことができる。しかし展示解説の場合に自信をもって話をするためにはより深い勉強が必要になる。そういう勉強を繰り返し、学芸員からのレクチャーを受けたりする中で、関心が深い分野について本格的に自分のライフワークとして学ぶ人が多い。そしてそういう人たちがグループを作って、最初のボランティア活動とは少し異なる自分たち自身が学ぶための活動を始めるような例が増えてきた。博物館の側も利用者のそのような活動を博物館の教育活動の中に位置づけて、ボランティアとは呼ばずに、個別に別の名称で呼ぶようになってきた。つまりボランティアとして博物館で活動する人の中でも、博物館からの指示に従って活動する会と自主活動をする会、あるいはその中間のような会があり、さまざまな活動形態をとっていることになる。こうして、近年になって、博物館という場を使い、自分たちの独自の自主活動をおこなうグループという形態が各地で起こっている。

琵琶湖博物館には「はしかけ」という名前のグループ活動がある。最初は一般募集をしてやりたい活動グループに入っていくが、魚の県内採集(魚つかみ)をして魚の分布を調べているグループは大量の資料と分布情報を博物館に届けている。子ども向けの体験学習をするグループや昔の機織りの復元をしながら織物をしているグループ、写真撮影を楽しみながら現在の地域の写真を届けてくれるグループ、動物の骨格標本を作って、そのつど博物館に寄贈しているグループなど、さまざまな活動をしている。どのグループも博物館を使いながら自分たちの活動をおこない、資料を寄贈し、博物館の事業の一部をになっている。

三重県立博物館にはサポートスタッフという名前のグループがあり、毎年春の一般募集で参加してきた人が、現在は七つあるグループに参加して活動をおこなっている。博物館に寄贈されている古文書を読む勉強をしながら、文書の整理を進めているより研究的な会や、博物館を楽しい場所にするためのワークショップをおこなうグループなど、目的はさまざまであり、博物館とのかかわり方もさまざまである。

あるいは最近の例では、博物館の人手不足資金不足の状態を見かねて、自主的に博物館主催のように見える事業を主催したり、ショップを運営することをかって出たりするような例さえあらわれている。このように博物館を、いわばたまり場として活用し、博物館の資源を使いながら自主的な活動をおこなうグループが増えている。自主的な活動こそ、最も効果的な学習形態であり、その活動が博物館を活発にし、資料や情報を増加させるというような効果もある。このような活動は博物館教育の新しい動きといえそうである。

はしかけ「魚の会」の活動

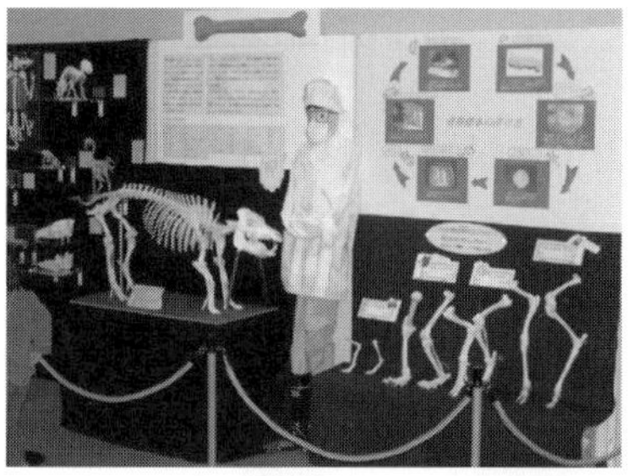
はしかけ「ホネホネクラブ」の発表会

はしかけ「中世探検隊」の織機体験

1-2-2

博物館と学校教育

小笠原 喜康

日本の代表的近代学校　松本開智学校

1. 岐路に立つ学校と博物館

今日の学校と博物館は、共に19世紀半ばに始まる。これらは共に、相互にかかわり合いながら近代を支えてきた。しかしながらこれらは共に今、岐路に立っているように思われる。共にそれぞれの進むべき道に迷っている。いま私たちが受けている学校教育のスタイルは、「近代学校」とよばれる。日本の近代教育は、1872(明治5)年に出された教育法令「学制」に始まるが、西欧でも実質的に19世紀の中頃からなので、日本と大きくは違わない。

近代学校は、同一年齢・同一内容・時間割による一斉授業に特徴がある。それは産業革命の中で生まれてきた、ベルトコンベア式工場モデルの教育システムである。これは、それ以前の寺子屋式個別教育に比べて、大量に効率よく教育をおこなうことができるシステムである。だが、それだけに弊害もよく指摘されてきた。画一化されたその教育は、脱工業化社会、脱産業化社会にそぐわなくなってきている。

他方、近代的な意味での博物館も19世紀半ばから市民の教育の場として発展してきた。アメリカ独立戦争やフランス革命をへた西欧社会は、市民社会の登場とそれに支えられた国民国家を形成しつつあった。こうした中、近代的な意味での博物館は、次の二つの使命をもたされてスタートしていく。

第1に、国民国家形成の中、それを担う市民の国家意識を醸成する。

第2に、自然科学の成果を市民に啓蒙して殖産・興業を盛んにする。

こうした役割をもつ近代の博物館は、別形態としての博覧会と共にその役割を果たしてきた。しかし、今の博物館は、その役割を以前ほどは明確にもっていないように思われる。国家意識の醸成、科学的知識普及による殖産・興業のどちらも、すでにその意味が薄らいでいる。

では、学校と博物館は、これからどういう方向に向かうべきなのか。もちろんそれに正解はない。しかしここで、あらためてこれまでの経過をある視点で振り返ってみたい。それは知識論の視点である。いままでは、学校も博物館もプラトン的なイデア論、すなわち不変の実体的な知識があるという考え方に立っていた。だから学校では、正しく知識を学ばなくてはならなかった。博物館でも、正しい知識を拝聴しなくてはならなかった。しかしこれからはどうだろう。ここではそれを、二つの知識観の問題として考えてみよう。

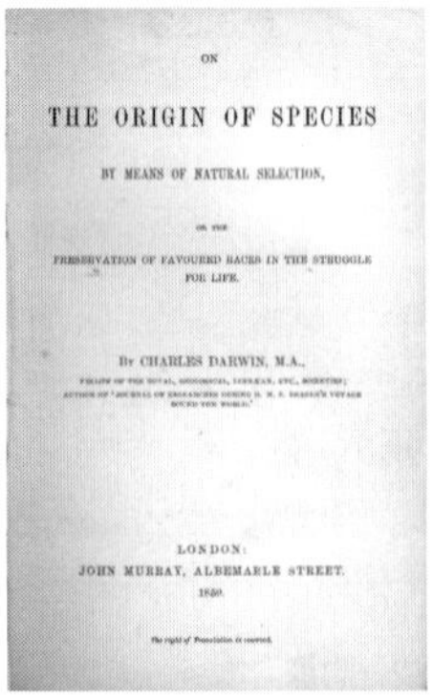
ON
THE ORIGIN OF SPECIES
BY MEANS OF NATURAL SELECTION,
OR THE
PRESERVATION OF FAVOURED RACES IN THE STRUGGLE FOR LIFE.
By CHARLES DARWIN, M.A.,
LONDON:
JOHN MURRAY, ALBEMARLE STREET.

ダーウィンと『種の起源』初版本　Wikipediaより

2. 二つの知識観

近代学校が生まれた19世紀というこの時代、西欧社会に大きな変革をもたらす考え方が現れてくる。それは、ダーウィンの進化論である。『種の起源』が出版されたのは1859年であるが、象徴的な意味で、この年をに西欧社会が精神的な意味で大きく変革していく。そしてそれは、教育に対する博物館の役割にも変化をもたらす。

これ以前、すなわち19世紀の前半までは、自然科学は今日的な感覚ではとらえられていない。科学は、神の業績を知るための営みであって、人間による自然法則の確立とはみなされていない。物理化学を含めて、科学は自然の有様を集め整理し分類したり、実験的に探求することによって、神の業績をありのままに知る営みであった。その代表の一人が、スミソニアン協会の設立メンバーであったルイス・アガシー(Louis R. Agassiz, 1807-1873)である。ハーバード大学の動物分類学の権威で、強い反進化論者としても知られるアガシーは、いわゆる自然史学を確立した博物学者であり、古生物化石の著名な研究者であった。しかし彼は、弟子たちの離反にもかかわらず、化石の中に進化の流れをみようとはしなかった。アメリカでは、いまでも反進化論(インテリジェット・デザイン論)が根強い。

Louis Agassiz

しかしその同じアメリカのハーバード大学のチョンシー・ライト(Chauncey Wright, 1830-1875)は、進化論に触れて、まったく違った科学論をもつにいたる。彼は認識論哲学者であるが、進化論を擁護する論文をいくつも書き、ダーウィンからも感謝される。このライトというのは、日本ではあまり知られていないが、アメリカの哲学・プラグマティズム(pragmatism)を創始した中心人物である。その考え方は、博物館教育においても意味がある。プラグマティズムは、実用主義、道具主義と日本では訳される。知識のあり方において、実際の場面で確かめられない使えない概念を認めない立場である。それはまた、知識は固定してあるものではなく、実際の状況の中で、不断に作り替えられていくものだという、いわば知識のダーウィニズムでもある。

Chauncey Wright

この二人の違いはなにか。それは、アガシーが知識を神がつくった不変のものと考えていたのに対し、ライトは状況に合わせて常に再構築するものと考えていたことにある。アガシーは、伝統的なキリスト教の哲学の源流であるプラトンのイデア論の立場から、物の不変の本質・イデアを読み取る知識観に立っていた。それに対して、ライトはむしろ社会や人間の側からの再構築の知識観に立っていた。ライトの思想は、この後の思潮の大きな流れに先鞭をつけるものでもあった。すなわちそれは、今日でいう「脱構築」あるいは「再構築」という流れである。これはその後、『種の起源』の発刊された同じ年に生まれたジョン・デューイ(John Dewey, 1859-1952)へとつながっていく。

3. 実物教授運動と経験主義

近代学校は、前述したように問題を抱えている。それは、文字記号を中心とした抽象化と画一化という問題である。この問題の解決に対する、二人の人の改革は、やはりこの二つの知識観を反映していたと思われる。この節では、実際のものにふれて学ぶという「実物教授(object lesson)」を広めたエドワード・シェルドン(Edward A. Sheldon, 1823-1897)と、学校博物館を通じて外の社会とつながって、常に経験を再構成していくべきだと考えたデューイとを対比的にみてみよう。

Edward Sheldon

ダーウィンが『種の起源』を出版した1859年と同じ年に、当時の文字中

An Early Field Trip Conducted in Connection with the Activities of the St. Louis Educational Museum. Photo Probably Taken in 1911.

An Early Photo Showing Principals and Teachers Studying the Exhibits of the St. Louis Educational Museum in 1914.

上は実地見学の様子　下は学校博物館
共にSaettler, 1955.

心の学校を変えたいと考える人がいた。それは、オンタリオ湖の東の端のニューヨーク州の町オスウィーゴの教育長で、敬虔な清教徒であったシェルドンである。彼は、対岸のトロントの教育博物館で、ペスタロッチの直観教授教具をみて、それをアメリカに導入した。

このシェルドンの広めたペスタロッチ主義の実物教授は、今日私たちがイメージする教室の風景を作り出したといわれる。それまで机と黒板だけであった教室に、掛け図や標本、あるいはさまざまな教具が持ち込まれるようになるのは、この頃からである。そしてまた、実際のモノに触れて学ぶという考え方は、見学や実習を学校に持ち込み、それが後に学校博物館になっていく。そしてその資料にスライドが用いられるようになって、近代的な意味での視聴覚教育も始まる。

こうした情勢は、日本の近代教育の初期にも影響をあたえている。日本の学校も、その初期からこのアメリカの影響を受けていた。それは、掛け図に代表される、当時「庶物指教」と呼ばれた実物教授法の影響である。これは、高嶺秀夫(1854-1910)が1875～1878(明治8～11)年まで、アメリカのシェルドンの教員養成学校に留学して持ち帰ったものである。

こうした動きは、実際のものにふれることで、市民教育それもとりわけ科学教育をめざす当時の世相から生みだされた傾向である。万国博覧会が開催され、その常設展示施設としての科学博物館がつくられた。そしてそれと前後して動物園が各地に作られ、神の偉業を反映した科学技術と多様な動物の世界は、当時の人々を驚かせた。日本でも東京教育博物館(現・国立科学博物館)が、1877(明治10)年につくられる。

松本開智学校の展示品にある明治教授図

・万国博覧会：London(1851)、NewYork(1853)、Paris(1855)
・科学博物館：London 産業博物館(1852)
　　　　　　NewYork 自然史博物館(1867)
・動物園：イギリス・ロンドン(1847)、ドイツ・ヴィルヘルマ(1850)
　　　　アメリカ・フィラデルフィア(1859)

こうした近代学校の改革をもう一つの知識観から進めようとしたのが、前述したデューイである。彼は、1899年に『学校と社会』という小著をだした。この中で彼は、従来の学校を批判しながら、新たな理想の学校を構想する。従来の学校は、すでに構築された、あるいはもはや使われなくなった知識を、外から隔離された学校という空間で伝授しようとする。そのため子どもたちは、社会とも文化とも歴史ともつながらない空虚な知識の詰め込みにいそしむことになると批判した。

John Dewey

デューイは、家庭から学校へそして社会へというプロセスの中で、将来の産業社会生活につながるさまざまな作業経験をすることで、子どもたちは市民になっていくと考えていた。ところが産業革命以降の子どもたちをとりまく環境では、家庭からも学校からもその機会が失われ、社会の歴史・文化とつながらなくなった。その結果、子どもたちは社会化されないままに大人になる。こう考えたデューイは、理想の学校の中心に図書館と「産業博物館」という名の学校博物館をおいた。そしてその周囲にさまざまな作業や実験をする特別教室をおいた(次ページ図)。図書館や博物館が学校の中心におかれるのは、こうした周囲の作業室・実験室での活動の歴史的・文化的意味を子どもたちが理解するためである。そうすることで、学校での学びが外の社会とつながった意味あるものになると考えたのである。こうした意味においてデューイにとっての博物館は、知識を固定的に考えて、それをより強固に植え付けるための施設ではなかった。その学びを外の社会につなげ、活きて働かせるために不可欠なものであった。

私たちは、近代学校という特殊な環境の中で、学びと知識を別のものとみなすことを当たり前のこととしてきた。学びとは個人的なそれ自体として特化できる行為であり、知識とはそれによって外から個人の脳みそに取り込まれるモノのようなものと考えてきた。しかしデューイは、学びも知識も、社会とつながり社会の中に活きること、そうした活動そのものだと考える。学校で社会につながる活動をするのは、すでに構築された静的な知識を学ぶための手段ではない。学び、知識を身につけ、そして社会にでるのではない。探究的に活動することそれ自体が、学ぶであり知の再構築であり社会に参加することなのである。

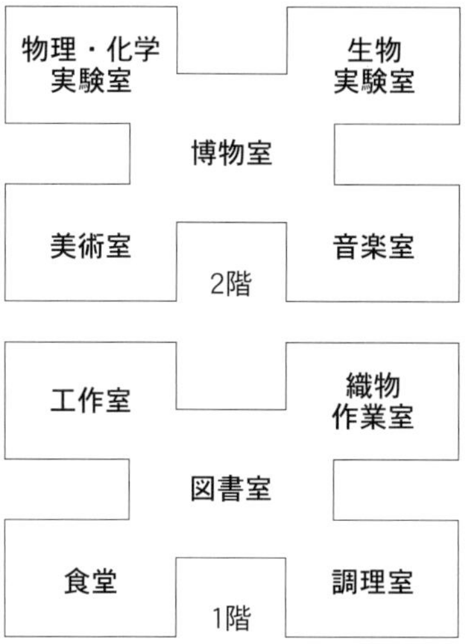

デューイ,1998.より

4. 博物館と学校のこれからの課題

これまで見てきたように、学校と博物館は、相互にかかわってきた。科学博物館が、新しい教授法「実物教授」誕生の土壌ときっかけになった。ところが今度は逆に、それが発展して学校博物館ができた。そして今度はその学校博物館が、学校改善の中核として考えられもした。

こうしたように、学校と博物館は相互にかかわりあってきた。だが最初にのべたように、学校も博物館も岐路に立っている。学校は、ますます強くなる脱産業化社会あるいは知識基盤社会に向けての学力を求められている。しかしその中心は、依然として産業社会でのプラトン的知識観に立った教育である。今の日本の学校では、以前よりも古い知識観で運営されているようにみえる。

では博物館はどうなのだろう。確かにモノに直接触れて学ぶことは重要である。しかしそれが、古い知識観のままでならば、学校との違いはそれほど明確ではない。モノに触れて、そこから知を組み立てるのではなく、結局それにつけられたキャプションから正しい知識を学ぶのでは、なにも博物館である必要はない。学校で教科書で学ぶ方が効率がよいということになる。日本の学校が博物館を利用しないのには、こうした理由が背後にあるのだろう。

しかも現代の博物館は、その初期の市民啓蒙の役割もすでに終えている。ではどうしたらいいのか。次の章では、この課題を知識論に立ち入ってもう少し詳しく考えてみたい。

参考文献

- J.デューイ（1998）『学校と社会・子どもとカリキュラム』市村尚久訳　講談社学術文庫
- Saettler, P. (1955). History of A-V education in city school systems. *Audio-Visual Communication Review,* 3(2): 109-118.

第2章　博物館教育の基礎理論

2

博物館教育の基礎理論

小笠原 喜康

1.「わかる」とはなんだろうか：最も基礎的な疑問

この章では、だれでも知っていて、だれでも知らない、考え始めると最も悩ましい問題、「知る」「わかる」あるいは「学ぶ」とはどういうことかを考える。もちろんこの問いに、まだ正解はない。しかし正解はないにしても、少し突っ込んで考えておくことは無駄ではないだろう。というのも、博物館でさまざまな教育・普及活動をおこなうと、いつもこの問題が頭をもたげてくるからである。

博物館関係者は、自分たちは学校とは違う学びを提供していると考えている。彼らは、博物館では学校のようなお仕着せの学びではなく、学習者主体の自由な学びを提供していると考えがちである。しかしそれは本当だろうか。学校と違うというなら、それはどういう意味でなのか。自由といっても、歴史博物館で水棲動物の生態を学ぶことが適切であるとは思われない。ならば、自由な学びとはなにか。自由といっても、そこには自ずと一定の制限があるはず。ではそれはどういう制限か。などなど他にも、日々の教育業務の中でさまざまな思いが交錯する。

筆者らがおこなった東京都水の科学館での間伐材の木ぎれで動物を作るワークショップの一コマ。これで水源林保全の大切さの理解につながったのか疑問が残る。下は作品の一つ

・地域の歴史について、大人を相手に専門的な研究成果を披瀝した。確かに、熱心に関心を示してくれた。だが、なにか心許ない。参加者は、感心していただけではなかったか。
・親子を相手にワークショップをやった。参加者は満杯だった。とても活き活きと活動してくれた。だがしかし、それでなにをわかったのだろう。ただ単に楽しんだだけではないか。
・企画展をおこない、キャプションをつくり、ハンズオンも取り入れ、カタログも作成した。しかし来館者は、そこから何を学んでくれたのだろう。ただ、珍しいものをみて帰っただけなのではないか。

日々の活動の中で、ふと立ち止まると、こうしたさまざまな思いが交錯する。テストがある学校がうらやましい。もちろん、テストで高得点をとったからといって、それで本当にわかったなどとはいえない。だが、とりあえずはそれで納得できる。だが博物館では、それができない。確かに、来館者調査や評価の方法もいくつか編み出されている。それはそれで参考にはなっても、はたしてそれで自分の企画したプログラムで何を学んだといえるのか。

いや、そもそも学んでもらうというのがおかしい、と近頃ではいう。こちらが何かをきちんと学んでもらおうというのは、来館者主体ではない。それでは学校と同じではないか。知識は、来館者・学習者それぞが構成するものである。だから、博物館側であらかじめ、あれこれと準備して、しかじかと知識を学べといってはならない、という論がある。だがこれも

どうもわからない。自由な学びと同じ奇妙さがある。知識は学習者の中で再構成される。それは当たり前である。しかしそれにももちろん一定の限定がある。鎌倉時代がなかったとか、信長は本能寺で死んでいないと、勝手に知を構成するわけにはいかない。

この章では、こうしたことから、かなり基礎的・土台的な問題を次のように考えていく。まず、私たちが何かの知識を得るという場合の、これまでの三つのやり方を振り返る。それは、啓示的学び、徒弟的学び、記号的学びの三つである。博物館でのこれまでの学びは、啓示的学びが中心だった。ではそれはなにか。

そして次には、それでは博物館での学びはどういうものかを考える。博物館と学校の違いは、その豊富な資料にある。そこで博物館の学びの特徴は、資料という実際のモノに触れて見て学ぶことができることにあるといわれてきた。ではそれはどういう意味なのか。これを支える考え方をさぐるために、1章の最後で議論した二つの知識観の問題に改めて踏み込んでみたい。そのことで博物館の学びの、新たな方向性をさぐりだしたい。

こうした議論を踏まえて最後には、これからの社会で博物館はどういう役割を期待されるのかという課題に一つの方向性を示したい。それは、正しい知の学びではなく、常に不完全で暫定的なものとしての知の構成の方向である。しかし博物館での学びは、複合的である。どれか一つのスタイルとはいかない。場面に応じて、それらを使い分けなくてはならない。この章では、こうした問題を考えていく。

※ 近年「構成主義」という概念がもてはやされている。来館者が主体的に知を構成するのだとして、展示する側のストーリーを拒否するのもみられる。しかし「構成主義」をこうしたように解釈するのは間違いである。本来の「構成主義」は、一方的に外から知をとり入れるのではなく、環境や社会(文化や歴史も含む)とインタラクションしながら学習者が知を構成するという理論である。知が一方的に外から取り込まれるというのは間違いだが、逆に学習者が外界から独立して知を独自に構成するというのも間違いである。知の多くが言語によって形成されるものであるかぎり、社会的影響のない全く独立の知などありえない。だから、来館者が自分なりの問いをもって展示物と対峙できるように、館側は周到に仕掛けなくてはならない。何もしないのは、かえって来館者の構成を妨げることになる。なぜなら、来館者をそれまでの常識世界のままにしておくからである。

2. 知ることの三つの方略

私たちは、小学校に入学して以来、さまざまな知識を学んできた。今の学校のスタイル、あるいは机に向かって教科書を使って学ぶというスタイルは、記号による方法であり、人間の歴史からすれば極めて新しいやり方である。それ以前には、啓示的学び方や徒弟的学び方があった。もちろんこれらは、まだ残っている。というより学校教育以外では、まだ主流かもしれない。ではこれはどういうものだったのか。学校でのそれが記号学習であるとすれば、啓示的学びは神秘的精神学習であり、徒弟的学びは状況的身体学習といえるかもしれない。以下、この三つの学び方について考えてみよう。

2.1 啓示的学び

前述したように博物館の学びは、ある面で啓示的な学びである。というのも、モノから直接なにかを学ぶと考えてきたからである。私たちは、「学習」という行為によって知識を学ぶと考えているが、それは新しい考え方である。その昔、学習という概念はなかった。その昔は、神様から教わるという概念であった。それが、神の啓示による知り方である。

その典型は、教典(聖書やお経)を唱えるという方法である。中世では、修道院の中で教典や主の祈りを唱えながら回廊をまわるということがおこなわれた。日本でも同様に、お経を唱えながら歩いたり、大勢で唱和するということが古来よりおこなわれてきた。こうした行為は、聖書やお経を覚えたり解釈して理解するためではない。むしろ無心に唱えることによって、神や仏が直接その人に降りてくる。そうして知が啓(ひら)かれる。そうした考え方による。教会で歌われる賛美歌や仏教の聲明(しょうみょう)も単なる音楽で

レオナルド・ダ・ヴィンチ博物館の中にある回廊
ミラノにある中世の修道院を改造した建物。科学が神学の一部であったことを思わせる

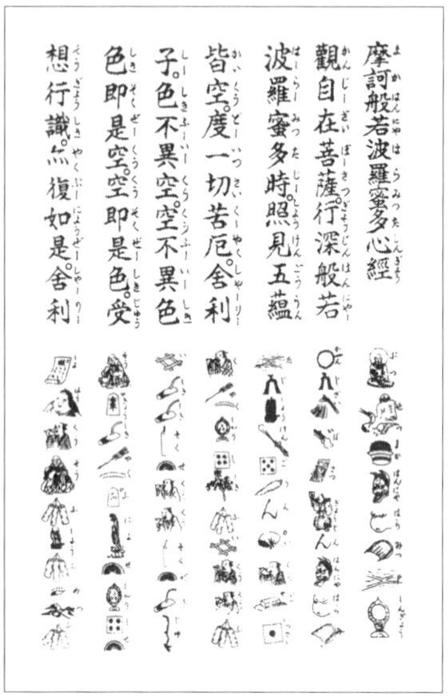

南部絵経(一部)
江戸時代末期に、字の読めない庶民のために考案された般若心経。意味を教えるためではなく、ひたすら唱えることを可能にするお経であった。

はない。あれ自体が、神や仏に近づき啓示をうけるための一つの方法である。いわゆる「神のお告げ」いうもので、ヨーロッパでも英語のItとかドイツ語のEsというのは神様を表し、学ぶというのはなくて、「神が教えたもう」という概念であった。

今日ではあまりいわれなくなったが、論語を何度も読み、「読書百遍意自ずから通ず」といった格言も、こうした知の獲得の方法についての考えからである。もちろんこれは、ただ唱えていれば、他になにもしなくてもその内にわかるようになるといっているわけではない。自分の中で繰り返し反芻していくことで、自ら物事の本質を見抜いていくという、むしろ厳しい知の獲得のあり方をのべている。

こうした方法は、もう過去のことで今日では顧みられないというわけではない。こうした考え方は、外から知を取り入れるというより、「自らの中で発生させる」という知の獲得観である。そうしてみると、こうした知識獲得観は、今でも案外多くある。たとえば、「教わるものじゃない。自分で見つけ出していくものだ」といった考え方は、芸能の世界はもちろんのこと、社会一般でもみられる。「近頃のやつは、すぐに答えを求めたがるから困ったものだ。正解なんてあるものじゃなくて、自分で作るものだ」などともいわれる。そうしてみれば、このタイプの知の獲得の方法は、案外に根強く私たちの中に生きていることがわかる。

自然観察や発掘などでも、こうした部分がある。最初はみえなかったものが、何度も通っている内にみえてくる。あるいは熟達してくると、このあたりにありそうだ、という感覚がついてくる。つまり「みることができるようになる」というより、向こうから「みえてくる」、そういう感じなのである。啓示というと、なにか神秘的だが、こうした知の獲得方法は、今日においても最もベーシックであり、こうした方法を抜いてしまっては知が扁平になってしまうところがある。

2.2 徒弟的学び

啓示的な学び、あるいは自己発生的な学びに対して、これも古くからおこなわれてきたのが、徒弟的な学びである。徒弟的な学びというと、古く感じられるかもしれない。しかし実際には、学校教育以外の学びのほとんどが、この手の学び方といえるところがある。一般の企業でも、OJT(On-the-Job Training)として、先輩社員が現場で仕事のやり方を教えることが日本では主流である。OJTはアメリカで生まれたものだが、日本でのものはそれより徒弟的・見習い的なものであることが多い。

Situated learningの表紙
翻訳は重要な点で誤訳が多いので注意が必要である。例えば、「そこで私たちは、より積極的にその気で参加する周辺的参加の状態を十全参加と呼ぶことにした」(原文p.36-37)と訳すべきところを、「そこで私たちは周辺的参加が向かって行くところを、十全的参加(full participation)と呼ぶことにした」(翻訳p.12)と周辺から十全へという具合に訳しているので注意が必要である。

こうした学び方は、近年の教育界で話題になってきている。それは、ジーン・レイブとエティエンヌ・ウェンガー(Jean Lave & Etienne Wenger)の「状況に埋め込まれた学習：正統的周辺参加(Situated learning: legitimate peripheral participation)」(以下LPPと略記)と呼ばれる考え方である。これは、ある仕事集団の中でその一部を担うことそれ自体が学びだとする考えである。peripheralを周辺的と訳すと、中心があり、それに対しての周辺と考えがちだが、そうしたトポロジカルなものではない。そうではなく、コンピュータの周辺装置と同じ考え方である。コンピュータは、本体だけでなくキーボードやプリンターなどのすべての装置が、それぞれその役目をはたすことで働く。これと同じでperipheralとは、それぞれがそれぞれの持ち場で自分の仕事をまっとうする、「分担」という意味である。徒弟制の中での新参者は、掃除や簡単な仕事しかさせられないが、それでもそれは、なくてはならない仕事であることにはかわりがない。そうした意味で、すべての仕事は分担という意味で周辺的で、かつlegitimate、すなわち正当で正規で正統的なものだというのが、このLPPの考え方である。

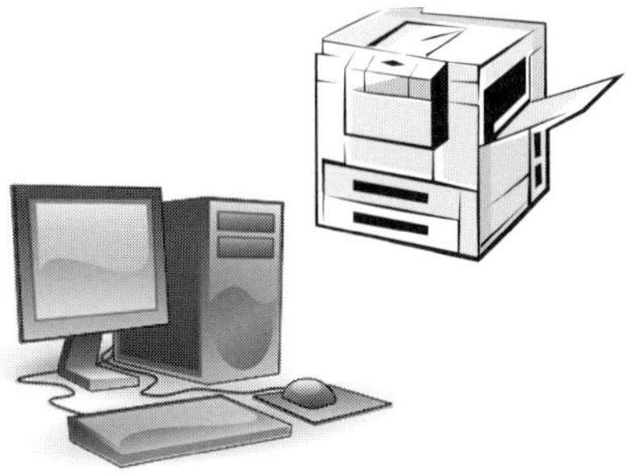

コンピュータは、本体とりわけCPUが確かに重要だが、これだけではなにもできない。周辺のマウスやキーボードやプリンターがあって、はじめて仕事をすることができる。

これまで学習というと、なにかの知識や技能を記号の形で、外から身体に取り入れる、それとわかる行為だとみなされてきた。いわゆる学校学習である。知識があり、学習行為があり、理解という結果があるという、こうした私たちが慣れ親しんできた学習の考え方は、歴史的にはむしろかなり新しく、かつ極めて特殊なものである。実際のわたしたちの社会では、むしろこのレイブらのLPPの方が一般的である。

たとえば、大学でのサークルが良い例である。テニス・サークルに入ると、最初は下働き的なことをやらされる。なにか教科書があって、それを使った授業があるわけではない。ネットを張ったり、道具運びをしたり、掃除をしたりということが中心である。しかし学年が上がるにつれて、サークルの会計をしたりリーダーになったりと役割が変わっていく。そういう役割変化自体をLPPでは学習とみなす。テニスの技術も、決して単に身体的技能にのみ矮小化できるものではない。相手とのかけひきや、自己へのイメージなども大きく影響する。三つ星の寿司職人の、「握る技術は3か月あれば足りる。しかし客に寿司をだせるまでには10年かかる」というコトバが思い出される。サークルの中で、いろいろな役割をこなしていくうちに、全体として成長していく。なにかの目的をもった実践共同体への参加と、その集団での役割をしっかりと担うこと、それ自体が学習という概念である。ここでは、どれが知識で、どれが学習で、どれが結果かなどという区分は意味をなさない。こうした学び方が、LPPである。

LPPは、個人主義的な学習観を社会文脈的なものに転換したとして知られている。しかしさらに重要なものは、知識に対する考え方である。私たちは、学校学習が一般的になってからというもの、知識を実体的にとらえるようになってしまった。知識がどこにあるのかと尋ねられれば、本やPCをさして「ここに」といいたくなるような感覚である。しかし本にあるのは、インクのシミであるし、PCにあるのは光の陰影でしかない。それは主に文字記号であって、それ以上のものではない。

では知識とはなんなのか。LPPでは、知識をそうした感覚でとらえない。それは、何かの仕事集団の中での状況的な振る舞いそのものととらえる。実際、たとえば旅行業者の知識といえば、PCのキーボードを叩きながら顧客の要望を聞き出して、具体的な提案をするという振る舞いである。そこでは記号的な知識も用いるが、それは顧客に提案をするという行為の一環として意味をもつものであって、それ以上でもそれ以下でもない。パリはフランスの首都であるという知識は、ただこれだけではなんの意味をももたない。

私たちは、こうした当たり前の知識感覚を近代の中でいつしか忘れてしまったようである。そしてクイズ番組に答えたり、クロスワード・パズルに答えるような感覚で知識を状況からも行為からも切り離して存在するかのように思ってしまったところがある。ではどうしてそうなったのか、もう一つの学習観である、教科書によって学ぶということをみてみよう。

2.3 記号的学び

教科書を使って学ぶのは、もちろん古来からおこなわれてきた。教科書といってもそれは、聖書だったり四書五経だったとはいえ、こうした主に文字記号によって学ぶというのは、庶民の教育ではおこなわれなかった。前章の最後でのべたように、農耕社会では前述したLPPがほとんどである。洋の東西を問わず、これが一般的になったのは、19世紀半ばまでまたなくてはならなかった。

この記号的な学びにとって記憶しておいてよい人物がいる。それは、いまのチェコのモラビア地方の独立運動家であった、ヨハン・アーモス・コメニウス(Johannes Amos Comenius, 1592-1671)である。彼は、絵入りの語学教科書『世界図会』(1658)を著したことで有名である。これは、ページの上部に番号のついた絵が書いてあって、下部に数か国語でその番号の名前が書いてあるという語学教科書あるいは子ども向け百科事典である。これは、世界平和のために、お互いの国のことをよく知ることができるようにという考え方でつくられたもので、今のUNESCOの考え方をつくったといわれている。

コメニウスの肖像と世界図会の一部
いずれもWikipediaより

しかしこの人を記憶しておいてよいのは、この『世界図会』のためではない。記憶しておいてよいのは、その当時一般的になったグーテンベルクの印刷機になぞらえて教育を考えたところである。彼は、その著『大教授学』(1657)の中で、生徒を白い紙に、教師をインクになぞらえて、同じ知識を生徒に刷り込んで大量に教育ができる人間製造工場として、今日の学校システムを考えた。今日であれば、とんでもない考えだというかもしれない。しかしほとんどの人々が文字も読めなかった時代のことを考えれば、ずいぶんと先進的な考え方であった。

このことからもわかるように、記号による学習の特徴は、単に教科書を使って学ぶところにあるのではない。重要なのは、二つである。一つは、このコメニウスのドライな知識観である。知識は、それをもっている個人や共同体から記号の形でとりだして、他の人に容易に植え付けることができると彼は考えた。これはそれまでの知識観とは大きく異なる。知識は、それをもつ人に身体的・人格的に埋め込まれていると考えるのがそれまでであった。しかし貨幣が発達してくるとこうした考え方が変化してくる。

コメニウスが活躍する前の時代、イタリアを中心とした地中海貿易の発達によって貨幣が流通するようになっていた。そしてコメニウスの時代のヨーロッパでは大航海時代を迎え、貨幣を中心とした取引はさらに銀行の金銀の預かり証としての紙幣(銀行券)を生み出すまでに発達していた。貨幣は、モノの価値を保存して運ぶことができる。たとえば、宝石を売買して貨幣と交換した場合、形は宝石からコインや紙の貨幣に変わっても、いくらいくらという金額に転換された価値は変わらない。こういうのを価値の「外化」というが、コメニウスが生きた頃、そうした貨幣による価値の交換意識が普及していた。シェークスピアが、それをテーマにした「ベニスの商人」で、愛の価値も貨幣で交換可能なのかを問うたのは、まさにこの時代であった。

1666年発行のストックホルム銀行券
Wikipediaより

こうした時代を背景に、誰かの身体化された知識は記号という形に外化して運搬・交換可能なものと考えられるようになっていく。知識は、それを所有する個人の人格性をはぎとられ、中性的に物体化されることになった。こうした知識観が、コメニウスの「すべての知識をすべての人へ」というパン・ソフィアの考え方をつくり、その後、百科全書による啓蒙主義時代へとつながっていき、さらに封建社会の崩壊と市民革命へとつながっていく。知識記号への外化による交換可能思想は、一部の限られた人々から一般の多くの人々への知の解放ともいえる新たな時代への幕開けでもあった。

記号による学習の重要な特徴のもう一つは、こうした知識観に支えられた大量教育システムである。近代学校において最も重要なのは、同一学年・同一内容による一斉教授にある。その質よりも量を重視する近代教育は、教える知識が生まれて活きて働いている現場から切り離された、いわば根無し草としての記号による学びをその中心において成り立つシステムである。もちろんそれは、農村から都市の工場へと生産の場が移され、家庭という再生産の場と切り離されることによって、必然的に生まれた教育システムであった。

ベル・ランカスター法による教授システム図
一人の先生の指示で左脇と真ん中の助教がその列の生徒の学習を指導する。なお、ベルとランカスターは別人。
Paul Monroe, *A Cyclopedia of Education*, New York, Macmillan, 1913

このシステムはその後発展して、ベル・ランカスター法(助教法)という、いっぺんに数百人を教えるシステムまでも生み出していく。しかしそれだけにこれは、その後批判されていく。文字記号は、大変簡便な道具であり、抽象的で概念的な内容を伝えるには適しているが、物体の形など情報量の多い対象を表現するには不適切なので、『世界図会』のような絵図記号も必要となる。しかし技能や状況的な知識は、文字でも絵図でも難しい。また概念的なものでも、具体的な経験がないと理解しがたい知識も多い。そうした意味で、この記号を使う大量教育システムは、多くのところで批判されるようになる。

以上この節では、三つの学びをみてきた。啓示的学び、徒弟的学び、記号的学びの三つである。知識の面からみると、個人的で精神的な知識観から、社会的で状況的な知識観へと移り、さらには個人からも状況からも切り離されて記号化された知識観へと変わってきたことがわかる。

では私たちの博物館は、これからの社会にどういう意味をもてるだろうか。いうまでもなく、博物館でもインターネットを駆使してバーチャル・ミュージアムをめざす動きが急である。博物館にでかけなくても、その資料にアクセスして利用できる時代になってきた。ではこれからの博物館は、どのような活動が必要になるのか。次の節では、あらためて博物館の知の問題を考えてみたい。

3. 博物館での学び

3.1 モノに触れて学ぶ

博物館での学びは、なんといってもモノに触れて学ぶところに特徴がある、とこれまでいわれてきた。しかしもちろん直接モノに触れても、あるいは本物をみても、すぐになにかがわかるということはない。モノが自ら語るわけではないのだから当然である。しかしでは、どうしてモノに触れて、見て、学ぶといわれてきたのだろうか。

それはなんといっても、国民の啓蒙にその存在意義があったからである。近代的な意味での博物館は、世界中の珍しいモノを集めることのできる国家の威信を国民に示すことと、科学技術の成果を示すことで国民を啓蒙すること、そして領土内の歴史・産物・自然などを展示して国民意識

現在はサハリン州郷土博物館であるカラフト庁博物館

を高める役目を担っていた。日本で初めて「博物館教育」という名称を冠した書物は、いまはない樺太庁博物館が1930(昭和5)年9月に発刊した研究紀要であった。そこでは、新天地としての樺太を開拓するために、入植者を啓発・鼓舞する目的がうたわれていた。

しかしそうした政治的な問題ではなく、学びの問題、認識の問題として考えた場合、モノに触れて学ぶとは、どういう考え方なのだろうか。博物館は、「モノ」を展示して、それによって来館者を直接教育する施設とみなされてきた。たとえば鷹野光行は、このことを次のようにのべる。

> 教育機関である博物館が学校や図書館などの他の教育機関と異なるところ、すなわち教育機関としての特色はなんであろうか。博物館教育学はまずこのことを確認した上で論じられなければならない。いうまでもないところだがそれは、博物館資料を有することであり、博物館資料による教育活動が展開されることなのである。博物館資料つまり「もの」と博物館の利用者「ひと」を結び付ける活動が教育活動であり、その間に立つ、つまり学校教育での教員にあたる役割を果たすのがもう一つの「ひと」、学芸員である。
>
> 教育活動は二つの場面からなっている。「ひと」が「もの」と直接対峙し、「もの」が「ひと」に直接語りかけ、「ひと」の思考を促す場でもある展示室でのそれと、「もの」と「ひと」の間に学芸員が介在して展開される展示室以外での場における教育活動である。(傍線筆者、鷹野、2000 p.80)

Plato B.C. 427-347

この中に示されているように、博物館と学校や図書館との一番の違いは、その豊富な実物資料にある。資料という「『もの』が『ひと』に直接語りかけ、『ひと』の思考を促す」のが、博物館における教育活動であると鷹野はのべる。これは一見すると、オカルト的な神秘主義を思わせる。だがこの考え方は、前述した「啓示的学び」に通ずる。モノと直接対峙することで、知が啓かれるという考え方は、古来より尊重されてきたものである。

かつてギリシャの哲学者プラトンは、「イデア」という考え方を示していた。私たちが感じられるモノや現象は、時間と空間の中に存在する。したがって常に変化し定まったものがない。人間の肉体もいずれ滅びてしまうように、“すべてのものは生成し、とどまるものなし”である。これに対して、もう一つの世界、不変の完全な秩序の世界があるのではないか。なにかのモノをみて、私たちが美しいと感じるのは、その背後に時間・空間に支配されない不変のイデアの世界があるからではないか。と、このように考えたプラトンは、人間の究極の目的は、知性によってそのイデアを観じとることだという。

前述したように、こうした考え方は決してなくなってしまった過去のものではない。このプラトンの考え方に従えば、博物館は変化するモノによって変化しない究極の知を啓く活動をする施設ということになる。このプラトン的な知識観は、いまでも根強く残っていて、私たち日本の教育も基本的にこの考え方にそっている。すなわち正しい知識を、そのまま正しく学ぶ、それが日本の教育で最も重視されてきたことだし、近年また重視されている。これは決して過去のことではない。

国立九州博物館
こうした大きな博物館では、国宝級の文物の展示がしばしばおこなわれる。

ただしこうした知は、残念ながら、特別な能力をもつ一部の選ばれた人間にしか許されないともプラトンは考えていた。人間には三つの種類があって、そうした知性をもって人々を指導する人、その指導をするための統制をする人、そしてその指導と統制に従って幸せを享受する一般の人々である。こうした考え方は、その後さらには近代の一部の国家運営論にも受け継がれていく。こうした考え方にそって運営されている国家もいまだに存在する。

しかもこの考え方を適用すると、博物館の教育活動は、また少し違った様相になる。つまり知性をもつ学芸員が、無知蒙昧な一般市民を啓蒙するのが博物館教育であるとの考え方も、ここからでてくる。19世紀に始まる科学博物館は、基本的にこうした考え方に立っていたし、今日でも、しばしばこうしたことがおこなわれている。そして実際に多くの人々が、それをありがたがって見に行く。貴重なものを展示するというのは、博物館の教育普及活動において、今日でも最も重要なものであることにはかわりがない。確かにこれは、少し問題があるとされて、しばしば批判の対象になってきた。しかし、そうした美的なものや不可思議なものが人々に幸せをもたらすならば、そうした啓蒙主義は理論的には検討されてもよいが、決して非難されるべきものではない。現実的な問題として、そうした専門家のお陰で、普通では接しえない美術品や動物を知ることもできる。

では理論的な意味ではどうだろう。もちろんこうした展示による教育普及活動が、間違いであるというのではない。そうではなく、哲学なり思想的な意味で、別の道も考えられなくてはならないという意味においてである。学びの方法は、単に技術的な問題ではない。それはそのまま生き方の問題となる。そのためどちらかが正しく、どちらかが間違いであるとは簡単にいえない。

3.2 モノとかかわって学ぶ

では、その別の道とはなにか。それは、このプラトン的イデアの世界、変化するモノの奥底に不変で普遍なものを観とるのとは違った道でなくてはならない。実はこの1世紀半、とりわけこの半世紀の間に、この道が強く意識されるようになってきた。それは、前章の最後でのべたプラグマティズムであり、それを継承した分析哲学などであった。それをプラトンと対比して一言でいうとすれば、「変化するものを変化するままに」とらえる知といえるかもしれない。あるいはまた博物館のモノとの関係でいえば、「モノとかかわりあう知」ともいえるかもしれない。「触れて学ぶ」と違うのは、「かかわって学ぶ」が学習者がモノと場との協同関係を構築する学びである点にある。「触れて学ぶ」が、どちらかといえば受け身的なのに対して、「かかわって学ぶ」は能動的であるともいえる。どちらにしてもそれは、長く続いたプラトン流の知識観・世界観からの決別の道である。

この思想の初期の代表格は、アメリカのチャールズ・S・パース(Charles Sanders Peirce, 1839-1914)である。パースの考えたことで、私たちにとって重要なことは二つある。一つは「知る」という行為についてであり、もう一つは「考える」という行為についてである。何かを知り・考えるというこの基本的な問題についてのパースの考え方は、それまでの固定的な知識観とは異なり、より確からしさを増してはいくものの不断に再構築されていく状況的なものである。考えるというのも、演繹・帰納と

Charles S. Peirce
アメリカのWikipediaより

いったそれまでの順序だった必然的な論理構築というよりは、直観的で発想的な仮説演繹的なものである。

パースは、「知るとは行為すること」と考えていた。あるいは、ある知識・概念の意味とは、その概念・コトバをつかった時に、それによってもたらされると期待される結果であると考えていた。逆に言えば、コトバの表面上は違っていても、そのコトバを使ってやっていることが大して変わらなければ、それは同じ意味だということになる。これは、知識をその実際の働きの面でみようとする機能的なとらえ方である。それ自体としてここにある実在的なものとみるのではない。確かに知識をすでにあるものととらえるのでなければ、こうしたようにその働きの次元でみなくてはならない。

たとえば、「鎌倉幕府が1192年に始まった」という知識は、私たちの多くにとってどういう意味だろうか。そういうと、このコトバの意味のとおりだと答えるかもしれない。しかし、「幕府ってなに？」「始まるってなに？」と突っ込んでいくと、実はこのコトバ以上のことを何も知らないことに気づくことになる。せいぜいわかっているのは、だから鎌倉は古都であり、遊びにいくところというくらいかもしれない。それはダメな知識だというのはない。私たちがコトバでわかっているとか、概念を知っているというのは、そのコトバから実際に連想されるなにかであって、そのコトバがもっていると一般にいわれる意味ではないということなのである。このことは、小さくない問題である。なぜなら、私たちが伝えていると思っている知識は、もしかするとまったく違ったものとして受け取られているかもしれない可能性を否定できないからである。「鎌倉」という名前は、やってくる小中学生にとって、“紫イモ・アイス”や“鳩サブレ”の町という意味かもしれない。

もう一つの「考える」ことについてのパース等プラグマティズムの見解は、さらにユニークである。パースは、アブダクションという方法を提起する。これは、「仮説演繹法」とか、わかりやすく「発見法」とも訳される、証拠を集めて確からしさを高めていく犯人捜しのような推論方法である。犯人捜しの場合、最初のわずかなデータから「あいつが犯人かもしれない」と、いわば直観的に仮説を立てて、その仮説に合うデータを集めて犯行のストーリーを作る。そしてそれらが整合的である場合、「やっぱり」と結論づける。指紋があり、血液の鑑定があり、目撃証言があり、とさまざまなデータを重ねていって、「だからあいつが」となる。

しかしこれは危険な推論方法でもある。いろいろ証拠がそろっても、たまたまということはあり得る。そこで最終的な確認として、犯人の弁明やアリバイの矛盾をついたりして、犯人自身の自白をとるという方法がとられる。これが危険だというのは、さまざまなデータを結びつける場合、そこに創意工夫の飛躍が介在するからである。そのため思い込みによる強引な論理構築も起こりやすくなる。冤罪はしばしばこうして起こる。とはいえ、まったく整合的でない証拠がでてくると、最初の仮説から見直さざるを得なくなる。科学的探求では、しばしばこうしたことが起こる。科学的な発見が、厳密な論理の組み立てというよりは、しばしば偶然によってなされるのもこうした理由による。そうした意味でこのアブダクションは、証拠とそれを結びつけるストーリーの組み立てによって、一見厳密に進められるが、同時に新たな証拠とか状況によって大きく変わりうるオープン

シャーロック・ホームズの肖像画
アブダクションによって推理を展開した例として有名なのが、探偵小説のシャーロック・ホームズシリーズ。実際、パース親子は、本人のサインでも確率的に完全に一致することはないという統計的方法とアブダクションによって偽造サインを見抜き、現代の科学捜査の元祖とされている。

エンドな方法ともいえる。

博物館にかかわる具体的な例で考えてみよう。鎌倉幕府の話で考えてみる。この解釈に、いままでのべてきた二つの知識観が反映されている。つまりプラトン的な固定的な知識観と、プラグマティズム的なオープンエンド的な知識観である。これまでは、だれもが習ったように、頼朝が征夷大将軍に任ぜられて鎌倉幕府を開いたというのが定説であった。しかし近年これが変わってきている。どうもこれが違うのではないかというようになってきた。というのもこれまでの解釈は、鎌倉時代の歴史書『吾妻鏡』に多く依存したものにすぎなかったからである。これまでは、そう書いてあるのだから正しい事実であるという前提で解釈されてきた。つまり歴史史料という事実がしっかりとあって、それをそのまま受け入れるという格好である(これが科学的な方法であると誤解されることもある)。

しかしこの『吾妻鏡』が作られたのは、鎌倉政治が始まってから120年もたってからであり、北条氏の支配を正統づける粉飾が多いということから、だんだん信用されなくなってきた。他方、頼朝の時代の他の文書では、本人も周囲も生前はおろか死後においても頼朝のことを征夷大将軍と呼んでおらず、いつも使われるのは、一度就任したのに10日で辞職した「右近衛大将」を表す「前右大将」か、それの変化形でしかない。

こうしたことから、どうも頼朝は征夷大将軍に就任しなかったのではないか。しかも「幕府」というのは、政治機構を表す意味ではなく、当時は建物のことであった。これが政治機構を表すようになったのは、江戸の中期にすぎないし、鎌倉時代は「征夷大将軍」が武家の統領ですらない。「摂家将軍」「宮将軍」という具合で、武家というよりは公家の地位であり、北条氏の権力をサポートする飾りものの権威でしかない。と、このようにさまざまなデータを積み重ねて、どうも怪しいとアブダクションされるようになってきた。

このように現代の歴史学では、なにかの史料をもって、そのまま事実であるなどということにはならない。史料は、むしろ疑わしきものとしてとらえる。そこでさまざまな史料を読み解き、その史料の整合性をとりながら物語を編み、その物語でまた史料の読み直しをして……という具合に、歴史の再構築を繰り返していく。歴史がおもしろいのは、こうした過程が謎解きの推理小説的なところがあるからかもしれない。

この項のテーマを「モノとかかわって学ぶ」とした。それは、こうしたアブダクションでは、ストーリーを編むときに、どうしても自分自身の経験を持ち出さざるをえないからである。モノ自体が、そのままでなにかを語ってくれるわけではないと考えるこの立場では、その語りは資料(歴史史料、美術作品、科学的実験やデータ、動植物など)との対話から自分で構築しなくてはならない。歴史にしても科学にしても、そこにすでにあるものとしてではなく、その概念をつかってどのようにストーリーを構築するのか、自分の経験を動員してそれを語ろうとするとき、はじめて私の知が立ち現れてくる。

では、これまでみてきたような知の視点、そして2節でみた三つの知の獲得方法の議論は、私たちの博物館のこれからの学びに対してどのような示唆をえてくれるのだろうか。最後に、この問題を考えてみよう。

伝 源頼朝像　Wikipediaより
これも怪しいといわれている

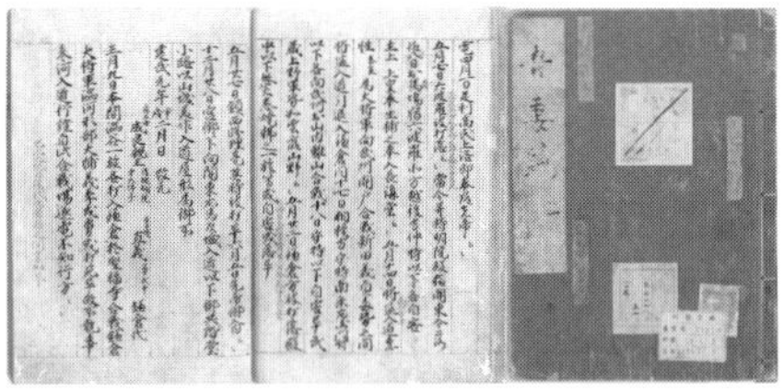

吾妻鏡(北条本)
国立公文書館デジタルアーカイブより

※近年2002年に、頼朝が征夷大将軍に任ぜられた証拠がでてきた。それによると、確かに頼朝は征夷大将軍に任ぜられたが、これまで考えられてきたように、上皇が阻んでいたのでも本人が希求したのでもなく、ただ「大将軍」という呼称がほしかっただけのようである。2年後には、返上まで申しでている。官職をもらってもそれに就任もしなければ、その呼称も使わなかったのだから、頼朝が征夷大将軍になったとはいえないわけである。

幕府を開いたかどうかも、これを王権の概念からどう解釈するかにかかっている。今日では、日本を統括するようなものではなかったと考えられるようになってきている。

4. 博物館での学びのこれから

これまでの議論にたつならば、私たちの博物館での学びは、これからどのようにしていかなくてはならないだろうか。それには、私たちの弱点を考えてみることが必要である。博物館の弱点は、展示と来館者の性質の二つに大別される(予算や人的資源問題も大きいが問わない)。

・展示という固定的な記号による学びが中心であり、そのスペースが限られており、かつ容易に交換できない。
・老若男女・障害者・多文化・多言語など対象が特定されない上に、多くは継続的であるよりテンポラリーである。

※記号は意味を運ぶメディアであるという誤解がある。もしそうなら、どんな状況でも、誰にでも、いつでも同じ意味を伝えなくてはならない。しかし実際は、場面によってまったく違った意味になることも珍しくない。意味は、メディア自体にあるのではなく、解釈者の側にあるからである。

展示は記号である。というのも、博物館のモノは、それが代理とするところの意味内容の代表として展示されていると考えられるからである。そうした意味で、博物館のモノは、具体的な物でありながらも記号である。そのため記号一般の特徴として、それ自体が意味をになってはいないことに注意しなくてはならない。記号であるため、万人に同じ意味を伝えることはない。伝えるのは、わずかにその形象だけである。そこでそれを補うために、文字によるキャプションや、そのモノの意義や使用の状況を表示・再現するためのビデオなどの資料を付随させることになる。しかし、キャプションの文字もビデオの映像も、もちろん記号である。そのためだれにでも同じ意味を伝えることはできない。

こうした記号による学びの弱点を克服するには、前述した三つの学びの方法の他の二つをより強める展示を考えなくてはならない。すなわち啓示的方法と徒弟的方法(LPP)である。啓示的方法では、展示自体がもつ力を引き出すことが求められる。展示物のもっている特徴が、あたる光や来館者との距離や位置を調整することによって、直接届くように工夫することが求められる。あるいはまたLPP的な参加性をつくりだすために、臨場性や状況性を大切にすることが求められる。

アメリカ自然史博物館のOCEAN HALL
ブルーが基調の美しいホールである

たとえば、ワシントンの「アメリカ自然史博物館」の海の生物の展示は、来館者が海の中に入っていく感覚を覚える美しい展示である。展示においては、美しさも一つの重要な要素である。これは、観覧者を惹き込み展示への注視を高める、啓示的方法の一種と考えることができる。科学博物館の恐竜展示が圧倒的な大きさで人々を魅了するのも、こうした啓示的な学びを起こしているからである。啓示的な展示のポイントは、言語的な概念的理解をへずに身体に直接働きかける点にある。人間の認識は、身体に根ざしているので、こうした啓示的な働きかけは、頭ではあがらえない強さをもっている。それだけに場合によっては、危険なこともある。

そしてLPP的な参加性を高める状況展示の例としては、同じワシントンの「ホロコースト博物館」のDaniel´s Storyがあげられる。ここでは通路を歩きながらユダヤ人迫害を身をもって感じられるようになっている。ダニエル君の明るい家庭から始まり、徐々に学校や町で差別され、ゲットーに押し込められ、ついには強制収容所に送られる。そのプロセスを通路を歩きながら肌身に感じていく。それだけに、啓示的な学びの要素もあり、これも場合によっては危険な学びになる。似たようなストーリー性をもたせて参加性を高める手法は、日本の箱根の「星の王子様ミュージアム」

やロンドンの「戦争博物館」においてもみられる。

なおこうした参加性を高める方法として近年多くの博物館で採り入れられるようになったのが、ハンズ・オン(Hand's on)と呼ばれる展示手法である。これは、体験展示あるいは参加体験展示と呼ばれるている。しかし注意しなくてはならないのは、体験は手先だけではないという問題である。なにかを触らせたりいじらせたりするだけでハンズ・オンになるわけではない。重要なのは参加性である。参加性を高めるためには、その活動の意義が理解されなくてはならない。そしてそれには、適切な言語的説明や状況設定が必要になってくる。

第二の弱点、多様でテンポラリーな来館者に対応できる方法はあるのだろうか。残念ながらこれに十分に対応するのは難しい。しかし前述した「モノとかかわって学ぶ」という視点は、幾分かでもこの問題にせまれるかもしれない。この「かかわりの学び」では、来館者自身になんらかの探求をしてもらうことが重要になる。「知るとは行為すること」であるとすれば、来館者になんらかの探索行動をしてもらうことによって、それぞれなりの知を構成してもらうことができるかもしれない。

これの例としては、Panasonicと林原自然科学博物館が共同で期限付きで展示した「ダイナソー・ファクトリー」がある。発掘現場に踏み入り、携帯端末からの指示にしたがって探索すると、床に貼られた恐竜発掘現場写真の中に恐竜の姿が浮かび上がってくるという仕掛けになっていた。この展示では、すべてがミドルヤード展示になっており、自分が研究者となってめぐるという設定になっていた。

以上、もし博物館が学校とは異なる学びの場であるとすれば、従来の展示や講座そしてワークショップに加えて、こうした探求的な展示やプログラムをこれからも積極的に開発していくことが大切になる。学校において、基礎的なことをプラトン的にあるものとして学ぶ必要は、これからもなくならない。あいうえおや1+1を知らなくては話しがはじまらないからである。しかしその次の段階ということになると、博物館での学びが必要になる。知識基盤社会といわれる今日、従来の学校教育一辺倒から抜け出すには、博物館での探求的な学びの機会が、これから重要になるのではないだろうか。そうした意味で、「ミュージアムパーク茨城県自然博物館」のジュニア学芸員制度は注目に値する(7章3節参照)。

プラトンのイデア論的な知の存在証明と、プラグマティズムの確率論的な推理による知の構築とは、教育の文脈のみならず、私たちの生活のさまざまな場面に顔をだす。知の問題は、生き方の問題だからでもある。プラトン的になるかプラグマティズム的になるか、確定していてそのまま受け入れるものとしてみるのか、あくまで暫定的なものであって常に状況の中で再構築するものとしてみるのか、知をどうみるかは、人それぞれの生き方の問題でもある。博物館は、その意味で両方の生き方を引き受けているのかもしれない。

ダイナソー・ファクトリー1

ダイナソー・ファクトリー2
古生物学研究室の現場に立ち入っているかのような展示(ミドルヤード展示)

参考文献

●鷹野光行(2000)博物館教育学. 加藤有次・鷹野光行・西源二郎他編著『新版・博物館学講座 第1巻 博物館学概論』雄山閣出版
●Lave, J. & Wenger, E. (1991). *Situated learning: Legitimate peripheral participation.* Cambridge: Cambridge University Press. (佐伯胖訳『状況に埋め込まれた学習:正統的周辺参加』産業図書, 1993)

第3章　博物館での学習論

3

博物館での学習論

並木 美砂子

1. はじめに

博物館利用者は、博物館においてさまざまな体験をする。その中で、「学習」とよばれる体験の特徴とは何なのだろう。たしかに人々は、意図的に学ぼうとして学ぶこともあれば、振り返ってみて学んでいたということもある。博物館における学習にはその両者が混在している上、他のさまざまな体験とかかわりながら、断続的に進む場合もある。学習はこうした複雑な体験の中に生じることを念頭に置きつつ、本章では、博物館における学習とはどういうことかを考え、利用者がどう学ぶのかを理解する上で役立つ学習論を扱う。インターネット等のメディア利用を含めた博物館利用という捉え方ももちろんあるが、本章では、主に「展示(物)」とのかかわりや、博物館でのプログラムへの参加という場面を中心とする。

2. 学習の定義

実際、日々の暮らしの中で、私たちは社会的・物質的環境とかかわりながら確かに何らかの変化を遂げているはずである。その変化の中に学習と呼べる現象があるだろう。その変化を意図的にもたらそうと働きかけることを「教育」とした場合、学習はその働きかけの下でのみ生じることなのだろうか。あるいは、意識的に自らその変化を遂げていこうとする意志の下に生じるのが学習なのだろうか。または、外側の観察者側から、ある基準で選択された「変化」を学習と呼んでいるのだろうか。

「学習」をどう定義するかには、人間をどういう存在として見るかという人間観や、他の人間から見て観察可能な「変化」が学習であるとみるのか、それとも内的な情報処理過程を重視するのかという「焦点のあてかた」によっても変わる。さらには、「連続的な変容と非連続的な変容を扱う教育という特殊なコミュニケーション」(矢野、1999:p.218)の問題として学習を扱う場合もある。以下では、学習とはどういうことかを、その対照的な見方を提示する中で考えていくこととしよう。

2.1 行動主義vs.認知主義

まず、行動主義と認知主義をあげよう。

行動主義は、観察可能で外側に現れた「その人の行動」を観察・測定し、ある働きかけの前後で比較するという考え方である。他方、認知主義とは、行動主義で「ブラックボックス」とされていた、脳のなかで起きていることを情報処理過程として重視し解明しようとするものである。

スキナー

行動主義でイメージしやすいのは、スキナー(Skinner, B. F., 1904-1990)のプログラム学習[(1)]であろう。それは、ある課題を学習者に与えて回答させ、そのフィードバック(正解かどうかとそれに伴う情報あるいは報酬が本人に即時に与えられる)によって学習は進むというものである。「回答する」という観察可能な行動によって、学習が進んでいるか否かが判断される。学習者はある条件下で働きかけられる存在である。

一方、認知主義は、主体(学習者)が環境に働きかけて判断しながら必要な情報を得ていくという、その主体的な探索活動自体に重きを置く考え方であり、理由付けや、何を大事に思うかというその個人の価値観・世界観の影響を含めたものとなっている(佐伯、1995)。

このように、二つの「学習の定義」はたしかに対照的ではあるが、しかし、博物館における教育や学習についての評価活動には、この二つが含まれていることが多い。行動主義は来館者調査の調査項目のカテゴリーや追跡調査のような調査方法に活かされ、認知主義は、たとえばインタビュー調査における発言の質的な解析に活かされている。

2.2 個人の営みとしての学習vs.共同体への参加としての学習

学習を、個人の中で起きていることととらえる場合と、共同体への参加プロセスとして位置づける場合がある。後者は、「一人の人の学習意図が受け入れられ、社会文化的な実践の十全的参加者になるプロセスを通して学習の意味が形作られる。」(レイヴとウェンガー、1993:p.1-2)というものである。後者の考え方では、共同体への参加プロセスに注目し、その参加を通じて学習者が自らのアイデンティティを確立するという、他者と自分の共同の営みを学習とみている。博物館利用が、社会的実践として語られるとき、利用者は学習者として登場する。また、社会にとっての博物館の役割を考えるという大きな枠組みにおいては、市民と博物館との共同の営みによって生み出されることを、「協同的な学習活動の実践」として位置づけることもある。

2.3　二つの学習者観・二つの知識観(注入vs.構成)

一方には、からっぽの頭の中に知識を注ぎ込むという考え方があり(シャノンとウィーパー、1969)、それは、そもそも人間は白紙の状態で生まれ落ち[(2)]、その後の環境からの刺激を受け続けて人格形成が成し遂げられるという人間観が基底となっている。そのため、学習者は受動的存在として登場し(奈良と伊勢田、2009)、知識は導管に詰められて(Reddy, 1979)外側から学習者に伝達され、学習者はそれを受け取る存在である。

他方には、学習者が、「知識を自ら構成していく」という構成主義と呼ばれる考え方がある。その中でも、構成のプロセスを「個人発生」に焦点を当てた場合と、そうではなくて誰かの助けの下で「知識は構成されていく」という場合があり、とくに後者を前者から区別する意味で「社会構成主義」と呼ぶ。どちらも共通して、環境との相互作用を重視しており、学習者は能動的存在である(ハイン、2010)。後者はとくにその環境の中に、社会的関係(他人とのかかわり)を含んでいる。

これら「注入」と「構成」の二つは、知識をどういうものとしてみているかということとも深く関連している。知識を、既に存在している文化的な価値としてみるのか、疑いながら批判的に受けとめて自分のものとしていくとみるのか、この二つの知識観がそれぞれとる学習観は異なる。前者は、その時代の文化的価値を知識として伝達されることが学習であるという立場をとり、伝達モデルにもとづく学習観と関連する。後者は、たとえば「知識とは、常に、権力、言語、表象、社会的関係、倫理の間の関係とかかわるものとみる」という主張に表れている(Hooper-Greenhill, 1999: p.22-24を筆者が要約)。そこでは、学習者は能動的に環境に働きかける

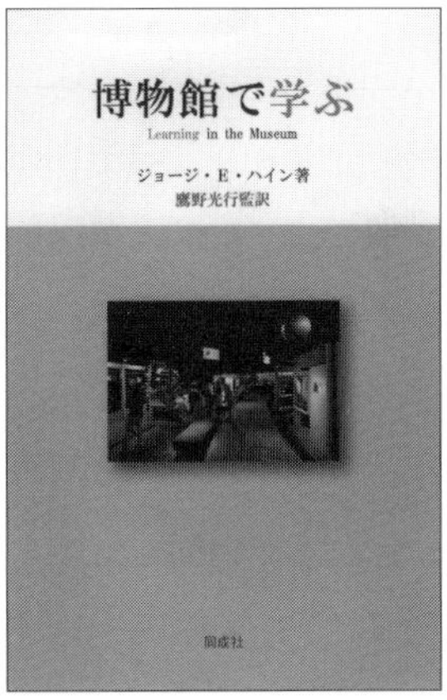

ハイン, G. 「博物館で学ぶ」

Hooper-Greenhill, E.
「*The Educational Role of the Museum*」

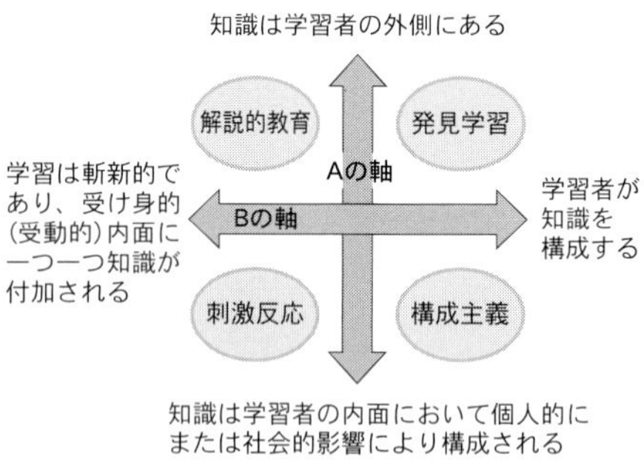

Aの軸：知識に関する理論　　Bの軸：学習理論

図1　知識に関する理論と学習理論の関係
実際には、この四つのどれかに完全にあてはまることは少ない。あるいは一つの展示構成やプログラムが複数の領域にまたがるだろう(ハイン,G.(2010)p.42を筆者が改変)

存在で、それぞれが独自に創り上げる価値の世界があると考えられている。これは、構成主義にもとづく学習観と関連する(図1)。

3. 博物館での学習を理解し促進する上で役立つ理論

一口に学習といっても、上記のように異なる学習観が存在し、その背景には哲学的な問いや焦点のあてかたの違いが反映している。博物館が利用者に何らかの働きかけをおこそうとする際に、自らがどのような学習観にたっているかを自問することは非常に大切である。たとえば、何かまとまった知的体系を効率よく受けとってもらおうとしているのか、それとも、それぞれの利用者が持ち込む「前知識」や学習スタイルにそった支援をしようとしているのかは、大きな違いと言える。以下では、博物館側が働きかけを計画し、実践し、改善していく際に役立つと思われる理論と概念を紹介しよう。まず、博物館利用の「前」と「利用時」、そして「利用後」の各場面に役立つと思われる理論を紹介し、最後に、教育プログラムづくりに役立つ理論を紹介する。

3.1 博物館訪問の前

(1)動機と関連した「学習への期待」と「レディネス」の概念

博物館での学習は、訪問しようとする人が来館動機をもったときに始まる。なぜその人はその時間に他ならぬその博物館訪問を決定するのだろうか？　あるいは「この博物館訪問を決定してあの博物館は行かないことを決定する」のだろうか？　さらには、日頃は余暇時間の過ごし方の選択肢に博物館を入れない人が、誰かの強い誘いによって行ってみようと選択をすることもあるかもしれない。

この時点で参考になる学習論は、学習動機とレディネス(ある学習が成立するのに十分な準備の状態をつくることをさす)[(3)]に関連した理論であろう。上記のように、「訪問しようとその気になるのはなぜか」ということを考えた場合、自ら関連する情報を収集して訪問する人もあれば、逆に誰かに誘われたからなど、漠然とした社交の場として考えている人もいるだろう。動機には、このように内発的なものと外発的なものがある。実際にはこの両極(目的意識が比較的明瞭でレディネスも十分ある場合と、漠然とした期待でレディネスもない状態)の間に多くの人は存在している。しかし、ここで後者の状態であったにしても、少なくとも実際の訪問と利用において何らかの学習がなされる可能性はある。そして、時間を共に過ごした相手との交流の意味が変化することもあるかもしれない。

さらに、内発的な動機をもちレディネスも十分な場合は、期待も大きく、その分、実際の博物館訪問で得られたことが逆につまらなく思われてしまう可能性も秘めている。反対に外発的であれば、思いも寄らぬ体験によって同じできごとが非常に意味深い記憶に残ることもある。つまり、当初の目的達成とは別な成果が、利用者にもたらされる可能性も考えてよいだろう。

また、学校などの集団利用の場合には、上記の内発的動機がもともと希薄であることも予想される。既にその博物館に行くことが決められているときはそうであろう。そこで、外発的ではあるものの、それを内発的な動機に置き換えるよう、どこで、なにを、だれと……をあらかじめシミュレーションして、期待がもてるような働きかけが行われる。このように、博物館訪問の計画段階において、訪問動機とレディネスの状況が、実際の博物館体験の内容に影響することを理解しておきたい。

(2)事前の情報で必要なこと：博物館訪問の見通しをもてる「オリエンテーション」と「先行オーガナイザ」

内発的な動機を高めてより実のある博物館体験にしていこうと考えたときに、一般的には事前情報が重要だと考えられている（奥本・加藤、2009）。では、まずどのような情報が重要だと言えるだろうか？

たとえば、動物園訪問をする子どもたちへの事前オリエンテーションを、内容を違えて伝えた三群間で、その効果を確かめた調査内容を紹介しよう（フォークとディアーキング、1996：第3章）。第一の群にはスライドなどにより「水棲哺乳類の特徴」を、第二の群には「動物観察の手法」を、そして第三の群には「どこで何ができるか、売店や休憩場所・昼食場所のことなど全体の過ごし方」が情報として与えられた。その結果、もっとも動物の観察が集中して可能になったのは第三の群であり、しかも動物に関する知識と技能が他群より有意に得られたという。このことは、いつ、どこで、何ができそうかという滞在全体に対する見通しをもたせることが、学習結果に密接にかかわることを示している。集中して何かに取り組むには、集中力を注ぎ込める心理的な環境（この場合は、とくに売店で買い物時間はたっぷりある、友達とゆっくり昼食をとれる場所もあるなど）が整えられることが必要だということである。

フォーク, J. とディアーキング, L.
「博物館体験ー学芸員のための視点」

このように人々の学習を推進するには、時間的な見通しを含めた「安心感」が得られるような事前オリエンテーションの工夫が効果的であるといえる。その見通しが、学習内容と事後学習に影響する。

さらに、事前に提供する情報を整理して、既有の知識に関連させて知ることができるよう、あらかじめ枠組みを提示しておく「先行オーガナイザ」の概念も参考になる。これは、オーズベル（Ausubel, D. P., 1918-2008）によって提案された学校教授場面における有意味学習の教授法の一つで、「学習すべき（有意味）教材の本体に先立って、関連するつなぎとめ観念の入手可能性を確かなものとするために学習者に提示されるもの」と定義される（オーズベルとロビンソン、1984：p.183-236）。

3.2 実際の利用時：ものごとの理解のしかたや学習スタイルの違いへの配慮

では次に、実際に訪問し、展示とかかわったり何らかのプログラムに参加する場面を想定してみよう。そこで博物館側として有用なのは、各人の、ものごとの理解のしかたの違いや学習スタイルの違いに関する理論であろう。

(1)論理科学的様式とナラティブ様式

ブルーナー（1988）によると、ものごとの理解の仕方には、まったく異なる二つの様式、すなわち「論理——科学的様式（paradigmatic knowing）」と「ナラティブ様式（narrative knowing）」がある。普遍的な論理一貫性が追究されるのが前者で、本人にとっての真実味や迫真性が追究されるのが後者である。だからといって、論理——科学的様式が科学技術系の博物館に、ナラティブ様式が芸術系の博物館にあてはまるということではない。たとえ科学技術系であっても、自分がよりなじみのある「もの」と展示との間の関連を「迫真性を」ともなって見出すこともあれば、芸術系でも、自分なりの論理性をもって（たとえば印刷の技術革新に注目するなど）、展示利用がすすむことも十分ある。このように、この二つの様式は密接に関連する。「たしかにそう思う。そうだ。」と納得したり

ブルーナー, J. 「可能世界の心理」

腑に落ちるときは、理屈ばかりではなく、真実味や迫真性を伴うものであり、両方の相補的な関係が生じているものである。どんな博物館であっても、両者の様式が各人にさまざまに生じていることに注目すれば、一人ひとりのイマジネーションがどう喚起され、内省が促され、理解が深まっていくかがわかるだろう。

(2)個人化プロセスおよび意味作り

その理解が進むプロセスとしては、個人化(personalization)と意味作り(meaning making)があげられよう。「すべての来館者は、博物館のメッセージを自分自身の理解や経験と一致するように個人化する」(フォークとディアーキング、前出：第8章)とされているように、単に経験したことがそのまま学習なのではなく、メッセージをその人なりに解釈しつつ主体的にとりこむ過程が重視され、それが「個人化」と表わされる。また、その主体性をより鮮明にするのが「意味作り」という概念である。博物館を訪れて体験するたくさんの事柄の中から、その人は何を選択してそこに意義を見い出していくのか、その後の人生において思い出されることは何であり、どのようなことが長期的な学習の成果として役立っていくのか。その長期的な見通しや可能性をもつ上で、この「個人化」や「意味作り」は極めて重要である。なぜなら、学習は博物館訪問の前に始まるだけでなく、訪問後にも始まるからである。この概念をもつことで、博物館訪問は人々の生活にどう影響を与えうるかという視点ももちやすい。

(3)モデリング

人は、おもしろそうで楽しそうな活動をしている人を見た場合に、自分もやれそう・やってみたいと思うことがある。誰かの行動をまねることをモデリングといい、「観察学習」(バンデューラ、1979)とも呼ばれる。他人の行動をよく観察し、やってみて、自分もできるようになることを意味する。

博物館では、たとえばハンズ・オン展示の操作をする場合、ラベルをよく読んで取り組むよりも、他の子どもが取り組んでいるところをよく見て、おもしろそうだからそのとおりやってみるということがよく見られる。また、行動そのものでなくても、たとえば壁面に貼られた作品をみて、同じようなことをしてみたくなるのも、モデリングの一種とみてよいだろう。博物館には、他の利用者の活動それ自体や活動の痕跡・成果が、このモデリングの対象となる場面があふれている。

一方、モデリングは、自分の行動が他人から見られるということの意識にもつながる。人によっては、「誰かに見られてしまうかもしれない・恥ずかしい」などの気持ちや抵抗感から、やってみたい気持ちを抑えてしまうこともありうる。大人の場合はそれが顕著なこともあるため、大人が年少の子どもたちといっしょに取り組める場面を用意することで、その抵抗感が解消されることもある。

(4)学習スタイルの違い

人は、それぞれ独自の学習の進め方の特徴を持っている。マカーシーの4MATシステム(McCarthy, 1983)では、学習者は情報の知覚と処理の好みのやりかたは大まかに四つあるとされ(表1)、そのことから、学習タイプも四つあるとされる(表2)。マカーシーは、博物物館での展示やプログラム設計の際、4MATシステムモデルを用いれば、あらゆる学習スタイルの来館者に生かせるのではないかと述べている(フォークとディアー

① 分散型学習者(diverger)
：体験を統合する

② 同化型学習者(assimilator)
：概念を構成する

③ 収斂型学習者(converger)
：実行して個人化する

④ 受容型学習者(accomodator)
：経験と応用を統合する

表1　マカーシーの4MATシステム

① Innovative　想像的
(他の人の意見を聞き、自分の意見と比べ、学習していく)

② Analytic　分析的
(一つひとつ順を追ってじっくりと考えていく)

③ commonsense　常識的
(いろいろな理論を検証してみる)

④ dynamic　実験的
(試行錯誤を繰り返してみる)

表2　マカーシーによる学習スタイルの四つのタイプ

キング、1996：第7章)。

また、ガードナー(Gardner, H., 1943-)は、8の知性(Intelligence)の存在を認め、各人はその発達度合いに違いがあることを報告している。それらは、①言語的　②論理数学的　③音楽的　④空間的　⑤身体運動的　⑥対人的　⑦内省的　⑧博物的であり、そこでは知性を問題解決能力の意味だけではなく、何かを創り出すことや自分の経験を世界の中(空間的にも歴史的にも)に位置づけて考える能力までを含めている(ガードナー、2001)。ガードナーはさらに、どんな学習課題においても五つのエントリーポイント(入り口)があることを主張し、それは①審美、②ナラティブ、③論理・量、④根拠、⑤経験だとした。これらの分類された「知性」は、ガードナーのことばを借りれば、「人々をレッテル貼りするのではなく、重要な内容を学ぶのを助けるために活用されるべき」(ガードナー、2001：p.138)である。

もし、マカーシー(McCarthy, B.)の四つの学習タイプがあることを理解すれば、違うタイプの人々を組み合わせたグループにした場合、それぞれの得意な追究方法が互いを助けることになるかもしれない。また、この五つのエントリーポイントを参考にした場合は、異なる出発点を用意することで、利用者が障害なく取り組める可能性が高まるだろう。学習タイプの違いと多様な知性の存在を知ることは、具体的にどのような問いかけや課題を用意するか、その提示の内容と順序を考える上でも有効である。

さらに、ユング(Jung, C. G., 1875-1961)の「パーソナリティ理論」(河合隼雄、1967)[(4)]から、クラントン(Cranton, P.)はとくに、外向的なタイプと内向的なタイプに分けた場合の学習との関係を次のように述べている。「外向的タイプの人は普通、他者と話したり直接体験するなど、環境とのやりとりを通じて学ぶことを好み、内向的タイプの人は、環境から邪魔されることなく、内的プロセスから学ぶことを好む。」(クラントン、1999)

このような区分けは、たとえばワークショップなどの複数の人々でとりくむような場面での学習方法を考慮する上で役立つだろう。外向的タイプの人々は、実体験の蓄積を重んじグループワークに不安はない。しかし内向的タイプの人々は、他者とのやりとりは学習の妨げだとみなす傾向をもち、何か発表することに不安をもつのだが、他の人同士の交流を静かに聞いている(見ている)ことであれば問題がない。そしてひとりでじっくりと振り返りをおこなう時間が必要となる。

学習タイプの特徴を吟味したり、パーソナリティのタイプと関連させた学習方法に関する配慮を、博物館の実践との関係で考えるなら、学芸員や解説員の側にもそれらのタイプに違いがあることを念頭におくべきだろう。つまり、対象となる利用者にどのような実践がよいかを考える際に、自分のとりやすい視点や判断、場合によっては先入観すらもちこまれる可能性があることに留意したい。利用者をよく見て、同僚とディスカッションしながら学習プログラムをたてていく意義は、企画者側のバイアスを少しでも緩和し、さまざまな学習のしかたを想定することにある。

3.3 訪問のあとに(省察と仮説をもつために)

博物館訪問において、できごとの想起や記録は重要である。学校での訪問などでは、グループで話し合ったり関連することを調べるなどの事後学習が行われることが多いが、博物館側としても、事後学習に深く関与して、博物館での体験の意味の拡がりを共有していきたい。

できごとがどのように起き、どのように展開しているのかを詳細に分析する上で、北イタリアの小都市で展開する「レッジョ・アプローチ」の諸実践が参考になると思われる。そこには、学習が子どもと大人の間で、あるいは子ども同士の中で、具体物を媒介として展開するコミュニケーションの中に存在するという考え方があり、それは「交渉する学び：negotiated learning」(エドワーズほか、2001)と呼ばれる。その実践では、成果物のみならず、学習途上の発話や子どもたちの描画など関連する媒介物を展示する「アトリエ」という空間が用意されるとともに、映像や文字化されたドキュメンテーションが重視されている。子どもたちにはアトリエにおいて自らの活動を省察する機会が与えられ、保育者たちにも、ドキュメンテーションを知ることによって「交渉する学び」へのまなざしが培われる。成果物は終着点ではなく、そこでおきたことを丁寧に分析して次の活動を組み立てるための出発点と位置づけられる。

この実践から学べることは、博物館利用者側が自らの体験の振り返りをする場合、作文・写真・絵など諸々の媒介物や「かべ新聞」などは、「そこで起きたことはどういうことか」という省察に役立つと同時に、次の活動の源泉になるための仮説をもたらすということだろう。もしそのような省察や仮説作りに、博物館側もかかわることができるなら、それは利用者の変化に関与する博物館側の省察や仮説作りにもつながる。「交渉」は、博物館側と利用者の間で不断に生み出される「できごと」についての省察を双方で深めるプロセスとなるだろう。その「交渉」は、博物館にとっても利用者理解の貴重な機会となる。

3.4 プログラム組み立てのヒント：さまざまな年齢や関心の違いの生かし方

(1)発達的視点：利用者としての子どもの存在

「いっしょに物を見る」ということを「共同注視」と言う(北川、2005)。うまれたばかりのあかちゃんは、3か月くらいまでは養育者との間で、視線がどちらを向いているかに自分の視線を向けることはできるが、「指さし」された方向と視線の方向とが一致し、さされたものを注視できるのはだいたい9か月すぎだという。首がすわり、寝返りができ、おすわりができ……という肉体的な発達と、指さされた方向にある物理的に離れた「もの」を見るという共同注視が可能となる。この時期において、ものに名前があることを知りはじめ、1歳の後半には、相手が何に注目して自分に語っているかを理解し始め、ときにはその相手の心の状態がわかりはじめる。そして、2歳後半には、ある言葉をきいたときに、「話し手の視線の先にある対象」と結びつけて理解しだし、ときには、具体物がなくてもこれまでの記憶などを用いて想像して想起することも可能になる。たとえば、「となりのおへやの、このくらいの大きさの、なんだったっけ？」と言われて答えられるようになる。

これを博物館の場面におきかえてみるなら、2〜3歳くらいの子どもと親や同行の年長者がお話しながら展示を楽しんでいる場面では、さまざまな「もの」を一緒に見る共同注視がおきているといえる。そのことにより、会話の中では、そこにはない「もの」や「できごと」が引きだされたり思い出され、その家族なりの世界が拡がる。働きかけている大人の方も、引きあいに出すものごとを探す過程で、「展示の理解」が進む。「楽しく会話しているようだからよい」だけではなく、そこに、共同注視させる「なにか」が存在し、大人の側も、子どものために理解を促す「関連のできごと」を探す過程がとくに大事だと思われる。その意味でも、「その子に見てもらう」「そこにはないことをいっしょに考えてもらう」ための子どもの存在が重要となる。

(2)家族での学び(family learning)という視点

この「子どもの存在」に注目することを含め、「家族での学び」を考えることは大切である。館種にもよるが、博物館利用者の多くは親子を含む家族連れであるといえ、もし複数の子どもが含まれる場合には子ども同士の年齢差も学びの内容や方法に影響する。

家族を、異年齢の社会グループとして位置づけ、博物館利用のさまざまな局面において、彼らの過ごし方や交流のしかたのなかにどのような学びが含まれているのかを見い出す試みは、アメリカの科学系博物館などにその例がみられる(Linn, 1980., Borun, et al, 1996.)。

どの展示を次に見るかを決めるのは誰で、そこで誰が誰に展示の解説を読むのか、誰が誰に説明を求めるのか、集中して展示に取り組むのを見守ったり、その環境を整えるのは誰なのか……といったことをよく見て、家族のメンバー間の相互交流の特徴を明らかにするのである。年齢差があることと、そもそもの関心事が異なることにより、相互の学び合いがうまれる可能性が示された。

そして、家族のメンバー間に保たれた「その家族ならではの」体験の内容が、次の経験の土台となるという。博物館を家族で訪れるという機会をもつことで、たとえば展示の利用の際には、お互いに関心の向く先が同一だったり違ったりすることを知り、相互の理解がすすむこともあるだろう。何かを知るということにとどまらず、その先の社会的交流の土台を提供する可能性も十分考えられる。

(3)協調的学習という考え方：発達の最近接領域を創り出す

学習は、学習者がひとりでおこなうことではなく、他人と一緒に、他の人の助けをかりておこなわれるものであり、その協力共同関係が生み出されやすいよう、周囲の道具立てや記録に配慮していくという考え方である。これを協調的学習[(5)]と呼ぶ。また、子どもがそれまでできなかったことを誰かの手を借りてできるようになるとき、ひとりではできなかったレベルと、できるようになったレベルとの差に存在する領域を「発達の最近接領域」(ヴィゴツキー、2001)というが、協調的学習においては、この領域を意識的につくりだすことが重視される。

教室場面で仲間と助け合いながら学習することは典型的な協調的学習の例であるが、博物館のワークショッププログラムや展示を用いた学習活動を協調的学習として見ることは重要である。というのも博物館は、意図的に、「発達の最近接領域」を創り出すような展示とプログラム構成が可能であり、協調的学習がおこなわれやすい環境だからである。同時に、どのように、博物館利用のさまざまな場面でこの領域が創り出されるか、協調的学習が起きつつあるかを「みる」目も必要となる。その「おきるきっかけ」を探してプログラム開発につなげていけるからである。

ヴィゴツキー, L.

(4)ポリフォニーおよび社会的相互矛盾への注目：活動理論の採用

展示解説の場面を思い浮かべてみよう。展示をわかりやすく伝え、理解してもらうのが展示解説の役割だと考えられる場合が多い。音声ガイ

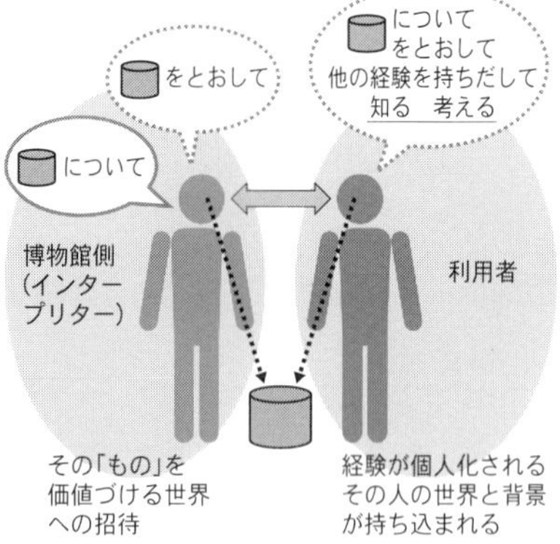

図2　展示室での対話
利用者も解説者もそれぞれの世界を背景に持ち、対話の場面にそれが持ちこまれる

ドも利用者のペースで理解してもらうために開発された経緯がある。

しかし、人間同士の「なまの対話」の場面を想定すると、解説員対利用者というように、現象的にはたとえ一対一(グループへの解説は一対複数だが)でおこなわれる対話であっても、そこには多数の人々の影響があることは容易に想像できる。そこに生じている「声」は、当人どうしの声の行き交いの装いをもちながら、それぞれの世界観をもたらした背景を引きずっている(図2)。展示室で交わされるのは、たしかに「そのときだけの」会話なので音声としては消えていくが、解説者はそのとき起きたことによって,次の発話の内容や働きかけ方を変えていけるかもしれない。また、利用者はその発話した自分のことばによって、それまで気づかない自分らしさを発見するかもしれない。発話とそのレスポンスの役割は、互いの声を聞き合うのみならず、自分自身の声を自分で聞くという側面を含み、相互理解と自分自身の気づきを深めていけることといえるだろう。

こうした、「会話における声は多声である」という立場から人々の営みを考える理論は、たとえば「多声性:ポリフォニー」(バフチン、1995)であり、その多声性を支える「内なる心の声の存在」に注目する活動理論(ワーチ、2004)であろう。ときに、矛盾し合う多数の声が、行き交うところとして博物館での解説活動を考えてみる上で、役立つ学習論のひとつと思われる。

同時に、博物館での会話場面を分析していく際には、博物館という場すなわち「展示空間」をそこに用意し、つくりあげた別の「声」の存在を考慮しなければならないだろう。たしかに、展示物を媒介に、多数の声が行き交っており、場面としてはそこであたかも完結する交流にみえるが、展示作りに伴う「声」も存在し、また、「なぜそのテーマ、その展示なのか」を問う声も隠されていることを銘記したい。

さらに、このような「個人対個人」ではなく、より広く社会における矛盾の構造が学習をもたらすという立場からの学習論としては、エンゲストロームの活動理論を挙げることができる。活動理論の哲学的基礎は、「物質的・生産的活動と労働の道具」が知識の発展に寄与するとしたヘーゲルと、人間のシステム的歴史的把握のための自然科学的・経験的基礎を築いたダーウインである(エンゲストローム、1999:p.22-23)。そこでは「学習という活動システムが、文化—歴史的に再構成されようとしている」(弘田、2004:p.110)とされ、主体と対象だけでなく、その間に媒介物を置くことにより絶え間なく弁証法的に再構成される関係が重視されている(図3)。活動理論では、学習は「学習活動」と呼ばれ、「いくつかの行為群からひとつのあらたな活動への拡張を習得することであ」り、「活動を生産する活動」だとされる(エンゲストローム、前出:p.141)。そして、外から与えられた道具のたんなる消費ではなく、道具それ自体に質的変化をもたらす「主体」の意識性に重きが置かれている。しかし、質的変化をとらえるには、その生まれつつある新しさを「矛盾の構造」の中で見いだすある種の感受性が必要になるだろう。その感受性は、課題に直面したときの解決のありかたという具体的な行為に身を置いたり、注意深くそれらを観察する中で養われる。博物館側と利用者側の間に起きる諸々の問題解決にあたることを、新たな学習活動として捉えるなどがその一例であろう。

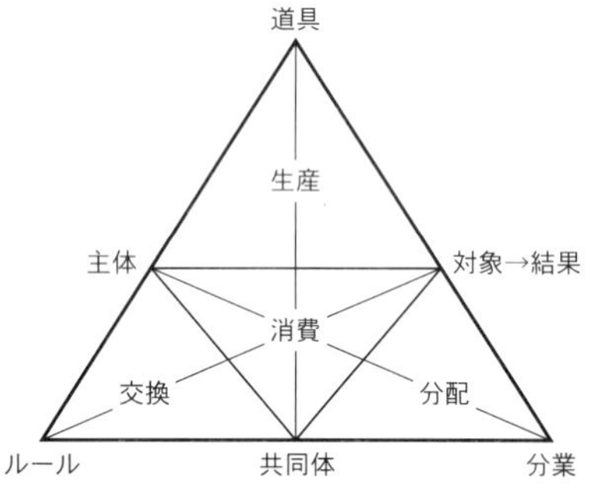

図3　人間の活動の構造
(エンゲストローム, 1999:p.79より)
学習はこの図に示される「人間の活動の構造」における個人と共同体の間の矛盾の止揚として捉えられる。これを博物館に応用すれば、たとえば展示は利用者にとり「道具」でもあり展示者にとっては「対象」でもある。利用者は「共同体」において、ある「ルール」のもとで、見いだされた価値を「交換する」しあう「主体」としても登場する。そこでの「消費」活動を展示者側がよく観察や分析を進めることにより、あらたな「道具」としての博物館を生み出すことにもつながる

(5)視覚的思考と言語:対話重視の展示利用

美術館では、見ることを通じて、クリティカル・シンキング(6)(フレイレ、

2011)の力をつけることを目的とした鑑賞プログラムがある。その場合は、作品の観察、見分けること、論理だてや連想、比較といった思考プロセスが重視されており、それらを言語化することに力が注がれる。言語化には、書くことも会話(対話)も含まれる。また、ニューヨーク現代美術館の教育部長であったヤノウィン(Yenawine, P., 1942-)らが当時開発したVTS(Visual Thinking Strategy)[(7)]という手法による作品鑑賞においても、ナビゲーターとともにその場での参加者による対話が進められる(アレナス、1998)。これらに共通した、ことばと視覚との密接な関連について、アルンハイム(1974：p.289)は「芸術作品を成り立たせる個々の関係を知的に跡づけようとする人は、それを一つずつ取り上げ、結びつけなければならない。知的思想過程の代表的な例は、話しながら概念を結びつけること(中略)である」と述べており、ヤノウィンもVTS開発に於いてアルンハイムによるこの視覚と言語・思考の関係を参考にしている。これは、佐伯が指摘した、「統合から分析へ」の思考プロセスをとる絵画鑑賞の認知的特徴とも重なる(佐伯、2011)。

エンゲストローム, Y.
「拡張による学習」

この視覚と言語・思考との関係を重視したプログラムは、複数の参加者がお互いに発言をよく聞き合うことが求められ、それぞれの観察の特徴や連想することの違い、注目することがらの違いなどに気づくことが求められる。その違いを相互に認め合い、影響し合う体験こそこのプログラムの中核であり、前出の「交渉する学び」あるいは「協調的学習」の要素をもつ。

(6)学びの三つのモード：身体性(諸感覚)との関係

無藤(2001)によれば、学びには①入り込む・②眺める・③想像するの三つのモード(様式)があるとされる。展示との関係においてこれらの学びのモードを考えてみると、①まるでその展示の中に没入する感覚で取り組む、②隣の展示との関連性を探したり、全体の構造を把握するために少し離れて見てみる、③いったいこれはどういうことだろうと、それまでの知識や体験を思い起こしながら理解の構造にあてはめてみる、ということができるだろう。動物園で多様な年齢層でこのモードの発現状況を確かめてみた研究(並木、2005)によると、大人と子ども、また、子どもの年齢によってもその発現状況は異なり、あるモードから違うモードへの移行には、多くの場合、他者からの働きかけが介在することが確かめられている。とりわけ、③への移行は子どもだけでは進みにくかった。筆者は、この「移行」が起きることにより、それまでとは異なる学びが起きると考える(図4)。

また、展示に触れてみる場合は、視覚に加えて触覚や嗅覚など諸感覚を用いており、全体を眺め渡すような場合は、その空間に浸るような身体感覚が伴うと思われる。たとえばハンズオン展示手法が施された展示空間ならではの学習環境を、三つのモードと身体性の関連あるいはモード間の移行として捉えることにより、学習環境としての分析が進められていくことは重要だと思われる。

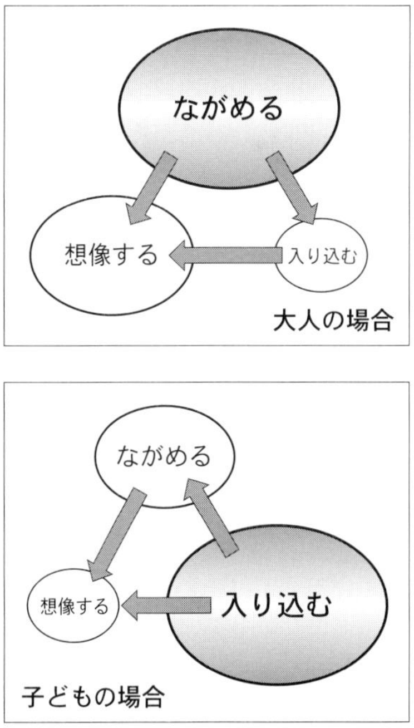

図4　大人と子どもの「見方」の違い(概念図)
大人はざっと見渡して自分の興味関心のあるものに出会うと、自分の文脈に落とし込んでそこから様々なものごとを想像する傾向がある。子どもは、興味惹かれるとそこに集中してその世界に入り、浸りこむ傾向がある。両者の見方に違いがあることにより、互いを助けとして自分の見方を拡げていける

4. おわりに—「学習論」を学ぶ意味そして残された課題—

ここで取り上げた学習論は、博物館利用者の「学習の契機」を注意深く見逃さないためにも、また、少し先回りして、学習環境を整える上でも有効である。博物館は、利用者が無意識のうちに成し遂げつつあるさまざまな学習の場面に利用者と共にかかわり、それらをよく観察し、さらに、

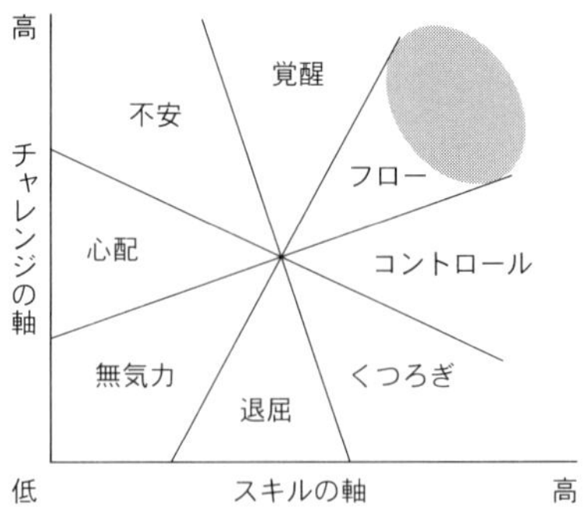

図5　フロー体験がおこる「チャレンジ」と「スキル」の相関関係
（チクセントミハイ, 2010：p.43より改変）
「フロー体験」は、スキルとチャレンジのどちらの変数も高いときに起きる

利用者の潜在的な力によって創られつつあることに、もっと敏感になるべきではないだろうか。微視的な学びの瞬間とプロセスへの関心も、プログラムや展示の評価や開発という当面の課題解決に閉じ込めることなく、ひとまわり大きな視野で文化的な実践として博物館教育の問題を考えていくことが重要だろう。さまざまな学習論とその歴史的背景を知る意義はそこにある。

また、楽しさと学習との関係をよく考えていくことも重要である。一般的には、没入することの楽しさ（フロー体験）(8)が生じやすい環境（図5）とは何かを考えたり、人々との交流の楽しさを演出し、その条件を整えることが大切だと考えられている。しかし、戦争をテーマにしたり、人権抑圧を考えてもらおうとする展示であれば、没入することには苦しみの感情を伴うであろうし、それを言語化することに躊躇する場合もあるだろう。多様な立場の「声」による交流には、文字通りの楽しさとは異なる感情が行き交うことが含まれる。楽しいから学べるということのほかに、苦しみから学ぶということもありうる。他者視点を内側にとりこむ際には、こうした多様な感情の経験が含まれるだろう。

さらに、本来は、利用者自身も博物館利用のありかたを変えていくことなしに、つまり、主体としてかかわることなしに、学習は成り立たないことも自明であろう。博物館側も利用者側も、社会のよりよきありようを考える視点から、ともにその有形無形の文化的リソースのもつ可能性を押し広げていくことこそ、広い意味での学習ということになる。博物館教育の目的を、たとえば「博物館が利用者とともに『文化』を創り、変えていくこと」とおくならば、そこでの課題は、「今」に生きる人々の生活に貢献する上で必要なことは何かを見極めることであろう。それには評価と検証が必要となるが、それについては次章以降で扱う。

本文注釈

(1) 「心理学とは、実証可能な自然科学の一分野であるべき」（ワトソン）という考え方に基づき、スキナーが考案したティーチングマシンによる学習のこと。

(2) 17世紀の思想家、ジョン・ロックは「人間は白紙の状態で生まれる」ということを、ラテン語によりタブラ・ラサと表現した。

(3) 心理学者ゲゼル（1880-1961）により提唱された、ある学習が成立するのに十分な身体的発達の準備が整った状態をさす。

(4) その人自身には自覚されない「深層の心理」の存在を認めた上で、自我の関心が向く方向には、大きく分けて、周囲の環境世界と自己の内的世界があるということから、心的・性格の八つの類型を抽出した。

(5) 学校場面でのPeer cooperation（仲間と助け合いながら学習する）がその典型例である。また、scaffolding（足場かけによる支援）や認知的徒弟制、そしてヴィゴツキーによる「発達の最近接領域」づくりも、学習の社会的な面を前提にしている。

(6) 日本語では批判的思考と訳されることが多いが、批評的思考に近い意味合いをもつ。人々が自らの内発的な力を発揮することにより、社会参加と変革をしていくこと、およびその支援をすることを意味している。

(7) 芸術教育と批判的思考を育てるとされる、1980年代からハーバード大学の認知心理学者ハウゼンらと協力して開発されたプログラム。

(8) フローとは「全人的に行為に没入している時に人が感じる包括的感覚」（チクセントミハイ、2000：p.66）とされている。インタビューによって、その時の状態を多くのインフォーマントが「流れにのっているような」と表現したところから、チクセントミハイが名付けたもの。

参考文献

●アルンハイム, R.（1964）『美術と視覚―美と創造の心理学（上）〈下〉』波多野完治他訳　美術出版社

●アルンハイム, R.（1974）『視覚的思考』関計夫訳　美術出版社
●アレナス, A.（1998）「なぜ、これがアートなの？」川村記念美術館監修　福のり子訳　淡交社
●ヴィゴツキー, L.（2001）『思考と言語』柴田義松訳　新読書社
●エドワーズ, C., ガンディーニ, L., フォアマン, G.,（2001）『子どもたちの100の言葉──レッジョ・エミリアの幼児教育』佐藤学・森眞理・塚田美紀訳　世織書房
●エンゲストローム, Y.（1999）『拡張による学習』新曜社
●オーズベルとロビンソン（1984）『教室学習の心理学』田章宏・松田弥生訳　黎明書房
●奥本素子、加藤浩（2009）美術館学習初心者のための博物館認知オリエンテーションモデルの提案　日本教育工学会論文誌　33(1)：11-21.
●ガードナー, H.（2001）『MI：個性を生かす多重知能の理論』松村暢隆訳　新曜社
●河合隼雄（1967）『ユング心理学入門』培風館
●北川修（2005）『共視論──母子像の心理学』講談社
●クラントン, M.（1999）『大人の学びを拓く』入江直子・豊田千代子・三輪健二訳　鳳書
●佐伯胖（1995）『「わかる」ということの意味』岩波書店
●佐伯胖（2011）「絵を見るとはどういうことか」『100人で語る美術館の未来』27-46　慶應義塾大学出版会
●シャノン, C. とウィーバー, W.（1969）『コミュニケーションの数学的理論』長谷川淳・井上光洋訳　明治図書
●チクセントミハイ, M.（1996）『フロー体験 喜びの現象学』今村浩明訳　世界思想社
●チクセントミハイ, M.（2000）『楽しみの社会学』今村浩明訳　新思想社
●並木美砂子（2005）『動物園における親子コミュニケーション』風間書房
●奈良由美子、伊勢田哲治（2009）『生活知と科学知』放送大学教育振興会
●ハイン, G.（2010）『博物館で学ぶ』鷹野光行他訳　同成社
●バフチン, M.（1995）『ドストエフスキーの詩学』望月哲夫・鈴木淳一訳　筑摩書房
●バンデューラ, A.（1979）『社会的学習理論──人間理解と教育の基礎』原野広太郎訳　金子書房
●ピアジェJ.（1978）『知能の誕生』谷村覚他訳　ミネルヴァ書房
●弘田陽介（2007）「活動」の弁証法/進化論　関西大学人間活動理論研究センターCHAT Technical Reports No. 5：107-222.
●フォーク, J. とディアーキング, L.（1996）『博物館体験──学芸員のための視点』高橋純一訳　雄山閣書店
●ブルーナー, J.（1998）『可能世界の心理』田中一彦訳　みすず書房
●フレイレ, P.（2011）『被抑圧者の教育学──新訳──』三砂ちずる訳　亜紀書房
●無藤隆（2001）『知的好奇心を育てる保育──学びの3つのモード論──』フレーベル館
●レイヴ, J. とウェンガー, E.（1993）『状況に埋め込まれた学習──正統的周辺参加』佐伯胖訳　産業図書
●ワーチ, J.（2004）『心の声──媒介された行為への社会文化的アプローチ』佐藤公治・茂呂雄二他訳　福村出版
●Borun, M., Chambers, A., and Garfield,C., (1995) “Family learning in Museums: A Bibliographic Review” , Curator. 38(4):262-70.
●Hooper-Greenhill, E.（1999）Education, Communication and Interpretation: Towards a Critical Pedagogy in Museums in E. Hooper-Greenhill (ed.) *The Educational Role of the Museum*, 2nd ed., London: Routledge
●Irwin A, and Wynne,B.(Eds). (1996) *Misunderstanding Science?: The Public Reconstruction of Science and Technology*, Cambridge University Press,
●Linn,M. (1980) “Free Choice Experiences: How Do They Help Children Learn?” Science Education, 64:237-48.
●McCarthy,B. (1980). *The 4MAT system: teaching to learning styles with right/left mode techniques*. Excel.
●Reddy, M. (1979). The conduit metaphor: A case of frame conflict in our language about language. In A. Ortony (Ed.), *Metaphor and thought* (pp. 284-324). Cambridge University Press.

第4章　博物館の教育活動

4-1

教育活動の諸形態

木下 周一・横山 千晶

1. 多様な博物館の教育活動

博物館の教育活動は、具体的に展示物について学ぼうとする利用者にその機会を提供する活動と、漠然とした興味で来館した利用者の知的好奇心を刺激し、学習行動へ導き高めるという活動がある。また、何らかの理由により来館できない人々に、博物館体験の機会を与えたり、来館のきっかけを作るという活動も含む。生涯学習実現という意味での支援も重要である。そしてこれらの働きかけを支える幅広い活動が含まれる。

教育活動の分類(図1)では、展示、出版、教育、サービスという項目を設けた。しかし実は、展示も教育も出版もすべて博物館利用者へのサービスでもあるといえる。そして、博物館教育においてその教育が「知識のあるもの」が「知識のないもの」に一方的に教えるという姿勢ではなく、学習者主体で、参加性、交流、対話を重んじる、双方向性のある教育環境が求められてもいる。

2. 展示を中心とした教育活動

展示は来館者におどろきや発見のよろこび、親しみや、ある場合には懐かしさという感動を与えるように計画されている。このようななんらかの感動がなければ、展示や資料に来館者が自身の経験に照らし合わせもし、自分なりの意味を見いだし、その意味を育てていくことはできない。その展示には博物館の顔ともなる**常設展示**と、特定のテーマで構成され、一定期間開催の**特別展**や**企画展**がある。企画展よりも展示規模、予算規模が大きく、おおむね開催期間も長い重点的企画展を特別展としているケースが多い。

特別展や企画展が他の博物館でも開催され、数館あるいは全国の博物館などを巡回すると、**巡回展**または**移動展**と呼ばれる。数館の共同企画の場合や、ある館で企画された展示が巡回先の館の内容を加え開催される場合もある。独自に、時代のニーズにあった、そして教育効果の高い企画展を開発し続けることは難しい。共同企画開発は、この問題点の克服に寄与するだけでなく、他館との交流や連携を活発化し、企画展開発・開催にかかる費用の低減にもつながる。なにより博物館活動を活性化し利用者の教育機会を増やすという利点は大きい。

体験学習展示は利用者の体験を重視した、実物に触ったり実験装置を自由に操作できる展示である。ハンズ・オンともよばれるが、より双方向性の高い展示であるためには、体験して心にも影響を与えるマインズ・オンでなければならないといわれる。常設展示に体験型展示を積極的に組み込むことや、体験学習展示室、ディスカバリールームと称して低年齢向けなどの体験型展示を集めたコーナーを設けることもある。体験型や発見型の展示は児童生徒だけでなく、一般のあらゆる来館者の博物館体験を

図1 教育活動の種類

各教育活動について「双方向性・一方向性」の傾向度を示している。これらの分類も双方向性の傾向度も、各項目の解釈やその内容、または運用方法によってかわることもある。

双方性の傾向度　双方向性 ○ ⟷ △ ⟷ □ 一方向性

活動分類		活動の種類や制作物	双方性の傾向度
展示	展示	常設展示	□
		特別展　企画展	□
		移動展　巡回展	□
		体験学習展示	○
	解説	展示解説　解説パネルなどによる	□
		展示解説　映像・音声機器などによる	□
		ガイドツアー(ギャラリーツアー)	□
		ギャラリートーク	○
		実演解説(デモンストレーション)	○
	展示理解ツール	展示解説シート　セルフガイド	□
教育		ワークシート(フォローがある)	○
	館内	講演会　講座　シンポジウム　研究会　研修	□
		観察会　ワークショップ(体験講座)	○
	館外	採集会　調査　見学会	△
		アウトリーチ活動(出張授業)	△
	その他	友の会・サークル活動の支援・育成	—
		ボランティア活動の支援・育成	—
		博物館実習の受け入れ	—
出版	施設・展覧会紹介	総合カタログ　展示解説カタログ 企画展などのカタログ　収蔵品目録	□
	研究・活動紹介	紀要　報告書　要覧　年報	□
		博物館叢書　企画展関連の書籍	□
サービス	情報・資料提供	ニュース(印刷物)　ウェブサイト　メールマガジン	□
		ブログ　ツイッター	○
		収蔵資料データベース　アーカイブ	□
		資料・ミュージアムキット貸し出し	—
		レファレンスサービス 研究者、教員(博学連携)、個人・グループ学習者対応)	○
	場の提供	集会室・実験室などの学習施設提供 図書室などの開放	—

2009年11月から4か月間開催された企画展「'おいしく、食べる'の科学展」。"食べる"ということを先端技術でとらえた展示。東京での開催の後、富士、函館などを巡回した(日本科学未来館)

豊かなものにする。

博物館資料は展示されているだけではその価値が来館者にはわかりづらい。その資料にアプローチするためには教育活動としての**展示解説**が必要になる。解説は展示の**解説パネル**や**キャプション**で表示される場合と、**映像**や**音声機器**を通して展開される場合がある。音声ガイドは、決まったコースを決まった順番に解説を聞くシステムであった。しかし、昨今では、利用者自身の資料への興味に対応し、自分のペースで自由にアクセスできるようなデジタル・端末ツールの開発が進み、また、QRコードから個人の携帯に解説を読み込むシステムもある。

人的に展示を解説する方法として、学芸員や展示解説員による**ガイドツアー**があり、美術館では**ギャラリーツアー**などと呼ばれる。基本的には解説員から観覧者への一方向的な解説が中心となる。一般に「ミュージアム・トーク」などの名称で開催日を決めておこなわれている。タイトルや担当者のスケジュールがホームページ上にも発表され、学習者はテーマや研究者を、自身の興味と必要に応じ選択し、その研究者から展示室などで資料を見ながら話が聞けるプログラムとなっている。

観客も参加して水についての不思議が体感できるデモンストレーション（東京都水の科学館）

また、科学実験などでは**実演解説（デモンストレーション）**がおこなわれる。実験に観覧者を参加させるなどの演出があると、その楽しさをとおしてよりテーマへの関心や理解が深まる。

利用者の展示理解を支援する制作ツールとしては、**解説シート**や**ワークシート**がある。解説シートは展示解説パネルやキャプションを補充し資料のより詳しい解説がされ、セルフガイド的な役割もある、持ち帰ることができる展示理解ツールである。一般向けの展示解説を児童向けに編集し、展示対象層を広げることもできる。また、フィールドへ誘い、まちの今昔や歴史、史跡探訪のガイドとして企画されたものもある。

3. さまざまな教育的催し物や事業

ワークシートも展示理解ツールであり、ワークショップや学校の課外授業などで活用される場合や、展示場で自由に使用できる場合がある。いずれも、スタッフによるフォローを含めて教育プログラム化されているケースが多く、この場合双方向性のある教育ツールといえる。このワークシートは呼びかけや設問によって利用者を展示資料に引きつけ、観察のヒントを与え、設問に答えるなどの利用者のアクションを通して、資料を読み解くことへつなげる自主的な学習の支援ツールである。

現地見学会
博物館や友の会などの主催で行われる見学会では、史跡や遺跡を専門家の話を聞きながら現地を見学することができる。身近な場所でも、説明がつくことで景色が違って見えることがある（かみつけの里博物館）

また、博物館ではさまざまな教育的催し物が行われる。もっぱら館内のものには、**講演会**、**講座**、**シンポジウム**、**研究会**、**研修**、**映写会**などがある。館外は**見学会**、**採集会**などで、**観察会**は館園内でもフィールドでもおこなわれる。研修は、たとえば先生方を対象に行われる「博学連携教員研修」「自然観察研修」などである。「博物館のウラ側ツアー」「ナイトミュージアム」などのプログラムは館内での見学会ともいえるが、ガイドツアー、体験学習としての後述のワークショップに分類もできる。

博物館が裾野を広げる契機として学校や公民館などの施設を訪問して教育活動を展開するのが**アウトリーチ活動（出張授業）**である。これは、ミュージアムの学びの魅力を広報することにつなげて、来館者の掘りおこしを期待されている。もともとアウトリーチ（outreach）とは、英語で手を伸ばすことを意味し、地域社会への奉仕活動、公共機関の現場出張サービスなどの意味で使用されている。資料やキットだけを貸し出すのではなく、学芸員などが資料と共に出かけて授業をおこなう出張授業(出前授業)を指すことも多い。また、博物館へ何らかの理由でこられない人々に対して、博物館が出張する場合もある。野田市郷土博物館での特別養護老人ホームへの移動博物館プログラムは、博物館の福祉などの分野における地域社会への奉仕活動としての実践例である。

4. ワークショップは参加・体験重視の講座

ワークショップは「先生や講師から一方的に話を聞くのでなく、参加者が主体的に論議に参加したり、ことばだけでなくからだやこころを使って体験したり、相互に刺激し合い学び合う、グループによる学びと創造の方法」「講義など一般的な知識伝達のスタイルではなく、参加者自らが参加・体験して共同で何かを学び合う、創り出す、新しい学びと創造のスタイル」(中野民夫、2001)と定義される。一方向性の強い座学講座などもワークショップの名称が冠されていることが多いが、これらはワークショップとはいえない。そして、自学自習型の学びのスタイルは尊重されるべきであるが、ワークショップに見られるように、他者と相互に刺激しあい学びあう、グループによる学びも重要視されている。

12月5日は国際ボランティアデーである。そのボランティアデーに行われたプログラムの一つ「貝合せづくりワークショップ」。貝合せの展示資料を紹介するリーフレット「展示室で本物を鑑賞してみよう！」も配布され、このワークショップが、実際の展示資料にきちんと関連づけられていた(東京国立博物館)

美術館においての**ギャラリートーク**はワークショップ的進行でおこなわれるものをいい、一方的解説のギャラリーガイドと区別している館もある。対話型鑑賞法をベースにした鑑賞ワークショップでは、参加者全員がテーマについて語り合い、自身の鑑賞を深めていく。そしてこの対話型鑑賞法は､美術館だけでなくあらゆる館種の教育活動のベースとなり、応用の利く考え方やスキルでもある。

また、ワークショップの一プログラムである博物館体験は、博物館やその活動、展示テーマはもちろん、そこで働く学芸員や飼育員などの仕事を知ってもらうことになる。これが事業化したものが、ミュージアムパーク茨城県自然博物館のジュニア学芸員育成事業である。博物館に関心のある高校生や中学生が一定の講座・研修を修了するとジュニア学芸員に認定され、館のさまざまな活動にかかわっていく。近年要請されているキャリア教育につながるものである。

ワークショップの一形態であるが、演劇手法を取り入れたワークショップも注目したい。大田区立郷土博物館分館大森海苔のふるさと館で2010(平成22)年8月に開催された『大田海苔劇場～人とまちと海をつなぐミュージアム・シアター～』である。インプロ(即興演劇)の手法を使って、博物館の教育コミュニケーションを面白くしようという取り組みである。

また、群馬県高崎市のかみつけの里博物館で行っている古代再現劇「王の儀式」は、古墳の墳丘と公園内に設置した祭祀施設で上演される市民参加の6か年にわたる教育普及事業である。古代再現劇を準備し実施するには、研究に基づく学芸員のシナリオづくり、再現劇指導、上演に向けての稽古、ボランティアによる衣装や小道具づくり、関連の展示開催などさまざまな活動がベースとなる。「王の儀式」の効用は、従来の博物館や歴史好き以外の層、たとえば演劇好きな参加者などを開拓したこと、博物館がたまに見に来るところでなく定期的に集まって活動する場になったこ

王の儀式　劇の様子
劇に出演する参加者たちは歴史好きとは限らないが、練習を積むにつれて博物館の展示への理解度が深まっていく。演じることで、古代人への深い共感を得たという経験を語る人も多い（かみつけの里博物館）

学芸員によるレクチャー
衣装や道具を製作にあたっては、学習会を開き、学芸員から考古資料について学ぶ。「作る」という目標があるので、必然的に細かいところまで真剣に資料を見ることになる（同上館）

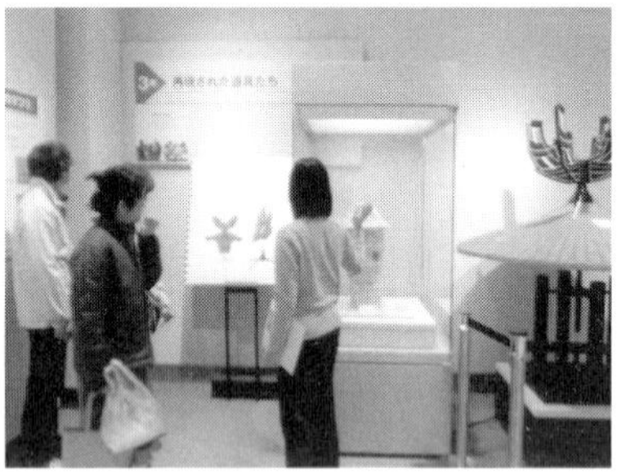

「王の儀式」を紹介する展示
劇に使った道具やその制作過程を、関連する考古資料とともに展示した企画展（同上館）

とにある。演劇的手法では、学んだことを発表するのとはちがって、演じるという目標に向かって力を合わせて活動する、あるいは、個々の参加者がそれぞれの興味に沿って活動しながらも、多様な考古資料やその歴史について必然的に気づきや学びが発生した。再現劇への参加者だけでなく、観劇に訪れた来場者をも対象に含めた教育活動である。

常設展プログラムとしても、映画博物館MOMI(ロンドン)の来館者を巻き込んだ演劇的プログラムや長崎歴史文化博物館の長崎奉行所ゾーンでのおしらす再現劇などがある。ドラマやシアター的プログラムは、来館者を感情的に、そして知的にもその臨場感あふれるシーンに引きつけ、展示テーマへの想像力や理解力を高めることにつながる。

5. 博物館における調査・研究の学習者へのさらなる開放

「博物館は市民に開かれた自由大学である」として、大阪市立自然史博物館がその前身の自然科学博物館の時代も通して、フィールドワークも含めてさまざまな研究を市民と共に歩んだ歴史が、『博物館の楽しみ方』(千地万造、1994)に紹介されている。博物館の主な機能は、資料の調査・研究、展示・教育、収集・保管とされるが、「市民に必要な力量の形成のために、専門的調査・研究を中心に展開されることが、博物館における教育活動の基本の一つ」(伊藤寿朗、1993)と提唱されている。

特に地域密着型の博物館において、博物館と地域住民や利用者などの市民との共同で生物・植物調査などがおこなわれ、その成果が展示や報告書、出版に結実したケースがある。たとえば、平塚市博物館の1990(平成2)年から開始した「漂着物を拾う会」活動の「打ち上げ図鑑」編集と、その資料が基になった市民参加の特別展づくりによる「砂浜の発見：漂着物の世界」(1992)開催。1978(昭和53)年に始まった「相模川を歩く会」観察会による小冊子作りと『相模川事典』(1994)発行、データベースづくり。また、滋賀県立琵琶湖博物館では地域住民参加の「フィールド・リポーター」制度による、ツバメの巣・ホタル・タンポポ・かかしなどの生息・分布調査の成果が報告書にまとめられ、研究や展示に活用されている。

このように市民の博物館への自主的な参加によって、彼らの知的探求心を呼び起こし、自己学習能力を育てることを目的とした「第三世代の博物館」(伊藤、1993)がいわれて久しいが、調査・研究は研究者の領域であるという認識が強い館もいまだに多い。素人相手に観察会や採集会を開くというレベルを超えて、学芸員や研究者は学習者にとって知的支援者であり、共同研究者であるというような認識で調査・研究にあたることが大切である。学芸員と共同研究ができる人材とするためにも、参加者に科学の方法、調査研究の方法を博物館の機能を用いて教育するというプログラムが必要である。

6. ボランティアや研究サークルの自主独立をめざして

友の会・サークル活動やボランティア活動の支援・育成とは、これらの活動が博物館側の指示に従って活動するだけでなく、その自主性を育てることを目的と考える。ボランティアによって利用者の学習支援がおこなわれる場合、ミュージアム・スタッフはそのスキルがボランティアに身に付くように支援・育成(教育)しなければならないし、そのための一定の教育・

研修が必要である。さらに、友の会・サークルの研究成果が博物館で単に展示されるだけでなく、学芸員の知的支援のもとに、学芸員と共に博物館の展示を創造していく。あるいはボランティア・グループが自主独立し、そこからの企画提案が博物館の教育活動に活かされ運営されるようになることをめざすなど、ボランティアが博物館の人員不足を補う単なる人材ではなく、その人々の生涯学習の実現の場、あるいは足掛かりの場となり、一過性の教育施設としてではなく、生涯学習社会のコミュニティの一翼を担う博物館像が描かれる時代になってきた。

大阪自然史センターは、大阪自然史博物館の友の会を母体に、広く自然史科学の発展と普及に取り組み、市民の自然に対する理解を深め、あわせて大阪市立自然史博物館の事業の進展に寄与することを目的に、2001(平成13)年NPO法人化した。友の会事業を中心に、ミュージアム・サービス事業、出版事業、ボランティア事業、デジタルミュージアム事業などをおこなっている。教育スタッフを募集し、自然史博物館学芸員と協働で、博物館での総合的な学習や教職員研修など学校園との連携業務、地域の自然関係団体と博物館との連携業務、教育ツールの使用状況調査・開発など、精力的な活動をしている。自らミュージアムコミュニティでありながら、博物館とコミュニティを結び、支援する活動をおこなっている。

「状況に埋め込まれた学習」観(レイブ他、1991)に立てば、実践共同体ともいえる博物館においては、博物館の研究者と学習者である市民が共にその構成員であり、調査・研究、教育活動、また展示制作など役割に応じた実践としての協働そのものが学習であるということになる。

博物館実習は、博物館法施行規則第1条に定められた、大学で学芸員養成課程を履修する学生が習得すべき科目の一つである。課程で学ぶ知識や技術を活かし、現場での博物館資料の取り扱い、利用者対応などの実践的な経験や訓練を積むために、登録博物館または博物館相当施設(大学においてこれに準ずると認めた施設を含む)における実習により習得することになっている。次代の学芸員を育てるためにも、大学における学芸員養成科目である博物館実習の学生を受け入れることも、博物館の教育活動といえる。

7. 教育活動としてのガイドブックの制作・出版

ガイドブックなど制作・出版は博物館理解、展示理解につながる活動である。施設・展覧会紹介としては、**総合カタログ**、**展示解説カタログ**、**企画展などのカタログ**。調査・研究・活動の紹介は、**紀要**、**報告書**、**要覧**、**年報**、**収蔵品目録**など。博物館の扱うテーマをシリーズ化した**博物館叢書**や、企画展カタログを一般書として刊行した**企画展関連の書籍**などである。研究論文の掲載される紀要などは、その博物館の研究活動のバロメーターでもある。

また、館の展示テーマとは別に、博物館やその展示、教育活動に関するテーマで開催されたシンポジウムはその開催自体に意味があるが、その記録を配布・出版することも博物館界にとって貴重な活動である。

そして、利用者の博物館リテラシーがいわれ、その涵養も博物館の教育活動であることを考えれば、博物館丸ごと利用の熟達者になるための情報の提供も教育活動となる。何が見られるのか、何ができるのかといっ

シンポジウムや調査、教育活動の報告書など

た、博物館利用への期待感や動機づけは欠かせない。従来の博物館総合カタログとは趣を別にした、博物館のじょうずな使い方の紹介を編集のコンセプトに、親しみやすいカタログや小冊子の必要性も見えてくる。

8. 教育的情報の発信と教育資料の提供

いくら充実した学習プログラムが用意されていようと、その情報が利用者に行き届かなければ意味がない。これらは広報・宣伝的色彩が強く教育活動とは切りはなされて語られることも多い。しかし、館の展示、展覧会や講演会、ワークショップなどの開催情報などの発信だけでなく、関連した教育的情報を発信する活動やツールも必要である。

情報・資料提供のメディアとして従来からの郵送料のかかるニュース、会報、ダイレクトメールなど印刷物に代わり、**ウェブサイト**、**メールマガジン**、そして新たに**ブログ**や**ツイッター**の活用が見られる。メールマガジンは、定期的に、安価に、一方的にであるが館の催しを講読者に知らせ、来館を促す効果がある。しかし、読んでもらうためには、研究員による最新の研究成果や研究調査での裏話、郷土の紹介、また読者の投稿など、内容にそれなりの工夫、おもしろさや情報としての価値が求められる。

毎週木曜日発行の国立科学博物館「科博メールマガジン」は、2003年5月から始まり2011年1月には第400号を迎え、13,000名を超える読者が登録されている。

愛媛県歴史文化博物館の学芸員ブログ『研究室から』は、2007年3月に開設され、2011年4月で560以上の記事が掲載されている。豊富な写真とともに紹介される、博物館での日々の出来事や収蔵資料とその保存・調査日記、展示室や企画展のみどころ、地域の祭への参加報告、史跡探訪記などは、各学芸員による個性的なアーカイブでもある。

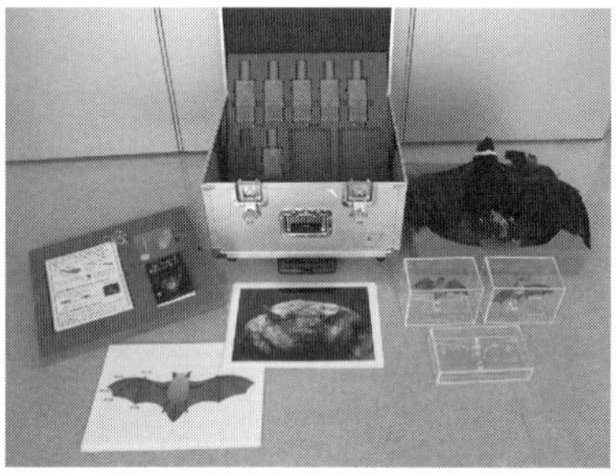

学習用貸出標本キット例「コウモリセット」
国立科学博物館では学習用貸出標本事業が1988年度から実施されている。開発・製作した学習用貸出標本セットは、小・中・高等学校の理科などの授業や総合的な学習、科学クラブ活動、文化祭での展示で活用されている。実物標本を実際に手にする貴重な機会を提供している(国立科学博物館)

館内学習キット
国立科学博物館・地球館のたんけん広場・発見の森の、「森の標本箱」コーナー。季節や関連展示に合わせたおすすめキットのアナウンスも行っている(国立科学博物館)

日本科学未来館「‘おいしく、食べる’の科学展」(2009-2010)では、開催期間中、企画展担当者のブログが設けられ、食にまつわる話、企画展裏話、スタッフのランチ事情、企画展リサーチ段階で発見された食の新事実などが語られた。企画展がどのように企画・制作されてきたかなど、結果としての展示を補って興味・関心をもって読めた。2011年1月からは同館の科学コミュニケーターによる公式ツイッターがスタートしている。

情報・資料提供そのものとしては、**収蔵資料データベース**、文書データベースとしての**アーカイブ**があり、**資料・ミュージアムキット**の貸し出しがある。市民の共有財産としての資料のデータベース化は、インターネット社会での研究や生涯学習のためにも整備が急がれる。また、資料・ミュージアムキットは、貸し出されて学習の役に立つだけでなく、館の出前授業・移動博物館のツールとなる。学校が課外授業として博物館を訪れる場合でも、事前授業としてのミュージアムキットでの学習は、博物館訪問の学びの質を高めることにつながる。館内において貸し出される場合は体験学習のプログラム・ツールとなる。対象や表現の切り口が絞り込まれた展示の、学びのエントリーポイントを増やすことにもなり、これらの開発は館の教育プログラムの開発であり、収蔵資料の活用につながる。

そして、**レファレンスサービス**は、利用者が研究・調査、または自主学習を目的として必要な情報を求めた場合、情報の検索や提供をするサービスである。情報そのものだけでなく情報を入手する方法などについても相談に応じる。その一形態として「ティーチャーズルーム」などの名称で、博物館を利用した授業案作成を考える教師の相談に対応してきた。博学連携の観点からも重要な活動である。

「レファレンスカウンター」を館内に設けている博物館もある。しかし、今後、博物館の準備する講座やワークショップなどの教育プログラムと並び、個人的な課題をもった学習者やグループに対して、博物館が情報検索・提供を含め個別に支援するレファレンスサービスが重要となる。

場の提供としては、図書室だけでなく集会室・実験室などの**学習施設の提供**がある。個人やグループの学習や研究のために貸し出し支援する。ロビーや多目的ホールを、結婚式やコンサートの会場として利用する場合もあるが、教育普及活動ではなく話題性による広報・パブリシティ活動として、市民にとって博物館をより身近な施設とすることにつながる。

9. より親しみやすい教育活動スタイルをめざして

教育活動の一例として、「ミュージアム・カフェ」「サイエンスカフェ」というものがある。活動のネーミングに応用されているカフェは、オープンカフェ的意味合いで、あるテーマについて気軽に話し合う解放された、気軽に参加できる場所として使用されている。

千葉県立中央博物館ではミュージアムトークの一部を「ミュージアム・カフェ」として開催。「あなたの脳に知的な刺激を!!」をキャッチフレーズに、博物館内の軽食喫茶店で、コーヒーなどを飲みながら、おしゃべり感覚で科学の話を聞き、対話も楽しもうというスタイルである。対象は高校生以上で、コーヒーなどの実費が必要であるが、参加費は無料である。

林原自然科学博物館「カセキッサ」は、教育普及と広報活動をかねたアウトリーチのプロジェクトである。コーヒーのかわりに「化石」をかこんで、人々がお話しするようにと、語呂合わのタイトルもユニークである。街のあちこち、場所も規模もテーマも、準備される化石(実物・レプリカ)もその時々で変わり、化石を楽しみながら市民との出会が企画されている。

学習観の変化に伴い、教育観も変化して当然である。教育活動に効果的な情報機器の利用や、先に紹介したウェブサイト、メールマガジンやブログなどによる博物館情報の発信などもしかり、より生活に密着した、より親しみやすい、柔軟な、そして学習者主体である博物館の教育の特徴を活かした教育活動とその環境のデザインが求められる。

参考資料

●中野民夫(2001)『ワークショップ――新しい学びと創造の場――』岩波新書
●金山喜昭(1998)「老人ホーム移動博物館の実践とその意義づけ」『博物館研究』Vol.33 No.6
●千地万造(1994)『博物館の楽しみ方』講談社
●伊藤寿朗(1993)『市民のなかの博物館』吉川弘文堂　p.75-　p.141-
●上野行一監修(2001)『まなざしの共有　アメリア・アレナスの鑑賞教育に学ぶ』淡交社
●浜口哲一(2000)『放課後博物館へようこそ』地人書館　p.121-
●レイブ他(1991)『状況に埋め込まれた学習―正統的周辺参加―』佐伯胖訳(1993)産業図書
●倉田公裕・矢島國雄(1997)『新編　博物館学』東京堂出版
●小原巌編(2000)『博物館学シリーズ3　博物館展示・教育論』樹村房
●NPO法人大阪自然史センター　http://www.omnh.net/npo/
●愛媛県歴史文化博物館　http://www.i-rekihaku.jp/
●日本科学未来館　http://www.miraikan.jst.go.jp/
●千葉県立中央博物館　http://www.chiba-muse.or.jp/NATURAL/
●林原自然科学博物館　http://www.hayashibaramuseum.jp/index.html

4-2

教育プログラムの立案と実施プロセス

木下 周一・横山 千晶

1. 学習材の発見

1.1 アイデア出しからテーマ決定へ

博物館の教育を考える場合、展示は教育活動の一形態であり、博物館で展開される教育プログラムの中に展示が位置づけられるべきである。しかし、展示を開発する際に、そこで展開される教育活動について具体的レベルまで検討されず、展示企画・デザインのみが先行してしまうケースが多い。この場合には、すでにある展示を利用し活性化を図るための教育プログラム開発となる。企画展などでは展示企画と教育プログラム企画が同時進行することもある。「特別展に伴うイベント」や「夏休み子ども体験」などのように、事前にある程度、テーマ、時期や対象が決まっていることも多い。この場合にも既決の事項を整理しながらプログラム開発を進めることになる。

教育プログラムの作成は、「学習材の発見」と、「学習材のプログラム化」の過程に分けられる。前者は、参加者に「何を伝えるか」というテーマを決めること、後者は、決まったテーマを「どのように伝えるか」の方法を考えることといえる。教育プログラム作成の主体は、学芸員か教育担当者である。学芸員はその専門性に基づいて「何を伝えるか」を決定し、教育担当者は来館者によりよく伝える。美術館ではアーティスト、科学館ではサイエンスコミュニケーターなどがプログラム開発にかかわるところもある。ミーティングをする際には、お互いの自由な発想を尊重しながら率直に話しあうことのできるコミュニケーション力(アサーション)を発揮し、各種の発想法を活用する。

文学館を例に教育プログラムの学習材の見つけ方(図1)を示した。プログラム立案からワークショップ実施まで(図2)の企画立案での「発想」例である。

文学館の常設展示が図の上部の四角で囲まれた部分、破線の囲み部分が企画展などで展開されている内容と仮定している。一般に常設展示のメイン資料には、展示企画者の最も伝えたい思いが込められていて、ビジュアル的なインパクトもあることからプログラム化しやすいことが多い。実際に触れて、感じ、操作できる資料(ハンズ・オン教材)として可能なものを学習材にするという選択もある。また、展示を見て学ぶだけでなく、美しさを楽しむ美的観点や、もの作りを中心に据えた体験的観点などに切り口(エントリーポイント)を変えたプログラムを作ることもできる。展示資料と同じものを制作し、その資料に込められたメッセージを想像し、発表し、話し合い、最後に研究者からその資料の解説を聞くようなプログラムも成り立つ。加えて、プログラムの対象者を、個人から親子やグループに変換して考えることもできる。

左側のグレーのやや大きな文字が、学習材発見のためのキーワード例

図1　教育プログラム材料(学習材)の見つけ方 ── 発想法

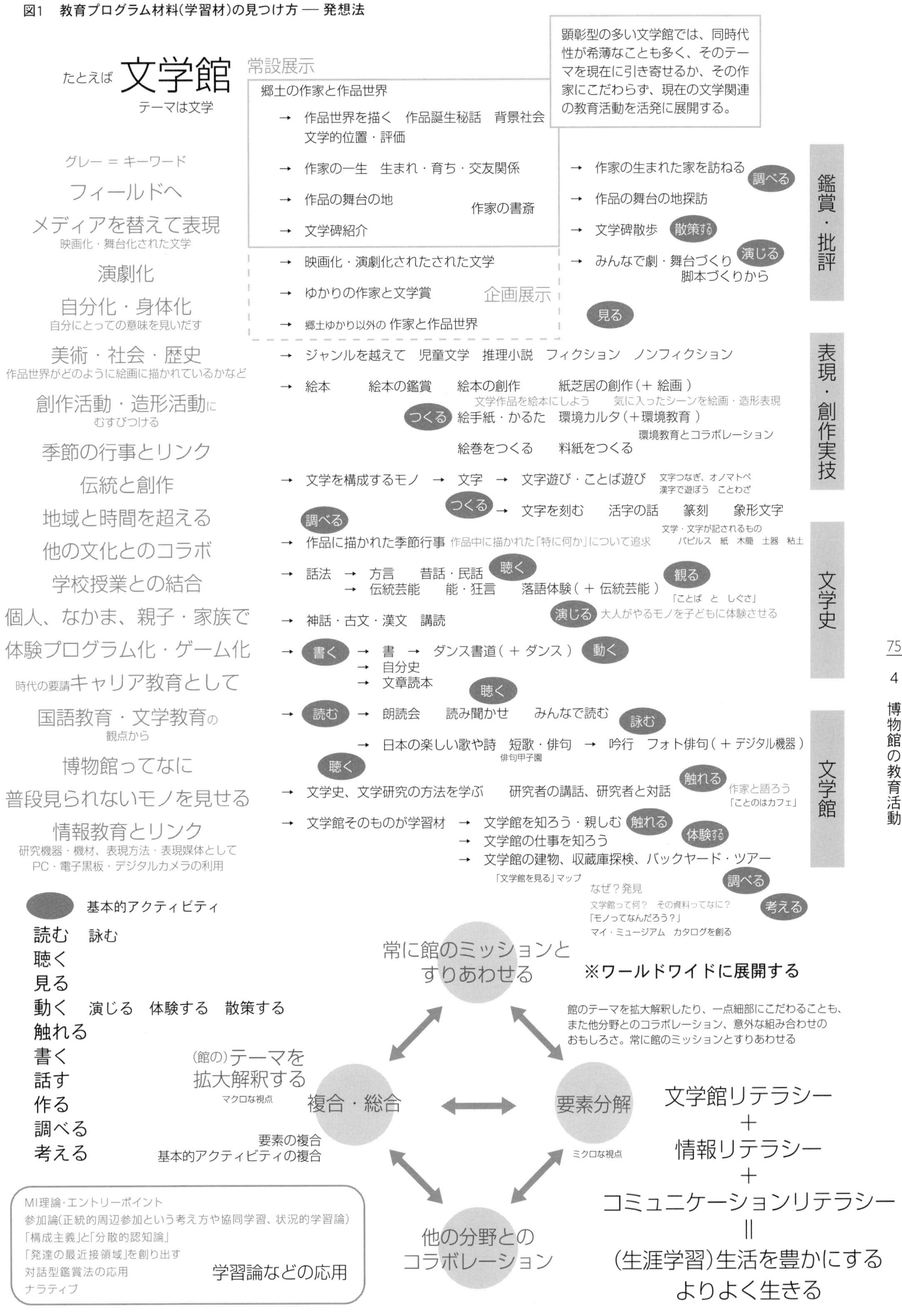

顕彰型の多い文学館では、同時代性が希薄なことも多く、そのテーマを現在に引き寄せるか、その作家にこだわらず、現在の文学関連の教育活動を活発に展開する。
たとえば 文学館
テーマは文学
常設展示
郷土の作家と作品世界
→ 作品世界を描く　作品誕生秘話　背景社会　文学的位置・評価
→ 作家の一生　生まれ・育ち・交友関係
→ 作品の舞台の地
作家の書斎
→ 文学碑紹介
→ 映画化・演劇化されたされた文学
→ ゆかりの作家と文学賞
企画展示
→ 郷土ゆかり以外の 作家と作品世界
→ 作家の生まれた家を訪ねる
調べる
→ 作品の舞台の地探訪
→ 文学碑散歩
散策する
→ みんなで劇・舞台づくり
演じる
脚本づくりから
見る
鑑賞・批評
グレー ＝ キーワード
フィールドへ
メディアを替えて表現
映画化・舞台化された文学
演劇化
自分化・身体化
自分にとっての意味を見いだす
美術・社会・歴史
作品世界がどのように絵画に描かれているかなど
創作活動・造形活動に
むすびつける
季節の行事とリンク
伝統と創作
地域と時間を超える
他の文化とのコラボ
学校授業との結合
個人、なかま、親子・家族で
体験プログラム化・ゲーム化
時代の要請キャリア教育として
国語教育・文学教育の
観点から
博物館ってなに
普段見られないモノを見せる
情報教育とリンク
研究機器・機材、表現方法・表現媒体として
PC・電子黒板・デジタルカメラの利用
→ ジャンルを越えて　児童文学　推理小説　フィクション　ノンフィクション
→ 絵本　絵本の鑑賞　絵本の創作　紙芝居の創作（＋ 絵画 ）
文学作品を絵本にしよう　気に入ったシーンを絵画・造形表現
つくる
絵手紙・かるた　環境カルタ（＋環境教育 ）
環境教育とコラボレーション
絵巻をつくる　料紙をつくる
表現・創作実技
→ 文学を構成するモノ → 文字 → 文字遊び・ことば遊び
文字つなぎ、オノマトペ
漢字で遊ぼう　ことわざ
つくる
→ 文字を刻む　活字の話　篆刻　象形文字
調べる
文字・文字が記されるもの
パピルス　紙　木簡　土器　粘土
→ 作品に描かれた季節行事
作品中に描かれた「特に何か」について追求
→ 話法 → 方言　昔話・民話
聴く
→ 伝統芸能　能・狂言　落語体験（ ＋ 伝統芸能 ）
観る
「ことば と しぐさ」
→ 神話・古文・漢文　講読
演じる
大人がやるモノを子どもに体験させる
文学史
→ 書く → 書 → ダンス書道（ ＋ ダンス ）
動く
→ 自分史
→ 文章読本
聴く
→ 読む → 朗読会　読み聞かせ　みんなで読む
詠む
→ 日本の楽しい歌や詩　短歌・俳句 → 吟行　フォト俳句（ ＋ デジタル機器 ）
俳句甲子園
聴く
→ 文学史、文学研究の方法を学ぶ　研究者の講話、研究者と対話
触れる
作家と語ろう
「ことのはカフェ」
→ 文学館そのものが学習材 → 文学館を知ろう・親しむ
触れる
→ 文学館の仕事を知ろう
体験する
→ 文学館の建物、収蔵庫探検、バックヤード・ツアー
「文学館を見る」マップ
調べる
なぜ？発見
文学館って何？　その資料ってなに？
「モノってなんだろう？」
マイ・ミュージアム　カタログを創る
考える
文学館
基本的アクティビティ
読む　詠む
聴く
見る
動く　演じる　体験する　散策する
触れる
書く
話す
作る
調べる
考える
常に館のミッションとすりあわせる
※ワールドワイドに展開する
館のテーマを拡大解釈したり、一点細部にこだわることも、また他分野とのコラボレーション、意外な組み合わせのおもしろさ。常に館のミッションとすりあわせる
(館の)テーマを拡大解釈する
マクロな視点
複合・総合
要素分解
ミクロな視点
要素の複合
基本的アクティビティの複合
他の分野とのコラボレーション
文学館リテラシー
＋
情報リテラシー
＋
コミュニケーションリテラシー
＝
(生涯学習)生活を豊かにする
よりよく生きる
MI理論・エントリーポイント
参加論(正統的周辺参加という考え方や協同学習、状況的学習論)
「構成主義」と「分散的認知論」
「発達の最近接領域」を創り出す
対話型鑑賞法の応用
ナラティブ
学習論などの応用

である。企画者は展示の中からばかりでなく「館のテーマを拡大解釈する」、あるいは「館のテーマを要素分解する」ことにより学習材となりうるモノを発掘する。展示に先のキーワードや基本的アクティビティを考え合わせるとよい。また、他の分野とのコラボレーションや、今日的な課題である環境問題を組み合わせた教育プログラムを発想してもよい。さらには、文学館そのものを、その建築も含めてまるごと学習材としてもよい。来館者参加のワークショップでは、展示資料や図書コーナーなどの情報を材料に参加者自身の展示やカタログを創作するなども考えられる。そのために参加者が考えることが、資料理解につながり、発表することで表現となる。企画者がバックヤード・ツアーやナイト・ミュージアムをやりたいというところから、それに適した学習材を探すということでもよい。

また、パーソナルコンピューターや端末機器、デジタルカメラ利用などを組み込み、調査や創作、発表、研究者とのコミュニケーションに使用するなど、情報やコミュニケーションのリテラシーの涵養を考慮することもできる。学校と博物館の連携であれば、授業を実践している教師とのプログラム開発自体も教育プログラムとなる。展示資料、または芸術作品やパフォーマンスであっても、「ぜひ、みんなに見せたいもの・こと」「みんなでやりたいこと」がひらめき、このひらめきからプログラムの構想がはじまる。展示の中で「おもしろい」と思うところや資料の「おもしろさ」を教材にする。「なぜ？　なに！」といった素朴な疑問や興味をたいせつにし、たくさん湧いたアイデアを館のミッションと擂り合わせていくと、本当に伝えるべきテーマが浮かび上がってくる。同時に、プログラム化がしやすいかをも考える。いずれにしても企画者のテーマに対する深い理解と、学習者理解、なにより柔軟な発想力が必要である。

1.2 目標の設定

次の段階では、決定したテーマをもとに目標を設定する。ここからは、東京都水の科学館での教育プログラム開発事例※をまじえて話を進める。

目標を設定することは、プログラムの前と後で参加者にどう変容して欲しいかを考えることでもある。たとえば、「展示室を探検し博物館に親しむ」「水源林の仕組みや保護活動について知る」などのように、目標を言語化しておくと、スタッフの共通理解が得られる。また、参加者に「何を持ち帰ってもらうか」考える。よく、プログラムを作る際には、お土産がつく

※東京都水の科学館3階「アクア・フォレスト」の、東京都水道局の水源林とそれを守る取り組みを紹介する展示を活性化する目的で企画された教育プログラム。水の科学館とチルドレンズ・ミュージアム研究会の共同企画。2010年10月に実施。
「森のなかま作り隊」は、木の実や枝など森の材料を使って動物・昆虫など工作することをとおして「水源林を知る」プログラム。児童対象。
「森のなかまたんけん隊」は、水源林に生きる動物を、展示の中から見つける、ワークシート活用のプログラム。幼児と低学年児童対象。

図2 プログラム立案からワークショップ実施まで

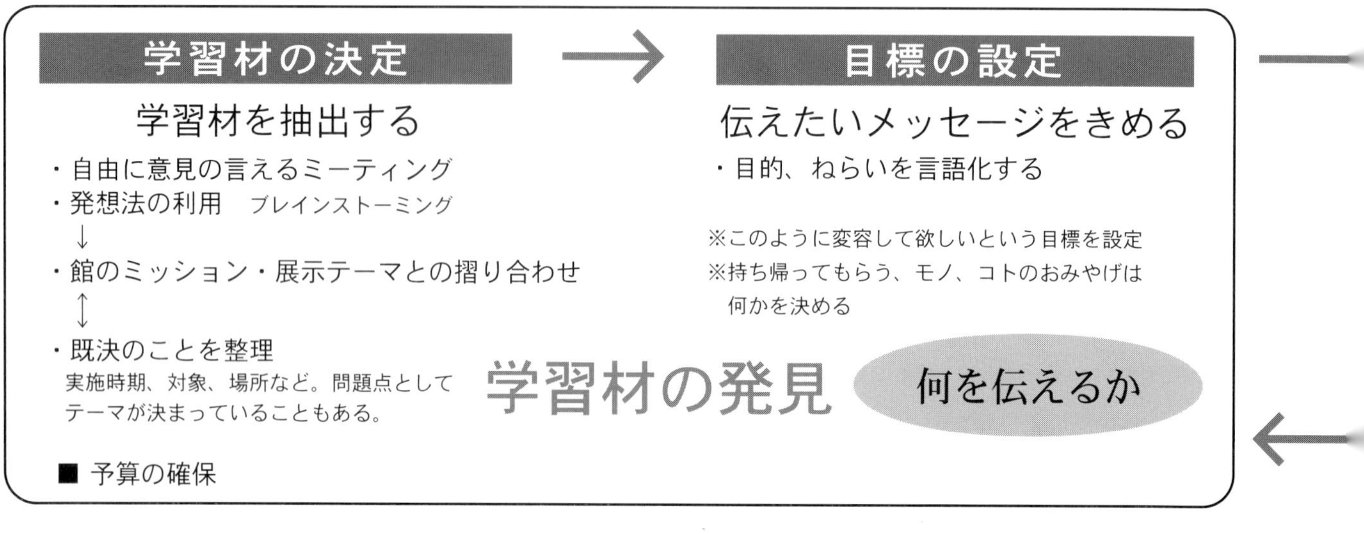

学習材の決定
学習材を抽出する
・自由に意見の言えるミーティング
・発想法の利用　ブレインストーミング
・館のミッション・展示テーマとの擂り合わせ
・既決のことを整理
実施時期、対象、場所など。問題点としてテーマが決まっていることもある。
■ 予算の確保
目標の設定
伝えたいメッセージをきめる
・目的、ねらいを言語化する
※このように変容して欲しいという目標を設定
※持ち帰ってもらう、モノ、コトのおみやげは何かを決める
学習材の発見
何を伝えるか

とよいといわれる。たとえば、自分で作った作品や実験の結果を書いたカードを持ち帰ることで学習効果の持続が期待できる。その際は、モノだけでなくコトのお土産も考慮に入れたい。帰ってすぐに家族に話したくなる話や、次にそのような場面になったら思い出さずにはいられない話などは、参加者の変容につながる無形のお土産といえるだろう。

2. 学習材のプログラム化

2.1 形式の検討

「何を伝えるか」が決まったら、「どのように伝えるか」の検討に入る。学習プログラムを構成する個々の活動をアクティビティと呼ぶ。アクティビティには、講義、ワークシート、観察、実験、もの作りなど、さまざまな種類がある。目標を達成するために、有効なアクティビティを選択する。たとえば、目標が「展示室を探検し博物館に親しむ」であれば、ガイドツアーやワークシート、「水源林の仕組みや保護活動について知る」であれば、講義や実験などが考えられる。実は、目標を決定する時点で「ワークシートをする」「工作をする」のようにアクティビティが見えていることが多いが、目標を達成するために有効なアクティビティかどうかを十分に検討する。アクティビティが決定したら、ワークショップのタイトルをつける。タイトルは、テーマを象徴し、興味や期待感がもて、楽しいものにしたい。この例ではそれぞれ「森のなかまたんけん隊」「森のなかま作り隊」とした。

2.2 詳細の検討

次に、実施にあたって決めなければならない事柄について挙げる。

実施の形態はどのようにするか。大きく分けて、来た人から順次参加するドロップイン型と 決まった時間にスタートする定時型があるが、それによって実施回数や定員が決まってくる。定時型の場合には、事前予約の有無、整理券発行の有無なども検討する必要がある。

形式の検討
プログラムの概要を決める
・アクティビティの選択
ワークシート
講義
見学会・観察会・鑑賞会
もの作り　など
・講師の選定　・ゴールの設定
・タイトル決定
どのように伝えるか
詳細の検討
プログラムの詳細を詰める
・実施の形態　順次参加　定数入れ替え
・実施回数
・参加人数
事前申し込みの有無　整理券発行の有無
・場所（会場）
・募集方法
自治体広報　ホームページ　ポスター・チラシ
・スケジュール
■ 予算の積算
学習材のプログラム化

会場はどこか。館内に体験実習室などがない場合、ホールの一角などでおこなわれることもある。ある展示の活性化をねらったものであれば、必然的にその展示室が舞台となる。この場合には、一般の来館者の見学を考慮しなければならない。館内だけでなく、屋外での活動も検討したい。史跡にある博物館などでは、立地を活かした活動ができる。しかし、展示や資料と関係づけられないほど離れた場所では教育効果が期待できな

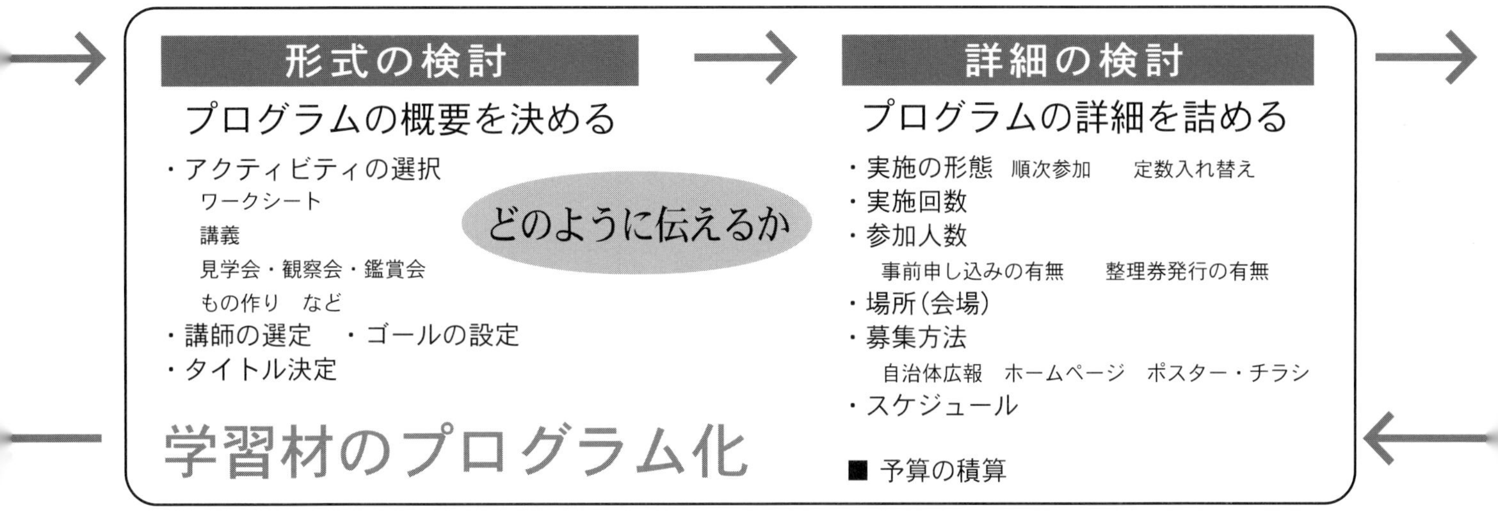

作品サンプルが、水源林を守る作業の写真をバックに並ぶ

一人ひとり用に袋詰めされた材料と、自由に使える材料、カラーペン、クールガンなどがセッティングされた作業机。工作ワークショップでは仕込みが重要

いこともある。出張授業やイベントへの参加では、博物館の教育活動であることの必然性が失われないように留意する。

特に重要なのはスケジュール管理である。参加者の募集のための広報やチラシなどの印刷物は、実施日から逆算して、制作・発注する。

3. 準備から実施まで

3.1 準備

当日に向けての準備には、導入シナリオを練りはじめることや、材料や道具をそろえること、活動に必要なツールを作成すること、一単位時間内のアクティビティの展開を検討することなどが含まれる。なにより、さまざまな準備や当日のスムーズな進行のためには、スタッフの役割分担が明確になっている必要がある。

時間内に収まるようにするために、どこまでを参加者にさせるかという活動の中心を見極める。材料を切っておく、一人分ずつに袋に詰めておくなどの準備が必要かもしれない。物品の購入に際しては、公立館では指定業者からしか物品を購入できないところもあるので、早めの発注を心がける。同時に、実際にどのようにプログラムを展開していくかを考える。展開については、実施の項で詳しく述べる。

3.2 試行

実際の会場で、全体の流れやスタッフの配置、参加者の動線を確認する制作段階評価である。実施と同じように試みることで備品や誘導サインなどの過不足が発見できる。ワークシートなどは、来館者にモニターになってもらって試行をする。ワークショップを複数回実施できるときは、実施後に手直しをする。安全性については、参加者に怪我がないように十分に配慮し、工作がメインである場合を除いては、刃物や工具はできるだけ使わないで済むように工夫する。やむを得ず使う場合は保護者の同意を得るか、保護者の監視下で作業してもらうようにする。ノコギリやカッターで切断する、はんだごてやグルーガンで接着するなどの危険を伴う作業は、コーナーを設けてスタッフがおこなうという方法もある。傷害保険の加入も検討し、緊急連絡先の確認もしておきたい。

3.3 実施

ワークショップ型アクティビティの基本構成は「導入」「展開」「まとめ」の

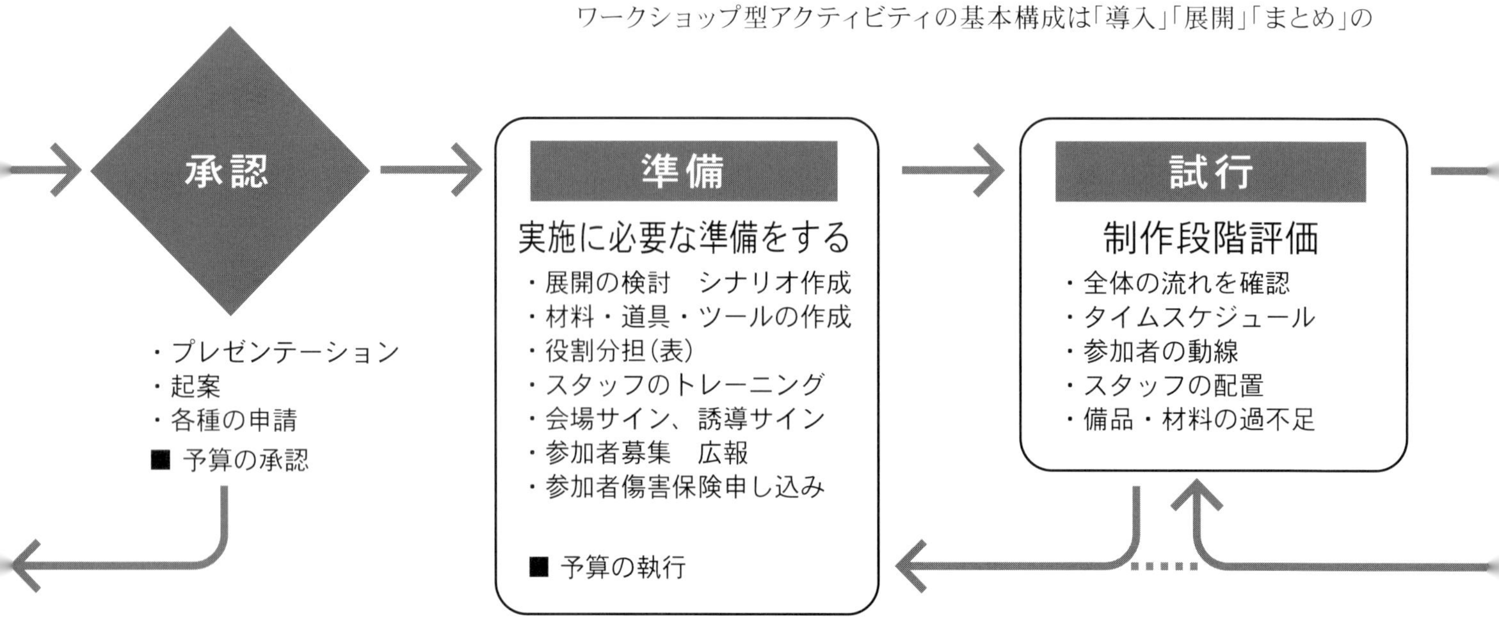

三つから成り立っている。

「導入」とは、これから始まる学びへの動機付けや関心を高めるためのものである。開始前も、参加者のレディネスを把握する貴重な時間である。年齢、来館ははじめてか、などの話を聞いたり、少し専門的なことを知っているか質問したりすることで、その後の話の難易度を調整する。導入では、ねらいに触れる話をする。右の「森のなかま作り隊」導入シナリオでは、水源林のはたらきと水源林を守る水道局の仕事に簡単に触れ、森の動物を作る動機に結びつけている。「水源林」という言葉は少し難しいが、参加者のレディネスをチェックした上で、「覚えて帰って欲しい言葉」として使用している。ワークショップの場合は「アイスブレイク」と呼ばれる活動をすることもある。自己紹介で声を出すこと、立って体を動かすことなどで、緊張をほぐし、中心となる活動にスムーズに入っていけるようにする。導入に時間をかけすぎないように注意し、「やってみたい」という気持ちが高まったところで本体の活動に入るようにしたい。低年齢層では速やかに活動に入るスピード感が必要だが、逆に成人は前置きが長くてもじっくり納得してから活動する方が満足感を得られるようである。

活動の前には、安全上の注意や保護者へのお願いを伝えたり、写真をホームページや印刷物へ利用することへの許諾を得たりする。また、活動の流れや終わりの時間などを伝えておくと、参加者は安心して活動できる。導入がうまくいけば、参加者は、早く作りたくてたまらない気持ち、あるいはワークシートを持って駆け出したくなるような気持ちになっているはずである。

「展開」は、具体的な「感じる・考える・作り出す」活動の本体である。活動中、指導者は常に参加者を観察し、理解度に合わせて声をかけるようにする。活動の中で生じる気づきが、発見や納得に変わるには指導者の働きかけが不可欠である。では、どうすれば気づきを発見や納得に変えることができるのであろうか。ここでは、「違和感」ということをあげておきたい。別の実践であるが、朝鮮半島製の飾履(しょくり)(金銅製のクツ・古墳の副葬品)を観察していたとき、「朝鮮半島の高い技術で作られたものが伝来した」という説明に納得のいかない顔をした子がいた。「何が気になるの」と聞いてみると、「どうして日本より外国からいいものがくるの？」という。「今は日本製のほうがいいようなイメージがあるのね」と既存の知識を

今日は、森の材料を使って森の仲間を作ります。はじめに、水源林ってどんなところかな、それは、水道局の仕事とどういう関係があるのかな、というお話しを少しだけします。

水道局のお仕事は川の水をきれいな飲める水にしてみなさんの家まで届けることです。でも、水道局はもう一つ、大切なお仕事をしています。それは、「水源林を守る」ということです。

水の旅は、水源地から始まります。森に降った雨が、土に染み込み、やがて湧き出して川ができます。小さな川が集まって大きな川になり、海まで流れていきます。人間はその途中で水を利用しているのですね。

水源林の土の中には、水がたくさんたまっています。広い森があることは、たくさん雨がふってもすぐに洪水にならないようにすることにも役に立ちます。それから、今日作ってもらうようなたくさんの動物、森の仲間たちを育てるというはたらきもあります。

(中略)

さて、今日は、みなさんに、たくさんの木の材料、森の材料を使って、工作を楽しんでもらいたいと思います。短い時間ですが、たくさんの木を見て、触って、好きな動物を作ってください。作りながら、水源林と森の仲間たちのことを考えてもらえればいいな、と思います。

「森のなかま作り隊」導入シナリオ
森を守る作業の写真などを見せながら。
このシナリオはリハーサルされ、何度も推敲された

導入のようす

安全上の注意

工作に移りますが、その前に、大切なお願いをします。安全に活動できるよう注意していきますが、作業中は親御さんがよく見てあげてください。

細かい材料がありますので、小さいお子さんが口に入れないように気をつけてください。グルーガン、ノコギリなどの道具は、決まった場所でスタッフと一緒に使ってください。特に、グルーガンは熱いのでやけどに注意してください。

実施

「導入」「本体」「まとめ(ふりかえり)」
・観察　・記録　写真　ビデオ
・アンケート調査
・会場撤収　あとかたづけ

プログラム実施

→

報告

・アンケート集計・分析
・レポート

■ 予算の報告・監査

経験の共有

複数回実施の場合は
実施しながら直していく

スタッフが児童の意向を聞いてグールガンで接着の支援をしている

工作終了後に「ふりかえり」として一人ひとりの作品をみんなの前で発表してもらっている

スタッフが作品と作品を持つ参加者の写真を撮っている。児童が評価されていると感じ、達成感にもつながるだろうか

作った作品が入った袋を手に持つ参加者にスタッフがアンケートを採る

確認し、それから、当時の朝鮮半島には日本にない技術があり、古墳時代の有力者は競ってそれを取り入れようとしていたこと、古墳に副葬されていた飾履がその証拠になることを説明することができた。感想に「昔は韓国のほうがすごかったってはじめて知りました」と書いたこの児童とのやり取りは、違和感が新しい知識の獲得につながった例である。

つぶやきに対しては、同じ言葉をオウム返しすることによって自発的な言葉を引き出すテクニックもある。参加者が「すごい」と言ったら「すごい？」と返すと「うん、だって……」と感じたことを話しだす。また、自分でうまく言えない子には、「こういうことかな」と表現をサポートしてあげる必要もあるだろう。慣れないとプログラムの遂行に追われてしまうが、どのような気づきを生み出したいかを意識してかかわると、参加者の心の動きを感じ取ることができるようになる。これは、共感力こそが学習者の現在の経験、そして選択すべき学習者の次の経験の方向性をスタッフに教えてくれるともいえる。

最後が**「まとめ」**である。**「ふりかえり」**ともよばれるこの活動は、体験学習やワークショップでは、特に重要である。なぜならば、感じたことや考えたことは、言語化することによって再構築され、概念化するからである。参加者は、互いに作品を見せ合ったり、成果や感想を発表したりする活動、振り返りカードを記入する活動などを通して、自分の考えや気持ちの変化を客観的に認識し、他者と分かち合い、学習を確かなものにする。同時に、指導者は目標であった参加者の変容が達成されたかを確認する。最後は、活動を共にした仲間に感謝し、お互いに「ありがとう」の挨拶をして締める。ワークショップの終末には、自然と拍手が起こることがある。学習共同体として楽しい時間を共有した満足感、達成感のあらわれといえるだろう。

このような流れは、ドロップイン型でも同様である。来館者が、プログラム参加の意思を表明した時、学習材を手渡されると同時に受ける説明が「導入」である。「どちらからいらしたのですか」など、ごく簡単な質問に答えてもらうだけでもアイスブレイクになり、スタッフとの距離がぐっと近くなる。活動の終了後は、ワークシートの答えあわせをしたり、作品に館のロゴシールをつけたりしながら、「どうでしたか」と聞くと、参加者はおもしろかったことや初めて知ったことのなどについて話すことができ、「ふりかえり」になる。

4. 報告

最後にプログラム報告をまとめる。記録やアンケート集計、そしてスタッフがこのプログラムの企画から実施までを含めて体験したことをまとめる。この報告は、実施の最後に参加者のふりかえりが重要であったように、企画制作者にとってのふりかえりでもある。

博物館の教育プログラムは、「何が伝わったか」を調べることが難しい。目標であった参加者の変容が達成されたかを確かめるためには、ねらいに立ち返り、参加者の反応を予想しておく。目標が「古墳時代の復元劇を上演することで、考古資料に触れる機会を増やし、新たなファン層を開拓する」であれば、「今まで歴史に興味がなかったけれど、面白いと思うようになりました」「ホンモノ（小道具のもとになった出土品）を展示室で見て感動しました」という反応があれば目標が達成されたといえるだろう。想定したような反応を得られなかったときは、目標の設定が適切であったかを確認する。また、目標を達成できるような活動を選択したか、プログラムの展開に無理はなかったか、などを見直す。意見を集めるには、アンケートや振り返りカードもよく使われるが、参考になるような回答を得るには、設問の工夫が必要である。「古墳時代の人は、……」の続きを書かせる文章完成型の設問や、印象に残った展示や出来事を書く(低年齢層では絵を描く)自由記述型にするなど、「開かれた質問」にすると、ちょっとした心の動きをすくいあげることができる。

「森のなかま作り隊」のワークショップの目標は達成できたのだろうか。アンケートの結果を見ても、今回のワークショップ体験を楽しんでもらえたことはうかがえた。木の実や枝などの森の材料を使った工作体験を通して、水源林とそれを守る活動があることを参加者とその同伴者約60名ほどに“紹介できた”。展示の活性化に、そして館に対するグットウィルの形成にもつながったと考えられる。その後、ワークシート中心の「森のなかまたんけん隊」は、ワークシートと運用方法を改良して、教育プログラムとして活用され、発展しつつある。現場では、このような取り組みを地道に重ねていくことが重要である。

知識を情報を憶えて暗唱できるという意味とすれば、キーワードである「水源林」をまずは憶えてもらう。そして、その記憶を時間を経てからの追跡調査等の実施によって確認するしかない。しかし、これは重要ではあるが記憶と理解という狭い領域の評価であるともいえる。これに対し、「水源林を考える」「水源林の生き物を調べる」「水源林を科学する」「(水源林の)自然をまもる」というような活動過程への能動的関与、あるいは「生活の仕方を見直しする」姿勢そのものが知識であり、学習であるという考え方もある。単なる楽しい工作で終わってしまうのではなく、水源林や水に関する興味をとおして参加者の「豊かにくらす」「幸せに生きる」ことに対する、意識や行動の変容のなんらかのきっかけとしてこの博物館体験が活かされなければならない。

博物館における教育プログラムは、企画、実施、その効果調査などあらゆる面において研究の発展途上にある。また、博物館における積極的な教育活動重視の傾向に伴い、教育普及に携わる博物館スタッフは教育的な学習者対応や、ワークショップ運営のスキルを磨くことがますます要求されてくる。

参考文献

●廣瀬隆人・澤田実・林義樹・小野三津子(2000)『生涯学習支援のための参加型学習(ワークショップ)の進め方—「参加」から「参画」へ—』ぎょうせい
●国立歴史民俗博物館編(2003)『歴史展示とは何か　歴博フォーラム　歴史系博物館の現在(いま)・未来(これから)』アム・プロモーション

4-3

ワークシートなどの教材作成法

木下 周一・横山 千晶

1. ワークシートの使命の明確化

博物館ではさまざまな教育活動が展開される。その教育活動で使用される教材の作成について、ワークシートを例に具体的に述べる。

ワークシートは、設問や呼びかけによって展示資料に学習者をひきつける。そして学習者が資料から気づきや感動をうけ、学習者自身がそこに自分なりの意味や価値を見い出すことを可能にする、「気づき」という思考誘発の学習支援ツールである。一人で、親子やカップルで、あるいはグループでワークシートに取り組む。目的をもたずに来館した人に、展示を見るときの目標をもってもらうことにも役立つ。また、あるテーマをもったワークショップや学校の課外授業の中でツールとして活用される。まず、基本事項の明確化(図1)の項目について確認しておく。

第一に、ワークシートの使命、教育目標が明確でなければならない。その目標は、次項で再度検討するが、たとえば、ワークシートを利用しての学習者の博物館体験や展示資料の理解や解釈であり、その結果として、期待される学習者の意識や行動の変容が明確になっているということでもある。

たとえば、児童生徒の多文化理解を課題とすれば、ワークシートを通して、対象の展示に出会い、「世界にはさまざまな価値観があることに気づき、偏見や差別をもたず相手の立場で考えられる態度を育成する」ことなどが目標となる。そのためにワークシートでは「児童生徒の身近な問題を切り口にする」ことで、「自分たちの生活がそれらの問題とどのように“つながり”があるかを発見し、考える」ことを促す。当然、ワークシートの目標は、最終的にその博物館のミッションの達成につながる。

第二に、対象である学習者像が明確になっていなければならない。問題のレベル、問いかけ方法、回答方法の決定は、デザインするための前提である。運用方法は、学習支援方法と関連する。学習者が展示室に置いてあるワークシートを入手して解答する一連の工程に、スタッフがどうかかわるのか。最後の報告を受ける段階を中心に支援するのかなどを考え

図1 基本事項の明確化

1）ワークシートの教育目標　ワークシートをとおして学習者にどのようになって欲しいのか
2）ワークシートの利用者
3）ワークシートをどのように使ってもらうのか　＝　運用方法
4）どのように学習支援・フォローするのか
5）どのように評価するのか
6）予算・スタッフ
7）スケジュール　試行を重ねて完成させていくことを加味したスケジュール

ておかなくてはならない。そしてこの予算や制作・運用スタッフ、スケジュールの確認も重要である。

2. ワークシートの目標分類

追求されるべきワークシートの目標(図2)を詳しく見てみよう。目標によって、次項で述べる設問方法・回答方法の選択が決まり、ワークシートの種類が決まる。

1)学びの環境に親しむこと／認知の前提。博物館という場所に親しみ慣れる、館や館のテーマについて興味をもってもらい、展示の概要を知ることが目的のワークシートである。オリエンテーリング、スタンプラリー的なワークシートになる。

2)直感的、情緒的印象をだいじにすること／特に絵画の解釈、鑑賞で一番たいせつにしたいのは、まず最初に絵を見たときにうける感動や衝動などの第一印象である。しかし、美術鑑賞にとどまらず、五感をもってあたれる展示資料が最大の特徴である博物館の学びでは、直感的、情緒的印象をたいせつにすることが重要である。展示は感動を表現しようとしているし、何らかの感動があって、初めて知りたいという欲求が生まれるからである。歴史的資料などでも、美的エントリーポイントから入ることも可能である。自然観察のワークシートでも、五感をもとに自然に触れて、その感動をたいせつにするような設問が考えられる。

3)知識をもつこと・理解すること／知識として、事実、ことば、やり方、分類方法などを記憶し、また、想起する。資料を発見し、観察し、資料が語りかけてくるモノを、言葉(概念の言葉)として読みとる。理解として、内容を解釈したり、言い換えたり、説明したり、また、推し量ったりする。観察した内容を記述する、絵で描く、タイトルをつける、また、なかま探しなどをする。

4)応用・分析・総合化すること／知識を一つの状況から別の状況に移し変えることができることが応用力。全体の中から部分を見つけたり、区分け、分解する能力が分析力。部分を組み合わせて統合された全体をつくり出せる能力が総合力。観察され、記述され、確かめられた内容は、関係性から分類・整理される。なかま探し後の、分析が問われるワークシートなど。観察した知識、その応用、分析したものを全体像として再構成することを問うもの。

5)評価すること／主観的、または客観的なある基準を使って、情報の価値や使い道を判断できる能力。ある資料がどのような質・価値をもって

親子兄妹でワークシートに挑戦しているようす(兵庫県立人と自然の博物館)

※1)、2)、3)は探検型のワークシートといえる。

図2　追求されるべきワークシートの目標

6)自分の課題を発見し解決すること	創造
5)評価すること	価値判断
4)応用・分析・総合すること	問題解決
3)知識をもつこと・理解すること	認識
2)直感的、情緒的印象をだいじにすること	感動
1)学びの環境に親しむこと	参加・興味

各理解度において、初級・中級・上級と学習の順次性を考慮するなど、テーマに対する経験・理解度に準じて、設問の表現やデザインをアレンジすることも可能

この中で3)～5)は、「教育目標の分類体系／認知的な領域」である。これに1)、2)、6)を加えて、博物館におけるワークシート学習のレベルとした。

いるか評価する。観察し、分析し、総合(再構成)した内容について自分なりの意見・感想を述べるワークシート。意見・感想を述べた後に、その理由を聞かれる形も多い。

6)自分の課題を発見し解決すること／創造の段階である。ワークシートの設問欄に、自分が設問を書き入れる。さらに、ワークシートを学習者自身がつくる。

※4)、5)、6)は探求型のワークシートといえる。

これらの目標とする理解度は、その学習者の経験に制約される。しかし、6)のレベルの目標であっても、問いかけの文言やデザインによって、また、介添人の存在によって、年齢に関係なくその学習者の経験に準じた学びを支援することができる。また、複数の目標が一枚のワークシートに含まれる場合もある。何人かの学習者でチャレンジしている場合は、お互いに自分の観察内容などをシェアし合い、観察を繰り返し、さらに自分の意見をまとめていくというワークシートもできる。

3. 設問の回答の方法

設問と回答の方法(図3)としては、利用者が指定された資料を発見したり、資料や模型の観察から設問の回答を見つけ、正誤式(○×式)・多肢選択式・穴埋式などで回答を記述する。感想を述べるもの、スケッチするもの、体験が促されるもの、最終的にスタッフに報告するものなどもある。学習者の身近な問題に結びつけ、主体的に考えるきっかけをつくるような投げかけの質問(発問)をする。そして、学びの原点である遊び的な要素を含んだプログラム自体の演出や、ワークシートの編集、そしてクロスワードなどのパズル型式やゲーム型式のワークシートもある。

また、‘閉じた質問’と‘開かれた質問’の2種類がある。前者は、「はい」「いいえ」や、資料名を答えるなどの正解があるもの。利用者自らが回答欄を見て自己採点できる。後者は、理由や感想を求めたり、感じたままを書かせる・描かせるような、正解のない、利用者の解釈や感性を尊重する設問である。どちらも、利用者が回答へ至った過程をスタッフは聞き出して、その利用者独自の感性からの答え、気づきや発見、解釈を再確認し、共

図3　設問と回答の方法

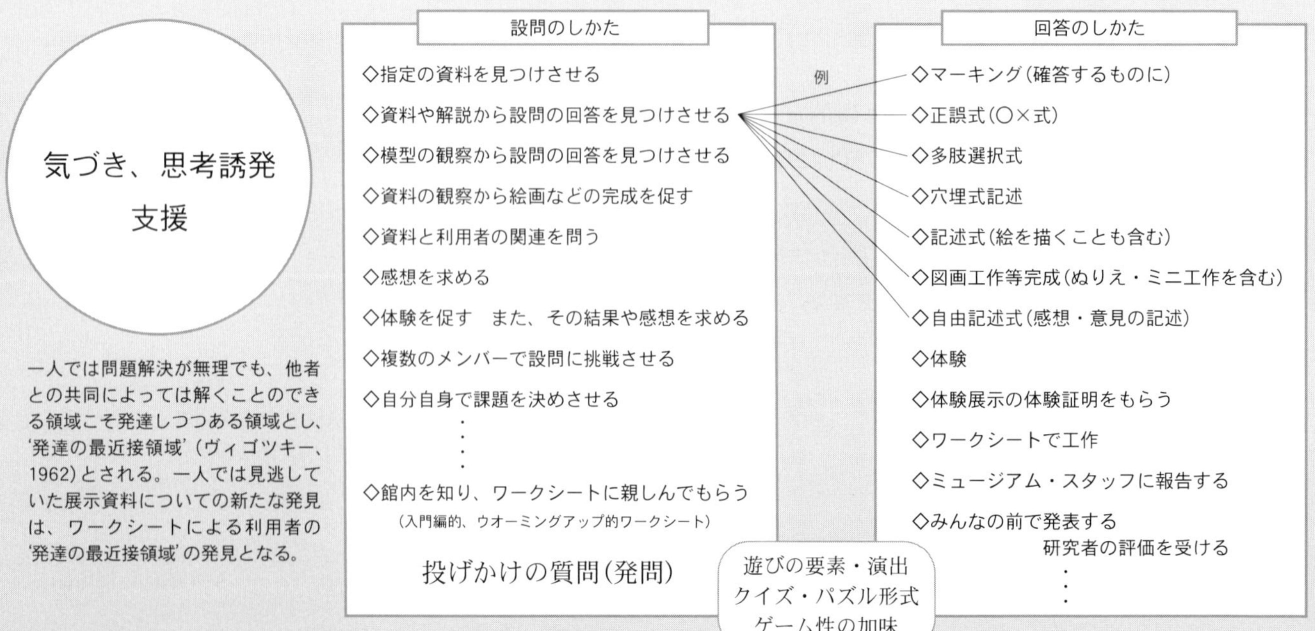

気づき、思考誘発
支援
一人では問題解決が無理でも、他者との共同によっては解くことのできる領域こそ発達しつつある領域とし、‘発達の最近接領域’（ヴィゴツキー、1962）とされる。一人では見逃していた展示資料についての新たな発見は、ワークシートによる利用者の‘発達の最近接領域’の発見となる。
設問のしかた
◇指定の資料を見つけさせる
◇資料や解説から設問の回答を見つけさせる
◇模型の観察から設問の回答を見つけさせる
◇資料の観察から絵画などの完成を促す
◇資料と利用者の関連を問う
◇感想を求める
◇体験を促す　また、その結果や感想を求める
◇複数のメンバーで設問に挑戦させる
◇自分自身で課題を決めさせる
◇館内を知り、ワークシートに親しんでもらう
(入門編的、ウオーミングアップ的ワークシート)
投げかけの質問(発問)
例
回答のしかた
◇マーキング(確答するものに)
◇正誤式(○×式)
◇多肢選択式
◇穴埋式記述
◇記述式(絵を描くことも含む)
◇図画工作等完成(ぬりえ・ミニ工作を含む)
◇自由記述式(感想・意見の記述)
◇体験
◇体験展示の体験証明をもらう
◇ワークシートで工作
◇ミュージアム・スタッフに報告する
◇みんなの前で発表する
研究者の評価を受ける
遊びの要素・演出
クイズ・パズル形式
ゲーム性の加味

有・共感を示したい。もし誤った解釈があれば再チャレンジへの誘導とアドバイスを与えることも必要である。

キーワードを確認して考えを発展させる段階では穴埋めクイズ方式が、分類・仕分けをすることがテーマであれば○×式回答方式も有効である。それぞれの質問形式の長所を活かした混成型も含めた使い方をしたい。ワークシートの設問と回答の方法は、対象年齢とワークシートの(ネットワーク的体系での)その位置付け・役割によっても選択する。

さらに、利用者が一つの展示テーマや資料に出会った時、その解釈に幾通りかのアプローチがある場合、それを活かしたワークシートのバリエーションが欲しい。利用者一人ひとりの興味ある、そして得意とするエントリーポイントから資料へのチャレンジが可能となる。これはミュージアムの学びの特徴である利用者の自主的選択の幅も広げ、ステップアップの自由を担保する。ワークシートは展示を変更せずに、成人を含め年齢別、学習段階別に、内容を編集し計画できる。展示では実現できなかったきめ細かな利用者対応につながる。

4. 事例研究のすすめとデザインの基本

デザイン的にはシート(用紙)に設問などを印刷したものであり、文字や写真、イラストレーション、展示の見取図、館やテーマのキャラクターを配してデザインする。折りや抜き加工を組み合わせたり、ブック状にも編集する。ワークシートの内容およびそのデザインは、解説シート・カタログ近接型、資料観察・鑑賞のための環境整備型、小型で1シート1問型、体験確認型、小型ミニ情報型、ポートフォリオ型などと実にさまざまである。対象年齢、シートにするかブック型か、ワークシート学習の現場の状況によってはフロアマップやワークシート学習の諸注意が入る場合がある。諸条件や運用の仕方でもデザイン要素が変わり構成やデザインが変わる。ワークシート・スタンドに諸注意などの表示がある場合もある。文字の大きさについても対象年齢を考慮するが、小型ミニ情報型では文字が小さいデザインがおもしろいということもある。答えを記入しなくても、

図4　ワークシートに求められるデザイン要素

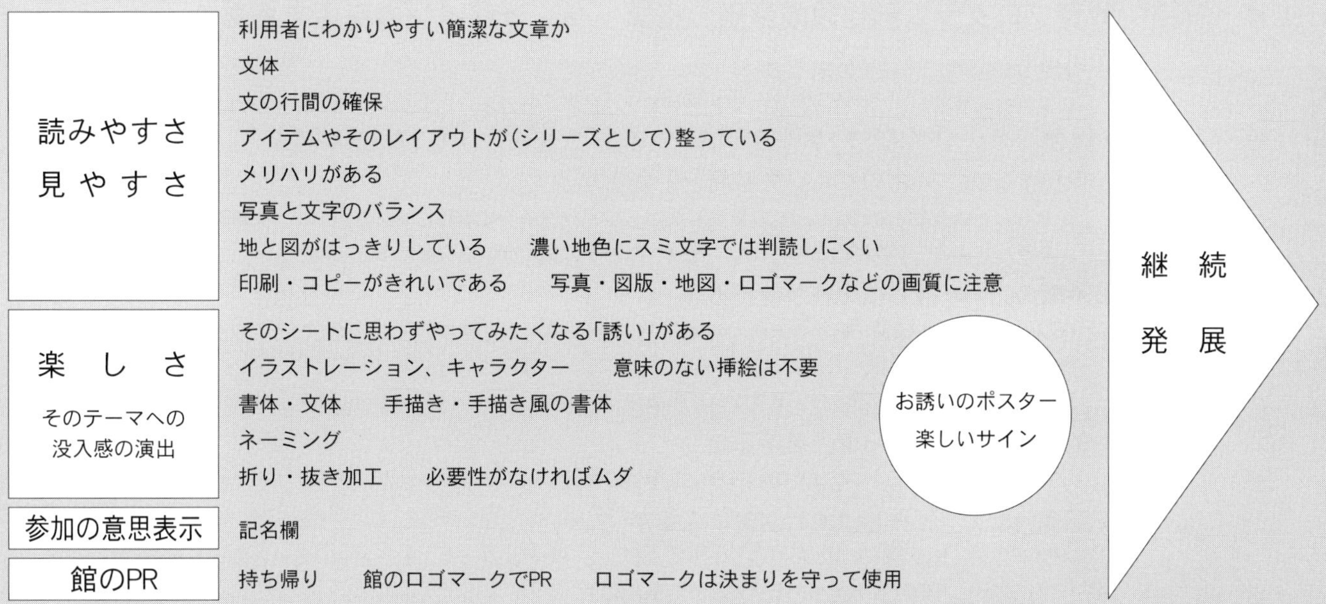
読みやすさ
見やすさ
利用者にわかりやすい簡潔な文章か
文体
文の行間の確保
アイテムやそのレイアウトが(シリーズとして)整っている
メリハリがある
写真と文字のバランス
地と図がはっきりしている　濃い地色にスミ文字では判読しにくい
印刷・コピーがきれいである　写真・図版・地図・ロゴマークなどの画質に注意
楽しさ
そのテーマへの没入感の演出
そのシートに思わずやってみたくなる「誘い」がある
イラストレーション、キャラクター　意味のない挿絵は不要
書体・文体　手描き・手描き風の書体
ネーミング
折り・抜き加工　必要性がなければムダ
お誘いのポスター
楽しいサイン
参加の意思表示
記名欄
館のPR
持ち帰り　館のロゴマークでPR　ロゴマークは決まりを守って使用
継続
発展

心につぶやいてもらえばいいスタイルもある。ワークシートのデザインと運用の事例、実践例を多く観て、このような方向でいきたいというサンプルがあると企画・制作しやすい。

デザインの基本(図4)としては、読みやすさと見やすさ、そして楽しさ、あるいはテーマにそったデザイン表現、そのシートに思わずやってみたくなる「誘い」があることも重要である。文の行間が確保されていないものが多く見られるので注意をしたい。コピーは必ず原本から取る。写真・図版・地図・ロゴマークなどの画質に注意して、利用者の視覚的ストレスをかけない努力が必要である。カラーでデザインした場合は、色覚特性のシミュレーション※1を実行したい。ワークシートのネーミングも楽しみたい。試行を重ねて完成させていくことが望ましい。

※1 色覚特性シミュレーション
色盲の人にもわかるバリアフリープレゼンテーション法
http://www.nig.ac.jp/color/

5. フォローの場は評価材料の宝庫

あるワークショップでのアンケートのようす。子どもたちが対象の場合、答えやすいアンケート方法やデザインなどの工夫が必要。

評価について考えてみたい。フォローの場面では、ワークシートの制作者にとっても、利用者の反応と直に接することができる貴重な体験が可能である。制作者の反省'ふりかえり'の場でもある。

五つの力(図5)は、教育プログラム制作段階評価(試行)の指標である。ということは、プランニングを含めたデザインの指標でもあるので、ワークシートに関連させて言い換えてある。

フォローの場での評価材料の収集(図6)は、評価を大げさに考えずに、この場で評価につながる情報を収集する例を示している。調査サンプル数が多ければいいというものでもない。重要なことは、教育評価は、あらかじめ立てた教育目標に照らしておこなわれるということである。

評価材料の収集を、制作者自身が調査員になって「利用者目線で・利用者になり切って」ワークシートを体験したり、現場で利用者とコミュニケーションを取ることからはじめるのも一手段であり、基本でもある。

6. フォローありきの運用計画

現在の学習者像は「自身の先行知識を洗練し、新しい知識を構成する

図5 '五つの力'に照らし合わせてワークシートを考える

教育目標 ⟶ **教育プログラム制作段階評価の指標 ＝ デザインの指標でもある**

1. 引きつける力 — 誰が来るか
   ※実施告知サイン・ポスターやスタンドデザイン、紙面、そのネーミングに引きつける魅力があるか
   「ワークシートの楽しさへ誘えるか」 ワークシートが「資料のおもしろさへ誘えるか」
2. 保持する力 — どのくらいの時間とどまるか
   ※きちんと最後まで資料をじっくり観察しながらワークシートに挑戦しているか ⟷ 時間は十分あるか
   あきられて途中で投げ出されていないか。問題が手に負えない場合がある。
3. 手順の力 — 彼らにそれが使えるか
   ※ワークシートの設問・回答の方法、全体のプログラム進行が明確か。どこへ報告に行くのか。
   ※備品の不備はないか
   ※告知や誘導のためのポスターやサインがあるか
4. 教育的な力 — 彼らは何を学ぶか
   ※資料・展示理解につながったか、あらたな学習の動機づけにつながったか
5. 感情的な力 — 彼らはそれが気に入るか
   ※ワークシートの学びを楽しんだか、やってよかった・ためになった・もっとやりたいと思ったか
   ※ワークシートの紙面デザインを楽しんでもらえたか

試 行
＋
利用者目線で制作者が調査

能動的な学習者」といわれる、構成主義に立脚したものである。しかしこれは、学習者が自身の経験に照らし合わせ、自分なりの情報を新しく構築するということである。そのため問題となっている領域での学習者の経験が不十分な場合、自分自身の推論の結果が不十分となり、この過程で誤りを起こしたまま受け入れてしまう結果にもなりやすいのである。

学習者なりにテーマについて何かを感じてもらえばよいのか、考えてもらいたいのか、行動を起こしてもらいたいのか、その上で何らかの新しい知識・経験を構成してもらいたいのか。あるいは、学習の内容によっては、展示者側の“コミュニケーション・ゴール”“テイク・ホーム・メッセージ”が設定されているケースがある。この場合、学習者の個性的な解釈をとおしながらも、その理解が最終的な展示の目標やねらいを達成してほしいことになる。なによりも、学習者の経験も先行知識も、興味の度合いも、一人ひとり違うわけで、この多様性にはフォローなしでは対応不可能である。

ワークショップであればファシリテーターが中心となり学習者の学びを支援していく。同じようにワークシート中心のプログラムでも支援スタッフが必要である。目標とする理解を教示的ではなく、もちろん押しつけることなく、学習者自らが導き出せるように、随時、学習環境からの応答としての学習者のフォローが必要となる。学習者に「問題」を抱かせ、しかもその問題を解決するために必要な情報(答えではない)を個々の学習者の求めに応じて即座に与える環境である。その場限りで、散漫で、一時的な喜怒哀楽や単なる衝動、あるいは楽しい活動で終わらせないために、学習者の学びの状況を解釈し、その興味・関心を次のステップへ、探求・創造へとつなげるというスタッフによる形成的な評価によって、貴重な学習者の経験を継続させることが重要である。この時、フォローの場でのスタッフの共感力こそが学習者の現在の経験、そして選択すべき学習者の次の経験の方向性を教えてくれる。

また、「ふりかえりは経験の知的組織化の精髄──ふりかえりの知性」(デューイ、1938)である。「ふりかえり」は学習者が自分の意味をつくりだす、再構成する場である。ワークシート活用の事後の場においては、たとえば参加者の観察が書き込まれたシートを貼りだして、お互いに見せあい交換しあったり、一人ずつ研究者とその観察について対話をする。「ふりかえり」は、専門家に自分が評価してもらえるということや、あるいはみんなとの「ふりかえり」で、誰かの役にも立っている実感や、自己変容感が得られ、自分の発見(アイデンティティ)につながる欠かせない場である。ワークシート達成に対して景品も提供されることもあるが、この景品は、参加者の達成に対する館からの共感の証でなければならない。

ワークシート利用の学習効果は、資料についての知識を一つ増やすということだけではなく、資料の見方とそのおもしろさを知り、ミュージアムの楽しみ方を知ることにある。ワークシートは利用者の「ミュージアムでの学びのリテラシー」向上のための学習・訓練ツールであり、そして利用者がミュージアムという社会的な実践共同体の場へ参加するツールともなる。ワークシートは利用者同士の対話も促すことはもちろん、ミュージアム・スタッフや研究者との交流を媒介し、ミュージアムの解釈と学習者自身の解釈が出合い、ミュージアムにおける共同の学びを促進する。ミュージアムの研究・展示は現在の時点での成果であり、この研究プロセスにこ

図6　フォローの場での評価材料の収集
数量の結果で評価する量的調査法(定量)と、意見を聞くような、ものごとをことばによって説明し表してもらう質的調査法(定性)。質的調査は解釈的アプローチで、改めて見直されている。
また、回答しやすい環境、調査方法、調査項目・シートのデザインに心がける必要がある。

□ワークシート集計
　利用数　人気・不人気度　満足度
□利用状況観察
　満足度(会話採集・分析法)
　観察した制作者自身の感想
□利用者の意見
　満足度・改良点(意見聞き取り・個別インタビュー)
　回答に至った過程や生じた疑問の聞き取りから、発展的ワークシートを企画
□回答記入例からの問題点発見・分析
　ドキュメント(文書・記録)分析
　・設問に対して、実際の資料を観察して回答しているか
　・まちがいの多い設問は、展示が悪いか、ワークシートの設問の仕方が悪いか
　・意見が書き切れていなければ、回答欄が狭すぎることが疑える
　・回答し切れていない場合、難易度・量・時間の再検討
　・利用者がワークシートのテーマを決めることによる
　　展示資料の人気・不人気ランキング
　　展示の改良や教育プログラムの開発につなげる

そおもしろさがある。それが(疑似)体験できて、次の展示は学習者が創るというようなワークシート活用のプログラムをめざしたい。

学びは学習者一人ひとりの経験に応じてその解釈が成り立つことでよしとし、非構造的であるとしている構成主義の学習観と矛盾する学習支援の方法も織り交ぜて述べてきた。主義やその理論の一つに固執することなく、「実践での折衷主義」(ハイン、1998)で、教育プログラムやツールの企画・制作・運営・評価にあたるという姿勢である。その上で構成主義に基づく教育理論の立場で、学習者の個性的な解釈を尊重しつつ、自由度の高い、ミュージアムが理想とすべき学びを実現したい。

7. 事例紹介 ― 大阪市立自然史博物館「たんけんクイズ」―

大阪市では、1995(平成7)年度から学校週5日制に合わせて、小中学生の博物館施設などの入館料が無料となった。翌年、「たんけんクイズ」が博物館の無料開放の拡充・充実活性化を図る一環として小中学生対象に誕生した。当初、その目的や考え方は、①展示をよく見るきっかけとする。何種類かのシートの提供によって②来館者をリピーター化する、③友だちや兄弟姉妹といっしょにきてもそれぞれが違う問題に取り組める。④小学生から中学生まですべてを対象にした問題を作ることは無理なので、小学校低学年の児童は兄弟姉妹や親と一緒に取り組む ― といったものであった。「自然史探検すくらっちクイズ」という名称で、旧来のセルフガイドにスクラッチというゲーム性を加えて、10種類各5問とし、4問以上正解すると館オリジナルの絵はがきがもらえるという形でスタートした。

その後、クイズの改良と試行を重ね、小学校低学年用のシートも開発した。博物館と大阪自然史センター(2001年にNPO法人化)が、子どもたちへのアンケートや、利用状況観察などの調査・分析を実施し、現在の「たんけんクイズ」に改良されてきた。

しかし、クイズ以外の展示物を見てもらえない。シートの種類を増やしても回答を暗記してしまう子どもも見られるようになる。なにより「たんけんクイズ」は‘閉じた質問’である。正解があり、子どもたちに知識を増やすことはできても、想像力を膨らますことができない。リピーターを刺激し続けることも難しい、といった問題がみられるようになってきた。これらの問題を解決したいというスタッフの思いから考え出され、加わった活動が「今日のチャレンジ」である。

「今日のチャレンジ」は、正解不正解にとらわれない、子どもたちのそれぞれの答えを求める‘開かれた質問’をテーマとする。タイトルと記名欄のみのシートに、自由に絵や文字をその日のテーマにそって書き込んでもらうというものである。

チャレンジのテーマは月一回変わる。実施されたテーマは「きれいなもののナンバー1を見つけよう」「育ててみたいものはなに？」「びっくりどっきりこわいもの探し」「お気に入りのホネをおしえて」「かくれんぼ名人をさがせ！」「こんな恐竜いないかな？想像してかいてみよう」「博物館でびっくり！はじめて見たもの」「博物館でもみーっけ！私の知ってるものあったよ」など。この問いかけは、一つの展示物ではなく、博物館全体が対象となり、クイズ以外の展示も見てもらえることになる。

実施日は日曜祝日(夏休みなどは土曜日も実施)。教育スタッフが展示

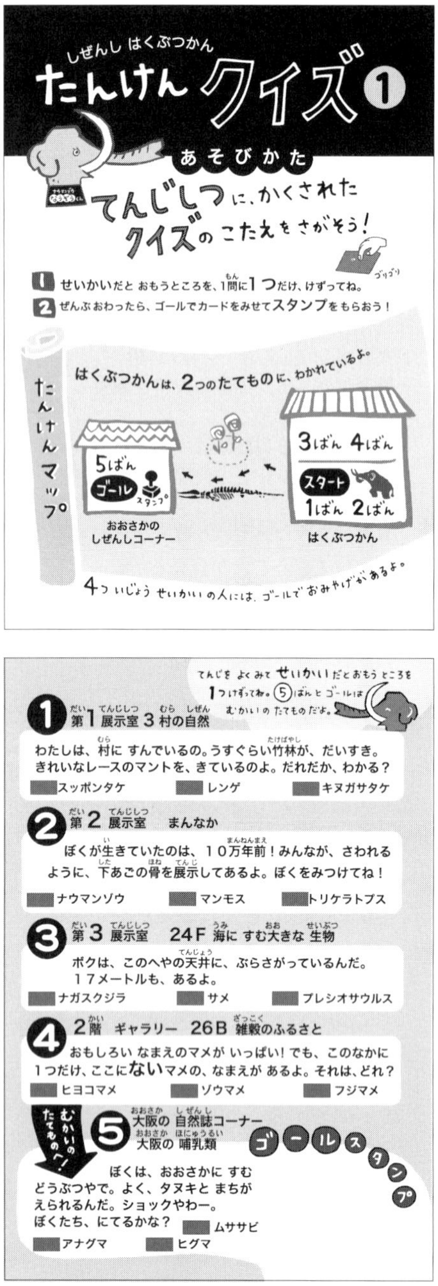

紙面のデザインも楽しいたんけんクイズカード(表／上、裏／下)
スクラッチ式(2010年現在使用中のもの)

クイズをしている様子

室入口に移動式看板を立ててスタートする。クイズのルールを説明し、今日のチャレンジテーマを示す。この時スタッフは、今日のテーマに対して、どのように考えたか、どのようにチャレンジすればよいのかなど、発想の引き出し役としてのファシリテーターとなる。

スタッフはゴール地点でも、子どもたちとのコミュニケーションを重視している。その子どもの博物館体験を深めるために、また、描き込まれた内容を見ただけではわからない子どもの考えや意図を知る貴重な場だからである。シートを持ち帰りたい子ども以外は、館内に提示し、次回来館した子どもやその家族に見てもらうことを期待している。このことは、子どもにとっての達成感、社会に役立っている実感につながる。

また、配布時やチャレンジの導入部分、クイズのゴール地点のみでなく、展示室でも展示を通して、子どもたちとスタッフとのコミュニケーションが生まれるような環境を整備していくことが重要と考えている。

これらの活動が、博物館の教育普及にさまざまなヒントを与え、新たな問題点も提示してくれる。子どもたちとのコミュニケーションツールとして「たんけんクイズ」プログラムの改良はまだまだ続いている。

大阪市立自然史博物館のワークシート開発事例を紹介した理由は、ワークシートの使命を見据え、常に利用者と共にあり、評価・改良・試行に積極的に取り組んでいる点、ワークシートのデザインが楽しい点。そして「今日のチャレンジ」という新しいプログラムを編み出した点に注目したからである。単にワークシート一枚をデザイン・制作して終わりではないということを述べてきたし、この事例からもそれが読みとれるだろう。教材のデザインは、教育プログラム開発の一部であり、教育プログラム自体をデザインするということでもある。そして、継続性の中に、常に改革が求められる。ワークシートの使命は、まさに博物館の使命につながるのである。

参考文献

- ガードナー(Gardner, H.)『MI:個性を生かす多重知能の理論』(村松暢隆訳　新曜社　2001)
- 梶田叡一(2002)『教育評価〔第2版補訂版〕』有斐閣
- ヴィゴツキー(Vygotsky, L. S.,)「子どもにおける科学的概念の発達の研究」『思考と言語 下』(柴田義松訳　明治図書　1962)
- Moore, Omar K.; Anderson, Alan Ross　(1968) Some Principles for the Design of Clarifying Educational Environments, 明示された教育的な環境(明示的教育環境)のデザインのための若干の原則
- 永野重史(2001)「教育環境の見方と設計」『教育心理学通論』(財)放送大学教育振興会 p.232-242
- デューイ(Dewey, J.)『経験と教育』(市村尚久訳　講談社　2004　p.143)
- Hein, G. E.(1998)『Learning in the Museum』Eclecticism in practice(実践での折衷主義)p.98
- レイブとウェンガー(Lave, j. & Wenger, E.)『状況に埋め込まれた学習──正統的周辺参加──』(佐伯胖訳　産業図書　1993)
- 樽野博幸・中原まみ(2009)「クイズでコミュニケーション」『「自然史博物館」を変えていく』大阪市立自然史博物館・大阪自然史センター編　高陵社書店　p.63-73
- 五月女草子・釋知恵子・佐久間大輔(2010)「一枚のクイズから広がる博物館の普及教育」JMMA会報 No.58　p.40-46
- 堀典子(2001)「絵画の解釈──鑑賞の方法」『絵画の教科書』日本文教出版　p.26
- 木下周一(2009)『ミュージアムの学びをデザインする』ぎょうせい
- 色覚特性シミュレーション
  色盲の人にもわかるバリアフリープレゼンテーション法　http://www.nig.ac.jp/color/
  岡部正隆氏(東京慈恵会医科大学解剖学講座)・伊藤啓氏(東京大学分子細胞生物学研究所)

たんけんクイズ「今日のチャレンジ」のスタート風景

チャレンジカード
(2010年現在使用中のもの)

チャレンジカードに絵を描くこども

ゴールでの対応の様子

チャレンジの成果が館内展示されている

4-4

ユニバーサルへの顧慮

山本 哲也

1.「ユニバーサル」の意味

「ユニバーサル・ミュージアム」という概念がある。1990年代後半になって、当時神奈川県立生命の星・地球博物館の館長だった濱田隆士(1933-2011)が初めて使用した言葉で、同館がその「ユニバーサル・ミュージアム」を活動指針として以降、現在に至っている。この「ユニバーサル・ミュージアム」の発想の基に"ユニバーサルデザイン"があったことは確かであり、それは主に身体に「障害」のある人を対象とした施策として認識される。

ユニバーサルデザイン。この理論は、1980年代にロナルド・メイス(Ronald Mace, 1941-1998)が提唱したもので、さらに「ユニバーサルデザインの7原則」がある。すなわち「1. 公平な利用」、「2. 利用上の柔軟性」、「3. 使い方が容易」、「4. わかりやすい情報」、「5. 間違いに対する寛大なデザイン」、「6. 身体的負担が少ない」、「7. アクセスしやすい広さと大きさ」である。これらはやはり、主に身体に「障害」のある人を対象としたものであり、ハードの意味であることがわかる。

本章で扱う「ユニバーサル」は、この「ユニバーサルデザイン」や「ユニバーサル・ミュージアム」に準拠するものと予想されるかもしれない。確かにユニバーサルデザインは「障害」のある人に対する施策の理論として普及してはいる。しかし「ユニバーサル」という言葉は、決していわゆる「障害者」のみを対象とするものではない。

博物館があらゆる人に開かれたものであるべきなのは当然のことである。そのためにはさまざまな個性に対応することが必要であり、それは「障害」のある人、高齢者、外国人など、何らかのバリアを感じ、いわゆる弱者となる可能性のある人々に対してそのバリアの除去、すなわちバリアフリーであることが肝要である。このようにバリアフリーというのは、「障害」のある人に対してそのバリアを除去する考え方であった。しかし、バリアというのは、いわゆる「障害者」に対してのみにあるのではない。たとえば今なお月曜休館が多いと思われる日本の博物館事情により、同様に月曜休業の多い理美容業者にとってはアクセシブルな環境とはいえず、それは大きなバリアとなっているのである。

つまり「ユニバーサル」であることとは、「バリア」を広くとらえ、さまざまな意味でのバリアフリーを追求することであるともいえる。

ハンズ・オン展示が充実した
静岡市立登呂博物館

2. ユニバーサル化に向けた具体的検討事項

博物館教育のユニバーサル化をすすめるために、どのような施策(内容と方法)があるかを考え、そこに潜むさまざまなバリアとその除去の可能性を確認することが必要である。ここではいくつか具体例を示し、確認していく。そして、ユニバーサルをめざすために考えるべきことの多さを知り、種々考察していくための一助としたい。

2.1 鑑賞支援(1)──ハンズ・オンとガイドツアー(解説活動)──

鑑賞支援の方法として、ハンズ・オンとガイドツアーがある。

ユニバーサルとなる一例として、視覚に「障害」のある人の鑑賞を支援するために、視覚以外の感覚を活用した施策が考えられる。ハンズ・オン展示や五感にうったえる展示という言い方がなされることがあるように、展示においては「さわる」(触察)、「体験する」といったさまざまな手段が講じられることがある。博物館教育においても「さわる」、「体験する」といった方法が応用されることによって、ユニバーサル化は進む。立体的な資料の場合には、実物をさわるか、実物がさわれない場合にはそれと類似する資料(たとえば土器の場合は同型式のものなど)やそのレプリカにさわるのが有効である。ただし実物にさわることは資料の保存という、相反する面への考慮が必要であり、触察教育はその視点を見逃すことなくなされるべきものである。なお平面資料の場合は、立体コピーも一つの手段として認められる。

そもそも人間の感覚は以下の通り8種12分類され、さまざまな感覚にうったえる方法が考えられるはずで、それによってハンズ・オンの方策は広がっていく。もちろん、ハンズ・オンは視覚に「障害」のある人だけにあるのではなく、すべての人にとって極めて有効な手段でもあり、それこそユニバーサルの意義を満たすことになるのである。

・視覚	・皮膚感覚 ──	・触覚
・聴覚	・運動感覚	・温覚
・味覚	・平衡感覚	・冷覚
・嗅覚	・内臓感覚	・痛覚
		・圧覚

ガイド(解説)の方法も考慮すべき点がある。

美術館などにおいては、作品に描かれた内容を、客観的に描かれているとおりに説明するのではなく、それを別の鑑賞者がイメージを話し、または対話することによって、さまざまな感じ方を知り、聞く側なりに作品のイメージを構築してもらう方法がある。作品に対する美意識は人によりさまざまであり、固定したものはない。したがって、他の鑑賞者の印象から、作品のイメージを形成するという鑑賞方法が、視覚に「障害」のある人にとって時に有効となるのである。

また、ろう者には、手話通訳、筆談器の活用などが求められる。そして、その際に注意しなければならないのは、手話や筆談は、それ相応の時間を要するということである。資料を眼で確認しつつ、手話や筆談の内容を確認することはできない。手話通訳とは、「説明をきく」ことでありながら、「説明をみる」ことなのであり、2段階で説明するということになる。そして忘れられがちなのは、ろう者の中でも先天ろうの場合、言語の理解が困難な場合が実は少なくないという事実である(1)。そのため、専門用語をかみ砕いて説明したつもりでも、それが果たして正しい理解につながっているかというと、実はそうではない場合があることも理解しなければならない。解説のスピードを考えるという意味では、ゆっくりと一言ひと言を伝えるのは、高齢者や幼児への対応の面でも有効となる。そして、ポップ(解説に付随するシート)などの併用で、より理解しやすい解説にな

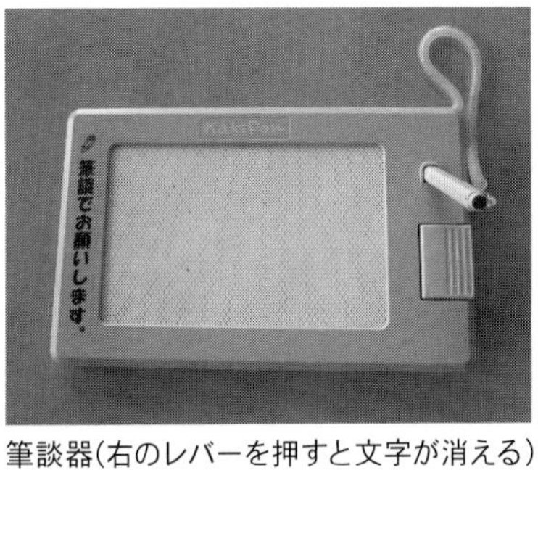

筆談器(右のレバーを押すと文字が消える)

ることも期待できるであろう。

さらに、いわゆる「障害者」向けの鑑賞会が開催されることがある。特別展において休館日の一日を利用して実施したり、ろう者を主に対象として手話通訳を交えた鑑賞会を実施したりすることがある。そのような特別の手段は、より多くの人の利用に供する意味でユニバーサル化の手段といえるであろう。

2.2 鑑賞支援(2)── 音声ガイド ──

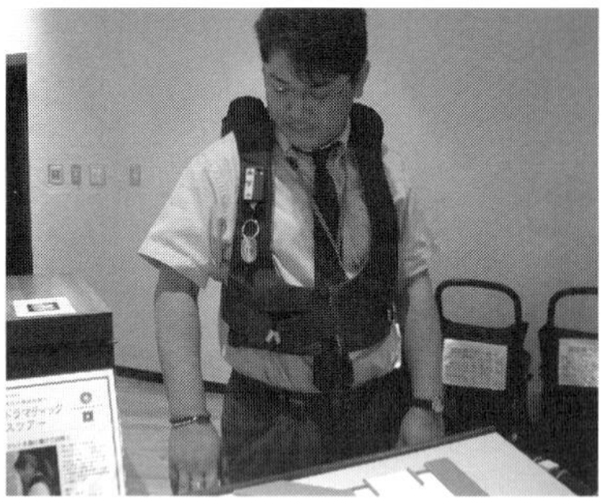

ジャケット型音声ガイド
(宮崎県立西都原考古博物館)

見学・鑑賞を支援するツールとして、音声ガイドが採用されることがある。そのユニバーサル化においても考えるべき視点がある。

視覚に「障害」のある人への対応として、解説パネルを読むことができないことを補完する意味において、一般の音声ガイドよりも解説を長くする場合がある。これは大阪府立近つ飛鳥博物館において採用されている方法である。また、フリーハンドとなるジャケット型の音声ガイドが宮崎県立西都原考古博物館で開発・採用されている。

外国語対応もユニバーサル化には欠かせない視点である。国際社会に向けて博物館が情報発信するには、多言語対応が望ましいのはいうまでもない。もちろん、全世界のあらゆる言語に対応することはとうてい無理であることから、対応言語はどうしても限定されてしまう。音声ガイドには、その博物館が設立された位置、環境によって、それぞれで対応できる言語が採用されるべきである。なお、音声ガイドに限らず、解説パネルやその他の文字・音声情報においても同様に考慮されなければならない。

そして、音声ガイドの音量調整の幅が増幅すれば、特に難聴者にとって対応がより広がるだろうし、音声ガイドが使用できない全ろうの人への対応を考え、静岡県立美術館のロダン館などのように、音声ガイドの説明を活字化した冊子の用意も望まれる。

2.3 カラーユニバーサルデザイン

色覚に関するユニバーサル化、すなわちカラーユニバーサルデザインは、意外と忘れられがちな視点であるから要注意である。つまり博物館教育に活用されるワークシートなどの印刷物で、カラーにてそれ相応のデザインがほどこされる場合があるが、この場合に重要な視点となる。

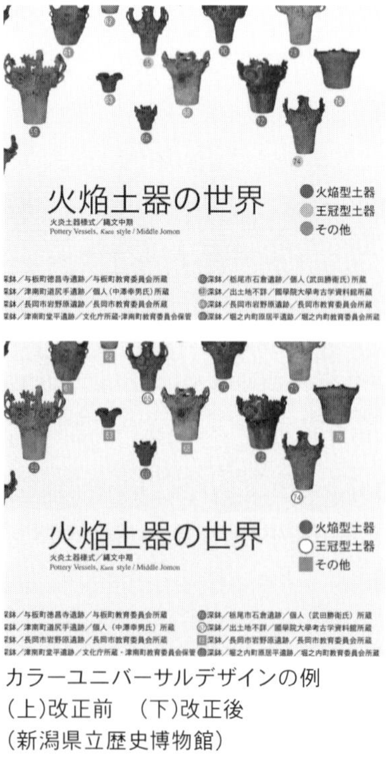

カラーユニバーサルデザインの例
(上)改正前　(下)改正後
(新潟県立歴史博物館)

これまでいわゆる「色盲」と言われることが多かった色覚特性のある人にはさまざまなタイプがあり、赤感受性の視物質の遺伝子に変異を生じた「第1色盲」と緑感受性の視物質の遺伝子に変異を生じた「第2色盲」が大半を占める。青感受性の視物質の遺伝子に変異を生じた「第3色盲」や全色盲も存在するといい、これらをすべて把握し、ユニバーサル化することはなかなか困難である。しかし、最低限赤と緑の使用法に注意し(隣り合っての使用を避けるなど)、さらに色だけではなく表現する形や明度差にも注意することで、カラーユニバーサルデザインが達成される可能性は高い。強調する意味で使用されることの多い「赤」は、実はカラーユニバーサルデザインの意味からは強調の意味をもたないのである。

カラーの丸記号、白抜きの丸数字などを使用する場合などは、色覚上の区別ができない恐れが生じるため、色だけでなく形を変えることによって解消し得ることも念頭に置くとよい。白抜き文字と墨文字の併用でも解消できる場合はある。

いずれにしても、カラーの印刷物の場合に注意を要する視点である。

2.4 ユニバーサルの意味でのアウトリーチ活動

出前講座、出前授業、移動博物館などと称されることのあるアウトリーチ、すなわち館外での活動がある。これは、博物館以外で活動をおこなうことで、博物館利用の機会の拡大という効果や、遠隔地で博物館のPR効果を発揮することが期待できるなど、その意義は大きい。

博物館へのアクセスの面において、バリアとなる要件は人それぞれでさまざまである。公共交通機関が不便、実施されるイベントの実施日時に訪問できないなどのほか、身体の「障害」に対応したアクセス保障がなされていないといった原因が考えられよう。そのような博物館へのアクセスを保障しバリアを除去するということではなく、逆に博物館が外に出て行くこと（アウトリーチ）で、さまざまな利用に供することができることとなるのである。

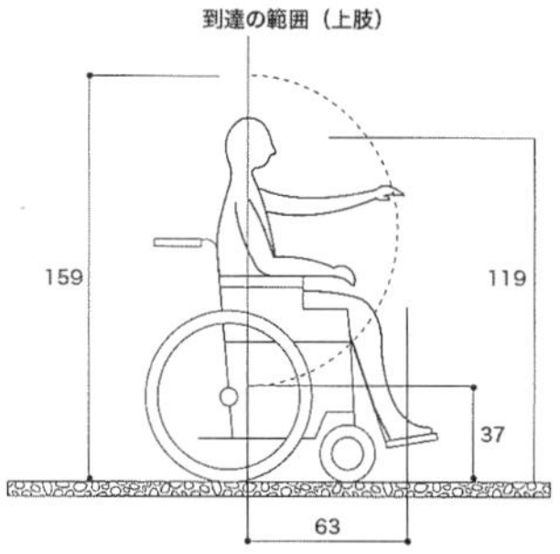

車椅子の到達範囲（『都市公園におけるゆったりトイレの指針』1996、大蔵省印刷局）
すわった状態にあるため、目の高さは成人男子の場合では床から119cm程度である。

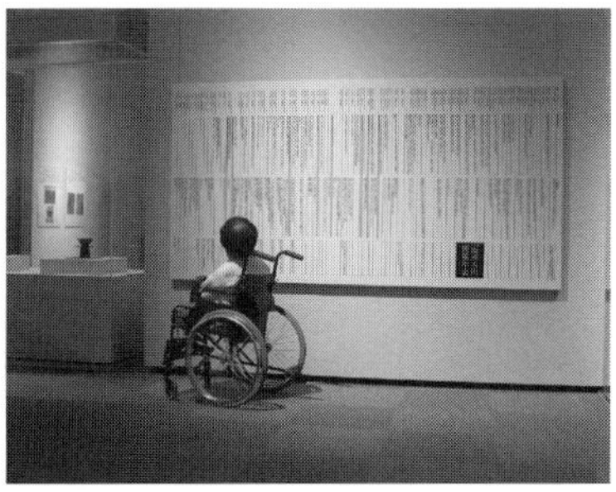

車椅子での見学の様子

3. あらゆる面でのユニバーサルの必要性

本書は博物館教育の概説書であり、博物館のユニバーサル化を図るのが本稿の役割である。ここではしかし、その具体化のためのいくつかの例を示したに過ぎず、考え得る視点はまだあるだろう。

しかし、博物館教育におけるユニバーサル化が論じられ、その実現が図られるだけであってはいけない。建築（ハード）、交通（アクセス）、展示はもちろん、ソフト面などあらゆる面でユニバーサルである必要がある。ある一面が突出するようなものでは本当のユニバーサル足りえない。つまり博物館内のユニバーサルのみ突出しても、アクセスの保障がなされていないようでは意味をなさなくなる。すべてがバランスよく整っていてこそのユニバーサルなのである。

そして、自ずと出てくる限界というものに目を背けてはいけない。残念ながら完璧なユニバーサルというのはあり得ないことも理解すべきである。すべての外国語には対応できず、限られてしまうということでも明らかである。また展示において車椅子の視線を考慮するならば、低い位置に展示資料を置く必要があるが、その場合いわゆる健常者でも特に背の高い観覧者にとっては低く屈まなければならず、腰痛を発生させる原因になると言われかねない。したがって、車椅子使用者にとってのバリアフリーが、一方でバリアになることもあり、完全なユニバーサルデザインというのは実はあり得ないのである。

そういったことを無視して高尚な理念の達成をめざしても、時に無意味になりかねないことも考える必要がある。つまり、博物館という総体においてめざすユニバーサル化の中でこそ生きる「博物館教育」のユニバーサルということを忘れてはならないのである。

本文注釈

（1）ただし言語が理解できないということではない。健常者の解釈方法とは異なる方法で解釈するという意味である。

参考文献

●大堀哲（1999）「博物館教育活動の内容と方法」『新版　博物館学講座』第10巻「生涯学習と博物館活動」雄山閣：II 19-54
●廣瀬浩二郎監修（2007）『だれもが楽しめるユニバーサル・ミュージアム―“つくる”と“ひらく”の現場から―』読書工房

4-5

幼少児活動への顧慮

小野 和

1. 博物館における幼少児活動への取り組みの必要性

わが国の博物館においても近年は、子どもへの配慮が心掛けられるようになってきた。しかし、未就学の乳幼児から小学校低学年頃の幼少児への対応は、まだ十分とは言いがたいのが現状といえる。このため、幼少児も視点に入れた企画であっても、従来の大人や高学年児対応の環境設備や展示のまま対応して、幼少児の身長ではほとんど展示が見えない、解説の話や文章が理解できない等の場面も見受けられる。

これからの博物館教育では、未就学の乳幼児から小学校低学年頃の幼い子どもたちの状況に即したきめの細かい対応の検討が必要である。

2. 博物館における幼少児活動と子育て支援

この館ではベビーカー利用のまま展示スペースを回ることができる。異世代の来館者がそれぞれ楽しめるように切り株のベンチや階段状の展示などを工夫している

幼少児が来館する際は、保護者や教師・保育者などの大人とともに来館することが一般的である。兄弟姉妹や祖父母など世代の異なる人々と一緒に来館することもよく見受けられる。

幼少児は博物館で展示やワークショップ等の体験をするだけでなく、異年齢の子どもたちや、家族以外の大人と出会うことになる。また、親や祖父母たちも展示やワークショップを体験しつつ、周囲の子どもの姿や、他の親子やスタッフのかかわり等に接することになる。

こうして乳幼児から、児童生徒、子育て世代、高齢者世代まで異世代の人々が交流し、展示やワークショップ等だけでなく、幅広い人と人とのかかわりを含む多様な学びが可能になる。

幼少児の来館者の増加にともなう幼少児対応の充実について、一部には、博物館の託児所化、として憂慮する向きもあるという。しかし、博物館にて「異世代が交流し、体験を共有し、楽しみつつ学ぶ」ことは、少子化、核家族化がすすむ現在のわが国の状況の中で、受動的な遊園地等の遊戯施設や子どもだけを対象とした託児施設等とは異なる、博物館のもつ子育て支援機能の特徴として重視する必要がある。

同様の視点として、米国のチルドレンズ・ミュージアムにおいて、ファミリー・ラーニングが指向されるようになってきたことが齊藤恵理によって報告されている。

> 米国のチルドレンズ・ミュージアムでは、ファミリー・ラーニングという新しい考え方が指向されるようになってきている。これは、子どもと家族のより良い関係づくりをサポートしていこうとするもので、シカゴ・チルドレンズ・ミュージアムでも同様の取り組みが見られた。(中略)
>
> また、子育ての悩みや問題をここでの体験を通して緩和していけるように、専門知識を備えたスタッフの充実を図っている。専門スタッフを展示室に配置し、癇癪を起こしている子どもがいれば、どのように対応

したらよいかを保護者の目の前で実践して見せ、子どもの反応に戸惑っている若い母親がいれば、子どもがなにを感じているかを示唆するなど、現場で対応できるようにするためだ。子どもの健全育成を考えるとき、子どもだけでなく保護者も学ぶことが必要なのだと言う。
（齊藤恵理、2006.2『Cultivate』No.27.「シカゴ・チルドレンズ・ミュージアム　遊びと学びを融合するコミュニティの創造」）

わが国の現状では、子育ての悩みや問題に対応できる専門スタッフをすぐに配置することは、難しいことかもしれない。しかし、博物館が子育て支援機能をもつことを意識化して、従来の展示や活動を再検討することは、取り組みやすく大きな効果の期待できる視点といえよう。

3. 幼少児に対応した展示や活動の必要性

博物館における幼少児活動を検討する場合には、子どもの発達的な特徴に留意する必要がある。子どもの身体的な発達、興味・関心の発達、知的発達等について理解するとともに、実際の展示開発では、展示物の大きさや展示する場所、解説の内容、活動時間等に発達的な特徴への配慮が反映する必要がある。

特に、就学前の乳幼児に対応した展示開発については、文字が読めないことを前提にする必要がある。また、小学校低学年児も、文字解説だけでは十分な理解は難しいといえる。このようなことから、博物館における幼少児活動では、文字解説に依存しない体験型の展示や、活動を重視する必要がある。

さらに保護者や教師・保育者、兄弟姉妹や祖父母など、幼少児とともに行動する人々への対応も合わせて十分検討することが必要になる。幼少児への対応だけでなく、乳児や高齢者・障害者への対応を含むユニバーサルデザインの視点が、建物や設備・展示等の物的環境、職員やボランティア等の人的対応等、博物館の全体にわたって必要である。

4. 幼少児に対応した取り組み

ここでは、各館の取り組みの中から、幼少児への対応に視点を当てた実践事例を紹介する。

4.1 科学技術館における取り組み

科学技術館の低年齢層の来館者を対象とした「かがく絵本読み聞かせ会」では、文字の読めない幼い子どもたちが家庭や保育所、幼稚園等で日常慣れ親しんでいる絵本の読み聞かせの手法を取り入れている。科学絵本の読み聞かせとともに、絵本の中の実験を再現し、実際に実験道具に触れることによって幼少児の興味・関心に応じ、保護者のニーズにも応えた科学技術館ならではの活動となっている（詳細は『JFS Today』No.117　p.16参照）。

また、「手作り実験道具MINI屋台」は、展示室ではなくロビーでおこない、実験演示スタッフ自らが製作した手作り実験道具を参加者の様子や状況に合わせて使い、お祭りのような雰囲気で楽しめたことが報告されている（詳細は『JFS Today』No.118　p.13参照）。

4.2 東京都水の科学館における取り組み

従来の展示スペースでワークショップをおこなった

東京都水の科学館では、チルドレンズ・ミュージアム研究会の企画により「アクア・フォレスト」という展示スペースを使って幼少児向けの二つのワークショップ「森のなかま作り隊」・「森のどうぶつ探険隊」を実施した。

「森のなかま作り隊」は4歳から小学校５年生を対象として、水道事業にとって、上流の森林を守ることの大切さを伝え、間伐材等を使って動物等を作る活動である。

「森のどうぶつ探険隊」は、2歳～小学校3年生を対象として、展示スペースの壁に黒一色で描かれた動物や昆虫の中から、ワークシートに描かれたものを探して探検し、見つけた生き物のシールを貼るという活動である。年齢の幅が広いので、ワークシートは、探しやすいものから難しいものへ難易度を3段階設定して参加者が好みの段階を選べるようにした。

「森のなかま作り隊」のワークショップでは、子どもも、大人も枝や木の実に触れて、工作を楽しんだ

これらのワークショップは、幼少児を対象としているが、父母や祖父母、兄弟姉妹も参加できる。「森のなかま作り隊」では、子どもも大人も間伐材の枝や木の実等の自然の素材の手触りや香りを楽しみながら工作した。時間の経つのも忘れて夢中でのこぎりで硬い木を切る小学生の姿に、「うちの子のこんなに集中した様子は今まで見たことがない！」と驚く父親もいた。「森のどうぶつ探険隊」では、小学生の姉が見つけられないカブトムシを5歳児が見つけ、「ほら、ここにいるよ！」と教える姿も見られた。

「森のどうぶつ探検隊」のワークショップでは、親子や姉弟などで動物を探した

4.3 幼少児に対応した取り組みの視点

4.3.1 感覚を重視した取り組み

これらの取り組みが好評を得た背景としては、幼少児の身体的な発達や興味・関心等に十分配慮して、展示物の大きさや展示する場所、活動時間等を検討し、感覚を重視した取り組みを実施したことが挙げられる。

文字や従来の展示に頼らずに絵本の読み聞かせや、子どもが触れる手作り実験道具、間伐材等、視覚、聴覚、触覚、嗅覚等の感覚に直接訴える方法を取り入れていることは重要な視点である。これは、幼い子どもたちだけに限らず、高学年の子どもや保護者等の大人にとっても、興味をひきつける視点といえる。他の展示や活動を考案する際にも検討したい方法である。

見つけた動物のシールを貼る

4.3.2 状況に合わせた取り組み

幼少児に対応した取り組みでは、「手作り実験道具MINI屋台」での「細かいシナリオは設定せず、参加者の様子や状況に合わせて」(『JFS Today』No.118　p.13)という柔軟な視点が不可欠であると考えられる。「森のどうぶつ探険隊」のワークショップでは、時間や、プログラムの細かな制約なしにそれぞれの興味に応じて動物や昆虫を探す。ゆっくりと探す過程で、他の展示に気付いてそこで遊ぶ子もいる。しばらくするとまたワークショップの動物探しに戻ってくる場合もある。以上の取り組みでは、建物の大掛かりな改築等はおこなわずに、幼少児への視点から従来の環境を再検討することで、展示室ではなくてロビーを活用することや、従来の展示スペースでワークショップをおこなうという新たな発想が生まれている。

5. 幼少児に対応した教材の開発 (1)

5.1 幼少児に対応した教材開発の視点

ケース内の展示とは異なり、自由に手に取り遊ぶことのできる教材キットは視覚、聴覚、触覚、嗅覚等の感覚に直接訴えることができ、幼少児にとって可能性に富んだものである。子どもの能力が最大限に発揮されるのは遊びの中である、というヴィゴツキー(Vygotsky,L.S., 1896-1934)の最近接発達領域に関する指摘を待つまでもなく、子どもは遊びの中で「自分自身」「もの」「他の人」との多様なリフレクションを体験し、成長する。

幼少児に対応した教材キットの開発に当たっては「喜ばせて終わり」ではなく、子ども自身の興味や関心を重視し、遊びの中で美しさや不思議さなどに気付き、その子なりの取り組みができるようにする視点が大切である。さらに、体験の中で子ども自身が問いを出すように心がけ、知識として教えるのではなく、教材キットで遊びながら、子ども自身の体験や感覚を通して生まれる興味や関心、疑問などを重視する必要がある。

5.2 幼少児に対応した教材開発の事例

開発した教材については安全面からの検討はもとより、次の(1)～(4)の視点から幼少児への有用性を検討し、よりよい教材開発をすすめることが必要である。

(1)不思議さや面白さ等の共有…その子なりの体験をするだけでなく、遊びを通して他の子どもとともに美しさや、不思議さ、面白さ等を共有する。

(2)熟考や試行錯誤…自ら気付いた不思議さや疑問について、思いをめぐらせたり、解決しようとする過程で、子ども自身の視点で熟考したり試行錯誤する。

(3)関連付けや類推・予測…遊びの展開により、興味や疑問をもったことを関連付けたり、類推・予測する。

(4)発想や創造…遊びの中で思いついたことに取り組み、新しい遊びや方法等を創り出す。

以上の視点に基づいて科学館の教材として、幼少児に対応した「光の教材」キットを作成した。光の属性に着目し、(1)光と反射、(2)光と色、(3)光と影、について検討し、「光のへや」「鏡のへや」「光と影」のキットを作成した。このキットは科学館で使用するほかに、外部へも貸出することを想定した。このため科学館、保育所、小学校にて同一のキットを使用して試行と検討をおこなった。試行の様子を写真で示す。

科学館におけるワークショップ
幼児・小学生・保護者等の異世代が光の教材キットを活用した

保育所におけるワークショップ
保育室で実施し3歳～6歳の異年齢の子どもたちが一緒に光の教材キットを活用して遊んだ

小学校におけるワークショップ
小学校にて1年生がクラスごとに光の教材キットを活用した

本文注釈

(1) 掲載の幼少児に対応した教材開発については以下の研究成果に基づいてまとめたものである。

●小笠原喜康（2008）科学博物館における博学連携教材の開発と授業実践　文部科学省科学研究費補助金・基盤研究(C)課題番号18530731研究成果報告書

●小野和、大即洋子（2009）「科学博物館における低年齢児向け博学連携教材の開発」『子ども博物館楽校』4号：17-25

引用文献

●齊藤恵理（2006.2）「シカゴ・チルドレンズ・ミュージアム　遊びと学びを融合するコミュニティの創造」『Cultivate』No.27：27

参考文献

●『JFS Today（財団の窓）』（2010）No.117　企画・編集・発行：財団法人日本科学技術振興財団　企画広報室

●『JFS Today（財団の窓）』（2010）No.118　企画・編集・発行：財団法人日本科学技術振興財団　企画広報室

第5章　さまざまな館・園の教育活動の特色

5-1-1
歴史博物館

小島 道裕

1. 歴史展示の特質

教育活動は館の特性や理念に応じておこなわれるが、歴史博物館の場合、「歴史はどうしたら展示できるのか」ということ自体が大きな問題である。歴史は実体ではなく、知識を元に人々が思い描くイメージであり、「歴史像」というべきものである。したがって、人により、立場により、そのイメージはさまざまである。では、展示の場においては、どのような「知識」によって歴史像が描かれるのだろうか。

ひとつには、自らの体験、という場合がある。戦争、差別、災害などによる自分たちの個別の体験を展示にしていく場合は、当事者による特定のイメージが歴史像そのものであり、展示としては、それをどのように第三者に伝えるかが問題になる。

もうひとつは、より大きなテーマについて客観的に歴史を展示しようとする場合で、たとえば筆者の所属する国立歴史民俗博物館では、「日本の歴史と文化」を展示しようとしている。問題が最も先鋭的に現れているので、以下この例を中心に述べさせていただくが、それは決して固定された「正しい歴史」の像を作ろうとしているわけではない。

国立歴史民俗博物館の場合、国の歴史を国が描く、ということになるため、それは「国定教科書」そのものではないか、という批判が当初からあった。そこで、特定の立場に立たない、押し付けではない歴史展示はどのようにしたら可能か、という問題を考え続けてきているが、つまるところ、そこで重視されてきたのは、「自由に見る」ということである。来館者には自由に見ていただき、自分の歴史像を自由に作っていただく。その手伝いをするのが博物館の役割、いわば「産婆」である、と初代館長の井上光貞も述べている(『文化庁月報』118、1978年)。

一種の構成主義的な考え方であり、歴史展示は本質的に教育的な営みであることが示されているといえよう。

2. 資料から考えることの支援

しかし、「自由に見る」ことは重視されたものの、どのような支援が必要であり有効かが具体的に検討されてこなかったため、現実には観客への教育活動は長くおこなわれてこなかった。

たしかに、それはある意味で無理な注文でもある。何らかのテーマ、作る側の意図がなければ展示は作れない。しかし歴史像は観客が自由に作るべきであり、意図が伝わればよいというわけではない。――これはジレンマなので、悩み続けるしかないのだが、そこにこそ教育活動ないし学習支援という行為の存在理由がある、ということもできる。

歴史博物館の例：国立歴史民俗博物館

改めて考えてみると、歴史展示は、展示である以上、基本的には資料によって構成されるのだが、資料は歴史そのものではなく、何らかの意味をそこから引き出すことで、初めて歴史を考える素材となる。

ところが、それらの資料は、考古遺物や古文書など、見ただけではどういう意味があるのかよくわからないものが多い。つまり、観客が資料の意味を引き出すには支援が必要であり、それが教育活動のひとつの重要な仕事であると考えられる。

また、歴史展示では、ある社会のありさまを復元的に作った模型がよく用いられるが、それがそのまま歴史の事実であるように受け取られてしまう危険性がある。いうまでもなく、復元模型は、わずかな情報から全体像を作る、多くの推測部分を含むものである。多かれ少なかれ、「たとえばこんなふうだったかもしれない」というひとつのイメージであり、それをいくらていねいに観察しても、事実がわかるわけではない。

しかし、模型は必ず何らかの資料的な根拠に基づいて作られているのであり、むしろ、「どうしたらこのような模型が作れるのか」というその過程を意識し、周囲にあるその証拠＝資料との関連性を理解してほしい、というのが本来の趣旨なはずである。このような、展示を見る上でのリテラシーの獲得も、歴史展示での教育活動に必要な面だろう。

模型とその根拠となった資料
（京都の町並みと洛中洛外図屏風）

研究者が歴史像を作る過程を考えると、資料を研究し、そこから意味を引き出して、ひとつのイメージを作っているのであり、展示においては、来館者もそれと同じように、資料の意味を自分で開いて、そこから歴史像を作ってもらうようにすれば、押しつけではなくなるはずである。

つまり、どのようにして歴史像が作られるのか、という過程が重要なのであり、結論としてのイメージではなく、何がどうしてそういえるのかという、疑問と過程を理解し、共有してもらうことが大事だということになる。

古典的な博物館のコミュニケーションモデルでは、観客は学芸員が意味を込めた展示（歴史像）を読み解いて意味を学ぶ、という一方通行の関係であったと思われる（下図）。

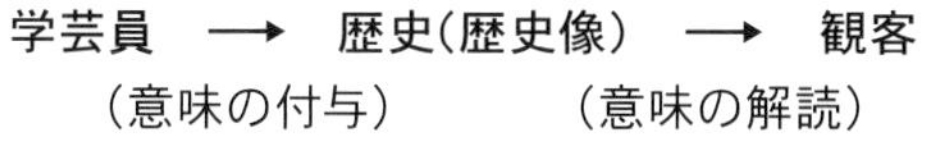

しかしこれは押しつけそのものであり、少なくとも歴史展示には適用できない。そうではなく、観客は、むしろ学芸員と同じ立場に立って、歴史像を作っていく、考えていく存在として位置づけられることが必要だろう（下図）。

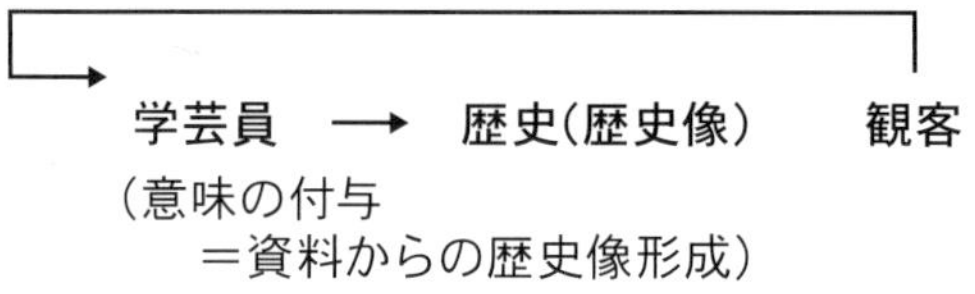

これを展示を作る学芸員の側からいえば、学芸員は「教える」という立場に立つのではなく、観客を学芸員と同じ立場に招いて、「一緒に考える」という立場に立つことを意味している。博物館は、結論を教えるのではなく、「一緒に考える」場、「一緒に考えよう」と呼びかける場だといういい方がされるが、多様な歴史像を前提にしている歴史博物館は、まさにそのような態度を取らない限り成り立ち得ない博物館である。

3. 素材としての展示、ソフトとしての教育プログラム

しかし、資料から歴史を考える、というのは、実はかなり難しい、ハードルが高い行為でもある。したがって、先述のように、観客が資料の意味を開いていくことの支援が必要になってくるのだが、それはただ手助けをするということではなく、作る側と観客が対話をする、ということでもあるだろう。

そもそも、どんなテーマを選び、どんな資料を選んで置いているか、というところで、すでに作る側の立場が入っているのであるから、展示の作り手は、隠れてしまうのではなく、なぜこのような展示を作ったのかについて、むしろ積極的にコミュニケーションを図ることが必要と思われる。観客が展示を理解するということは、やはり作り手の意図を知るということでもあるに違いない。

しかし、資料のもっている意味は非常に多様であり、展示者はそのある側面をとらえて展示シナリオの中に組み込んでいるにすぎないから、その意図や発想をなぞらなければならないということになるとまた押しつけになってしまう。

またジレンマになってしまうのだが、これについては、次のように考えてみたい。

すなわち、実際に形として存在する展示はひとつのものでしかないが、これをさまざまな形で利用することが可能な「ハード」としてとらえれば、「ソフト」としての教育プログラムによって、もっと別の形で利用することができる。展示を、単に作成者の意図をなぞるだけではなく、自ら歴史像を作っていくための素材として利用する、ということである。あるいは、展示を素材と考えるなら、教育プログラムは、それをどう料理するかという、利用者に合わせた「レシピ」ということもできよう。

それをどのように用意していくかが歴史博物館における教育活動の最も重要な部分、と理解することができるだろう。さらにいえば、そもそもそのような多様な利用方法が可能な素材として最初から展示を作っておくことが望ましいわけで、教育の場そのものであるはずの歴史展示を作っていくための工夫が、教育活動として求められる、ともいえよう。

4. 具体的な事例──歴史展示における体験学習──

歴史展示にとって、このような学習支援やコミュニケーションの問題が本質的に必要だったことが、近年では認識されてきたといえる。具体的には、古文書なら読みや現代語訳を付けたり、絵図ならどこを描いたのかを示したり、タッチパネルで自由に拡大して、そこが何であるかがわかるようにしたり、といった工夫がされるようになった。

体験的な学習もよくおこなわれるが、歴史展示で特に重要なのは、資料を客観的に分析して意味を引き出すこと、すなわち研究的な体験ではないかと思われる。

筆者は、歴史展示における体験的な教育活動を三つに分類している。

A　追体験型(共時的、主観的体験)

B　研究体験型(通時的、客観的体験)

C　創造体験型(本質的追体験)

Aは、いわゆる体験型展示でよくおこなわれる、火を起こす、昔の衣装

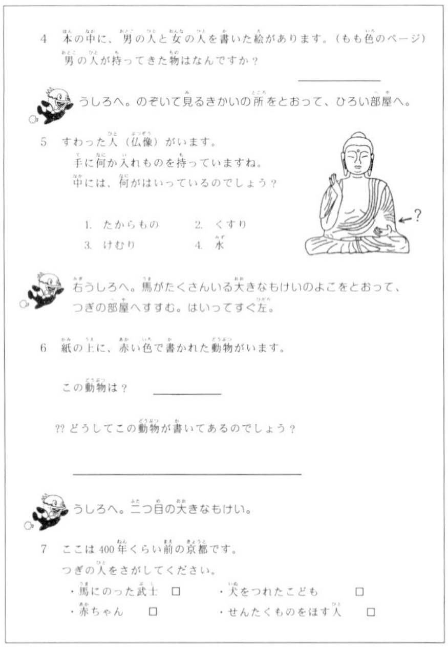
4　本の中に、男の人と女の人を書いた絵があります。(もも色のページ)
男の人が持ってきた物はなんですか？

うしろへ。のぞいて見るきかいの所をとおって、ひろい部屋へ。

5　すわった人(仏像)がいます。
手に何か入れものを持っていますね。
中には、何がはいっているのでしょう？

1. たからもの　2. くすり
3. けむり　4. 水

右うしろへ。馬がたくさんいる大きなもけいのよこをとおって、
つぎの部屋へすすむ。はいってすぐ左。

6　紙の上に、赤い色で書かれた動物がいます。

この動物は？

?? どうしてこの動物が書いてあるのでしょう？

うしろへ。二つ目の大きなもけい。

7　ここは400年くらい前の京都です。
つぎの人をさがしてください。
・馬にのった武士 □　・犬をつれたこども □
・赤ちゃん □　・せんたくものをほす人 □

「ソフト」「レシピ」の例：展示を用いたワークシート

を着るといった、「昔の人と同じことをする」もので、歴史的な事物を実際に五感で体験することに意味を求めるものである。

これに対してBは、昔の人と同じことをするのではなく、残された資料を客観的に分析するという、調査研究の過程をプログラム化したもので、筆者はこれも重要な体験学習と考えている。

筆者が担当した一例を挙げれば、洛中洛外図屏風を用いて、低年齢向けなら、そこに描かれた人物を一人選んで「台詞」をつける、そしてそれを発表して実際の意味をみんなで考える、というプログラムをおこなった。

洛中洛外図屏風の教材用レプリカを使ったプログラム

また、中高生以上向けには、修学旅行で行く予定の、あるいは行ったことのある場所を地図に落とし、それが屏風のどこに当たるかをさがして、屏風の地理的な構造を理解し、またそこに描かれているもの／いないものの意味（まだ作られていない、なくなってしまった、など）を考えることで、歴史景観の重層的な構造を理解するプログラムを実施してみた。このように同じ資料でも、その特性に応じたさまざまなプログラムが考えられるだろう。

Cの創造体験とは、単純に「昔の人と同じことをする」のではなく、その意味を現在のことがらに即して新たに創造するもので、たとえば、「花押（かおう）」をサインという意味でとらえて、自分の記号を作ってみる、といったものである。先ほどの洛中洛外図屏風でいえば、修学旅行の事後学習として、自分たちの行動を屏風にしてもらったが、このように、資料の意味を現代との対比で相対化することによって理解し、また歴史と現代との橋渡しをすることができるのではないかと思う。

5. まとめ

歴史博物館は、歴史を考える材料があって、さまざまな方法で、そこで歴史を考えることができる場所、展示を作る側と見る側が一緒に考える場所である。

そこにおける博物館の教育的役割は、観客自身が資料から歴史像を獲得する支援をすることであり、その力を付けるためのトレーニングをする場所、すなわちトレーニングセンターと理解することもできる。

そしてさらに、学習の方法を身につければ、その対象は、博物館の外へと広がっていくことができる。歴史の実際の現場は、博物館の外にある。館の中には実際の歴史があるわけではないが、歴史を考えることで、私たちと歴史とを結びつける場になっている。この意味では、博物館は、その中にあるものを学ぶ場所というよりも、むしろ博物館の外に無限に広がっている、歴史の世界を探求するためのビジターセンターである、ということができるだろう。

参考文献

- 国立歴史民俗博物館編（2003）『歴史展示とは何か――歴博フォーラム 歴史系博物館の現在・未来――』アム・プロモーション
- 国立歴史民俗博物館編（2004）『歴史展示のメッセージ――国際シンポジウム 歴史展示を考える――』アム・プロモーション

5-1-2

フォーラム性を追求する国立民族学博物館

五月女 賢司

1. はじめに

国立民族学博物館(民博＝みんぱく)は人間文化研究機構を構成する大学共同利用機関として、学術研究や展示などを行う研究所である。1974(昭和49)年の創設以来、文化人類学・民族学に関する調査・研究や、その成果に基づく民族資料の収集・整理・公開をすすめ、世界の諸民族の社会と文化に関する情報を利用者に提供し、諸民族についての認識と理解を深めるための拠点として機能してきた。近年では、参加体験型の展示の整備やワークショップの実施、市民の主体的な活動の支援などといった、公共社会への双方向的・多方向的な働きかけをおこなうようになってきている。それは、高度情報化社会や少子高齢化社会、本格的な地方の時代の到来などによる社会構造の変化、ならびに人々の学習意欲の高まり、学習要求の多様化に応えるためである。

民博では、今後の新たな博物館活動のあり方として、「フォーラムとしての博物館」をめざすという方向性を打ち出している。それは、博物館にかかわる3者、すなわち国内外の研究者を含めた展示の作り手としての研究者、展示の対象である文化に属する人々、そして多様な利用者という3者間の双方向的・多方向的な交流の場とすることである。このように利用者と研究者だけでなく、展示の対象である文化に属する人々との関係を考慮に入れていることが、民博がめざす方向性の大きな特徴となっている。ここでは、これら博物館にかかわる3者の交流のあり方と民博の機能について筆者が携わったものを中心に考えてみたい。

2. 民博の教育活動の取り組み

みんぱくミュージアムパートナーズ(MMP)の活動の様子

民博では、これまで一般利用者や学校団体向けにさまざまな学習機会を提供してきた。「夏休み子どもワークショップ」や「みんぱく移動博物館」の取り組み、「ものの広場」の公開、「学習コーナー」の開設などである。最近では、貸出用の学習キット「みんぱっく」を開発し、小中学校や高校などに貸出を行っている他、「みんぱくミュージアムパートナーズ」と「地球おはなし村」という市民団体と、ボランティア活動に関する覚書を交わし、その主体的な活動を支援している。「みんぱっく」の運用とボランティア活動支援の他、ワークショップ・ワークシート開発補助などにはそれぞれ担当職員を配置している。また、2000(平成12)年ごろからは「みんぱっく」以外にも学校との連携をより重視した取り組みを始めている。以下、民博が現在行っている「フォーラムとしての博物館」の実践事例をいくつか紹介する。

2.1 貸出用学習キット「みんぱっく」

「みんぱっく」は、試着できる民族衣装の他、生活用具や学用品、楽器などが入った貸出用の学習キットである。民博の研究成果を社会へ還元する目的で製作され、2002(平成14)年9月に貸出が開始された。2011(平成23)年5月現在、10種類20パックの貸出を行っている。これまで、小中学校の授業を中心に数多くの団体に利用され、中には大学のゼミや市立博物館への貸出もある。たとえば、ある大学の文化人類学科では、学生が海外との交流を実施するにあたって自分たちのパックを製作する際の参考として活用した例がある。また、ある市立博物館では、展示資料を来館者に触ってもらう企画展において展示した例もある。このように「みんぱっく」にはさまざまな活用のされ方があるが、ここでは2009(平成21)年春に「みんぱっく」に仲間入りした「アイヌ文化にであう」について、その開発の背景や実際に授業で使用した子どもたちの反応を紹介する。

「アイヌ文化にであう」には、北海道や樺太などで暮らすアイヌの人びとの伝統文化に関する、織り、編み、彫り、楽器、言葉、食事など、さまざまな観点から選ばれたモノが入っている。衣装や木彫品を手にとってみることができる他、サケ、ヒグマ、エゾシカの肉や皮が食料や衣装などに利用されていたことを楽しみながら理解できるクイズボードや一筆書きでつながる美しい文様などに触れ、その独自の文化を確認できる。このようなアイヌ文化に直接触れることにより、大自然の隅々に宿る霊的存在「カムイ」とともに生きてきたアイヌの知恵や伝統をより多くの人に知ってもらいたいという願いが込められている。

10種類20パックある「みんぱっく」の内のひとつ「アイヌ文化にであう」

このパックは、民博のアイヌ研究者と「みんぱっく」担当職員とがアイヌの人々の協力を得て製作された。製作の前には、アイヌ文化の研究や振興を担う諸機関でさまざまな資料や体験学習プログラムの調査を行った。

アイヌをめぐる最近の動きとしては、2007(平成19)年9月の国連総会で「先住民族の権利に関する国際連合宣言」が採択されたことが大きい。これを受け、翌年6月には衆参両院本会議が全会一致でアイヌを日本の先住民族と認めるよう政府に求める決議を採択した。アイヌ有識者懇談会は2009(平成21)年7月にまとめた報告書で、アイヌの歴史や文化について国民の正しい理解と知識を共有することの重要性を指摘している。このような流れの中で、唯一の国立の民族学博物館である民博の果たす役割は大きい。

運用開始以降、「アイヌ文化にであう」は多くの小中学校が授業で活用しているが、そのうち小学校1校で活用方法に関する調査をおこなった。

この小学校では、異文化に触れ自分たちの文化との違いについて考えるために、4年生3クラスが各1時間で「アイヌ文化にであう」を活用した。まず、北海道にはアイヌ語の地名がたくさんあること、アイヌは北海道などに住み、独自の文化を築いてきたことなど、アイヌに関する基本を学んだ。次に、衣装の試着をするなど、実際にモノに触れ、その感触や重量感、匂いや着心地などを確かめた。最後には、振り返りや発表をおこなった。

子どもたちは衣装を試着した同級生に「似合う！」、「かっこいい！」と興奮気味に声をかけたり、最後には「同じ日本の中なのに、文化がたくさんあって不思議」と話したりするなど、このパックを活用することによって、アイヌ文化への理解が深まったようであった。

2.2 みんぱくウィークエンドサロン

来館者と民博の研究者が、展示場内でより身近に語り合いながら、民博の研究を知ってもらうトークで、開館30周年記念事業として2007(平成19)年に始まった。毎週一回、研究者が自らの研究テーマや特別展・企画展に関連した話題などを提供し、質問を受け付けるなど、来館者との直接的で双方向的・多方向的な交流の場として機能している。毎月開催されている研究者の最新の研究成果についての講演会「みんぱくゼミナール」と共に、来館者と研究者の直接的なフォーラム性を推進する博物館について考える上で、重要な取り組みとなっている。

2.3 博学連携

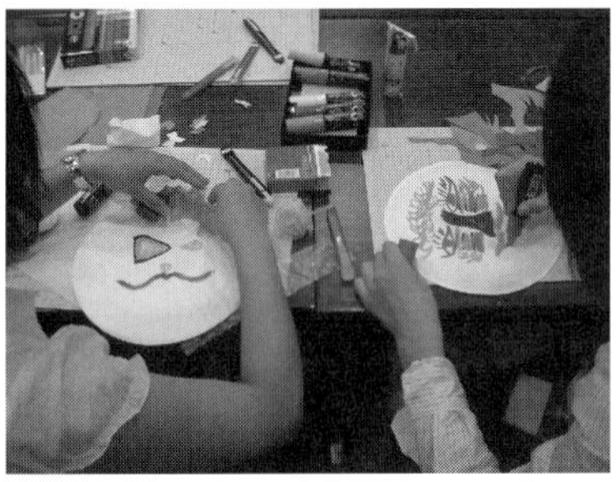
「博学連携教員研修ワークショップ」で仮面づくりに挑戦する学校教員たち

博学連携の取り組みとしては、2005年より毎年「博学連携教員研修ワークショップ」を開催している。これは、民博の企画展「学校が民博と出会ったら──博学連携の学びとこども達の作品展」の関連行事として始まり、日本国際理解教育学会と民博が共催で毎年開催しているものである。学校教員をはじめ学芸員やボランティアなどに対して、民博を活用した国際理解教育の実践事例を紹介するほか、ワークショップを通じて国際理解教育における博学連携の意義や可能性について考える場となっている。

また、このワークショップは参加者に対する研修をおこなうだけでなく、学校教育や社会教育の現場における国際理解教育の実践に貢献している。研修後に学校教員たちが教育現場でおこなう授業実践や、学芸員やボランティアなどが博物館でおこなう教育実践を通じて、民博の研究成果の社会還元を拡大するための方法論を研究開発することにもつながっているからである。そしてまた、ワークショップ参加者の中からは、運営スタッフとして活躍する人材が生まれるなど、参加者の主体性をともなった活躍の場ともなっている。

2.4 ボランティア活動

民博では、「みんぱくミュージアムパートナーズ(MMP)」と「地球おはなし村」が積極的なボランティア活動を展開している。ここではMMPの設立背景や活動、存在意義について紹介する。

MMPは、民博と社会とを橋渡しする役割をもつ市民の会として2004(平成16)年9月に設立された。民博との連携のもと博物館活動のサポートをするために自主的な企画・運営を行う、民博から独立した市民パートナーである。メンバーは年齢や経験もさまざまであり、学校団体や視覚障がい者団体、一般来館者のためのワークショップ開催や展示案内などさまざまな活動を展開している。

こうした、民博のことを熟知している市民ボランティアの声は、民博にもさまざまなよい影響をもたらす。研究所とはいえ、そこに博物館機能をもたせ、公共空間としての展示を一般に公開している民博にとって、市民の声は組織が成長していくための大きな糧となる。

さらに、こうした社会連携事業を民博が実施することは、社会に対して民博の研究成果に関する説明責任を果たすことにもつながっているほか、民博の公共空間が社会貢献の場として機能することを示しているともいえる。そうした考え方の象徴的な存在がMMPなのである。

2.5 こどもパンフレット

2010(平成22)年4月には新しいこどもパンフレットを制作した。こどもパンフレットの使用を通じて、民博にはたくさんの驚きや発見があり楽しく学べる場所だと感じてもらうこと、そして次への学びや気づき、疑問や良い思い出につなげてもらうことを目的として作成した。一般来館者、学校団体を問わず、小中学生向けのパンフレットは1997(平成9)年3月から配付されてきたが、小学生と中学生の計9学年を対象としていたことや、館内案内が中心で学習支援を目的としたものではなかったことなど、課題があった。そのため、新しいパンフレットの対象は原則小学生とし、中学生には大人向けのものを配付することにした。また、館内案内を中心としつつも、パンフレットの内容と連動させた付属解説シートを作成し希望者に配付することで、子どもたちの学習支援につなげる試みも始まっている。

2.6 その他の取り組み

民博では、その他にもさまざまな活動が展開されている。ここでは、その一部を紹介する。

「音楽の祭日」は、フランスで始まった夏至の日を音楽で祝う祭典で、日本でも2002(平成14)年から全国で開催されている。民博もその趣旨に賛同し、2003年から音楽を愛する一般市民に広く民博の施設を開放して実施している。例年、さまざまなグループや個人が演奏や舞踊などを披露している。

ワークシートやワークショップを活用した来館者支援も、充実してきている。本館展示場や特別展、企画展などにおけるワークシートを活用した来館者支援や、ワークショップを通じた展示内容の主体的な理解を支援する活動などがある。

「こどもパンフレット」の表面

「こどもパンフレット」の裏面

3. まとめ

民博の公共社会への展開の動きは、創設とともに始まった。しかし、民博が、今後より積極的に博物館機能を活用した公共社会へのフォーラム性をともなった展開をおこない、利用者が自ら考え、判断し、主体的に行動するための支援をするには、その目的・意義をより明確にし、館内外で共有していくことが必要となろう。また、利用者の博物館における学びには多様な要素が絡み合っており、その現代的な課題を踏まえた教育学の視点と実践が必要である。

民博は、人間文化研究機構を構成する大学共同利用機関として、博物館にかかわる3者と展示場でさまざまな実践をおこなっている。そのために、よりよい展示やワークショップなど公共社会への働きかけの方法論を作り上げるという役割をになっており、今後同様の取り組みをさらに推進する必要がある。共同利用による学際的専門知の社会的活用の方法論をフォーラム性をともなった形で探ることによって、博物館活動の質的な充実が図られ、利用者の学習や社会活動と、研究者の研究活動がさらに推進される。このような研究博物館としての民博の存在意義を社会に対して発信することが、今あらためて求められている。

参考文献

- 国立民族学博物館（2007）『国立民族学博物館における展示基本構想2007』
- 国立民族学博物館（2010）『要覧2010』
- 五月女賢司（2009）「『みんぱっく』でアイヌ文化理解をより深く」『月刊みんぱく』国立民族学博物館　33(12)：8-9
- 五月女賢司（2010）「こどもとみんぱくを結ぶもの」『月刊みんぱく』国立民族学博物館 34(11)：14
- 五月女賢司（2010）「展示観覧を支援する民博の新しい子どもパンフレット」『展示学』48：124-25

※写真提供：国立民族学博物館

5-2-1
美術館

稲庭 彩和子

神奈川県立近代美術館 鎌倉
日本初の公立近代美術館として1951年に開館した

1. 平和的変革の場としての美術館

1951(昭和26)年の秋に神奈川県立近代美術館は鎌倉の鶴岡八幡宮境内に誕生した。日本がまだアメリカの占領下にある戦後間もない頃である。境内の蓮池のほとりに建つ美術館の設計は、20世紀を代表する建築家ル・コルビュジエ(Le Corbusier, 1887-1965)の愛弟子でパリ万博ではグランプリを受賞した建築家、坂倉準三(1904-69)によるものだ。当時の文化人たちは日本初の近代美術館の誕生を前に、新しい近代美術館の役割について熱く語り、その言葉は各種美術雑誌などに残された。坂倉も、設計の背景にある美術館活動への思いを次のように書いている。

「今までの美術館といえば、その国の過去にあった秀れたものを、昔こんないいものがあったというので、骨董的に並べてあるだけであって、現在それを見る人たちとの関係が生きていない。〔中略〕(一方で)、現代(近代)美術館は現代の眼で過去を見るのである。ある意味では、過去の客観的な価値などというものは存在せず、現代人が見るその主観的な価値において美術品を見せるわけで、過去の伝統的ないいものも、現代これからその国の文化、あるいは国際的な文化の上に、いかに貢献するかという見地から見せるのが、現代(近代)美術館の役割だと考えられる。」

こう述べた後に、オランダのアムステルダムの美術館長の意見を、新しい美術館の動きとして伝えている。

「彼は自分の美術館の入口に次のような文字を刻んでおいて見たいと云って居る。『この美術館に入る者は美術について知って居たすべてのことを忘れ、美術館より出る者は、美術について考え始める。あなた方ご自身の眼でよく観察する様に努めなさい。』」[(1)]

この美術館長の言葉には、新しい美術館の活動における大切な一歩がある。「既成概念を捨て、モノをよく見て、そこから新しく考える」ということである。これはモノ(作品)の背景にある情報を無視するという意味ではなく、その既成の情報を鵜呑みにして思考停止すべからず、ということである。美術作品を視覚的に楽しむことと同時に、作品は、鑑賞者自身が何かを考え続ける「手がかりや気づき」を与えるもの、と考えるとわかりやすい。近代美術館は名画として価値づけられたモノをありがたく見る場所として作られたのではなかった。特に戦後間もなく建てられた鎌倉の近代美術館は、作品を通して美術を検証するということだけでなく、戦争を引き起こしてしまったような旧弊な考え方をニュートラルな立場で見直し、芸術のもつ創造的平和的機能を通して、市民の中にもっと平和を支えていくような、ナショナリズムを越える広い思考力や想像力をつける場となることを志向していたのである。美術館は既成の知の貯蔵庫ではなく、作品を通してこの世界や人間について考える、知の生産の場であり、平和的変革の場所として設定されたのだった。

2. 美術館の教育活動の形成と現在

2.1 戦後間もなくの活動の模索

現在の美術館の活動は展覧会活動と教育普及活動が分けて考えられることも多いが、鎌倉の近代美術館が開館した当時は展覧会活動を中心にして美術館の活動すべてが教育活動と考えられた。当時は教育基本法、社会教育法、博物館法など教育に関連する法整備が次々とおこなわれた時期で、そうした社会の流れの中で誕生した新しい美術館は社会教育の公的施設であるという認識が強くあったようである。神奈川県立近代美術館の活動初期の年報を参照してみると、展覧会の企画が仕事のほとんどを占めているものの、その中でも学校の図工・美術教育との連携、教員向けの造形講座、展覧会と連動した鑑賞会、刑務所への出張展覧会などのアウトリーチ活動など、現在の教育普及活動の先端にも通じるような実験的な活動も1960年代までにすでにおこなわれていたことがわかる。

神奈川県立近代美術館 葉山
葉山の御用邸のほど近く、相模湾を望む葉山館。2003年に開館

神奈川県立美術館の60年の歳月を振り返ってみれば、戦後復興期は芸術を通しての教育や文化活動に熱いまなざしが育まれ、美術館活動として広く一般に向けた実験的な教育活動の必要性が認識されていたようだ。しかし、次第に当初の社会教育への眼差しは変化していき、美術史を扱った学術的な普及事業に固定していったようである。その後の教育普及活動の発展を全国的に広くみれば、1970年代頃より東京都美術館、板橋区立美術館、兵庫県立近代美術館などで新しい試みが生まれ始め、除々に教育普及活動は美術館の活動としてより明確な意志をもって社会に表明されるようになっていった。こうした活動が全国的な広まりをみせるのは、バブルが崩壊した1990年代になってからのことである。

2.2 現在の教育普及活動の概略

21世紀にもなると全国的に教育普及活動は恒常的であり展覧会と同様に不可欠な美術館活動と認識されるように変化してきた。

美術館で行われる教育普及活動を、主に二つに分けて考えてみよう。神奈川県立近代美術館の例を図1と図2に示した。図1は一般向けの教育普及事業で、学芸員やアーティストが展覧会に合わせて話をするギャラリー・トークや講演会。その他コンサート、ワークショップなど多岐にわたる。現在ではこれらの事業がまったくおこなわれていないという公立美術館を探す方が難しい。図2は学校教育向けの教育普及事業である。主には学校の児童生徒が団体で来館するときの館内での学習プログラムについて先生の相談を事前に受け付け、来館する当日の対応をおこない、もしくは来館しない場合でも美術館から教材を貸し出す学習プランや、場合によっては出張の授業などをおこなうこともある。また、昨今は中学生から始まるキャリア教育のなかで、職業体験の受け入れ先として美術館が選ばれることも増え、中学・高校生、さらに教員の職業体験や、加えてより専門性を求められるインターンシップとして大学院生の受け入れや、学芸員実習の受け入れ、教員研修の講座などもおこなっている。

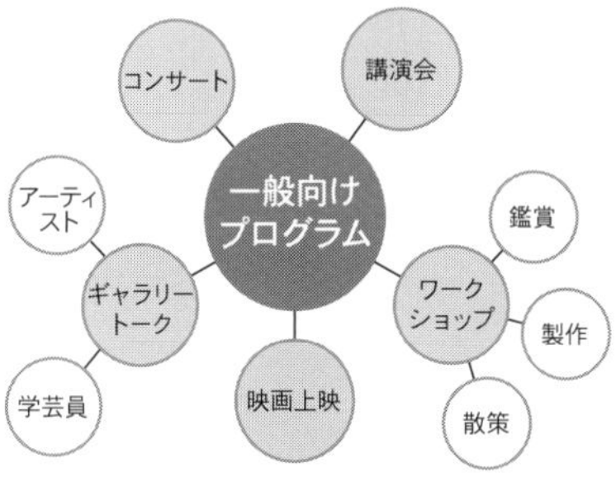

図1　一般向け教育普及事業

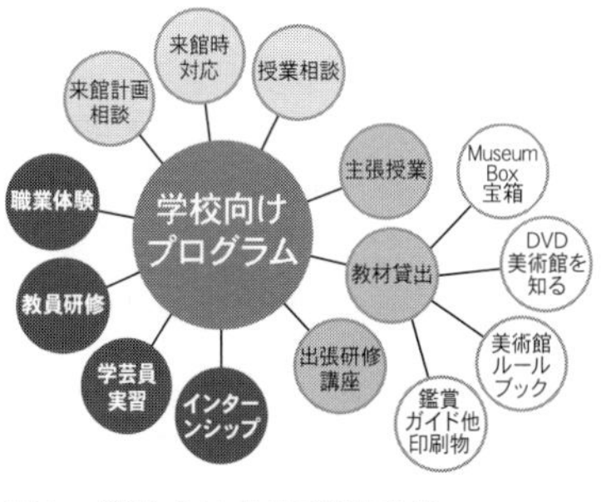

図2　学校向け教育普及事業

3. 美術館活動を知らせる

3.1 ミュージアム・リテラシーを向上させる貸し出し教材

美術館での教育普及活動の展開の難しさは、美術館といえば名画を見る高尚な場所、というような利用者側の固定的なイメージがあり、それ以上の美術館の活動の全体像や利用の仕方があまり知られていないことに起因することも多い。「美術館ならでは」の楽しみや学びについての基本的な理解がある上で活用した方が、利用者にとって主体的な学びの体験につながるのだが、美術館の活用力、つまりミュージアム・リテラシーを向上させる機会が現在の学校教育や生涯学習の中でほとんどないのが現状である。こうしたミュージアム・リテラシーを向上させる教育普及活動は、図1で示したようなギャラリー・トークなど美術を介したプログラムと同様に教育普及活動の両輪の一方としておこなっていく必要がある。

図3や図4はそうしたことを意図して作られた貸し出し教材である。図3の「Museum Box 宝箱」は美術館が制作した美術館体験・鑑賞キットである。箱を開けると、神奈川県立近代美術館の所蔵品約1万点から選ばれた代表作56点の絵はがき大のカードと、カードと連動する「美術館すごろく」がついている。遊ぶうちに、美術館の舞台裏である学芸員の仕事がわかり、美術館のしくみもわかるようになる。作品カードとの連動で作品を見て楽しんでいくポイントが自然に身につくようになっている。

図4は「美術館を知る」という20分の映像教材だ。美術館の歴史や展覧会ができていくプロセス、作品の保管の様子などもわかるようになっている。学校で来館前に見ておくと、美術館体験がいっそう深いものになる。これらの教材は美術館からの無料貸出をおこなっており、現在、小・中学校を中心に、図工や美術、総合的学習の時間などで活用されている。図5は、子どもたちのよりよい美術館体験のために大人たちに向けて書かれた冊子で子どもたちの美術館体験の様子が紹介されている。事前にこうした教材を使って、大人たちに美術館での学びについて積極的に考えてもらうことも、教育普及活動の大切な仕事である。

3.2 地域や外部組織との連携

美術館がよりよい形で活用される土壌を作る活動は、教材作りにとどまらない。たとえば、地域の行政やNPOなどと連携をはかり、美術館の活用について考える場を設けることなども有効である。神奈川県立近代美術館では2003(平成15)年に葉山館を開館して以来、地元の葉山町、逗子市、鎌倉市といった地元近隣の市町と連携をとりながら、美術館の活用について話し合いの場をもってきた。2004年度から文化庁の「文化体験プログラム」の枠組みで連携した活動は、2007年から2009年におこなわれた「人づくり・学びの場としての美術館活用推進委員会」の活動につながり、3年間に地域行政、教育委員会、有識者、NPOと美術館がともに10回の会合を重ねながら、具体的なワークショップや美術館と学校の連携事業などをおこなった。ここでの一番の収穫は、ふだんは話し合いの機会がないそれぞれの委員が組織の現実を踏まえながらも、内実について率直に語り合い、人的なネットワークが生まれたことだろう。そのネットワークから実現できたプログラムが多くあった。地道な地域とのネットワークづくりや外部との連携は、教育普及活動をおこなうにあたって必須要素である。

図3　美術館キット「Mueum Box 宝箱」
http://museumbox.net/

図4　DVD『美術館を知る』

図5 「美術館はぼくらの宝箱―子どもと楽しむガイドブック―」

外部との連携「人づくり・学びの場としての美術館活用推進委員会」
http://hitozukuri.jp/

4. 美術館体験と鑑賞

美術館での体験には二つの要素がある。一つは美術館全体を公共空間として楽しむ要素だ。屋内の公園的な居場所というのは、実は社会の中にそれほどたくさんはない。ある建築家は、海外で美術館に入ったとき、そこは自分が異邦人であっても拒否されない、安全で安心できる空間だと感じたという。美術館が人類の文化財を公平に扱う理念のもとに運営されている場所であることや、日常の時間軸を越え、過去から未来へと人間の営みをつなげようとする美術館の大きな使命から、そうした雰囲気が生まれたのであろう。

美術館の空間を楽しむ子どもたち

日常の雑多なことから離れ、日々の自分の役から離れて心をリフレッシュできる空間を担保できるのが美術館でもある。時には、非日常的な雰囲気から「敷居が高い」と言われることの多い美術館であるが、時空を超えた非日常性が私たちに豊かな時間を与えることがあり、そうした魅力を親しみやすさとともにバランスをとって提供していくことが美術館の教育普及活動に求められている。

もう一つの要素はなによりも作品に出会う鑑賞体験である。学芸員は質の高い作品を選び、展覧会の形で人々に提供する。しかし単に展覧会の作品の質がよければ個々の来館者にとって有意義な鑑賞体験につながるかといえば、それほど単純ではない。それはたとえば最高級の一皿が用意されていたとしても、そのときの食事をする人の状態によって体験の質が左右されるのと同じことである。つまり受け手との状況のマッチングがうまくいかなければ最高の一皿とはならないのである。展覧会は通常、不特定多数の多くの人々に向けて展示される。しかし当然ながら鑑賞者には、一人ひとりの違う受け止める状況がある。美術館は多数派にとっての適切さをめざして展示をするが、実際には千人いれば千人の実態がある。美術館の教育普及活動においては、鑑賞者の千差万別のあり方を受け止め、その個々人の状況の把握をし、よりよい鑑賞環境のデザインを考えていくことが大切である。つまり、展覧会はマスに向けてなされているが、教育普及活動はより細かく、個人やグループに向けてなされていることが多い。

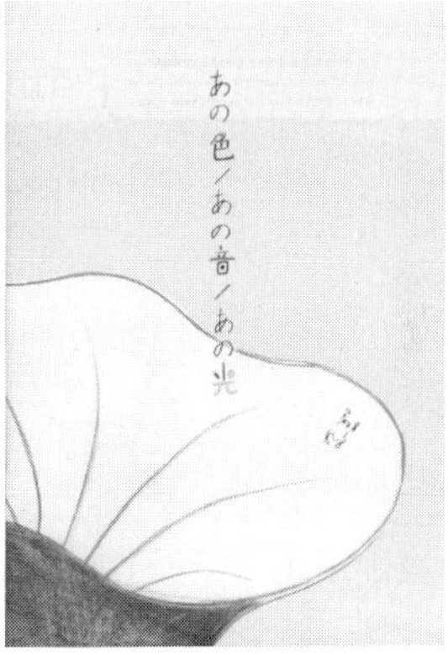

鑑賞ポケット絵本
作品を楽しむ様々な視点を示し鑑賞を深める無料配布の冊子。展覧会にあわせ、こうした冊子を配布している美術館もある

たとえば、子どものためのリーフレットは子どもとその保護者のために、大きい文字で拡大された作品リストは細かい文字が読みにくい高齢者の方に、ティーチャーズ・ガイドは子どもたちと来館する教員のためにというように、来館者の中での多数派ではないが、展覧会をより深く理解するツールを必要としている方々の必要性を検証し、対応をしていく。

作品との出会いを作るのは、人と人との出会いをプロデュースすることと似ている。人々は美術館に来て、絵画や彫刻という「動かぬモノ」を一方的に見ているようだが、実は、絵画の背景に人間の思想やドラマを見て、まるで人と人が出会うように作品と対話をしている。人々が作品とそれぞれの対話をし始め、豊かな時間が生まれるような、細やかな鑑賞環境のデザインやケアをすることが、美術館の教育普及活動の仕事といえる。

本文注釈
(1) 坂倉準三「鎌倉の現代美術館」『藝術新潮』1952年3月号

5-2-2

文学館

生田 美秋

1. 博物館としての文学館

文学館は文学に関する資料を収集・保管、調査研究し、展示・公開および教育事業をおこなう施設である。文学には小説、随筆、童話などの散文と詩、短歌、俳句、川柳などの短詩型文学があり、文学に関する資料には原稿、草稿、構想メモ、書簡などの直筆資料と初出誌、著書、および文学者の写真、愛用品、蔵書などが含まれる。

全国には日本近代文学館、俳句文学館、日本現代詩歌文学館などの専門文学館と山梨県立文学館、世田谷文学館など各地域にゆかりのある文学者やその作品を主な対象とする地域文学館がある。文学館は文学者個人を顕彰する個人記念館が先行してあり、1967(昭和42)年の日本近代文学館の開館をきっかけに「文学館」の呼称が一般化し、文学資料の次代への継承と文学の普及を目的に各地に地域文学館が建設された。現在、全国には専門文学館、地域文学館、個人記念館合わせて約550館[(1)]がある。1995(平成7)年には文学館相互の交流と情報交換を目的に全国文学館協議会が発足し、資料情報部会、展示情報部会、総務情報部会の部門ごとに定期的な研究会を開催している。

専門文学館が資料の収集・保管、調査研究などの機能を重視するのに対し、地域文学館は資料の収集・保管、調査研究と同様に、展覧会事業や教育事業を実践する「博物館としての文学館」[(2)]を志向する傾向が強い。それは、地域文学館が地域の生涯学習のための施設、地域の文学活動の拠点と位置付けられ、市民の多様なニーズに応えることが求められているためである。

文学館の学芸員は、美術とは異なり「文学は本来読まれるものであって、展示できるものではない」というジレンマに悩みながら、展覧会によって作家や作品の魅力、全体像を提示し、作品を読むきっかけや、読んでみたいという関心の惹起、読み直す視点を提起することに工夫を重ねている。さらに、子どもや一般市民を対象にワークショップや講座などの教育事業を通じて利用者が文学的刺激を受け、読書意欲や創作意欲を喚起される市民参加型の文学館をめざしている。博物館は、美術館であれ文学館であれ利用者に対し、資料を通して事実を教えるだけではなく、興味を喚起する教育事業を提供する重要な役割を有している。

2. 文学館の教育事業

文学館、特に地域文学館は歴史の浅い館が多く、文学館以外の博物館施設との交流も少ないため、教育事業の面での立ち遅れが目立つ。本稿では、博物館や美術館の成果を取り入れることにも積極的な世田谷文学館の事例を中心に文学館の教育事業を紹介する。文学館の教育事業は子どもを対象とした事業と一般市民を対象とした事業に大別できる。また、館外へ出かけて教育事業をおこなうアウトリーチ事業や他の組織、団体との連携事業も近年重要性を増している。

2.1 子ども対象事業

世田谷文学館では子ども対象の事業を「子ども文学館」と名付け、「土曜映画劇場」「文学館たんけん隊」「はじめての百人一首」などの事業を通年で行う「土曜ジュニア文学館」、小・中学生対象のワークショップ「ことのは　はくぶつかん」「移動文学館」などを実施している。

「ことのは　はくぶつかん」は、落語やパフォーマンスを通して、相手に気持ちを伝えるしぐさを学ぶ「ことばとしぐさ」、展示品をヒントに、オリジナルの絵本や絵巻物作りに挑戦する「ことばとびじゅつ」、ダンサーやパフォーマーとともに五感を研ぎ澄まし体のことばを楽しむ「ことばとからだ」、こころと体をほぐした後に、自分自身をテーマに楽しく短歌をつくる「ことばのことば」の、「ことば」に関連する四つのプログラムを連続して体験することにより、豊かな感性と言語感覚を育むプログラムからなる。この「子ども文学館」の特色は、第1にことばや物語を中心に据えながらも、文学の狭いジャンルの枠にとらわれない点である。小・中学生以下については、知識の習得以上に体感すること、豊かな表現力を身につけることを重視している。2点目は、学年の異なる子どもたちがコミュニケーションを図りながら、一定のルールのもとに自主的にワークショップを楽しんでいることである。講師と担当学芸員は子どもの自主性と創造性を最大限に尊重し、型にはめるような指導はおこなわない。3点目は、担当学芸員が講師、補助スタッフと念入りな事前の打ち合わせ、講師を交えての反省会をおこなう点である。パフォーマーなどと事前に念入りなリハーサルをおこなう場合も少なくない。

世田谷文学館が展開するアウトリーチのプログラムを「移動文学館」と呼んでいる。『赤毛のアン』『アルプスの少女ハイジ』『クマのプーさん魔法の森へ』『シャーロック・ホームズの倫敦』『宮沢賢治幻想紀行』の5セットの名作児童文学を題材とし写真パネル(写真と作品の引用・解説で構成、1セット約50枚～60枚)を、小・中学校の空き教室や廊下、図書室に一定期間展示し、鑑賞に供するとともに解説や朗読などの出張プログラムも用意している。活字離れがすすむといわれる子どもたちが、文学作品と出会う機会として平成21年度は11校で実施し、約1万人の児童、生徒、教職員、保護者が鑑賞した。「移動文学館」の特色は、第1に文学館が学校に出かけてサービスを提供するアウトリーチ活動である点、2点目は貸出セットの内容にある。子どもたちに人気のある児童文学の古典を題材として選択し、作品の引用を通して読むことによって物語のストーリーと面白さが十分に伝わるよう工夫されている。3点目は学校と担当学芸員がその学校にふさわしいやり方を時間をかけて相談しながらすすめている点である。展示場所は空き教室の利用から廊下まで実にさまざまである。担当教員、図書館司書、読書担当の児童生徒の協力により飾り付けがおこなわれ、図書室にはコーナーが設けられ、アンケートや感想文が学校の側で計画されることもあり、授業に取り入れて活用される場合もある。プログラムでは学芸員の解説だけではなく、講師を招いた公演や写真展に関連した朗読パフォーマンスなども実施している。

地域との連携事業として、世田谷文学館では教育委員会と共催で「学

世田谷文学館「ことのは　はくぶつかん」
ダンサーと野外で活動している様子

世田谷文学館のアウトリーチ事業
「移動文学館」展示風景

世田谷文学館「移動文学館」
出張ワークショップの様子

校読み聞かせボランティア研修講座」「世田谷区読書活動推進フォーラム」などを実施している。世田谷区では、児童が物語の面白さを知り、読書の習慣をつける目的で、ほぼすべての区内小学校で絵本の読み聞かせとおはなし会がボランティアによっておこなわれ、その活動は年々活発になっている。「学校おはなしボランティア養成講座」は、2006(平成18)年より毎年初級講座とステップアップ講座を実施している。初級講座はボランティアを始めて2年以内の人を対象に、講義4日間(毎回2時間)、実技3日間(毎回2時間)のカリキュラムで基礎的な知識と技能の習得を目的として実施しており、実技は区内の文庫のベテランメンバーをチューターにおこなっている。ボランティア活動にはボランティア自身の自覚はもちろん、計画的な研修と支援が欠かせない。

全国の地域文学館の子ども対象の教育事業には、北海道立文学館の「わくわくこどもランド」、高知県立文学館の「おはなしキャラバン」、子ども向けの展示案内をする子規記念博物館の「キッズ子規博」などがある。「おはなしキャラバン」ではアウトリーチもおこなっている。

2.2 市民対象事業

一般市民を対象とした教育事業は、講演会、講座、フォーラム・シンポジューム、朗読会、俳句会・短歌会、文学散歩、トーク&コンサート、文芸映画の上映会、国際交流事業などさまざまである。これらの教育事業には、単独でおこなわれる場合、展覧会の関連イベントとして実施される場合、「文学カレッジ」などの名称のもとに一つのまとまりのある事業として計画される場合とがある。

日本近代文学館第41回「夏の文学教室」

平成22年度の回で第47回を数えた日本近代文学館の「夏の文学教室」は、有楽町よみうりホールを会場に開催する(後援、読売新聞社、協力、小学館)連続文学講座である。毎回統一テーマを設け(22年度は「昭和という時間」)、6日間の期間中、毎日3人の著名な講師による講演、あるいは対談がおこなわれ毎年盛況である。この事業の特色は、第1に47年間もの長きにわたり続けてこられた点と規模の大きさにある。新聞社と出版社の支援を受けながら地域文学館では真似のできないスケールで毎年続けられている。第2はテーマの設定と、テーマにふさわしい文学者、文芸評論家の起用など、いずれも実績のある日本近代文学館ならではの教育事業といえる点にある。

日本近代文学館第42回「聲のライブラリー」

同じく日本近代文学館の「聲のライブラリー」は、1995(平成7)年からおこなわれている作家による自作の朗読会である。年に4回開かれ、2010(平成22)年11月の回で63回を数えた。毎回3人の文学者が自作をそれぞれ20分程度朗読し、その後司会者が加わって座談会がおこなわれている。この事業の特色は、第1に「夏の文学教室」とは対照的に、少人数でのサイン会などもあり講師と参加者の関係が近い点である。作家、詩人など文学者が自作を朗読し、自作について語る。それを直に聞くことができるのも魅力である。2点目は1996(平成8)年から石橋財団の助成を受けて、会の模様をビデオに収録し、資料として記録している点である。文学館ならではの教育事業の典型的な事例として挙げることができる。

全国の地域文学館がおこなっている一般市民を対象とした教育事業には、北海道立文学館の「ウィークエンドカレッジ」、仙台文学館の「仙台文学館ゼミナール」、山梨県立文学館の「年間文学講座」、世田谷文学館の「文学サロン」「連続講座」、姫路文学館の「姫路文学館夏季大学」「播磨文芸祭」、高知県立文学館の「文学カレッジ」などがあり、神奈川近代文学館は展覧会関連の講演会、朗読会、映画上映会などの催しが充実している。

アウトリーチ事業には、北海道立文学館の市町村連携事業「文学館出前講座」、子規記念博物館の学芸員による「出前子規博」などがある。

市民の創作活動の支援や優れた文学作品の顕彰も、文学館の教育事業の大きな柱である。平成22年度に第30回を数えた世田谷文学館の「世田谷文学賞」は、区民の創作活動を支援し、作品発表の場を設けることを目的に実施している。詩、短歌、俳句、川柳の短詩型部門と随筆、童話、小説、シナリオの散文部門を隔年で実施し、平成21年度からは応募者の支援の一環として「特別講座　創作のためのワンポイントアドバイス」を各部門2名の選考委員を講師に開催した。また、世田谷区との共催により次代を担う将来性のある若手アーティスト（応募年齢は35歳まで）を奨励・支援する目的で、小説を対象に「世田谷区芸術アワード“飛翔”」を平成20年度から隔年で実施している。受賞者には創作支援金を交付し、翌年度に新たな作品を作っていただき、発表の支援として出版をおこなっている。

全国の文学館が主催する優れた文学作品を顕彰する文学賞には、吉川英治記念館の「吉川英治文学賞」、中原中也記念館の「中原中也賞」、萩原朔太郎記念水と緑と詩のまち前橋文学館の「萩原朔太郎賞」「若い芽のポエム賞」、姫路文学館の「和辻哲郎賞」、日本現代詩歌文学館の「詩歌文学館賞」、山梨文学館の「やまなし文学賞」などがある。

3. 文学館の教育事業の課題

文学館の経営理念や運営方針の中に教育事業を位置付け、「教育」の観点から文学館の事業を点検することが最優先の課題である。特に文学館事業の中で大きな位置を占める展示について、デザイン、演出、解説パネルやキャプションなど文字による解説、ギャラリートークなど人による解説、ワークシートの活用などを教育の観点から見直すことを提起したい。子どもや高齢者など各利用者層から点検することによっても新たな課題が浮かび上がるだろう。「教育」の観点からの見直しは「利用者」の観点からの見直しに他ならない。子どもを対象とした教育事業のプログラムには世田谷文学館の連続ワークショップ「ことのは　はくぶつかん」の事例があるが、今後は文学､教育の両面から未就学児、小学生、中学生と発達段階に応じたプログラムと、その検証が必要である。

文学館における教育事業はその多くが「催し物」「イベント」という位置付けで実施されている。しかし、博物館としての文学館の教育事業は一過性の「催事」ではなく、調査･研究を基礎とした計画的、継続的な教育のプログラムとして実施するのが本来の在り方である。中･高校生や高齢者を対象とした事業の充実、教育担当学芸員の人材育成、全国の文学館との教育事業についての情報交換、研究交流、他の博物館とのネットワークなども文学館の教育事業の課題となっている。

本文注釈

(1) 木原直彦編「全国文学館等一覧表」『全国文学館協議会会報』No.24　2003, 9, 1
(2) 生田美秋「博物館としての文学館」『全国文学館協議会会報』No.18　2001, 9, 15

5-2-3

絵本美術館

生田 美秋

1. 博物館としての絵本美術館

絵本美術館は絵本に関する資料を収集・保管、調査研究し、展示・公開および教育事業をおこなう施設である。絵本には赤ちゃん絵本、ことばの絵本、認識絵本、生活絵本、物語絵本、ファンタジー絵本、昔話絵本、童話絵本、科学・知識絵本、写真絵本などがある。絵本美術館が対象とする資料には絵本原画、絵画、ラフスケッチ・デッサン、原稿、構想メモ、書簡などの直筆資料と掲載紙(初出誌)、絵本、および愛用品、写真、関連図書などが含まれる。絵本はテクスト(文)とイラストレーション(絵)が一体となって物語を表現する視覚芸術である。絵本は絵と文を一人でおこなう場合と別々の作家がおこなう場合とがあり、一般的に文、あるいは文と絵ともに書く作家を絵本作家といい、絵のみを描く作家は絵本画家という。

安曇野ちひろ美術館

軽井沢絵本の森美術館

全国には安野光雅美術館、いわむらかずお絵本の丘美術館のような特定の絵本作家の名前を冠した絵本美術館と射水市大島絵本館、軽井沢絵本の森美術館のような地域絵本美術館が合わせて約50館ある。個人の名前を冠した絵本美術館は村上康成美術館や黒井健絵本ハウスのような絵本画家個人の絵本美術館としての性格が強い場合と安曇野ちひろ美術館のように絵本画家個人の名前を冠していても画家個人に限定しない美術館活動をしている場合とがある。絵本美術館は1977(昭和52)年のいわさきちひろ絵本美術館(現、ちひろ美術館・東京)の開館が最も早く、その成功をきっかけに90年代に現在の絵本美術館の約6割が開館した。最初に、2009(平成21)年に国際子ども図書館を考える全国連絡会が実施した「日本の絵本ミュージアム──絵本ミュージアムに関するアンケート調査・報告」から絵本美術館の実態を見ておきたい。絵本美術館がその他の博物館と大きく異なる点は、その多くが個人または民間法人の運営である点で、両者で65%にのぼり自治体による運営は25%に満たない。運営上の主要な財源は入場料収入と絵本やグッズの販売収入が全体の65%を占めている。このため、多くの絵本美術館が利用者数獲得に直決する展覧会重視の事業運営になっている。また500㎡以下の小規模館が絵本美術館全体の63%を占め、学芸員の配置も61%にとどまっている。地域的には甲信地域、中部地域を中心に観光地に多くが立地している。

2. 絵本美術館の教育事業

多くの絵本美術館が公立、私立を問わず財政的に不安定な状況にある。そのため事業運営も入館者数を獲得でき、収入増につながる展覧会重視になっていて、直接利益を生み出さない収集・保管、調査研究、教育事業が手薄になりがちな傾向が見られる。本稿では、そのような中にあって明確な理念と方向性を持ち、充実した事業展開を行い、絵本美術館ならではの教育事業で実績をあげ高く評価されている事例を紹介する。

2.1 子ども対象事業

絵本は子どもが最初に出会う本であり、最初の文学の入り口であり、最初の美術の入り口である。絵本美術館が日常活動としてすぐれた絵本の読み聞かせを行い、すぐれた絵本原画を通して芸術に触れる機会を保障することは、あらゆる事業に優先しておこなわれるべき教育事業である。ちひろ美術館・東京では、展示や季節にあわせて読み聞かせをおこなう「えほんのじかん」を毎月第二、第四土曜日に、学芸員による展示作品の解説をおこなう「ギャラリートーク」を毎月第一・第三土曜日に実施している。さらに、2歳児までの乳幼児とその保護者を対象に、声に出して歌ったり、体を動かしながら親子で楽しい時間を過ごす「わらべうたあそび」も定期的に実施している。射水市大島絵本館では、赤ちゃんと一緒に絵本を楽しむ「にこにこマグちゃんクラブ」を毎週水・木曜に、「英語の絵本の読み聞かせ」を土曜の午前におこない、「絵本とお話ひろば」は午後にと、赤ちゃんと2歳以上を別々に実施するなどきめの細かい対応をしている。

子ども向けの教育事業は、各館とも夏休み期間中に趣向を凝らした事業を実施している。安曇野ちひろ美術館では、平成22年度に第9回を数えた夏休み体験コーナー「ちひろの水彩技法体験」を実施した。この事業はちひろの絵の特色である、水をたっぷり使ったにじみの技法を体験しながら、世界で一つしかない色とりどりのカードやオリジナルグッズをつくるものである。この事業の特色は、地元の松川中学校の生徒によるボランティアがサポート役となり、美術館と来館者をつなぐ架け橋となって交流の輪を広げている点である。2009(平成21)年はボランティア171名が参加、利用者も6,400人にのぼった。元館長の松本猛はこの活動を「未来への種まき」と呼び、「彼らにとって安曇野ちひろ美術館が身近な＜自分の居場所＞として記憶に残れば、10年後、20年後に再び故郷である松川村に戻って来た際、安曇野ちひろ美術館を支える大きな力になってくれるのではないだろうか」と述べている[(1)]。安曇野ちひろ美術館では、地域の文化発信の拠点として地元の学校への出前事業、地域公民館への出前講座をおこなうなどアウトリーチ事業にも積極的である。同じく2010(平成22)年で第9回となる「安曇野アートラインサマースクール」を松川村、武蔵野美術大学芸術学科、安曇野ちひろ美術館、安曇野アートライン推進協議会が共催で開催した。村、大学、美術館の3者が協力して地元に密着したテーマの下におこなわれる子どもたちとアートをつなぐ2日間のワークショップは、美術館の地域に根差した連携事業として注目したい。ちひろ美術館・東京でも、子どもたちが気軽に足を運び、絵本に親しめる場をめざし、近隣の小・中学校への子どもたちの鑑賞のためのセルフガイドの配布、校外授業の開催や地域でのワークショップなどにも積極的である。

2.2 親子対象事業

絵本美術館の多くが豊かな自然環境に恵まれている。そのため、美術館の教育事業もフィールドを活かした事業が活発である。これは博物館の中でも絵本美術館の際立った特色となっている。1998(平成10)年に栃木県馬頭町にオープンしたいわむらかずお絵本の丘美術館の「農場イベント」は、美術館周辺の森林10haに散策道や自然観察広場を整備してできた、えほんの丘フィールドが舞台。四季を通して「たねまきたねまき」「田植え」「くさとりくさとり」「しゅうかくしゅうかく」「いねかりいねかり」「もち

いわむらかずお絵本の丘美術館
「農場イベント・しゅうかくしゅうかく」の様子

いわむらかずお絵本の丘美術館
「農場イベント・もちつきもちつき」の様子

いわむらかずお絵本の丘美術館
かぼちゃの「しゅうかく」のあとの『14ひきのかぼちゃ』の読み聞かせ

つきもちつき」「おちばさらい」池の観察会のイベントが開催される。自然や農業、食などの体験を親子で共有し楽しむ教育事業である。この事業の特色は、第1に代表作「14ひきのシリーズ」の作者として知られる、いわむらかずおのどんな展示、どんなイベントをおこなう場合も、「絵本と自然と子ども」を結びつけながら進めていく点にある。いわむらかずお絵本の丘美術館は、絵本の世界と自然の実体験を同時にもつことができる空間としたいという理念が活かされている。第2はいわむらの観察や体験を子どもたちにさせたいという思いに応えて地元の農家が農場を提供し、参加者への指導を直接おこなっている点である。また館のホールでは、いわむら自身による絵本の読み聞かせやサイン会が定期的に開かれ、絵本「14ひきのシリーズ」と絵本に描かれた里山の自然をそのまま体験できる美術館となっている。1990(平成2)年に開館した小さな絵本美術館八ヶ岳館でも、毎年夏に「おとまり美術館」を開催している。この事業は3日間､親子で美術館に泊まって『とりかえっこ』『せんたくかあちゃん』で知られる絵本作家さとうわきこと一緒にたっぷり遊ぼうという催しで、絵本原画を見、お話を聞き、遊具を作り、自然散策を楽しむ盛りだくさんのプログラムからなる。この事業の特色は、美術館周辺の自然環境を教育事業に巧みに取り入れている点と、3日間美術館に親子で寝泊まりしながら絵本の世界を楽しみ、自然を活かしたさまざまな遊びを体験できる点にある。

2.3 市民対象事業

絵本に興味をもつ人や絵本を通してボランティア活動をおこなう人を対象としたセミナーも各地の絵本美術館で開催されている。1990(平成2)年に開館した軽井沢絵本の森美術館の「えほんサロン」は、毎年初秋に絵本作家や児童文学者を招いてミュージアムトークや交流パーティーを開催。ふだん聞くことのできない作品制作上のエピソードなど、展示や作品にちなんだ話が聞ける貴重な場として毎回好評である。この美術館は、欧米絵本の歩みをたどることのできる充実したコレクションと「木葉井悦子コレクション」で知られ、1,500㎡の森の中に展示室、図書館、ティールームなどの施設が点在しており、自然を満喫しながら絵本の世界に触れることができる。小さな絵本美術館八ヶ岳館の「絵本セミナー」は、毎年夏に絵本作家4人の講師とともに2日間ペンションに宿泊しての絵本教室で、観光地八ヶ岳ならではのユニークな事業である。射水市大島絵本館の二つの教育事業、テーマを設けてゲストの4人が語り合う「おおしま絵本会議」、著名な絵本作家を招いてのトーク「絵本夢創造セミナー」は息長く続けられ、定着した事業の例である。多くの絵本美術館で開催されている絵本に関する講座やセミナーだが、その館のコレクションや環境、絵本作家とのつながりを活かした特色ある教育事業を実施している点に注目したい。

絵本ボランティアの育成に取り組んでいる地域の絵本美術館に木城えほんの郷森の絵本館の「昔ばなし大学」がある。1996(平成8)年に宮崎県木城町が子どもの感性を育むえほんの郷をめざして設立した木城えほんの郷は､絵本原画展のほかにコンサートや海外の劇団公演、絵本大学や昔ばなし大学などの教育事業に積極的に取り組んでいる。森の絵本館の「昔ばなし大学」事業は1999(平成11)年に開始。年に2回、土日に6コマの講義を3年間受講する基礎コースから「語りコース」「再話コース」を経て、2006(平成18)年より「再話研究会」が発足して活動中である。またこれまで森の絵本館で開催してきた昔ばなし大学を2010(平成22)年8月には宮崎市内に会場を移して開催した。この事業の特色は、昔ばなし研究の第一人者小澤俊夫が主宰する講座のすぐれたプログラムにある。子どものための昔ばなし絵本のよしあし、再話のよしあしを見分ける目と耳を養うことを目的とするこの講座は、現在おこなわれている絵本や児童文学の研修の中で最も質の高いプログラムの一つである。昔ばなし絵本に限らず、絵本のよしあしを見分ける目を養うには理論の学習に加え、実際に多くの優れた絵本を読み、子どもたちの反応を確かめながら学んでいく、1年、2年と長いスパンでの計画的なプログラムが求められる。博物館における教育事業とは本来このような息の長い事業であることを学んでほしい。

市民の絵本創作支援や絵本作家の発掘に意欲的に取り組む絵本美術館もある。1994(平成6)年に開館した射水市大島絵本館は、「おおしま手づくり絵本コンクール」「おおしま国際手づくり絵本コンクール」を毎年開催している。「おおしま手づくりコンクール」は園児の部、小学生の部、中高生の部に分かれ、平成22年度は1,166点の応募があった。「おおしま国際手づくりコンクール」は対象を18歳以上とし、平成22年度は354点の応募があった。大島絵本館は「感じる」「つくる」「伝える」をテーマに絵本文化の推進と、うるおいに満ちた夢づくり、人づくりをめざして活動しており、手づくり絵本コンクールは重要な事業の柱となっている。大島絵本館では、絵本づくりのワークショップ、コンクール、入賞作品の展示をおこなっている。優れた作品は出版に結び付く場合もある。「絵本づくり」を中心とした絵本美術館らしい教育事業の好例である。1998(平成10)年に長野県岡谷市に開館した武井武雄の記念館「イルフ童画館」では、「武井武雄記念日本童画大賞」をビエンナーレで開催している。

射水市大島絵本館

木城えほんの郷森の絵本館

3. 絵本美術館の教育事業の課題

絵本美術館の場合は実態が先行し、その運営や教育事業を含む各事業についての理論的な検証、研究が遅れているのが現状である。

最初に紹介した通り絵本美術館の多くが観光地に立地し、親子連れの観光客や絵本ファンを主な利用者としている。しかし、比較的小規模の館の多い絵本美術館が長期的に安定した運営を続けていくには、地域の図書館や学校との連携とボランティアなどサポーターの存在が欠かせない。その場合、専門美術館としての絵本美術館のアートマネージメント能力、確かな教育プログラム、人材育成能力の真価が問われることになる。

絵本美術館の教育事業は絵本の創作など実技を伴うワークショップという手法でおこなわれることが多い。ワークショップは、比較的小人数の参加者に対してかなりのスタッフと経費が必要である。

小規模な館の多い絵本美術館では、学芸員は展覧会だけではなく資料の収集・保管、調査研究、教育事業のすべての博物館業務を担う幅広い知識と技能が求められる。併せて、経営の視点から学芸活動を計画し、地域に根を下ろした教育事業を企画し実践できる人材が求められている。

本文注釈
(1) 松本猛『ぼくが安曇野ちひろ美術館をつくったわけ』講談社　2002, 5

5-3-1

企業博物館

星合 重男

1. 企業博物館の意義

企業博物館とは、「企業のことがわかる博物館」と定義してきた。企業博物館に行けばその企業のすべてがわかるということではないが、次項で述べるようにそれぞれの設立の目的と内容があり、企業は多額の費用をかけて自社に必要な企業博物館を作る。

自社企業のことを知らせたいのは、まず社員、顧客、販売店、株主、地域などのステイクホルダー(利害関係者)、そして新入社員である。新入社員は、これから働く企業がどのようないきさつで作られたか、今どのような企業理念で会社が運営され、製品は何か、新しい技術はどのようなものをもっているか、新製品は？　未来は？　いままでにどのような社会的貢献をしてきたか、展示を見て納得する。したがって新入社員教育に企業博物館を使う企業は多い。また最近はその企業に就職を希望する学生が、博物館をみて自分のめざす企業イメージとあっているか、予備知識を得るために来館する。また入社希望の学生を案内することも多くなった。

企業にはその創業者の創業理念があり、必ずしも順調であったとはいえない企業のたどった歴史があり、社会の変化や科学技術の進歩による製品の変化、まったく新しい違ったジャンルへの転進、何代か続く経営者の運営理念の変遷、時代による販売方法の変遷、顧客のニーズの変化、時代によって変化するブランドイメージの変遷などがある。また企業イメージを作る広告宣伝の技術、販売担当や技術系社員のモチベーションを高める工夫などがある。こうしたことから企業博物館は、創業者の社訓や会社の運営に影響を与えた歴史的記録や製品の収集、来館者に企業が身近に感じられ、未来が感じられる展示の手法、新入社員や流通顧客への製品教育などなど、いろいろな場面で重要な役割をになっている。

2. いろいろな企業博物館

企業博物館にはいろいろな形がある。創業者を神様のように厳かにあがめる館から、対極的な形で来館者を徹底的に楽しませるテーマパークや遊園地のようなつくりにして、親子づれに企業のブランドイメージの浸透をはかる館まで、企業博物館はそのターゲットによって、いろいろな形のものができる。もちろん、企業博物館を作るのは自由な発想でできるので、初めに企業の求める顧客層のターゲットを定め、「松下幸之助歴史館」のような神殿に近いものにするか、「グリコピア」のように子ども対象のテーマパークと工場見学施設にするかを考える。「コーヒー博物館」は、どちらかといえばマニア向けの館といえる。だが展示は子ども向けのクイズコーナーがあったりで、日本のコーヒー文化を年齢に関係なく広く理解させるのが設立者のコーヒーメーカーとしての社会的責務と考えているようである。

2.1「史料館」

会社創業者の創業理念、史料、製品を収集展示し、企業の社会的貢献の過程などを理解させる館で、新入社員教育の最も重要な部分を引き受けることのできる施設である。図1は「花王ミュージアム」に展示してある創業者・長瀬富郎の遺訓である、これを見ながらその後の花王の事業の発展進化を勉強する。戦時中に企業の危機をいかに克服したか、などは、ビデオ使った解説でわかりやすく理解できるように工夫されている、外国語チャネルも用意して、外国人を含めた社員教育と販売店員教育のために作られたことがわかる。当時競争関係にあった他社の歴史的製品についての展示もあり、この博物館を一回りすれば企業の歴史とそれをとりまく業界が理解できる仕組みになっている。来館者の約50%は社員と、流通業界を含む他社の企業人たちである。ほかに、「松下幸之助歴史館」や「島津創業記念館」なども同じような意図で作られている。

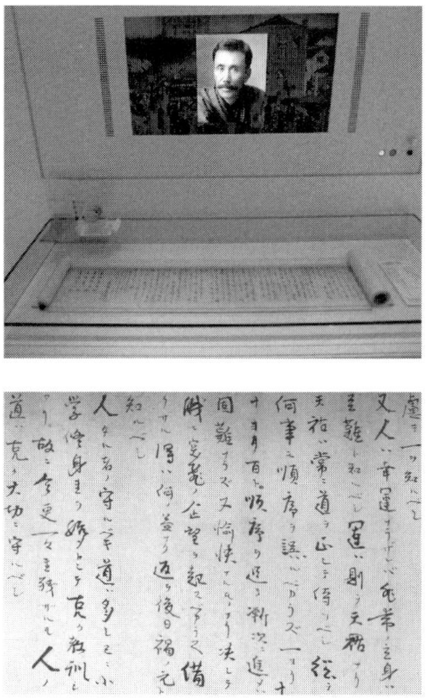

図1　花王ミュージアム
創業者・長瀬富郎の遺訓

2.2「資料館」

会社の製品やそれを取り巻く関連業界の歴史的産業コレクションを収集展示して解説する。その歴史的背景や地域の特性なども理解させる。「内藤くすり博物館」がそうである。自社製品の展示の何倍も、丁重に集められたそれぞれの時代の薬品や道具、その使用法、文献などがそろえられている。「資生堂企業資料館」では、会社の創業地の銀座と会社の企業文化との密接なかかわりを紹介している。同館の研究紀要「おいでるみん」(図2・年2回発行)23号の編集後記に「資生堂の企業文化を少しずつでも紐解き記録として残すとともに将来に生かせたい(岡田)」、とあり、この企業博物館の目的を明示している。

図2　資生堂企業資料館の研究紀要
「おいでるみん」

2.3「技術館」

会社のもつ技術的基盤を展示し、その特徴や使い方を説明し、その技術力を誇示し、開発中の新技術について企業の夢を語る。「東芝技術館」は全館を通して、創業者コーナーから未来技術までの東芝の技術を子どもにもわかるようにくまなく紹介している。当館は学童、生徒を対象とした科学技術の講座、地域住民を対象としたパソコン講座など、地域密着型の学習イベントが数多く計画されている。

2.4「啓蒙館」

自社の企業理念や製品、それによる社会への貢献、関連産業の技術や製品について広く関連する業界を含めた自社の役割をわかりやすく理解させる。各地にある電力会社の「原子力館」がそうである。原子力発電がわが国になぜ必要か、発電のシステム、原子力のクリーン性、いかに安全か、を来館者に理解させる。特に子どもづれの親子にターゲットに絞り、緑地公園や遊園地を併設しているところが多い(2011年3月11日の東日本大震災を境に、こうした原発のPR館の多くが閉鎖されている)。JR東日本の「鉄道博物館」は自社の歩みを社会の発展に合わせて、実際に使用した車両を見せながら、産業や文化の発展にいかに役立ったか、鉄道の社会貢献をわかりやすく見せている。「新聞博物館」など業界ぐるみで運営している啓蒙館も多く、関連の業界を含めて、社会に貢献している様子を理解させる。

2.5「産業館」

食品会社などでは工場見学などを中心とした見学ルートを作っている。

日ごろ口にする食品がどんな原料を使って、どんな大規模な装置で衛生的に作られるのかの様子をみせている。「グリコピア」で、目にもとまらぬ速さで作られる「ポッキー」を見て子どもたちは目を丸くする。ビール工場では、できたばかりのビールが、どんなにおいしいか試飲するコーナーが評判である。試食品や製品販売のショッピングコーナーもある。

3. 企業博物館はいつも市民(顧客)の目線

企業博物館のお客は広い意味ですべてその会社の顧客である。来館者に説明する学芸員は、その会社に関するエキスパートでなければならない。そして笑顔で顧客を迎える。そういう意味で普通の学芸員に「はい、明日から企業博物館担当ですよ」と言うことは難しい。かつてある会社から、「企業博物館の館長はどのような人がふさわしいですか」という相談があった。私は即座に、学芸員資格よりもなによりも、「会社のことをよく知っている方」で、「来館者とたえず笑顔で対応できる方がいい」と言った。企業博物館の学芸員は、学芸員としての知識の上に、会社と関連する製品や業界について勉強し、それと同時に接客法を学ばなくてはならない。来館者に会社のことをよく理解していただくという意味では、来館者の目線での行動は最も重要なことである。来館者は会社あるいはその業界に興味をもっている方か、何かの目的をあらかじめもっている方が多い。展示や説明に満足してお帰りいただけるよう、万全の気配りが必要である。来館者がなにを知りたがっているのか、それを的確に判断し応対するかが問われる。

4. 東芝科学館にみる地域密着型の教育活動

企業博物館はその設立目的にあわせて、企業理解のための教育プログラムを作っている。特に科学系の館が盛んである。東芝科学館は1960(昭和35)年に開館した日本の企業博物館の草分けだが、「科学と技術に夢を託し豊かな価値の創造」をテーマに運営されている。豊富な「学習資源」を活用した科学技術教育支援が中心で、社会科見学の対応、科学実験教室の開催、青少年の科学技術教育支援活動、パソコン教室、サイエンスクラブや産業観光での生涯学習活動支援、地域振興への協賛である。

4.1 イベントの多さに驚く

夏休みには特に多くのイベントが組まれている、2010(平成22)年8月の科学イベントの開催数は68回。ちょっと考えられないような数である。その運営の基本は、学校と教育委員会を巻き込んだ地域密着型にある。地域の学校の先生、NPO法人と組んでイベントを計画する。

最近の入館者数は年間14万人、うち学校関係は40%、科学イベントの参加者は23%で入館者の実に63%は学童と生徒である。

東芝科学館の主な科学技術教育イベントには次のようなものがある。

■アトム工房科学実験教室、小1-4の子と親(第1土曜Am,Pm)各40組
　小学低学年を対象に、工作と実験で親子で経験する体験教室。

■デジタルクリエーター教室　小3以上(第2土曜Am,Pm)各20名
　フリーソフトを使ってプログラミングに挑戦する。

■GEMS探検隊　小1-4年、3年-中学、各回50組(第3土曜)
　実験、予測、発見、体験から、考える力で科学のなぞを探検する。

■ガリレオ工房実験教室　小3-中学(第4土曜Am,Pm)各50名
実験と工作で、科学の面白さと不思議を知る。1999(平成11)年から実施。

■小向東芝少年少女発明クラブ
発明協会事業で神奈川県にある三つのクラブの一つ、東芝研究開発センター長が会長、東芝科学館長が副会長、東芝の技術者や学校の先生がボランティアで指導。毎回約100人が参加、年間50回以上活動する。

■サイエンスクラブ
実験や科学ゲームが中心の放課後教室活動。

■パソコン教室とパソコン自習室
インストラクターがワープロソフトやインターネットを指導。開講以来11年で受講者(シニア層)は10万人を越えたパソコン初心者教室。

■出張科学教室
小学校や児童施設での館スタッフによる実験教室。年間30回開催。

東芝科学館の「ガリレオ工房実験教室」では近くの学校の先生が講師を担当する

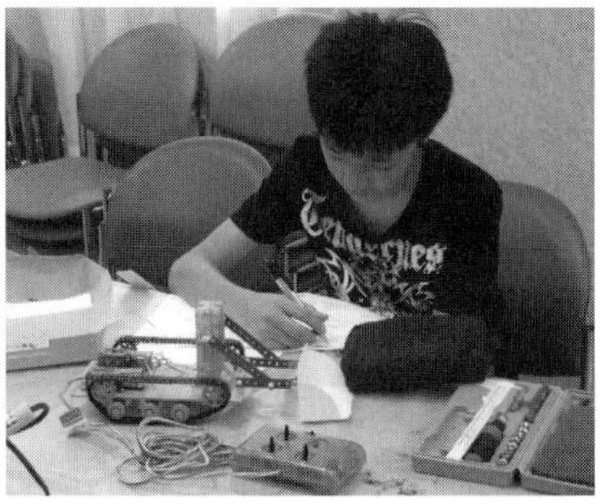
「小向東芝少年少女発明クラブ」で工作する子ども

4.2「これはなに」「なぜ」で始まる展示解説

東芝の起源である「からくり儀右衛門」と言われた田中久重と、「電機の天才」と言われ、科学技術を通じて日本の近代化に大きく貢献した藤岡市助。その代表作「万年自鳴鐘」(レプリカ)をはじめ、からくり人形、須弥山儀、ほととぎす、カノン砲などの実物がここで見られる。また初期の、扇風機、冷蔵庫、洗濯機、自動式電気釜の第1号機を展示している。そして、電気の発見から現在の原子力発電に至る長い歴史の中で、有名なファラデイ、フレミングによる偉大な発見など各種の法則・実験をハンズオンで体験させるコーナー。将来のクリーンエネルギーの活用例として、急速充電電池、燃料電池、CO_2吸収セラミックスなどの展示。リニアモーターの原理や応用などもパネルと実験で紹介する。

各階の展示も、科学技術理解に徹している、「テクノロジー」コーナーでは、二酸化炭素分離・回収技術、調光器対応のLED電球の解説、ETC料金収受システムなど、19のテーマをわかりやすく解説している。

「なんだろう図鑑」コーナーでは、電気製品を動かす仕組みを説明する。モーターってなんだろう、半導体って何だろう、テレビの仕組み、など14の製品について説明があり、子どもたちが目を輝かせてみている。

展示に一貫しているのは「これはなに」「なぜ」で始まる解説である。

5. あたらしい企業博物館

「企業のことがわかる」ことを目的として設置された企業博物館であるが、CSR(corporate social responsibility：企業の社会的責任)のニーズの高まりによって、ステイクホルダーに、どのような情報を発信するか、企業として重要な課題となった。しかも多くの情報をいかにわかりやすく発信できるかが大切になってきた。従来なら企業の総合企画室や、広報室がこの仕事をになってきたが、最近の進歩した企業博物館はこの業務の一部を担当するまでになってきている。企業の経営理念や歴史、商品、を中心に収集し、保管、展示、社員教育を担当していた企業博物館は、組織的な情報収集システムを作り、商品と他の資料を収集し、その企業にふさわしい情報発信機能をもった情報センターとしての機能も果たし、企業の戦略や将来計画まで、ステイクホルダーに公開する施設となった。

5-3-2

大学博物館とその役割

矢島 國雄

1. 大学博物館の歴史

今日の大学の歴史は11世紀～12世紀の西欧社会に始まる。最古の大学は1088年設立の現在のボローニャ大学(イタリア)といわれ、次いでオックスフォード大学(イングランド)が設立され、12世紀に入るとケンブリッジ大学(イングランド)、パリ大学(フランス)、グラスゴー大学(スコットランド)が次々開設された。これらの大学は、基本的には神学部、法学部と医学部からなるものであったが、16世紀、それらの大学の医学部に附属の薬草園が開設されている。イタリアのピサ大学(1544)、パドゥバ大学(1545)、ボローニャ大学(1568)、オランダのライデン大学(1587)などである。こうした動向はさらに拡大して、17世紀に入ると、大学以外にも王室附属のものを含めて西欧各地に薬草園や植物園が開設される。大学附属の博物館の歴史は、こうした植物園(薬草園)から始まったことは記憶されるべきことであるが、その基本は薬学の研究と教育のためであって、今日的な意味の博物館とはやや異なっていたことも事実である。

旧アシュモレアン博物館、
現在は科学史博物館

現在のアシュモレアン博物館

大学に一般的な意味での附属の博物館が設立された最初は、1683年開館のオックスフォード大学のアシュモレアン博物館(Ashmolean Museum of Art and Archaeology)とされている。これは、著名なコレクターであったエリアス・アシュモール(Elias Ashmole, 1617-92)が、そのコレクションをオックスフォード大学に寄贈したことに始まる。このコレクションの中心は、ジョン・トラデスカント父子(John Tradescants)の、人工品も含むが大部分は自然史系の資料からなるコレクションで、「トラデスカントの箱舟」として知られていたものである。アシュモールのオックスフォード大学への寄贈の条件に、専用の建物を準備することと公開することがあって、現在はオックスフォード大学附属科学史博物館となっている建物が作られ、公開された。その後、1908年に現在の建物に移っている。大学教育にも活用されているが、当初から一般にも公開されていて、世界で最初の公共博物館ということができる。

18世紀の後半には大英博物館やルーヴル美術館が創設されたが、これが「知の社会化」のための公教育機関の一つとして博物館というものが名実ともに位置付けられた出発点といえる。その後、欧米各地に今日的な意味の博物館が次々と創設されていくことになる。同様に、欧米の大学においても、研究を通じて獲得された資料などをもって附属の博物館が次々に創設されていくことになる。

2. 日本の大学博物館

我が国最初の大学博物館は、大森貝塚の発掘調査で著名なエドワード・シルベスター・モース(Edward Sylvester Morse, 1838-1925)による帝国大学理学部博物場であろう。1880(明治13)年に創設されたが、本郷地区での帝国大学の整備に伴って1885(明治18)年に閉鎖された。これとは設立の経緯の異なるものに、当初は大学の附属で創設されたものではないが、後に大学の附属博物館となったものとして、幕府の薬園から始まり、文部省が管轄し、1877(明治10)年、帝国大学の附属となった小石川植物園、ホーレス・ケプロン(Horace Capron, 1804-85)の建言で創設された開拓使の博物場として始まり、1884(明治17)年に札幌農学校に移管された博物場(現:北海道大学北方生物圏フィールド科学センター植物園)、農商務省の蚕業試験場の参考品陳列場から始まる東京農工大学繊維博物館(現:東京農工大学科学博物館)、秋田鉱山専門学校列品室から始まる秋田大学鉱山博物館(現:秋田大学鉱業博物館)などがある。これらもある意味で最初期の大学博物館といえよう。

本格的な大学博物館の創設は、1914(大正3)年開館の京都帝国大学文学部陳列館といってよかろう。これは、浜田耕作(青陵)(1881-1938)によるもので、ケンブリッジ大学などの附属博物館がそのモデルといえる。その著書『通論考古学』(1922)には、博物館の章があり、考古学の理論書であると同時にまとまった博物館学の書でもある。この陳列館は、文学部博物館を経て、1997(平成9)年、京都大学総合博物館となる。これに次ぐのが、早稲田大学演劇博物館で、1928(昭和3)年の創設である。その後、国学院大学考古学陳列館(現:国学院大学研究開発推進機構学術資料館)、明治大学刑事博物館(現:明治大学博物館)などが創設される。戦後も、いくつかの大学で附属博物館の新増設はおこなわれていくが、その数は決して多くはなかった。ところが、1996(平成8)年、学術審議会による『ユニバーシティ・ミュージアムの設置について(報告)』が出されるにおよんで、全国の大学に附属博物館の整備が進み、2007(平成19)年には130大学に162館の大学博物館が開館するまでになった。今日では、さらに増加しているであろう。

3. 大学博物館とは

大学博物館は、その歴史からみると、一般の利用を主にするというよりも、その大学における学生の教育に資することを主とした専門博物館であることが特徴としてあげられる。世界初の大学博物館ともいえるアシュモレアン博物館が、一般への公開を原則として掲げたことから、公開された大学博物館が必ずしも少なかったわけではないものの、一部の博物館を除いては、もっぱら学内利用が原則的で、一般の利用を歓迎する姿勢は貧弱であったものが多かったのは、内外ともに同じといえる。つまり、学生や専門研究者に顔が向いた博物館という傾向が強かったわけで、このため展示は分類を基本とする資料提示が一般的で、解説なども限定的、専門的で、一般の非専門家にとっては資料の羅列にしか映らないものであるのが通常であった。多くが専門博物館として自らを規定していたことから、調査研究には力を注ぐが、博物館の社会的な教育機能についてはあまり目が向けられていなかったといえそうである。

我が国の大学博物館の場合、過去、一般に組織は極めて脆弱であった。専任の学芸員がおかれ、継続的な博物館活動を展開したものもあるが、専任のスタッフが配置されず、博物館に熱意をもった教員がいなくなると活動が停滞してしまったものも多い。こうなると継続的な研究や収集が途絶え、また資料の保存に問題が起こり、展示が古臭くなり学内も含めて積極的な利用は後退してしまう。つまりは、誰も見向かなくなってしまうということがあった。こうした問題も、近年、学術審議会が「ユニバーシティ・ミュージアム」の設置推進を提言したことから変化が生まれ、大学博物館の整備が進む一方、これを管理運営する専任者の配置がすすんできている。

大学博物館の特色は、何といってもその大学の研究と結びついていることにある。従来から、研究の必要から集めた図書は最終的には図書館へ集積され、後に続くものが利用できる形が担保されていた。だが一方、研究の過程で集められたモノ資料はどうなっていたかというと、研究室に死蔵されるか、廃棄されてきた。研究室などに死蔵されていたのでは、保管はされていても、これを知るごく一部のものが利用することはあっても、広く活用はされないし、できにくい。そもそも研究室には保存機能はないので、廃棄という選択がとられてしまうこともしばしばであった。この時、大学に博物館があれば、それならこうした資料は博物館へということはあるが、それを受け入れ活用する人と組織がなければ、大学博物館も単なる保管場所にしかならない。

大学博物館とは、大学の研究の成果を対外的に示す機能が主たる役割であるというように考えれば、それは単なる資料の保管場所ではなく、ある意味で大学の顔とでもいうべきものとなりうるものである。このように大学博物館を考えれば、学生や専門研究者にばかり顔を向けず、より広く一般の人々にも顔を向け、その研究成果を世に問う一つの機関であり、方法であると位置付けられる。しかし、多くの学内の専門研究者は博物館の専門家ではない。これらの人々の研究成果を博物館としてどのように表していくのかということになれば、学芸員という博物館の専門職が必要となる。この意味では、大学博物館といえども一般の博物館と同じく、博物館として独立して他に縛られずに資料を保存活用できるものでなくてはならないし、そのためには博物館としての人と組織がなければならない。

4. 大学博物館とその他の博物館の違い

一般の博物館と大学博物館に違いがあるのだろうか。違いがあるとすればどのような違いなのだろうか。

博物館活動のどの領域に力点をおいた活動をするのかという選択から、大学の人材と研究機能を活かして研究志向の強い博物館となるなどの特徴を打ち出すことはありうるし、学芸員養成を大きな課題とするなど、大学教育と強くかかわった特徴をもつこともありうる。言い換えれば、大学というものの性格、その人的資源、大学における教育ということにかかわって、研究機能、保存機能、教育機能のいずれかの領域をより強く意識した博物館となるという形はありえるだろう。しかし、仮にこの機能の一部を欠くとすれば、それはもう博物館とはいえないものとなろう。

博物館の究極の目的は、学術的な成果を広く知らせ、これを社会的に共有することをめざしているということにあるが、この点からいえば、大学博物館のめざすものも同じであろう。このように考えれば、設置者や背景に違いはあっても、大学博物館も他の一般の博物館と原理的に違いはないばかりか、あってはならないといえよう。

5. ユニバーシティ・ミュージアム

「大学博物館」と呼ばず「ユニバーシティ・ミュージアム」とすることにどのような意味があるのかはわからないが、我が国の大学における附属博物館の整備が諸外国に比し立ち遅れているとの認識から、1990年代末に、文教政策の一つとしてその整備の方向が打ち出された。これによって大学における附属博物館の新増設が推進されている。韓国では大学には附属施設として博物館が図書館とともに必置となっているが、我が国では図書館は大学に必置の施設とされているが、博物館はそうなってはいない。博物館を必置の施設にするまでの必要があるかどうかは議論のあるところであろうが、大学の学術的な成果を広く公開するための窓口を多くすることには意味があるし、なによりも、ほかの手段では実現できない、実物を提示しての教育という博物館独特の方法に大きな意味がある。

6. これからの大学博物館

博物館というものの特性を活かし、また大学というものの特性を活かしたこれからの大学博物館の姿を考えてみよう。

これまで、大学における研究の成果は、大学の教育に活かされるのはもちろんだが、一般へのより広い紹介は、出版や講演などが中心であったといえよう。研究の領域にもよるが、具体的なモノを提示することで、より広く深い理解を得られるような場合には、展示という手法もその一つの方法であろう。ここに大学博物館の意味も存在する。

学芸員による入門講座（明治大学博物館）

学芸員による子ども向けのワークショップ（明治大学博物館）

とするならば、大学博物館のこれからの姿勢は、学生や関係する専門研究者ばかりではなく、広く一般の人々の利用を拡大していくことが必要であろう。大学における研究が何をめざし、何を明らかにしてきたかを広く知ってもらうことは、大学自身にとってはもちろん、社会にとっても重要で、その方法の一つとして大学博物館は大きな意味をもつであろう。このことは、言い換えれば大学における研究の社会的アカウンタビリティーを果たすことなのである。

ある種の巨大なシンクタンクでもある大学は、一般の博物館ではなかなか実現できないほど豊富で重層的な研究スタッフをもっていると見ることができるが、これらの研究者は博物館についての専門家ではないことが多い。その専門的な研究成果をどのように博物館活動に活かし、意味のある展開をするのかということになれば、その他の博物館と同様、専任の学芸員が必要となる。この場合、学芸員は、専門研究者であると同時に、大学における研究成果の社会的還元についてのコーディネーターとしての役割が重要となる。

意味のあるモノの塊としてのコレクションをつくり、また充実を図っていくにも、これらを日常的に保存管理していくにも、展示のみならず、各種の博物館教育活動を企画立案し実施していくにも、学芸員という博物館の専門職が必要である。つまり、大学博物館といえども、博物館としての活動を継続的に作り出す人と組織がなければ、これは実現できないということである。

5-4-1

科学博物館

田邊 玲奈

1. 科学博物館の特徴

科学博物館は、博物館法に記されている「産業、自然科学等に関する資料を収集し、保管(育成を含む。以下同じ。)し、展示して教育的配慮の下に一般公衆の利用に供し、その教養、調査研究、レクリエーション等に資するために必要な事業を行い、あわせてこれらの資料に関する調査研究をすることを目的とする」機関に相当する。『日本の博物館総合調査研究報告書』(日本博物館協会)によると、科学博物館は「自然史博物館」「理工博物館(産業技術史博物館)」「科学館・プラネタリウム」を含む。

平成20年度の文部科学省の社会教育調査によると、全国に科学博物館は105館設置されている。博物館類似施設380館を含めると全体数485館と多く、その活動範囲は非常に多様で幅広い。

科学博物館の教育活動を広くとらえると、展示(常設展、特別展・企画展、巡回展等)、教育普及事業(常設展示等に関する解説活動、講演会、観察会、講座、イベント、研修会、学校連携等)、広報活動(研究成果などのニュースの発信、メールマガジン配信、出版等)等に大きく分けられる。どの活動も、博物館からの働きかけと来館者からの働きかけという意味合いで、博物館と来館者との双方向の相互コミュニケーションが図られる場を生み出している。特に科学博物館の展示の特徴は、主として自然史や科学技術史に関する資料を収集・保存・整理し、資料に関する調査研究を通じて得られた情報や研究成果を展示することである。さらに科学的原理・原則を伝えるための操作体験型の展示(ハンズ・オン展示)を通じて、利用者の興味・関心を高める工夫が多くの博物館でなされていることである。

2. 海外における科学博物館

博物館における教育活動の最も中心となるのは展示である。展示手法の観点から歴史的に4段階があるとされており、現在は4段階目の時代をむかえている。①珍しい資料を展示する宝物庫(キャビネット)型博物館、②資料を系統化し体系化して展示する自然史博物館や科学技術史博物館、③科学教育の体験に焦点化したサイエンス・センターである。最近では最先端科学も展示し、社会との関係を示す④先端科学・社会複合型博物館も提案されている。

近代的な意味での科学博物館は、19世紀の産業革命によってもたらされた産業社会のヨーロッパ都市に、万国博覧会の開催などを機会に誕生した。20世紀半ばには1957年のスプートニク事件をきっかけに、科学教育はそのシステムから見直され、全米各地に多くのサイエンス・センターを誕生させた。これらのサイエンス・センターは、歴史的であるより、ハンズ・オン展示による科学の楽しさやすばらしさを伝える目的で設立されており、1969年にサンフランシスコに設立されたエクスプロラトリウムは世界の科学博物館に大きな影響を与えた。ここに科学博物館の二つの傾向、「歴史的資料の収集と展示」「科学教育の展開例としてのハンズ・オン展示」が生まれることとなる。近年は、博物館の機能を総合的に展開しようとする試みもおこなわれており、地域の文化施設としての色彩が強くなってきている。単にこれまでのような博物館という機能にとどまらずに生涯学習活動の中核施設としての性格をもち、図書館や集会施設の機能を付加された「文化複合施設」として建設されている。これらの欧米の博物館事情は、そのまま我が国の科学博物館の現状に対応している。

※(参考)海外の主な科学博物館としては、理工系ではかつては資料収集型、現在は新しいコンセプトで先端科学を扱う「ロンドン科学博物館」(イギリス・ロンドン)、資料収集・原理説明・体験型の「ドイツ博物館」(ドイツ・ミュンヘン)、社会との関係を示す「アメリカ歴史博物館」(アメリカ・ワシントンDC)、ハンズ・オン展示の「エクスプロラトリウム」(アメリカ・サンフランシスコ)、自然史系では、いずれも資料収集型で、「ロンドン自然史　博物館」(イギリス・ロンドン)、「国立自然史博物館」(フランス・パリ)、「ニューヨーク自然史博物館」(アメリカ・ニューヨーク)、13もの実験室をもつ実験探究型の「レオナルド・ダ・ビンチ記念国立科学技術博物館」(イタリア・ミラノ)などが挙げられる。

3. 我が国における科学博物館

東京上野に位置する国立科学博物館は、我が国唯一の国立の科学博物館で、その歴史は130年以上と長く、1877(明治10)年に「教育博物館」として創設された。当時、我が国初の教育博物館である。

当時は、教育上必要な内外の物品を集めて、教育にかかわる教材、校具などの諸器具、動物・植物・鉱物などの博物標本を中心にして陳列した。その後、1916(大正5)年には、コレラが流行したため、これを予防し公衆衛生の知識を高めるために展覧会を開催した(最初の特別展覧会)。1931(昭和6)年、上野の現在地に建物(現在の日本館)が完成し「東京科学博物館」となり、展示室の公開が始まり、その後天体観望や野外植物採集会等もはじめ、今日の各博物館でおこなっている館外教育活動の先鞭をつけた。1949(昭和24)年に文部省設置法により「国立科学博物館」となる。

日本館の航空写真
日本館の建物は、上から見ると飛行機の形をしており、1931(昭和6)年竣工当時の最先端の科学を象徴するものであった。2008(平成20)年には、重要文化財にも指定された。

国立科学博物館では、1980年代に全国に先駆けて青少年が自ら考え、科学する心を培うための参加型、探求・体験型展示に力を注ぎ、博物館と学校の理科教育との連携をより強める役割を果たした。さらに、1986(昭和61)年には、全国で初めての教育ボランティア制度を導入し、来館者との対話を通じた教育活動の充実に努めた。2004(平成16)年、「地球生命史と人類」をテーマに地球館展示、2007(平成19)年には、「日本列島の自然と私たち」をテーマに日本館展示をオープンし、現在では全館的に教育ボランティアを配置し、対話型の展示室運営に努めている。

地球館展示室「系統広場」

その他の科学博物館としては、1950年代後半(昭和30年代)に、科学館建設ブームが起こり、サイエンス・センターが主要都市に誕生した。科学技術館、名古屋市科学館、大阪科学技術館である。1980年代前半(昭和55〜60年)にかけて、科学館建設ブームが再び起こり、各地の県・市においてエクスプロラトリウムのコンセプトをもとに、ハンズ・オン展示を主体とした子ども科学館が多く誕生した。その後、1994(平成6)年以降は、自然史博物館建設の割合が増加し、教育普及事業が重要視された。

我が国の科学博物館では、学校連携、展示を活用した学習支援活動、アウトリーチなど各館の特徴を活かして、実にさまざまな取り組みがおこなわれている。地域博物館としての機能をいち早く示した平塚市博物館は、独自の事業を長年にわたり多数展開しており、地域の人々と一緒に調査・研究に取り組んでいる。滋賀県立琵琶湖博物館では、文部科学省親しむ博物館づくり委託事業などを活用し、地域と社会を結ぶ活動をおこなった事例もある。こうした地域との結びつきを強めるとともに、最近は、各博物館の連携を活かしたより幅広い活動が見られる傾向が出てきている。日立シビックセンター科学館では、全国科学博物館協議会・全国科学館連携協議会の共催で毎年「サイエンスショー・フェスティバル」として発表会がおこなわれている。既に全国各地で定着した「青少年のための科学の祭典」をはじめ、研究機関および企業と科学博物館が連携した国際科学映像祭なども2010(平成22)年に新たにおこなわれ、科学博物館は、科学を中心とした地域全体の取り組みの中心的役割を担うようになってきている。こうした活動は、科学コミュニケーションを担う今後の博物館のあり方を示唆している。

※(参考)上記以外の国内の主な事例として、最先端の科学技術を扱う「日本科学未来館」(東京・お台場)、主な都道府県立の事例として、自然史では、ミュージアムパーク茨城県自然博物館、千葉県立中央博物館、神奈川県立生命の星・地球博物館、兵庫県立人と自然の博物館などがあり、理工系では千葉県立現代産業科学館、福岡県立青少年科学館など、多数の博物館、科学館が挙げられる。ホームページ等を閲覧し、各館の活動を参照してもらいたい。

4. 国立科学博物館の教育普及事業の事例

国立科学博物館の教育普及事業(以下、学習支援活動と記す)においても、当館研究員に加え、学会や企業等との連携を活かし、専門的で多様な学習機会を提供している。そしてさらに、世代に応じた科学リテラシーの涵養を図るための効果的なモデル的プログラムの開発や、学校との連携強化のための新たなシステム開発など、先導的な事業の開発・実施もめざしている。定例的な取り組みとしては、土日祝日に、研究員が展示室にて展示や最新の研究内容について語る「ディスカバリートーク」等、専門性を活かしたさまざまな取り組みをおこなっている。教育ボランティアによる活動も、体験型展示室での来館者と展示をつなぐコミュニケーション活動、館内の見どころを案内するガイドツアー、常設展示室および企画展示室での展示解説や展示と関連した内容についてコミュニケーションツールを用いた実演などかなり幅広い。

教育ボランティアの活動

親子向けプログラム「野菜ものがたり」

4.1 新たな取り組み～世代に応じた学習プログラム開発の事例～

新たな取り組みとして、世代に応じた効果的な学習プログラムについて検討を進めている。現在、社会的な課題となっていることをもとに、「水」「食」「エネルギー」を大きな枠組みとして設定し、その枠組みの中で、社会と直接かかわる内容を扱うプログラムとした。

たとえば、「食」についての幼児とその保護者を対象とした親子向けプログラムでは、日ごろスーパーなどで購入し、料理の材料となっている野菜について考えることとした。親子で一緒に顕微鏡や虫眼鏡で観察することで、野菜は植物であることを実感し、科学的な見方を養うとともに、企業の食の安全への取り組みなどの話を聞くことで、社会的な課題を意識する内容とした。一つのプログラム内で、親と子どもが一緒に活動をする部分もあれば、親子で別れて活動をしたりと、それぞれ異なる目的をもち活動することにより、効果的な学びをめざした。

また、「水」についての中高生向けの継続的な活動では、水について学んだことを展示にして、来館者の前で水の大切さについて語る内容とした。さらに、「エネルギー」についての熟年期向けの講座では企業と連携し、ビール作り等を楽しみながら体験するとともに、工場での廃棄物を資源として活用していることを知り、循環型社会についてグループディスカッションをおこなう内容とした。

こうした取り組みは、成人の科学技術に対する意識や理解の低さなどが課題とされている社会的な現状に、博物館としてどう貢献していくかという視点でおこなわれた。その視点で、人々の科学リテラシー向上をめざした新たな方策の開発を行い、科学博物館として生涯にわたる学習の機会の提供に取り組んでいる。

中学生・高校生向け継続的プログラム
「アフタースクールプログラム」

熟年期向けプログラム
「エネルギーラボ麦酒を片手に未来を語る」

※科学リテラシー：人々が、自然や科学技術に対する適切な知識や科学的な見方及び態度を持ち、自然界や人間社会の変化に適切に対応し、合理的な判断と行動ができる総合的な資質・能力（独立行政法人国立科学博物館　科学リテラシー涵養に関する有識者会議による定義）

これらのプログラムは、科学リテラシー涵養活動として、世代に応じたプログラム開発の枠組みを設け、各世代（幼児から熟年期までを五つに分類）において四つの目標**「感じる（感性の涵養）」「知る（知識の習得・概念の理解）」「考える（科学的な思考習慣の涵養）」「行動する（社会の状況に適切に対応する能力の涵養）」**を設定した。このプログラムは、これらの目標について世代に応じて適切にバランスよく取り組むことにより、人生を通じて長期的に科学リテラシーを身につけて欲しいというものである。特に、社会的課題に対応した世代に応じたプログラムの開発・実施を体系的におこなった。

「科学リテラシー涵養活動」の目標

感じる（感性の涵養）	感性・意欲を育む体験的な活動を通じ、科学や自然現象に対して興味・関心をもって接するようにする。
知る （知識の習得・概念の理解）	科学や技術の性質を理解し、身のまわりの自然現象や技術の働きを理解できるようにする。
考える （科学的な思考習慣の涵養）	事象の中の疑問を見出し分析し、課題解決のための探究活動を行ったり、様々な情報や考えを適用して自ら結論を導いたりする。
行動する （社会の状況に適切に対応する能力の涵養）	学んだことを適切に表現し、人に伝える。社会の状況に基づいて、科学的な知識・態度を活用したり、利点やリスクを考慮したりして意思決定する。 自らの持っている知識・能力を次の世代へと伝える等、社会への知の還元を行い、豊かに生きる社会作りに参画する。

（独立行政法人国立学物館　科学リテラシー涵養に関する有識者会議より）

5. 科学博物館におけるさまざまな学びのスタイル

科学博物館において行われる学びは、習得的な学習の場合と、学習者を主体とした学習の場合があるが、主なスタイルを紹介する。

★習得的な学習に関する学習スタイル	
プロセス・アプローチ	科学者等が科学的な活動を展開する過程を細かく分析すると、その知的作業は多数の知的プロセスが組み合わさって構成されていることから、それぞれのプロセスを習得させることで、最終的に複雑な科学的活動ができるようになると考えるもの。観察したことを数で表現したり、測定したり、分類したりといった基本的な知的プロセスから、仮説を立てたり、変数を制御したり、データを分析して解釈したりといったより複雑な知的プロセスまで、様々な知的プロセスが知られている。
プログラム学習	学習者に身につけさせたい課題を、細かいステップに分割して、下位から上位に向けて、一つ一つ段階的に無理なく学習を進めるもの。
有意味受容学習	学習者を主体とした探究的あるいは構成主義的な学習では、学習者の既有の概念や認識をもとに学習を展開しようとするため、既有の概念や認識を持っていない場合等、深まりのある学習に発展しにくいという批判から、新しい情報の学習に先立って、それを意味ある情報として受け入れられるように、概念的な枠組みを形成しておこうとする学習論。
講義・デモンストレーション(演示)・演習による学習	授業者が予め用意した内容と計画に沿って、話とデモンストレーションあるいは演習を織り交ぜて、授業者から学習者に情報を伝える学習スタイル。
★学習者を主体とした学習スタイル	
探究活動(Inquiry-Based Learning)	自然科学系博物館で行われている、inquiry(探究活動)を中心とした学習方法論である。学習のプロセスは、プロセス・スキルズのような定型的な技法・方法に限らず、調査や実験のデザイン、実践を自ら行い、結果を議論するという流れで進む。このプロセスにおいて、学習に対する自己責任の意識(分からないことを分からないままで放っておかないという責任感)も生まれてくる。
自由選択学習 (Free-Choice Learning)	自分が主導して行う、自主的学習、個人のニーズや興味に応じてガイドされる学習理論の一つである。生涯を通じてこの学習は続けられる。学習要素のすべて(何を、なぜ、どこで、いつ、そしてどのように学ぶのか)が自己選択の要素となる。必要要件は、博物館のような膨大なリソースに触れることができること、膨大な数のトピックを探究する機会が与えられること、リソースやトピックとの出会いが深いものになっても、浅くても、偶然でも、何度あっても、自らや家族、社会、そして世界を少なくとも少しは良く理解することができることである。
構成主義的学習理論	人は、教師、教科書、学校等の存在なしに自然現象に対していろいろな意味を個々人の頭の中で形成している。知識とはこのように個々人において得られるものであり、容器にものを入れるように移動するものではないという立場。個々人の学習が自分自身で意味を構成していく。また、それを文脈の中で行ってこそ、知識の効果的な構築が可能となると考える。物理の慣性の法則や天動説と地動説のように、常識を越えた概念を獲得する学習に素朴概念を取り入れる等、特に有効な方法とされている。経験と知識等多様な背景を持った人々が来館する博物館においては、構成主義的な考えに基づき、学習環境を提供することが有効である。
討論・フォーラム・シンポジウム	人々や学習者の集団が、同一のテーマや問題について、互いに個人の意見を述べたり、解決法について議論したりする。最終的に、議論の内容について整理したり、総合したり、過去の議論の成果と関連づけたりすることで、全体的なまとめを行うことが大切である。

webによる情報を活用した学習	情報通信技術の普及によって、急速に進展してきた学習者を主体とした学習スタイルが、webによる情報提供に基づく学習である。インターネットにつながったパソコンだけでなく、携帯電話等からも情報を検索することが可能となり、時と場所を選ばない学習手段となっている。
アブダクション（仮説形成型推論）	アメリカの論理学者・科学哲学者であるチャールズ・パース（Charles S. Peirce, 1839～1914）は、科学的論理思考には演繹法と帰納法のほかに、ある事象をもとに仮説を立て事実を説明し、結論や目標を導きだす「アブダクション」（abduction）または「リトロダクション」（retroduction）と呼ばれる、もう一つの思考様式が存在することを提唱した。仮説形成型推論は、地質学、生物進化論、歴史学に見られるような「遡及型推論」や、工学のトレードオフ（同時には成立しない二律背反）の関係にある中での解決法、あるいは科学的に問うことはできても科学的に答えることが難しい分野の探究的な学習に有効である。

（独立行政法人国立科学博物館　科学リテラシー涵養に関する有識者会議より）

6. 今後の方向性

科学技術の進展で、日常生活は便利になる一方で、科学は目に見えない、またそれが当たり前になっていることなどから、人々の科学技術への意識は薄れ、人々と科学技術との距離感が遠くなる傾向にある。その反面、一般生活者を巻き込む社会問題となったイギリスにおけるBSE牛問題等に見られたように、一般の人々が直接問題に直面し、自ら社会的対応や判断を迫られる場面も増えている。科学をとりまく世界的な動きでは、1999年、世界科学会議は「ブダペスト宣言」を発表し、「社会における科学と社会のための科学」が示され、「科学リテラシー」や「科学コミュニケーション」の必要性が唱えられている。科学技術に依存する現代社会で生活し、未来を見据えると、今後は、人々が変化し続ける自然環境と人間社会の課題を適切にとらえ、科学的に考え、合理的に判断し、自らが社会とかかわり意志決定していく意欲を養うことが必要である。こうした状況を踏まえ、科学博物館においても、新たな社会的役割を認識し、従来の調査研究に基づく教育活動と関連付けながら、今後はより積極的に社会的な課題への対応を含めた教育活動の展開が望まれている。また、こうした活動を推進するにあたり、社会のさまざまなセクターをつなぐネットワーク作りの拠点の一つとして新たな機能をもつ科学博物館として寄与していく必要があるであろう。

参考文献

- 日本博物館協会（2009）『日本の博物館総合調査研究報告書』
- 加藤有次他（2000）『新版博物館学講座1博物館学概論』雄山閣
- 加藤有次他（2000）『新版博物館学講座10生涯学習と博物館活動』雄山閣
- 国立科学博物館（1977）『国立科学博物館百年史』
- 国立科学博物館（1988）『創立110周年記念国立科学博物館の教育普及活動』
- 佐々木正峰（2009）『博物館これから』雄山閣
- 小原巖（2000）『博物館展示・教育論（大堀哲監修博物館学シリーズ3）』樹村房
- 伊藤寿朗（1993）『市民のなかの博物館』吉川弘文館
- 独立行政法人国立科学博物館科学リテラシー涵養に関する有識者会議（2010）『「科学リテラシー涵養活動」を創る～世代に応じたプログラム開発のために～』
- S・ストックルマイヤー他編者　佐々木勝浩他訳（2003）『サイエンスコミュニケーション　科学を伝える人の理論と実践』丸善プラネット

5-4-2

自然史博物館

矢島 國雄

1. はじめに

博物館教育活動の中心が展示であることはいうまでもない。教育的な色彩の強い展示は、博物館展示の歴史から見ると、自然史系の博物館から始まったともいえる。

すなわち、19世紀末頃からハビタット・グループ(habitat group)による展示、ジオラマ(diorama)による展示などは、自然史系の博物館が主導して導入してきたことが明らかであるし(1)、ディスカバリー・ルーム(discovery room)の導入によるハンズ・オン手法の初現も自然誌系博物館である(2)。日本では、1914年に棚橋源太郎がハビタット・グループによる展示を「生息地(現地)集団陳列」と呼んで導入したのが初現であるが、これも自然史系の展示において用いられたものである。

2. 自然史博物館における教育活動

ニューヨーク、アメリカ自然史博物館における展示室での演示(簡易な実験)を伴う解説活動

自然史博物館だからといって、他の館種の博物館とことさら変わった教育活動が行われているわけではないが、いくつか特徴的なものもある。ディスカバリー・ルームと呼ばれる、主として子供のための体験型学習施設がそのひとつである。また、動植物の標本を現地で採集したり、観察したりする館外での教育活動も特徴的である。

2.1 ディスカバリー・ルーム

直訳すれば「発見の部屋」ということであるが、これは、一般の展示室とは別に、主として子どもの博物館における学習をより具体的なものとすることを目的として別室に設けられるもので、動植物の各種の標本(化石、骨格、皮革、種子など比較的堅牢で、扱いやすいものが中心)や模型、参考図書などを備え、これを要望に応じて貸し出し、直接触ったり、動かしたり、組み立てたり、観察したりすることで学習させる。インストラクターのような学習の支援や介助をするスタッフがいるのが通常である。

自然史系のみならず科学技術系の博物館においてもこうした参加体験型の学習施設は一般的である。また、歴史民俗系の博物館の「郷土学習室」などの名称で呼ばれる体験型の施設も、原理的には同一のものである。

2.2 標本採集会・現地観察会・体験学習会

標本採集会は、文字通り、現地において動植物を採集し、標本とする作業までを行う会であり、一方の現地観察会は、標本採集はせずに現地で実際の動植物を観察する会である。かつては世界的にも、自然史系の博物館では現地に赴いての標本採集会が広く行われていた。しかし、こうした採集行為が自然そのものを荒らすことになることが問題視されるに及んで、今日では標本採集会は以前ほどの頻度で開かれることはなくなっている。

それに代わって登場したのが現地観察会で、学芸員の引率指導のもとで、動植物を現地に赴いて観察するものである。この場合、標本として採集することはしないため、対象によっては十分な観察ができにくいといった問題があるほか、希少種や絶滅危惧種については、その生息地そのものを保護する必要があることから、採集はもちろんのこと大人数での観察行為も厳しく制限せざるを得ないという問題がある。

考古学的な領域でも発掘調査そのものを体験するような組み立てはあるが、一般には出土遺物の取り扱いなどに熟練を要すことも多く、実例は多くない。一方、化石の発掘に関しては、標本採集会的な組み立てで実施されるものなどを含んで、実例が散見される。通常、このような化石の発掘体験は、化石のクリーニング作業を経て標本化するまでの一連の作業を伴う学習会・体験会として設定される。先の採集会も、動植物を採集して終わりではなく、それを標本化するところまで行うものである。そして、この標本を同定し、基礎データの記載を行う。

単なる採集や体験にとどまらず、学術的な基礎データを記載するところまで行わなければ教育活動としての意味はないといえる。さらに、この過程において学芸員は、環境や生態といったより広範な課題・問題に眼を広げさせるような学習展開を心がけるべきであるとされている。

2.3 標本研究ボランティア

次に述べる地域共同研究とも一体であることが多いが、動植物などに興味や関心の深い人々が、博物館での各種資料の標本化などにボランティアとして協力しているもので、化石のクリーニング、採集植物の腊葉標本化、動物標本の皮革や骨格のクリーニングなどを行っているもの。考古学系の博物館でも出土資料の洗浄や復元のための接合などの協力するボランティア組織を持つものがあるが、自然史系博物館でも採集資料の標本化のために協力してもらうボランティアの組織を持つものがある。研究の補助業務に近く、ボランティア自身もその分野の研究に寄与することを喜びとしていることが多い。こうした協力者、理解者を育てるのも博物館教育である。

2.4 地域共同研究

平塚市博物館や滋賀県立琵琶湖博物館などのように、地域の自然の諸相を学芸員と地域の有志の協力のもとで継続的な研究を進めている博物館がある。自然史系のみならず、歴史民俗系の博物館にもこの種の研究グループを持つものがある。

長期にわたって地域の自然環境の変化を記録することで(3)、現在進行している環境の変化を具体的に示すような成果を挙げ、また地域の自然や文化のより深い理解を引き出す成果を上げているものがある。こうした共同研究は、それ自体が地域の人々とともに学んでいくという教育活動としても位置づけられるものであることが重要である。

本文注釈

(1) 19世紀末から20世紀初頭期、大英博物館(自然誌)やスミソニアンの国立博物館において、ハビタット・グループによる展示が導入されている。ジオラマについても、1920年代にはニューヨークのアメリカ自然史博物館やシカゴのフィールド博物館やミュンヘンのドイツ博物館に導入されている。

(2) スミソニアンの国立博物館において、スペンサー・ベアード(Spenser Beard)が作った子どものための展示室が最初であろう。露出展示中心で、一部の資料は触ることを許していた。

(3) いくつもの地域博物館で、桜の開花日、セミの鳴き始め等々、季節の変化の目印となるような事柄を長期にわたって記録していくことで、環境の変化を具体的に知ることなどが行われている。平塚市博物館の事例では、海岸の漂着物の長期にわたる採集と観察が行われている。これによって、自然環境の変化のみならず、漂着物の種類やその内容から社会や経済の変化まで読み取れるような興味深いデータが得られている。

5-5-1

動物園

長倉 かすみ

1. 新しい動物園としての使命

スマトラトラの展示場(よこはま動物園)
生息環境展示とは、動物だけでなくその環境も展示する手法である。動物と環境とのかかわりが見えやすくなる一方で、動物との距離は概して遠くなってしまう

絶滅危惧種を中心に展示をしているよこはま動物園は、当時の動物園としては先駆的に専門の教育担当者を設置して1999(平成11)年に開園した。動物園の教育活動は、動物を形態的にあるいは生態的に理解することと、生きている動物から生命を感じ、その大切さを実感することが主軸となっていた。国内では初めて本格的な生息環境展示を採用したよこはま動物園では、もう一歩先へと進むため、動物園が野生への窓口となり、保全を訴える場としての使命をになっていたのである。

この生息環境展示に対しては「動物が見えない」という大きな不満も生みだしていた。当時、間近で動物を見ることもできず、触ることもできない展示というのは動物園として受け入れ難かったのである。しかし一方で、この展示手法に共感する来園者も現れていた。両者のはざまの中で、環境の中にいる動物たちを伝えていくために必要とされたのは、「動物と来園者との距離を近づける」教育活動であった。

2. 動物と来園者との距離を近づける

動物に触れる、間近で観察するなど、動物との物理的な距離を縮めることは、動物が生きていることを実感する有効な方法である。しかし、生息環境展示の中では人と動物の物理的な距離を縮めるのは難しい。そこで、心理的な距離を縮めていくアプローチに挑戦した。目の前にいる動物との共通点を発見することで、その個体との間に共感が生まれ、心がふれあうのではないか。「個性の発見」はその有効な手段といえる。

2.1 インドゾウのお絵描き展

エレファントライブ(インドゾウの公開トレーニング)で実施しているゾウのお絵描き(よこはま動物園)

「インドゾウのお絵描き展」は動物の個性を飼育員と動物とのつながりから発見する展覧会であった。動物園の動物と飼育員の間には独特の距離がある。動物園でのくらしをスムースにするためにある程度馴致(じゅんち)をしながらも、その動物としての社会を築くことができるよう、環境を整えていく。飼育員が動物と密接にかかわるのは、その動物をよく理解して環境を整え、動物園での生活をより豊かにするためである。インドゾウのように飼育員が動物に直接かかわりながら飼育する動物では、動物と飼育員との信頼関係をより確実に築く必要がある。この信頼関係の構築のために毎日おこなっているトレーニングの一つが「お絵描き」なのである。

「お絵描き」では絵を描くことを目的にしていない。「お絵描き」という行為を通じて、動物自身が豊かに生きていく術を身につけていく体験が大切なのである。その絵を見ることで、ゾウと直接かかわらない私たちにもゾウの個性が伝わってくる。よこはま動物園では2頭のインドゾウがお絵描きをしている。いたずら好きのチャメリーも、ちょっと怖がりのシュリーも、飼育員が密接にかかわるからこそ、私たちにも個性が伝わるのである。

どの動物にも個性があり、その動物なりの人生がある。集団としか見えなかったものが個へとフォーカスされることで、その命がリアリティをもつ。個性の発見は、命のかけがえのなさに気付く第一歩となるのである。

2.2 十人十色十周年　いっしょに撮ろうよ　アニマルフォトホード

動物と来園者との距離を近づけるもう一つのアプローチとして、動物とのかかわりの疑似的な体験の提供も試みた。開園10周年を記念して、来園者がパネル内に描かれた動物と自由にかかわり合いをもちながら写真撮影をすることができる記念写真撮影ボード「十人十色十周年・いっしょに撮ろうよ・アニマルフォトボード」である。これは、動物園側のメッセージと来園者が潜在的にもつ要望を看板へのかかわりによって実現することを目的とした、能動的かつある程度自由なかかわりを促すデザインの写真撮影ボードである。たとえばインドゾウでは、来園者はゾウと綱引きをする格好で写真撮影することができる。動物の基本的な生態を理解した上で、そのかかわりに自分なりの解釈をはさむ余地が存在することで、来園者の参加性が向上し、創造力が発揮される。このかかわり合いの中で、自分との比較あるいは共感により、個々の体験の意味を形成し、「動物」という存在をより身近に感じることができるのである。

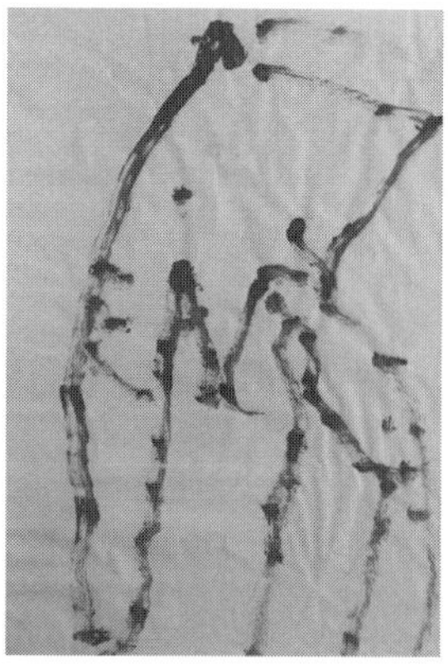

インドゾウのシュリーの絵
絵を描くまでに一年かかったシュリー。途中、飼育員の過度な期待に筆を持つことができなくなったことも。この絵は、シュリーの成長を第一に考えて取り組み直した結果、シュリーが再びお絵描きを楽しむようになった時に描かれた

アニマルフォトボード
インドゾウの力の強さを考えながらポーズを決めて記念撮影。ボードの中では、山から切り出した丸太を運び出す、使役動物としてのゾウの役割にも触れた

3. 野生に思いをはせる

そこで働く人の思いや経験も、動物園の教育活動を特徴づける。絶滅危惧種の多いよこはま動物園では、保全の現場へと赴く職員も多い。この思いこそ、私たちにしか伝えることができない教育資源となる。

3.1 野生オランウータンの保全の現場へ

野生オランウータンのくらす分断された森をつなぐため、よこはま動物園をはじめとする日本の動物園の飼育員がボルネオへと旅立った。この飼育員によってかけられた分断された森をつなぐ消防ホースの橋を、ついに2010(平成22)年6月、1頭のオランウータンが渡ったというニュースが飛び込んできた。飼育員の行動は、離れ離れのオランウータンをつなぐ記念すべき一歩となったのである。

3.2「これからも動物たちとくらしていく」ということを体感する

動物が絶滅の危機に瀕しているその原因は、さまざまな要因が複雑に絡み合い、価値観の相違からも容易に解決法を提示するのは難しい。筆者は、私たちが体験した真実とその追体験、多様な価値観の提示、自分の力で考えるための支援を考慮して、夏休み自由研究「絶滅の危機にある動物を調べよう」を実施した。

このプログラムの中で、まず子どもたちは森が分断されることをオランウータンの立場で体験する。その後、飼育員の立場で消防ホースを園内の森へと運んで木から木へと橋を渡し、今度はオランウータンの気持ちでぶら下がってみる。消防ホースはおよそ15kg。小学生の子どもたちにとってはずっしりと重い。実際に野生の森にかけた消防ホースは、300kgを超える。保全の現場では、本当にオランウータンが使ってくれるのかもわからない状況で、何日もかけて橋をつないでいくのである。

オランウータンのくらす森が分断されるとどうなるのかを体験するために実施したゲーム。動物の餌として納品されるリンゴの梱包材を原生林に見立て、子どもたちが自由に歩き回るうちに、無秩序に森がプランテーションへと変化する。性比も個体数もばらばらの個体群に分断されてゲームは終了する

今度は、子どもたちがニュートラルな立場となり、密猟者、オランウータン、オランウータンの保護施設の人、エコツアーの企画会社、近隣の村人など、オランウータンを取り巻くさまざまな立場に扮した飼育員にイン

苦労してかけた橋にオランウータンの気持ちでぶら下がってみる

タビューをする旅に出る。さまざまな価値観に出会った子どもたちは、問題を解決するのは容易ではないこと、しかし、何もしなければ何も変わらないことを理解する。一人ひとりにできることはほんの小さな一歩かもしれないが、そこで踏み出せるかどうかの違いが大きいことを知る。

4. 身のまわりの環境を動物園で知る

よこはま動物園の園内には、およそ1.4haの森がある。この森の中には、展示動物および保護動物として飼育しているホンドタヌキの野生個体もくらしている。これら資源を活用したプログラムにも積極的に取り組んでいる。

4.1 動物園が地域の環境に果たす役割

動物園は絶滅危惧種だけでなく、地域の野生動物を守る役割を担っている。園内に生息する野生動物の調査をおこない、環境を整備する保全活動のほか、野生動物が負傷、病気等で生命の危機にある場合、治療し再び自然に帰す野生復帰に取り組んでいる。そして、これらを題材とした教育活動を展開している。ここではさまざまなプログラムのうち、よこはま動物園の展示動物の中で一番身近な「ホンドタヌキ」の現状について知るプログラムについて紹介する。

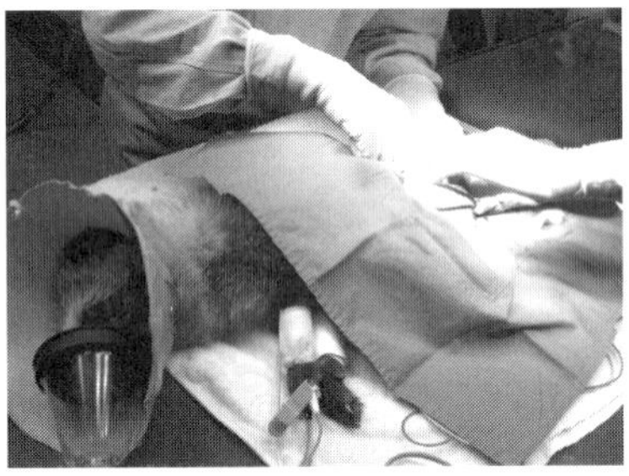
交通事故に合い、動物園で治療を受けるタヌキ。年間およそ300個体の動物が市民により保護され、動物園へと持ち込まれる。その約半数が野生へと帰っていく

4.2 自分も自然のつながりの中にいることを認識する

まずは展示個体のタヌキを観察し、行動や餌など生態の基本的な知識を得る。実際に野生のタヌキの糞を洗ってみると、虫の足や果物の種が出てくる。あらかじめ土の上においておいたタヌキの糞は、糞虫が分解を始め、あっという間に自然界の輪の中へと取り込まれていく。子どもたちとともに野生のタヌキのくらす森へと出発し、タヌキの食べ物を探す。木登りは得意ではないタヌキの目線を手がかりに、子どもたち自身がタヌキの気持ちになって虫取りをする。捕獲した虫は飼育員からタヌキへと与えられ、タヌキは食べる食べないという行動で真実を語るのである。

タヌキが食べる虫がくらすためには草むらが必要で、草むらが茂るためには明るい森でなければならない。タヌキの糞の中にあった種は、いずれ木になるのかもしれない。そこで鳥がくらし、鳥もまた虫や果物を食べ、もしかしたら弱った鳥はタヌキに食べられるのかもしれない。子どもたちは、森の中で見たことを手がかりに、いきもののつながりを発見していく。しかし、このつながりが変わってしまった場所もある。

野生タヌキもくらす園内の森での虫採り。ここでは、60種ほどの鳥も観察されている

一つの手がかりとして、タヌキの曲がった骨を提示する。栄養状態が悪く、大きく曲がってしまった原因は、栄養の偏った餌を与えられたのではないかと予想される。そして、交通事故で足が麻痺してしまったタヌキが登場する。両者ともに、人間活動の増大により、影響を受けていることが明白な動物たちである。

私たちは、確実にいきもののつながりの中に生きている。そして、いつの間にか他のいきものに大きく影響を与えてしまっていることに気づく。自分たちはどう自然にかかわっていきたいのか。もしかしたら答えのでないかもしれない問いかけに、子どもたちが考え始めるのである。

5. 動物園で「命」について考える

動物園は、日々命と向き合っている場所である。開園10年のデータを振り返ると、よこはま動物園で誕生した命の数は582、死亡したのは515。

平均すると6.2日に一つの命が誕生し、1週間に一つの命が消えている。動物園に保護された傷病鳥獣も含めると、およそ3倍の1,420。2.5日に一つの命が消えていく計算になる。動物園は､日常的に命の終わり方を考えている場所なのである。この動物園という場所を手がかりに、身の回りにある命について中学3年生とともに考える授業を実施した。

希少種、在来種、外来種、老齢の個体や人工哺育の個体など、動物園でのさまざまな命のあり方を紹介した後、生徒に一つの事例を問いかけた。癌に侵されたハリネズミの死の迎え方について、もし獣医師だったら、延命治療、自然に最期を迎えさせる、安楽死のどれを選択するか。「何もしないなんてかわいそう」「動物園の動物も野生動物だから、自然に任せるべき」「痛いのであれば早く楽にしてあげたい」など意見は分かれ、考えても決められない生徒もいた。実際、よこはま動物園では、ハリネズミに生きようとする力が感じられたため、自然に最期を迎えさせることにした。

しかし、命はむしろ身の回りにこそある。食料のための家畜、製薬のための実験動物、捨てられて愛護センターに保護されたペット。生きていくためにはさまざまな命が必要であり、死は日常的に私たちの身の回りにある。たくさんの命に支えられている私たちにとって大切なことは、事実を知り、それに基づいてしっかりと考え、自分の考えをもつことなのである。

この授業の感想は表1に示した。実際に命に向き合っている獣医師が授業の最後に生徒に伝えた「命に敏感である必要はないが鈍感ではいけない」というメッセージは、日々、命と向き合う中で出た一つの結論であった。生徒一人ひとりの心の中に、彼らなりの思考が始まるための真実となってほしいと思う。

6. 人といういきものとして生きていくために

よこはま動物園でくらす動物はおよそ400個体、年間の来園者数は120万人。動物園は博物館の中でも圧倒的な数の命であふれている。このたくさんの命が響き合うことこそ、動物園らしい教育だといえる。この実現のために私が一貫して大切にしてきたことは、私たちの創造力を駆使できる自由度の確保と、動物と対等にかかわる視点の提供の2点である。

こんなにたくさんの命が存在する動物園という場所は、動物そのものについて学ぶことができるだけではなく、いきもの同士のつながりや自分自身のかかわり方にも目を向けられる貴重な場所である。題材となる動物たちは、現在をともに生きる、同じ環境を共有したいきものたち。この事実に気がついた時がスタートラインとなり、自分の生き方についての思いが巡り始める。いきものとのかかわり合いには、必ずこうしなければならないという正解を決定することより、さまざまな状況を総合して、私はこうしたいという意思が生まれることの方が重要であると筆者は考えている｡それは必ずしも、大多数の意思ではないかもしれない。しかし、自分も当事者であることを自覚し、自分自身の力で考える支援をしていくことに取り組まなければ、何世代にも及ぶであろう地球環境の保全に継続的に取り組む力となり得ない。動物園をきっかけに、自分の生き方について考える。そこに、自分なりの解釈の余地があることによって、より自分らしいあり方を自覚できるようになる。それをいきものとしてのバランスの上で考えられるのが、動物園なのである。

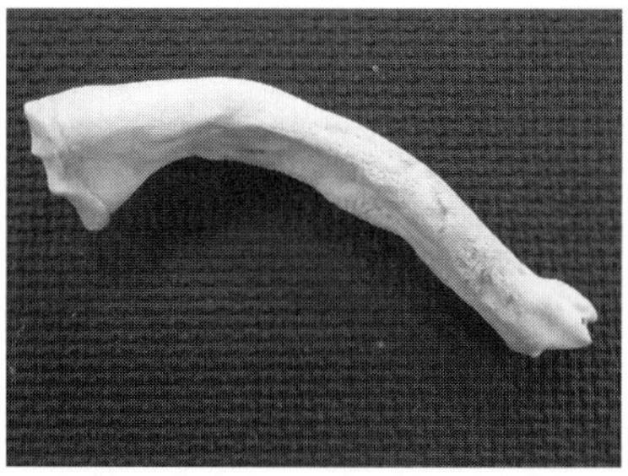

動物園で保護され、死亡してしまったタヌキの脛骨(後肢の骨)。人による餌付けの影響か、カルシウムなどの不足で骨が大きく曲がってしまっている

本当に本当に命の事を今日はすごく考えることができました。自分が良い事だと思っていた事は本当は良くない事かもしれないという事、軽い気持ちではなく最後まで責任を持たなければいけないと心の底から感じました。価値観は人それぞれちがうけれど、自分の価値観も正しいのかどうか分からないので、たくさん勉強し、考え、答えをだすようにしたい。

人は人の命を救い、動物では人が救う。しかし、自然界では動物の死は必ずあるものですが、食べる動物がいて、食べられる動物がいる。そうして命がつながっているのだと思いました。生きるためには食べるので食べられた命も食べたほうの命になるので、ムダに死んでしまったわけではないと思いました。「かわいそう」だとか、そんな感情をいだく方がかわいそうだと思いました。

飼育員の方々はこんなに苦悩をしているのだということを知り、動物園ってすごい所だと思いました。私たちが動物園で見ている動物は影で支えてくれる飼育員さんのおかげだし、新しい動物が増えるのと比例して、消えていく動物も様々です。私たちは命を大切にして、もっと動物に感謝をしなければいけないと思います。

生まれるだけ失われていく命があるんだと改めてわかった。

命はとても大切だと思った。生まれる命もあればなくなる命もある。だから自分の今ある命は大事にしようと思った。病気で動けなくなってしまった場合、延命治療をし続けるよりも安楽死という考えの人が多かった。私もそう思った。でも、よく考えてみるとそれがもし身近な「人」だったらそうは思わないと思った。そういう面で同じ命でも違ってくるんだなと思うと、少し悲しくなった。

みんながみんな同じ考えではなかった。小学校からずっと御世話になっていたズーラシアが一つ一つの命を大切にしていることがよく伝わりました。

表1　生徒の感想

5-5-2

水族館

高田 浩二

1. 水族館への社会認識の変遷

1882(明治15)年に、東京、上野で自然博物館の分館として始まったわが国の水族館は、1951(昭和26)年の博物館法制定時においても、生きている水族を主な資料とした科学系博物館として位置づけられ、一般博物館と同等に、調査、収集、保管、研究、教育などの機能を果たしてきた。また、日本動物園水族館協会では、「レクレーション・教育・研究・自然保護」の四つの役割を掲げ、自然博物館としての機能を発揮している。一方で、明治後期に開催された博覧会では、珍奇で希少な動物や水族を展覧するための、見世物小屋的な設置運営がされ、戦後の復興期においても、国民の余暇や娯楽を求める社会機運が影響してか、水族館の役割に、レクレーションや福利厚生としての機能が拡大し、一般利用者だけでなく設置者や運営者にも、博物館や社会教育機関としての公益意識が定着しないまま、今日に到ったのが現実であろう。このため、園館の運営が、集客性や話題性を一義とした、展示や解説、企画に陥りがちとなり、計画的な調査や研究、生物の適正な健康管理や福祉への配慮、飼育環境の整備、利用対象ごとに工夫された教育的な解説などが不十分な園館が散見されてきたことは否めない。

このような経緯があってか、2006(平成18)年、環境省が管轄する「動物の愛護及び管理に関する法律」において、ペットショップを対象の中心に置いた、適正な飼育環境を求める法の改正と施行がされる際、「動物取扱業」の範疇に、水族館・動物園も含まれたことは由々しき問題である。これは、水族館や動物園側にも是正すべき課題があるにせよ、科学系博物館の一翼を担って、科学教育、自然教育、命の教育、環境教育など、多くの教育分野でも公益的な役割を果たしてきた機関に、十分な理解が得られなかったことは残念でならない。

一方で、2009(平成21)年に改正された博物館法では、水族館・動物園の教育機能が再度注目され、広く社会教育機関の相互連携、学校教育との連携、地域との連携の重要さが謳われている。また、新学習指導要領に理科や社会の学習で、地域の博物館や学習センターなどの社会教育施設の利用を推奨するなど、学校教育だけでなく、地域のさまざまな機関と一体となって「新しい公共」を担う一員として、水族館・動物園にも役割が期待されているのは大きな追い風でもある。加えて、学芸員養成課程において、「博物館教育論」という科目が新たに立ち、単位数も2単位に増加したことは、科学系博物館でもある水族館・動物園の学芸員養成に「教育力」を発揮できる人材育成が必要とされ、その教育力に大きな期待が寄せられている証拠だろう。

2. 水族館・博物館の定義にみる教育の役割

一般に、博物館と水族館はどのように定義されてきただろうか。広辞苑をみると、博物館は、「古今東西にわたって考古学資料・美術品・歴史的遺物その他の学術的資料をひろく蒐集・保管し、これらを組織的に陳列して公衆に展覧する施設」とある。また水族館では、「博物館の一。水生生物を収集・飼育し、それらを展示して公衆の利用に供する施設。併せて、資料の調査・研究をする」とある。一覧して、どちらの解釈にも教育の機能が明記されていないことはさておき、両者は扱う専門性が異なるだけで、水族館が博物館と同等であることが見て取れる。一方で、私がやや課題に感じるのは「公衆に展覧する」「公衆の利用に供する」という解釈で、このままでは、博物館・水族館の目的は、学術資料の外観を「見せる」ことで帰結すると解釈されるおそれがあることである。

そこで私は、この部分を「公衆に情報を提供する」と言い換えるべきと主張したい。情報提供には、学術資料の外観だけは見えない情報も含まれ、その資料にかかわった人物や歴史、社会環境も加えることができる。人の言葉が語れない学術資料の代弁者となり、内なる情報も、深い理解と感動を伴って利用者に伝えることが博物館の「教育機能」である。このことは特に、命をもった水族や動物、自然環境を扱う博物館である水族館では、それらの資料に礼を尽くすという、自然福祉、資料福祉の視点からも欠かせない自然観、生物倫理観であろう。となれば、水族館に求められる最大の役割は教育であり、そこで働く誰もが教育者としての高い意識と目標をもたねばならない。明治初期に、西洋から持ち込まれた「ミュージアム」という文化は、福沢諭吉により「博物館」と和訳されたが、梅棹忠夫は国立民族学博物館の創設時、「博物館はモノを収める館ではなく、モノの情報を発信する“博情館”であるべき」と説き、同館を「情報の総合商社」とまで評している。

磯の生物観察会

3. 海洋教育の場としての水族館

海洋は古来より、交易や水産資源、鉱物資源、レジャー、文化など多くの恩恵を受ける対象であった。しかし、国民は海洋のごく表面しか見ておらず、海洋全体への理解や知識が乏しいと言われている。この一因には、義務教育において、海洋教育に関する適切な教科、単元が不十分で、教科書や教材・実習設備も整備されていないと指摘する識者も多い。地球環境問題や希少生物保護、水産資源の保全など、国際的にも課題が山積する中、わが国においても基礎教育の時点から、海洋に関する知識や情報の普及が急務である。となれば、海洋や水族の専門的な知識や経験、設備、人材が整った社会教育機関である水族館を、学校教育や地域の社会教育などに活用しない手はない。折りしも2007(平成19)年に制定された海洋基本法には、海洋に関する国民の理解増進のため、学校教育と社会教育の推進が条文の中に記述されている。まさに、水族館ほど海洋教育にふさわしい社会教育機関はないと言えよう。

干潟の生物観察会

4. 水族館教育と学校教育

水族館は自然博物館として発祥した。また、一時期「教育博物館」という名称を冠したり、大正から昭和初期にかけては、大学の理学部附属水族館として、海洋生物研究の最前線にあった時代も経るなど、国民への科学教育の一役を担っていた。しかし、その後の社会的な位置づけが、

川の生物観察会

娯楽やレクレーションに傾注するにつれ、教育的な使命や期待も薄らいだ感は否めない。この間も、水族館における教育、研究、展示活動は、分類学、生態学、行動学などの生物学研究の変遷とともに発展し、生きている水族に触れ、水辺の疑似体験ができる楽しい学びの場として活用され、参加者の生き生きした表情や態度、成果物から、一定の教育的な効果を上げてきたと自負する園館は多い。一方で学校教育は、学習指導要領や指導案、評価、検定教科書などの制度の中で、教職の資格をもつ教員により取り組まれ、社会教育とはやや学習の狙いや目的を棲み分けてきた。そして学校こそが学びと育みの最前線にあるとして、一時期、水族館教育が学校教育に付け入る隙がない状態にあったと思われる。

5. 学校教育と水族館教育の連携

学校教育と社会教育が一線を隔してきた一方で、博学連携という言葉に表せられるように、両者が連携した学習の必要性も問われてきた。特に、1996(平成8)年の生涯学習審議会の答申において、新たに「学社融合」という従来の博学連携から一歩進んだ概念が提唱された。また、2002(平成14)年から正式導入された学校完全5日制や総合的な学習の時間において、積極的に、博物館などの社会教育機関の活用が推奨され、文部科学省からは博物館の教育機能を高めるための委託、委嘱事業が公募されるなど、一気に両者が連携するための追い風が吹き始めた。

ところが、別々の道を歩み、異なる学習の狙いを掲げてきた両者が連携するには多くの課題が発現した。たとえば学校側は、水族館が提供する教材やサービスが、何の教科のどの単元で、どう活用できるのか、またどれほど学力向上につながるのかという、制度の縛りからの懸念があり、貴重な授業時間を割くにはリスクが大きいと感じていた。一方で水族館側には、学習効果の高い実物教育の場として、水族の専門家としての自負心もある傍ら、学校の授業作りの仕組みを十分に理解できていないため、適切な教材を提供できないという負い目もあった。

両者の溝を埋めるために、教員と館員が共同研修する場を設けたり、行政側もその事業の支援を行う措置もあった。しかし、お互いに「時間」「人材」「教材」「組織」「予算」がないなど、「ないない尽くし」で敬遠してきたのも事実である。このため、両者の間に立ち、授業内容や教材などの調整役をする「コーディネーター」の必要性が各所で聞かれた。しかし、お互いが待っているだけでは人材は生まれてこない。ここは、どちらがその役目を果たすのかではなく、お互いが歩み寄って、両者の利点や仕組み、要望、課題を知り、教員も館員も同等の意識で子どもたちの学力向上や理解促進のために協働する意識をもつことが大切である。とは言っても、水族館側に「学校教育の下請けにはなりたくない」「補完的な役割を果たしたくない」「館独自の個性的な学びを提供したい」などの意見は根強い。しかし学校側は、授業時間の削減や学力低下が大きな課題となる中で、「水族館で遊ばせる時間はない」「確実な学力向上、課題解決が得られるか」「単元計画ごとのねらいや評価検証が必要」という条件は外せない。となれば、ここは水族館側が学校の制度を学び、授業に使いやすい教材やプログラムの作成だけでなく、指導案の提供までできる存在になる必要がある。これはある意味、水族館を教育産業と位置づけた場合のマーケティング

教員研修会の開催

博学連携ワークショップ開催

教師と共に授業設計と運営

であろう。教員や児童生徒は、水族館が提供する商品(教材、プログラム)を活用する顧客(ユーザー)と意識することが、言わば水族館が教育機関として生き残るための戦略になるだろう。

講師手配などの授業アレンジ

6. 実物教育と情報教育の融合

学校と博物館の連携は、教材の形態や特徴、実施場所などから、実物教育と情報教育の二つに分類することができる。実物教育とは、生きている水生生物や実物標本、川や海、干潟などのフィールドを活用して、資料に触れたり自然体験する学習である。情報教育とは、IT機器や通信環境、デジタル教材などを活用し、水族館や水族の情報の入手、活用、加工､発信、交流する学習活動で、教科の学習意欲や学習内容への理解を向上させ、館の専門性や役割にも興味関心を深める学習である。水族館教育は、学習成果の大きさから鑑み、本物に触れ体験する実物教育に主眼が置かれてきた。しかし実物教育には、特に命を扱う水族館にとって、資料の死亡や衰弱は大きな課題であり、対象人数にも限界がある。対して情報は、繰り返し消耗なく瞬時に、大人数へ平等に提供できる、学習素材、学習環境である。つまり、これからの水族館学習には、実物と情報の利点を併せもった、相互活用のできるプログラムや教材の提供が必要となる。冒頭に、梅棹忠夫の言葉を借りて「博物館から博情館へ」と述べたが、情報化社会の現代において、博物館のすべての活動における情報化は、今後さらに活性化されることは間違いない。

テレビ電話による遠隔授業

7. 実物教育と情報教育の融合事例

海の中道海洋生態科学館では、実物教育と情報教育の両者の利点を組み合わせた活動を学校と協働で展開してきた。そのいくつかを紹介する。

①テレビ電話による遠隔授業

僻地校や特別支援校など、水族館に縁遠い学校に、映像と音声をインターネットやテレビ電話回線で中継して解説する。また同時に、学習で活用する実物資料や実験装置も学校に送付し交流する。

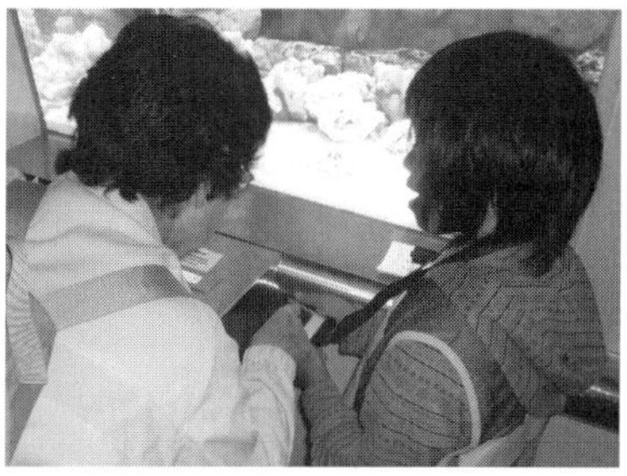
i-Podなどの携帯型情報端末の活用

②携帯型情報端末の学習利用

ＰＤＡや携帯電話、i-Podなどの携帯型情報端末を活用して観察活動し、館内サーバーから得た情報の加工、発信、交流活動へ展開する。

③Ｗｅｂ教材の開発と授業活用

地域の水辺環境の調査、成果発表などの活動を協働で行い、それらの活動をＷｅｂ上で公開して、閲覧者、学習者などとの交流へと発展する。

Web教材の開発と授業活用

④ＣＤ－ＲＯＭ教材の開発と授業活用

学校の授業内容に則したテキスト資料や写真、動画などのデータを収録し、教員や博物館職員が、学習活用できるように編集した教材。

8. 誰のための水族館・動物園教育か

2008(平成20)年、日本動物園水族館協会が行った「日本の動物園水族館総合調査報告書」において、動物園水族館に求められるものとして新たに五つ目の「動物福祉」を掲げている。まさに動物園水族館教育は、学習者のためだけでなく、動物福祉のためにあることも強く認識いただきたい。

CD－ROM教材の開発と授業活用

5-6-1

子どもと博物館

染川 香澄

日本において学校以外の子どもの遊びと学びの場といえば、児童館、博物館、図書館の児童室などがあげられる。

その中で子どもを対象とした博物館に近い施設を大きく二つに分類すると、子どもたちに健全な遊びを保障し、情操を豊かにすることを目的として設置されている児童福祉施設である「児童館」と、ハンズ・オン展示やプログラムを通して遊びながら学ぶことに力を注ぐ「教育系の子どもの施設」に分けられる。大型児童館では日本の要となっている東京のこどもの城、教育系ではキッズプラザ大阪が代表的な施設である。比較的新しい施設には、釧路市こども遊学館、福井県のこども家族館とこども歴史文化館、豊橋市こども未来館、沖縄こどもの国などがある。

この章では子どもを対象とした社会教育施設としての博物館について扱うこととする。

1. 世界の子どもの博物館の流れ

1.1 子どもの博物館の歴史

世界で初めての子どもを対象とした子どもの博物館(Children's Museum)が誕生したのは1899年、米国のブルックリン子どもの博物館である。1960年代にはボストン子どもの博物館でハンズ・オンの手法や思想を色濃く反映した展示が公開された。子どもたちが夢中になって遊び、同時に深く学び考えることにつながるその環境は、子どもや養育者の信頼を得て、全米や世界各国に広がることになった。

子どもの身のまわりの題材につなげて、見たり触ったり遊んだりできる手法を用いて教育的に展開する「ハンズ・オン」の採用は、子ども向けの博物館の人気を不動のものにした。しかしハンズ・オンという手法のみがクローズアップされることには注意したい。物理的な面だけを切り離して考えるのではなく、館の使命に合致した確かな教育理念をもち、館全体が共通の信念に沿って機能してこそだからである。

1.2 最近の動き

2008(平成20)年には、ブルックリン子どもの博物館が「グリーン」をキーワードに大規模に増床し、最新の環境循環型システムを建築に取り入れた。同時に事業全体にも「持続可能」をテーマに加えて、グリーン・ミュージアムとして生まれ変わっている。このグリーン・ミュージアムの考え方は、子どもの博物館や科学館で始まり、全米の博物館に広まりつつある。

アジア圏で注目したいのは韓国である。1995(平成7)年に開館したサムスン子どもの博物館は企業のメセナ活動で設立された。開館時には北米のコンサルタントが関与したが、その後は独自の展示更新を継続するなど、運営方針も優れ、学校団体の利用も多くみられる。2009(平成21)年には国立民俗博物館から独立して、国立子どもの博物館が開館した。韓国では2004(平成16)年のICOM国際大会開催を期に博物館教育学会も設立され、実践と研究が期待される。

2. 日本における子どもの博物館

2.1 子どもを対象にした施設や活動

1997(平成9)年に開館したキッズプラザ大阪は年間40万人を超える入館者に恵まれ、5年の期限付きボランティアも常時300人を超えて活動している。多くの人に支持を受ける成功の秘訣は、開館準備期間から一貫して子どもの「思い」を大切にしていることだろう。基本理念である「子どもたちが楽しい遊びや体験を通じて学び、創造性を培い、可能性や個性を伸ばす」を実現するために、どうすれば子どもたち自身によって主体的に受け入れてもらえるのか、子どもがどうしたいかを一番に考え、館の内外で十分なコミュニケーションをとりながら、真摯に取り組んでいる。職員からボランティアまで、常に理念に即した活動や発信をしており、類似他館に比べて高額な入館料にもかかわらず、人気を博している。

キッズプラザ大阪
内装も展示「子どもの街」になっている

館名に「子ども」が入っていなくても子どもを主な対象にしている館はあるし、一般博物館の子ども対象事業で参考にできるところも多い。

伊丹市昆虫館は、職員同士が切磋琢磨し、向上心が展示開発や運営に活かされているよい例である。利用者の年齢層や傾向の把握に常に心血を注ぎ、たとえば昆虫の苦手な子どもや母親にはどのようにアプローチすればよいかや、取り上げるテーマではどのようなきっかけが子どもには適しているか、幼児にはどのような工夫が必要かなどに注目をしながら、日々の経験を蓄積している。企画展では、少ない予算ながら意欲的な手作りの展示を開発、なかでも「むしのうんこ」展や「むしのあかちゃん」展は大好評で、展示企画が絵本になり出版されている。

伊丹市昆虫館
「2007むしぐるみ展あおむし」

2.2 兵庫県立考古博物館の取り組み

兵庫県立考古博物館は考古学という子どもにはなじみにくいテーマでありながら、子どもの利用を重視して2007(平成19)年に開館した。日本で初めて開館前に大規模な企画段階評価や制作途中評価などの調査を実施して展示開発をおこなった。体験展示室「発掘ひろば」では実物の住居跡資料の隣で発掘疑似体験ができ、地中に埋もれた歴史についての認識を育てている。また常設のテーマ展示室には、子どもから大人まで楽しめるハンズ・オン展示が散りばめられており、足を止めて展示で遊ぶうちにそのコンテンツについての会話が生まれ学びが発展していく様子などが見られる。最新の研究結果を企画展などで公開する一方で、3室の体験学習室を備えて常時体験活動ができる環境を整えるなど、ハードとソフトの両面で子どもの利用促進を考えている。2011(平成23)年には幼児が「ごっこ遊び」をしながら学べる古代体験ツールを開発。その過程でも園児に何度も試行し、完成させている。

兵庫県立考古博物館
「発掘ひろば」では発掘を疑似体験

利用者が何に熱中して楽しみ、どこが学びにつながっているのかを観察するなど、発話や行動、博物館訪問前後の家庭や学校での反応等を検証し、展示や活動の改善に活かしていくことは重要である。

2.3 博物館デビュー

子どもにとって博物館の中で最初に行きやすい館種は水族館だろう。屋内施設が多くて天候に左右されず、足下も安全でベビーバギーも使いやすい。0歳児でも泳ぐ魚を目で追うことができるので、足下からガラス

子どもも大興奮の水族館

ブルックリン子どもの博物館、ミュージアムチームの本(Cowan,B., Shelnut, S., Out...Kids In : Developing an Education-Based After-School Program, Brooklyn Children's Museum. 1997.)

になっている水槽展示では、乳幼児が何かしら興味をもてるものが視界に入る。まだ言葉になってないながら水槽の魚やペンギンを指差して盛んに話をする。帰宅後も何度も思い返して声や体で表現、見てきた生き物がテレビ画面や絵本に登場すると大きく反応したりする。親は我が子の様子に喜び子連れで再訪する。そんな利用者に応えるために、近年では各地で子どものためのコーナーをもつ水族館が増加してきている。館数や飼育技術で世界でも有数の水族館大国である日本。教育普及の実践と研究が進み、利用者のニーズを盛り込みながら、先駆的で大規模というよりは、子どもの目線に合った地味でも豊かな取り組みが広がるといい。

文化庁はミュージアム活性化支援事業(2011(平成23)年～)で、乳幼児等を対象に初めての博物館利用を体験させる事業としてミュージアム・スタート・キャンペーンを挙げている。各地の美術館でも乳幼児専用の部屋を設けたり、親子プログラムを企画するなど、今まであまり注目されなかった博物館デビューの時期は、意外に早くて頼もしい。

2.4 中高生への働きかけ

中高生は、個人での博物館利用の少ないグループのひとつで、博物館側の取り組みとしても手薄となっている。ブルックリン子どもの博物館が、7歳から18歳の子どもたちを年齢層によって四つのグループに分け、①訪館の促進、②ボランティアトレーニング期、③ボランティア、④有給インターンと位置付けて、1987(昭和62)年に開始したミュージアム・チームの活動は、今でも示唆を与えてくれる。

日本でもユニークな活動は展開されている。沖縄の南風原町立南風原文化センターでは人材育成事業として「はえばるYouth育成」をおこなっている。中高生が自由な雰囲気のなかで、地域の戦争体験者の証言や人権問題を学び、後輩たちに伝えるための絵本にまとめている。三重県では再建する博物館のためにティーンズプロジェクトを立ち上げ、初年度は8回のワークショップや他館見学のあとに理想の博物館を演劇で表現し、翌年には大人になっても残しておきたい地域の宝・魅力を探し出す調査・研究・発表・交流を実施している。滋賀県立琵琶湖博物館でも開館前の1993(平成5)年から年齢を問わずに市民とタンポポ調査などを実施してきたが、県内の古い写真を素材にした活動では小中学生を対象に実施。この調査～交流のステップは、実は博物館の仕事内容そのもので、博物館の真骨頂発揮ならびに博物館というものへの理解を深めるのに役立つ。

このように、「子ども」とひとくくりにはできず、乳幼児から学童、中高生まで、それぞれの特性に合った受け入れ方法が必要になる。

3. 子ども向け博物館(施設)の現状と今後の課題

3.1 開館時の懸案事項

子どもの施設が立ち上がるときに、外部から専門家が加わり運営計画や展示開発に相応のプロセスを踏んでも、開館後の諸事情により展示の改善・更新がうまく進まず、来場者数が減少してしまうケースがある。あるいはまた、立ち上げ時に教育の専門家が密接にかかわることなく莫大な予算が使われ、開館直前に採用された職員が非常に少ない事業費で運営を任され、方向性の修正もできずに目先の集客催事に明け暮れる場合もある。設立の趣旨・使命が全うできる組織・運営形態を確保し、十分に利用者の学びを支援できることが設立の本来の目的である。国内に多くの成熟した施設が定着するためには継続した努力が必要であろう。

3.2 運営時の懸念事項

近年導入されることが多い指定管理者制度については、問題を孕んでいる。一般博物館でも学芸員数の減少や期限付き雇用等が増加するなか、子どもの施設でも雇用に関して恵まれた状況とはいえない。子どもの博物館が学校と匹敵する重要な学びの場であることを考えたとき、専門職としての安定したポストの確保や、全国規模での学習・研究の機会が必要である。また、一般の博物館でも教育の専門性を重視した人員配置が望まれる。指定管理者制度は運営コストの削減には適しているかもしれないが、その施設の使命を達成するためには、設置理念の明確化とともに、さまざまな論議や検討を加える必要があると考える。

4. 利用者と博物館教育

博物館では、利用行動すべてがその人の学びにつながる可能性を秘めている。うまく機能している館では利用者が主体的に動くことになり、利用者は自分自身の選択によって行動をする。そのときに博物館ならではの膨大なコンテンツと、理解の糸口になるものがあれば、利用者の選択肢に十分に応えられる。また利用者がほしい情報がその場になくても、どのように探せば手に入れられるかも博物館であれば学べるはずである。博物館の展示やプログラム・その他の活動を、利用者は自分の中の今までの関連する経験や知識と結び付けて対峙していくことになる。それは1歳の子どもも100歳の大人も同じであり、重要なのは利用者の主体性が担保され、博物館ならではの在り方と合致することである。

博物館教育に携わる人の第一条件は他者の意見が聞けることであろう。博物館教育の実践において、自作自演で完結していては本当の意味では教育に携わっているとはいえない。内容や考え方について自問自答するだけでなく、利用者がどうであったかを読み取る能力が必要である。利用者からよく聞く「楽しかったです」「勉強になりました」という回答には、リップサービスの場合があることを考慮しよう。言葉には表現されなくても、そこにどんな本音がありどのような改善点があるのかを見いださなければならない。そして関係者にも批評をしてもらい参考にし、その過程で互いの博物館教育についての考えを議論することは、日本の博物館のよりよき発展の地平を開くことになる。

博物館での学びについて多くの知識をもち経験を積み、それを理解できるかどうか、そして実践に生かすセンスがあるかどうかには個人差があるだろう。しかし利用者を観察し関係者の批評を受け入れる姿勢は誰もが平等にもてるものである。

参考文献

●Association of Children's Museums, *Collective Vision-Starting and Sustaining a Children's Museum*,1997
●日本ミュージアム・マネージメント学会チルドレンズ・ミュージアム研究会（2005）『海外における早期教育の先行事例調査研究――チルドレンズ・ミュージアムを中心に』
●染川香澄・吹田恭子（1996）『ハンズ・オンは楽しい―見て、さわって、遊べるこどもの博物館』工作舎
●コールトン，ティム（2000）『ハンズ・オンとこれからの博物館――インタラクティブ系博物館・科学館に学ぶ理念と経営』染川香澄他訳　東海大学出版会
●三重県立博物館（2010）『地域連携と県民参画により進める博物館づくり事業実施報告書』

5-6-2

バーチャル博物館

大即 洋子・坂東 宏和

1. バーチャル博物館とは

さまざまな資料や芸術作品などをデジタル情報に変換し、インターネット(コンピュータネットワーク)上で閲覧できるようにした博物館のことを、バーチャル博物館(バーチャル・ミュージアム：virtual museum)と呼ぶ。また、オンライン・ミュージアム(online museum)、デジタル・ミュージアム(digital museum)、サイバー・ミュージアム(cyber museum)などと表現されることもある。

近年では、実在する多くの博物館がバーチャル博物館も開設しており、管理している収蔵品をデジタル化し、閲覧できるようにしている。一方で、博物館が実在しないバーチャル博物館も多数開設されている。バーチャル博物館では、さまざまなサービスが提供されている。代表的なサービスを次に示す。

(1)展示

さまざまな資料や芸術作品などを展示したもの。実物の博物館が存在する場合には、実物の博物館の展示内容を紹介する目的で構築されることも多い。Webページのリンクを順にたどりながら閲覧するものや、博物館の館内図に展示物のタイトルなどが記載されており、それらをクリックすると詳細な内容が表示されるものなどがある。また、最近では、三次元表示の技術を用い、博物館の中を実際に歩くような感覚で展示品を閲覧できるようにしたものや、展示品を自由に回転し360度さまざまな角度から見られるようにしたものなどもある。

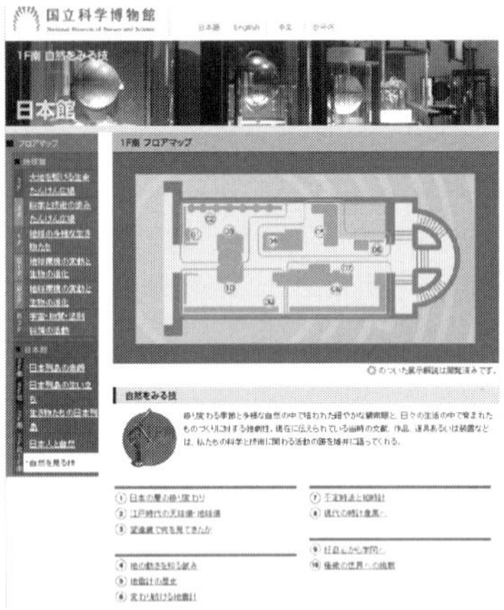

館内図をクリックすると展示物の詳細が表示される。
国立科学博物館(http://www.kahaku.go.jp/)のフロアマップ(展示→常設展→「日本館1階南翼」の展示内容を見る)
(2010年11月9日入手)

(2)解説

博物館の主要なテーマまたは展示内容の概略について解説したもの。たとえば、人物をテーマとした博物館であれば、その人物の生涯や偉業などが解説される。利用者の理解を深めるために、クイズやQ&A形式で記載されていることもある。

(3)データベース

情報を分類・整理して格納したもの。研究目的で構築されることが多く、検索や抽出などのサービスが提供される。

(4)実物の博物館に関する情報

実物の博物館へのアクセス方法や企画展の案内、おしらせ(近況)などの、実物の博物館に関する案内を提供したもの。

(5)デジタルグッズの提供

博物館に関連したパーソナルコンピュータ用の壁紙やゲーム、プリンタで印刷して利用可能な塗り絵などの、デジタルグッズをダウンロード・印刷できるようにしたもの。

(6)オンラインショップ

博物館に関連した商品を、通信販売で購入できるようにしたもの。

2. バーチャル博物館のリンク集

インターネット上では、さまざまなバーチャル博物館が開設されている。その中から目的のバーチャル博物館を探したい場合には、Google(http://www.google.co.jp/)やYahoo!(http://www.yahoo.co.jp/)などの一般的な検索サービスを利用してもよいが、博物館に関するリンク集を用いるとより効率よく探せる場合がある。代表的な博物館のリンク集を次に示す。

(1)インターネットミュージアム(http://www.museum.or.jp/)

インターネットミュージアム事務局が開設している、日本全国約7,000館の博物館の情報を集めたWebサイトである。実在する館の情報が主であり、バーチャル博物館をもたない館の情報も掲載されている。キーワード・地域・館種などを指定して検索できる。

(2)Virtual Library museums pages(VLmp)日本語版
(http://www.museum.or.jp/vlmp-J/)

世界のさまざまな博物館のWebサイトへのリンクが掲載されているWebサイトである。各国にミラーサイト(同じ情報をもつ複製Webサイト)がある。

3. バーチャル博物館の紹介

世界のさまざまなバーチャル博物館の中で、代表的なものをいくつか紹介する。

(1)日本語で閲覧できるバーチャル博物館

・e国宝(http://www.emuseum.jp/)

日本の四つの国立博物館(東京国立博物館、京都国立博物館、奈良国立博物館、九州国立博物館)が所蔵する国宝・重要文化財を集めたWebサイトである。作品の情報、画像、解説が掲載されている。なお、画像は高精細であり、大きく拡大して表示できる。日本語、英語、フランス語、中国語、韓国語で閲覧できる。

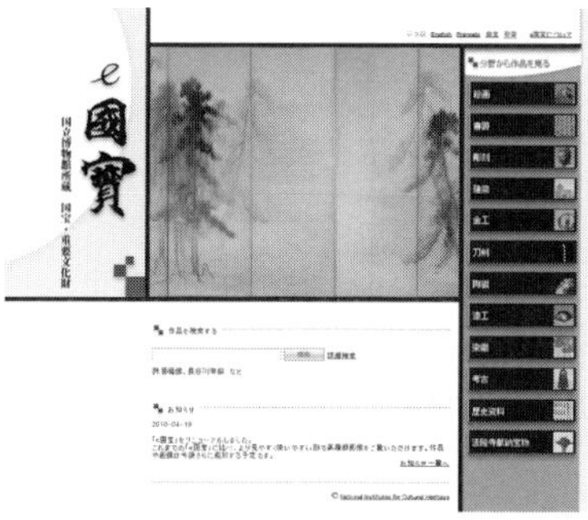

e国宝のトップページ
(http://www.emuseum.jp/)
(2010年11月9日入手)

・国立公文書館デジタルアーカイブ(http://www.digital.archives.go.jp/)

国立公文書館が開設するWebサイトである。所蔵する公文書などの目録情報および資料原本のデジタル画像が掲載されている。日本語、英語で閲覧できる。

・文化遺産オンライン(http://bunka.nii.ac.jp/)

文化庁が運営する日本の文化遺産に関する情報を集めたWebサイトである。美術品・工芸品から、踊り・人間国宝のような無形文化財まで、さまざまな文化遺産を検索・閲覧することができる。

・ルーヴル美術館公式サイト(http://www.louvre.fr/)

フランス・パリにあるルーヴル美術館が開設するWebサイトである。バーチャルツアー、作品の紹介・データベース、三次元美術館、企画展の情報などが掲載されている。フランス語、英語、日本語、中国語で閲覧できる。

・國立故宮博物院(http://www.npm.gov.tw/)

台湾・國立故宮博物院が開設するWebサイトである。コレクションの紹介などが掲載されている。一部の所蔵品を三次元で立体的に表示することもできる。中国語、英語、日本語の他、さまざまな言語で閲覧できる。

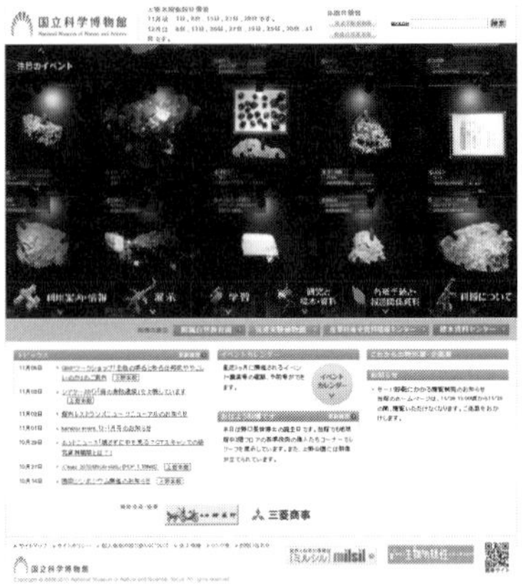

国立科学博物館のトップページ
(http://www.kahaku.go.jp/)
(2010年11月9日入手)

・国立科学博物館(http://www.kahaku.go.jp/)

東京・上野公園にある国立科学博物館が開設するWebサイトである。展示物の紹介、デジタル学習コンテンツ(植物園などを仮想的に体験できる学習コンテンツや図鑑など)、標本・資料のデータベースなどが掲載されている。

(2)英語で閲覧できるバーチャル博物館

・The Virtual Smithsonian(http://2k.si.edu/)

アメリカを代表する博物館群であるスミソニアン博物館の150周年を記念して開設されたWebサイトである。音声によるガイドを聞きながら、博物館内の部屋を移動するような感覚で閲覧できる。

・Tate Online(http://www.tate.org.uk/)

イギリスの国立の美術館群であるテート・ギャラリーが開設するWebサイトである。コレクションの検索や各美術館の詳細などが掲載されている。また、子ども向けのWebサイトであるTate Kidsを利用することで、ゲームや動画像、自由に印刷できる塗り絵などで楽しく遊びながら、芸術に親しむことができる。

4. バーチャル博物館の利点と問題点

コンピュータやインターネット上でさまざまな資料や芸術作品などを扱う場合、デジタルアートなどの最初からデジタル情報で制作されたものを除いて、デジタルカメラで撮影するなどの何らかの方法でデジタル化する必要がある。デジタル化することの利点としては、次のようなものがある。

・コンピュータやインターネット上で扱える
・保存／伝送／検索／加工／コピー／共有などが容易になり、それらによって情報が劣化しない

しかし、デジタル化された情報は、実物を完全に再現しているわけではないという点に注意する必要がある。利点として情報が劣化しないことを挙げた。確かに一度デジタル化された情報はそれ以降劣化しないが、実際にはデジタル化する段階で情報が劣化しているのである。たとえば、絵画をデジタル化することを考える。一般のコンピュータでは、静止画像は点の集まりであり、各点の色情報を記録することで表現する。そのため、点の大きさよりも細かい色の変化を記録することができず、結果的に色の情報が欠落してしまう。また、完全なデジタル化をおこなう場合には、キャンバスや絵の具の材質など、それらをすべてデジタル化することは困難である。

しかし、完全なコピーではなくても、閲覧や研究目的で利用することは、十分可能である。先ほど例に挙げた絵画の場合には、細かな色情報や絵の具の材質などの情報が欠落したとしても、一般の利用者が閲覧したり、絵画に描かれている構図を研究したりする場合などには、十分であると考えられる。

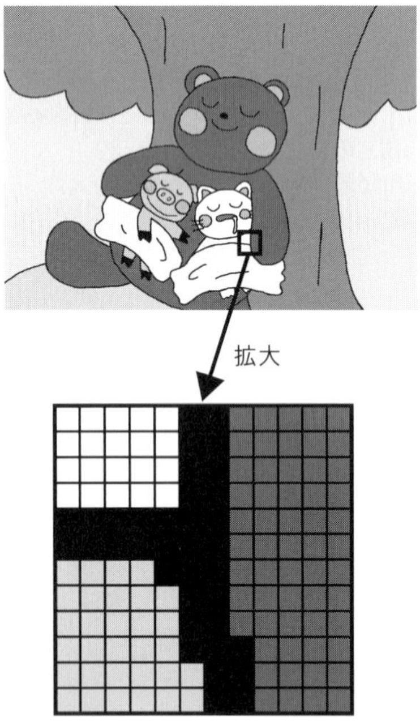

コンピュータは点の集まりで画像を表現する。
→点の大きさよりも細かい色の変化を記録できない。

デジタル化による情報の欠落の一例

次に、既存の博物館をバーチャル化することについて考える。利点としては、先に示したデジタル化の利点に加えて、次のようなものが考えられる。

・展示物をいつでもどこでも閲覧できる
・展示スペースが不要になる
・必要な資料の収集が容易になる

インターネットが利用できる環境であれば、全世界のあらゆる場所から、深夜など博物館が開館していない時間であっても閲覧が可能になることは、利用者にとって大きな利点である。博物館では、実物の資料などをよりよい状態で保存するために、閲覧を制限したり、期間を限定したりして公開することがある。だが、バーチャル博物館であれば、それらの資料などもいつでも自由に閲覧することが可能となる。

大規模な博物館では、展示スペースの関係から、すべての収蔵品を展示できないことが多くある。展示できない収蔵品が、倉庫の奥で死蔵されてしまうことは、非常に残念である。バーチャル博物館であれば、展示スペースを気にせずにすべての収蔵品を掲載することができ、それらを有効活用できる。

インターネット上で提供されている検索技術を用いれば、さまざまなバーチャル博物館から、特定のテーマに関する資料などを、比較的容易に検索・収集できることも大きな利点である。従来は、資料を収集する際に、書籍を調べたり、実際の博物館を訪問したりと、多くの時間と手間が必要であった。収蔵品のデジタル化が進みバーチャル博物館に展示されるようになれば、それらを検索し、必要な資料を瞬時に集めることが可能になる。このことは、収蔵品を活用した研究の大きな助けとなり、研究がより促進されることが期待できる。

バーチャル博物館を構築・利用する上での問題点としては、著作権の問題が挙げられる。博物館が収蔵品の所有権を有していたとしても、その著作権は著作者が有している。そのため、著作権の保護期間が満了していない収蔵品をインターネット上で公開する場合には、著作者から必要な許諾を得なければならない。この許諾手続きが煩雑になることも多く、収蔵品の公開が進まない一つの原因となっている場合もある。今後著作権に関する必要な許諾手続きを容易にするための環境整備や法整備などがなされることが望まれる。また、バーチャル博物館で提供されているコンテンツの利用は、原則として私的利用などに限られる。それらの範囲を超えて利用する場合には、バーチャル博物館の管理者や著作者などの許諾を得る必要がある点にも注意しなければならない。

他の問題点としては、先に述べたように、デジタル化された情報は実物の完全なコピーではないことが挙げられる。デジタル化した時に情報が劣化することは既に説明したが、それに加えて、たとえばデジタル化された絵画を見たときの感動と実物の絵画を見たときの感動は、異なるものかもしれない。デジタル化された情報は実物とは異なることを意識し、必要に応じて実物資料にあたることの大切さを忘れないことが、バーチャル博物館を活用していく上で重要である。

このように、デジタル化・バーチャル化によって失われるものはあるが、収蔵品を有効に活用できる、必要な資料の収集が容易になるなど、さまざまな利点もある。貴重な収蔵品をより多くの利用者に有効に活用してもらうためにも、収蔵品のデジタル化、博物館のバーチャル化がますます推進されることが期待される。

5-6-3

エコミュージアムにおける教育活動の特色

石川 宏之

1. エコミュージアムとは

エコミュージアム(ecomuseum)の概念は、1960年代後半にフランスで誕生した。この言葉はフランス語のエコミュゼ(écomusée)の英語訳で、「エコロジー(écologie)」と「博物館(musée)」から成る造語である。すなわちエコミュージアムとは、人と人が住む環境界(自然環境および社会環境)との諸関係をテーマにした博物館である。[(1)]

フランスで発祥したエコミュージアムは、住民自ら博物館活動に参画し、自然や文化・産業等の地域遺産とふれ合う新たな地域文化の創造の場として世界各国で注目されている。そして、近年の日本でもエコミュージアムに対する認識が高まり、生涯学習やまちおこし、観光等と連動して各地で展開されている。エコミュージアムにおける教育活動の特色は、ミュージアムの設立時から住民自ら調査研究・収集保存・展示教育の諸活動からなる一連の博物館活動に携わる点にある。

エコミュージアムにおける教育活動について理解を深めるために、まず、地域住民による博物館活動の参加状況と、環境界(自然環境および社会環境)との関係をとらえる。この調査は、1998年9月に「エコミュージアムと社会博物館の連盟」に加盟するフランス・ベルギー・カナダの42のエコミュージアムに対して郵送アンケートを実施したもので、回答数は27(回収率は64%)であった。[(2)] 次に具体的な事例を取り上げて、エコミュージアムにおける教育活動について検証したい。

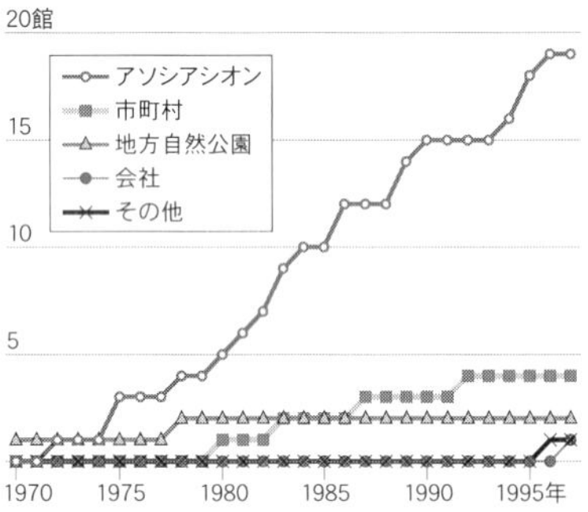

図1 運営形態別エコミュージアムの設立年

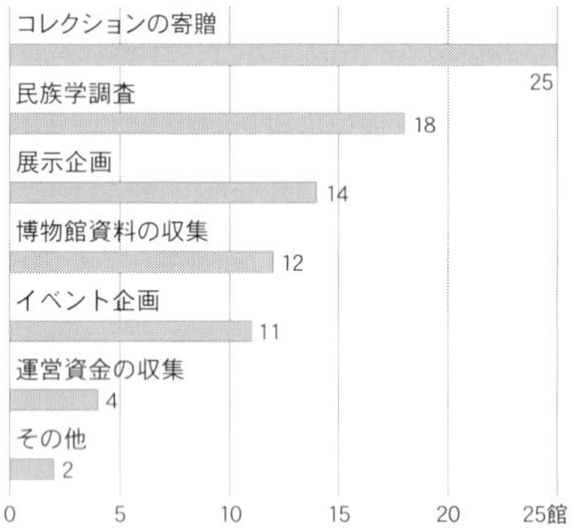

図2 設立時に住民の博物館活動の参加(複数回答)

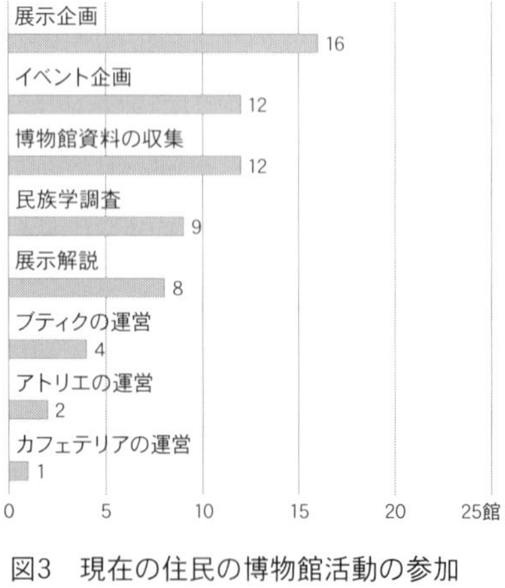

図3 現在の住民の博物館活動の参加(複数回答)

2. エコミュージアムにおける教育活動

2.1 エコミュージアムの設立年と運営形態

図1は、運営形態別にエコミュージアムの設立年を示したものである。1975年以後、アソシアシオンの運営によるエコミュージアムが増加傾向にある。このアソシアシオンとは、日本でいうNPO(民間非営利組織)に相当するもので、住民自らエコミュージアムを設立する場合にはこの運営形態を用いることが多い。

2.2 地域住民による博物館活動への参加状況

それでは、地域住民が博物館活動へどのように参加しているのであろうか。図2はエコミュージアムの設立時に住民の博物館活動への参加状況について、館数を示したものである。多いものから順に「コレクションの寄贈(25)」「民族学調査(18)」「展示企画(14)」となっている。次に図3から現在の住民の博物館活動への参加状況を見ると、多いものから順に「展示企画(16)」「イベント企画(12)」「博物館資料の収集(12)」となっている。

2.3 学習プログラムの実施状況

図4からエコミュージアムで催されている学習項目を見ると、多いもの

から順に「ビジターガイド(26)」「企画展示(25)」「出版(19)」「講演会(18)」となっている。さらにエコミュージアムの年間利用者数から見ると「10,000人未満」の小規模なエコミュージアムでは、「ビジターガイド(38%)」「遺産学級(42%)」「シンポジウム(38%)」の占める割合が大きい。一方、「20,000人以上」の大規模なエコミュージアムでは「遺産学級(33%)」「巡回展(36%)」「コンサート(43%)」の占める割合が大きい。遺産学級とは、児童や生徒に対し地域の工業・農業・自然・宗教等を理解できるように用意された学習プログラムである。

2.4 エコミュージアムと自然環境および社会環境との関係

それでは、エコミュージアムが博物館活動を通じてどのように自然環境および社会環境とかかわっているのであろうか。そこで、その地域性を把握するためにエコミュージアムが立地する市町村を人口規模で2グループに分け、人口2,000人未満の市町村を農村的市町村、それ以上を都市的市町村として分析する。

図5は、エコミュージアムの働きを示したものであるが、多いものから順に「観光業の促進(22)」「文化・産業遺産の保護(21)」「住民の郷土愛の育成(20)」となっている。さらに地域別に見ると農村的市町村では「子どもたちの環境教育(73%)」や「自然環境の保全(86%)」、都市的市町村のエコミュージアムは「住民に新生活を提供(43%)」や「地場産業の振興(50%)」の占める割合が大きい。

図6は、エコミュージアムと他機関との連携について示したものである。多いものから順に「博物館(23)」「学校(20)」「大学(16)」となっており、地域別に見ると農村的市町村では「休暇コロニー(100%)」、都市的市町村では「大学(50%)」の占める割合が大きい。

2.5 まとめ

これまで地域住民による博物館活動への参加状況と、エコミュージアムと環境界(自然環境および社会環境)との関係からエコミュージアムにおける教育活動を見てきて、以下の3点が指摘できた。

①多くのエコミュージアムは、住民自ら設立するアソシアシオンで運営され、設立時から今日に至るまで住民がコレクションの寄贈や民族学調査に参加し、展示やイベントを企画し、博物館活動に携わっている。

②多くのエコミュージアムで催されている学習項目は「ビジターガイド」と「企画展示」で、利用者数の多いエコミュージアムでは「巡回展」や「コンサート」が開催され、「遺産学級」については利用者数の少ないエコミュージアムでも取り組まれている。

③エコミュージアムと環境界との関係は、立地する市町村に応じて異なっており、周囲の機関と連携することで地域社会の課題に対処している。たとえば、農村的市町村のエコミュージアムでは、休暇コロニー等と協力して子どもたちの環境教育や自然環境の保全に努めている。一方、都市的市町村では大学と協力して地場産業の振興や地域住民に新しい生活の場を提供することに重きをおいている。

以上のことから、エコミュージアムにおける教育活動とは、設立時から今日に至るまで、地域住民が一連の博物館活動に参画することであり、他機関と協力して地域社会の課題に取り組むことであるといえよう。

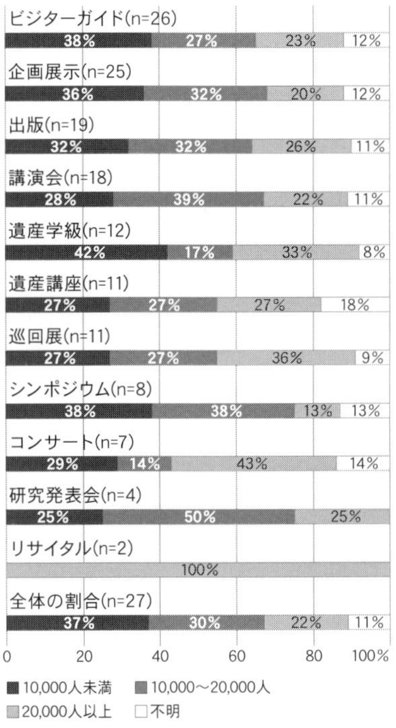

図4　利用者数別学習項目(複数回答)

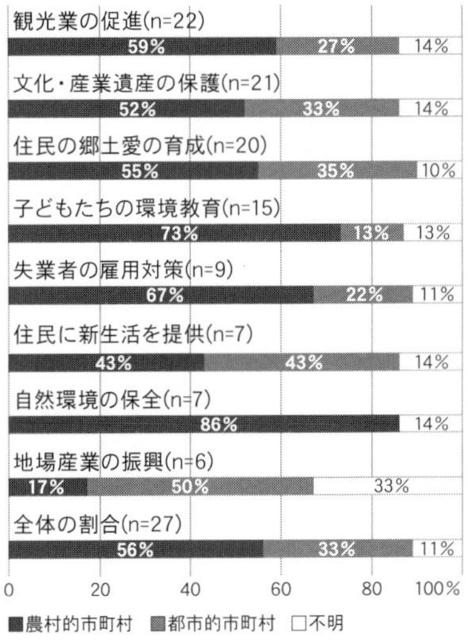

図5　地域別エコミュージアムの働き(複数回答)

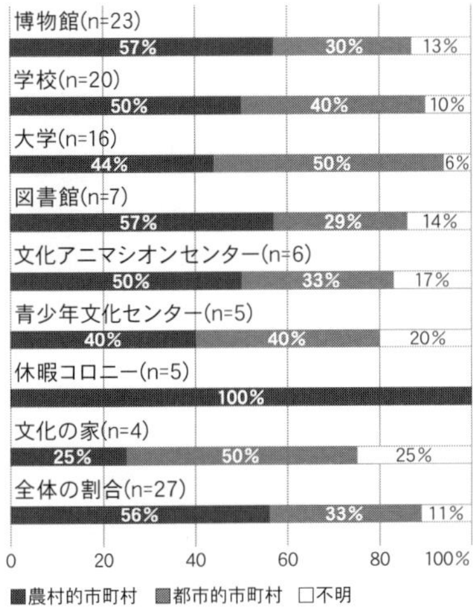

図6　エコミュージアムと他機関との連携(複数回答)

3. ケーススタディ

指摘した3点について、具体的に二つの事例を取り上げて、エコミュージアムにおける教育活動について検証をおこなっていきたい。

3.1 ル・クルーゾ・モンソ・レ・ミーヌ・エコミュージアム

3.1.1 ル・クルーゾ・モンソ・レ・ミーヌ・エコミュージアムの経緯

1970年に16市町村が合併したル・クルーゾ・モンソ・レ・ミーヌ都市共同体は、パリから南東に約270km に位置する。18世紀末に地中海へ流れ込むソーヌ川と大西洋へ流れ込むロアール川を結ぶ中央運河が建設され、19世紀末には近くで石炭が発見された。北部のル・クルーゾと南部のモンソ・レ・ミーヌは、船輸送の利便性を活かして大きな工業都市へ発展したが、1960年代この地域の石炭が枯渇し、重工業にかかわる地場産業が衰退していった。そこで1974年に地元住民は、アソシアシオンの運営によるル・クルーゾ・モンソ・レ・ミーヌ・エコミュージアムを設立させた。都市的市町村に立地するこのエコミュージアムは、六つの博物館からなる博物館の連合体である。

図7　歴史的建造物の人と産業の博物館

3.1.2 展示教育活動

(1)人と産業の博物館

この歴史的建造物の中には「人と産業の博物館」がある(図7)。この博物館の常設展示室では、住民の生活を中心とした地場産業に関するテーマを扱い、絵画・ガラス工芸・製品機械等が展示されている。企画展示では、フランス国内外にかかわらず広い範囲のテーマを取り上げている。「人と産業の博物館」にはエコミュージアムの本部が置かれ、学芸員を中心とする常勤職員が管理運営している。

図8　管理小屋を転用した運河の博物館

(2)運河の博物館

1990年に発足したこのアソシアシオンは、中央運河の発展に寄与することを目的に運河の博物館(図8)の管理運営と中央運河で船の遊覧をおこなっている。昔、中央運河の水門管理小屋であった運河の博物館には、人と船の関係や中央運河の歴史に関する資料が展示され、多くの写真が引き出しの中に収められている。年間約4,000人の児童や生徒らが遺産学級でここを訪れている(図9)。

図9　遺産学級で中央運河を訪れる学童

(3)学校の博物館

1994年に発足したこのアソシアシオンの目的は、学校の博物館の運営を通じて高齢者が子どもたちに話す機会を提供することである。歴史的建造物(図10)でもある博物館の中には、学校教育の歴史について19世紀末、20世紀半ば、現在の三つの時代に分けて、当時の教室の様子を再現し、わかりやすく資料を展示している。アソシアシオンでは、学校教員と協力して学童を対象とした学習プログラムを作成したり、19世紀に書かれた教科書の読書会や昔の遊技を実践したイベントを開催している。年間約1,000人の学童が、遺産学級でここを訪れている。スタッフには教職経験者が多く、積極的に活動を行っている(図11)。

図10　歴史的建造物の「学校の博物館」

3.2 ブレス・ブルギニョン・エコミュージアム

3.2.1 ブレス・ブルギニョン・エコミュージアムの概要

ブレス・ブルギニョンは、ブルゴーニュ地方の東部に広がり、面積は1,690km²で、115の農村的市町村に約7万人が生活している。この土地で飼育された鶏はブレスチキンと生産地名称が付けられ、世界的に高値で

図11　スタッフによるビジターガイド

取引される。このエコミュージアムでは、1981年に準備委員会が設立され、企画展示会「地域の記憶」を開催し、今日、一つの中核博物館と六つのアンテナ(サテライト)からなる博物館の連合体となった。

3.2.2 展示教育活動

(1)ピエール・ド・ブレス城(中核博物館)

17世紀に建てられたピエール・ド・ブレス城(図12)は県の所有で、各アンテナにある主要な博物館資料が常設展示されている。また、企画展示室、多目的ホール、研究室、収蔵庫、簡易宿泊施設などが設けられている。常勤の学芸員が調査研究や展示教育をおこない、年間約3万人がこの博物館を訪れている(図13)。

図12　近世の城を活かした中核博物館

図13　学芸員によるビジターガイド

(2)葡萄栽培とワイン造りのアンテナ

1986年に設立されたこのアンテナは、町の葡萄とワインの産業史跡を保存することを目的としている。エコミュージアムは、地元の郷土史研究会や観光協会に働きかけ、葡萄栽培とワインづくりに関する博物館資料の調査研究や展示教育を支援し、アンテナを整備した。前庭には白ワイン用の葡萄が栽培され(図14)、地下室にはワインの貯蔵庫があり、1階には蒸留機が展示されている。2階には農家の住居を再現し、3階では葡萄栽培の工程や樽の作り方を展示している。事前に連絡をすればアソシアシオンのスタッフが展示を解説してくれる。

図14　葡萄栽培とワイン造りのアンテナ

(3)椅子職人とわら職人のアンテナ

19世紀初頭からこの町では椅子づくりがはじまり、現在も盛んである。地場産業である椅子づくりは、男性が工場で木材を加工し、女性が自宅でわら細工をおこない、分業でおこなわれている。このアンテナの目的は、地元企業が協同で伝統的な椅子づくりを継承することである。展示は、椅子づくりの歴史、椅子づくりの工程、デザインから構成され、アソシアシオンのスタッフが展示解説やわら細工を演示している(図15)。

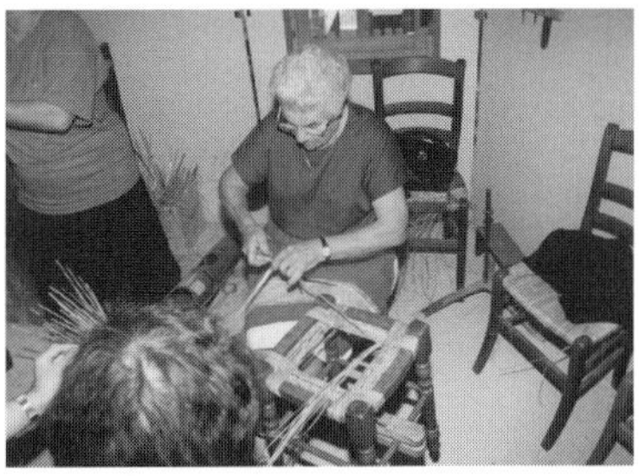

図15　地場産業の椅子づくりの演示

(4)木と森のアンテナ

昔、この建物は小学校の校舎であったが、1983年にエコミュージアムが町に許可を得て、アンテナを整備した(図16)。展示は森林分布、木材の特色、木靴工房、木材の工具から構成され、森林を保全するために植樹の仕方等を解説している。また、エコミュージアムは、町へ働きかけ町有林の中に散策路を整備した。ここのスタッフの多くは、木の仕事や手工業の関係者である。

図16　廃校を活かした木と森のアンテナ

3.3 まとめ

以上のことから、エコミュージアムにおける教育活動の特色は、その立ち上げから地元の郷土史研究会や民間企業、自治体等が調査研究・収集保存・展示教育の諸活動に参画し、アソシアシオンを設立して住民自ら博物館を創り上げていくことである。

本文注釈

(1) ドミニク・リヴィエール（1996）「あるフランス型エコミュゼ」『エコミュージアム研究』No.1 日本エコミュージアム研究会：13-24.

(2) 石川宏之（2000）「エコミュージアムにおける社会的役割と住民参加のあり方に関する考察」『日本ミュージアム・マネージメント学会研究紀要』第4号：1-12.

第6章　博物館教育プログラムの評価

6

博物館教育プログラムの評価

村井 良子

1. 評価とは

1.1 評価導入の意義

評価導入には、どんなメリットがあるのか。単に時間と労力を浪費するだけではないのか、作業量が増えて面倒になるだけではないのか、他人から評価されるなんてまっぴらだと、懐疑的に思われる方もいることだろう。しかし、プログラム開発や事業計画に評価を組み込むことで、下記のような効果が期待できることがわかっている。

・ともかく、改善・成長の足がかりが見えてくる
・利用者にとって有用なものを提供することができる
・効果が得られないものをつくることを避けることができ、無駄な予算を使わないで済む
・利用者や市民といっしょにつくりあげていくことができ、協力の輪を広げることができる
・市民に参加・参画の機会を提供できる
・共につくっていこうとする館側の姿勢をPRできる
・利用者と接することによって職員の意識が変わる
・博物館事業にかかわる人々の間で、共通の目標を認識しあえる
・評価結果を公表することで、ステークホルダーへの説明責任を果たすことができる

1.2 研究(research)と評価(evaluation)

評価と研究は同じ手法を用いても、目的が異なるために、結果に対する判断基準やスタンスも自ずと異なることになる。

研究は、研究自体が目的であるため、誰もが納得できる普遍性のある一般解や真実(truth)を導き出す必要がある。これに対して、評価は、実施者／依頼者が価値あると判断できれば、あるいは改善へと導く材料が獲得できたと判断すれば、目的は達することができる。もともとevaluationという単語には、valu(e)が含まれていることから、価値判断の意味合いが強いことがわかる。

また、研究は、研究自体で完結することができるが、評価は、改善・発展へと導くPDCAのマネジメント・サイクルの一ステップに過ぎない(図1)。

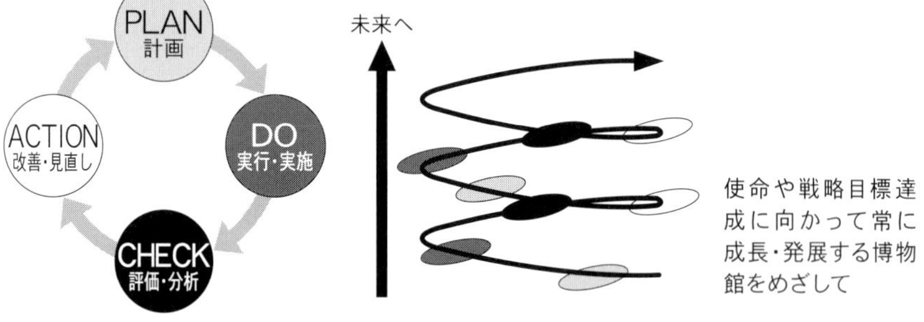

図1 PDCAのマネジメント・サイクル

だが、評価を続け、データが蓄積されていく中で、普遍的な傾向を導き出したり、新たな理論構築に役立てることもできる。しかし、逆に、研究結果を改善や戦略策定に活かすためのデータに役立てるのは難しい。評価は、問題解決の糸口を求めて実施されるため、その解を効果的に得ることができるように当初から設計される点も研究との大きな違いといえる。

1.3 モニタリング(monitoring)と評価

モニタリングは、プログラム評価の際、評価とは区別して使われている。評価は、データ収集に基づいて厳密におこなわれるが、モニタリングは、進行中のプログラム(年間を通しての教育普及事業等)の状態を大まかに把握できればよい。そのため、モニタリングの際には、新規にデータ収集をおこなうことはしないが、既存のデータやヒアリングや監視(watch)などによって状況を判断し、軌道修正をおこなう。

1.4 利用者調査と評価

自館の利用者像/来館者像を把握するために実施される調査は、「来館者研究」とよばれることもあるが、研究を目的とする調査と区別するために、本章では「利用者調査」という名称を使うこととする。

まず、博物館経営を良好におこなっていくためには、利用者や顧客の基本的なデータが必須となる。そのデータを得るためにおこなわれるのが利用者調査である。

博物館教育プログラムを策定する際も、この利用者調査のデータがベースとなる。また、利用者調査の結果を現状値として設定し、目標値を定めれば、容易に評価を導入することが可能となる。

利用者調査は定量的におこなう必要があるため、予算も労力もかかる。しかし、事業を推進するための礎であり、評価を実施しやすい環境も整備できることから、まずは、自館の利用者像の把握から取りかかるのが良策である。

利用者調査をおこなう際、2点設問に加えたい。一つは「何を期待して来館なさいましたか」。館側が提供しようとしている体験や学びと、利用者が期待しているものとのギャップを把握することが、その後の戦略や改善策に役立つからである。二つめは、館の主要テーマやジャンルに対する興味と知識の度合いを確認できる設問(図2)。結果から、実際の利用者と館の主要ターゲットがずれていることがわかれば、個別のプログラムづくりにも反映できるからである。

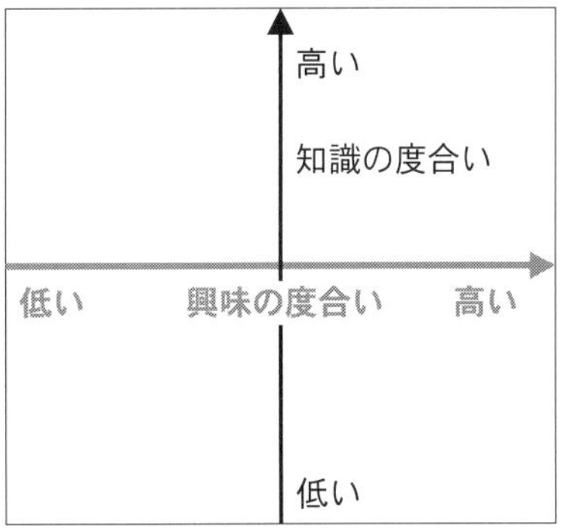

図2 興味と知識の度合いマトリックス

2. 博物館教育プログラムの二つの評価観点

2.1 評価の視点からとらえた博物館教育プログラム

博物館教育プログラムは、下記の二つの観点で評価される。

(1)個別プログラム:個々のプログラムやアクティビティ、ワークシート等の道具立てや介在する人などの有効性・妥当性などを評価し、目標の達成度を検証しつつ、個々の改善・発展を目的とするもの。

(2)その館で実施されている教育普及事業のすべて(教育普及プログラム全体):中長期あるいは単年度を通して実施される博物館教育プログラムの目標達成度や中長期的アウトカムを評価し、結果だけでなくプロセスも検証し、教育普及事業全体の改善・発展を目的とするもの。

(2)の評価は、博物館内部の自己評価として実施した上で、評価結果は設置者・支援者・納税者・利用者などに対するアカウンタビリティ(説明責任)を果たすためや、社会とよりよい関係をつくるためのパブリック・リレーションツールとしても使われることも多い。

(1)(2)は、結果の活かし方が異なるため、評価方法や判断基準等が若干異なる。本章では、紙面上、(1)の評価に絞って紹介することとする。

2.2 プログラムの構成要素＝分析単位

プログラムを構成する要素(あるいはリソース)が、評価する際の分析単位となる。もちろん、評価は、個々の要素だけでなく、全体の進め方や目標の達成度等、プログラム全体の結果や効果も対象となる。

構成要素＝分析単位には、

・流れを構成するアクティビティ※
・ワークシート等の学習支援ツール(学びのきっかけとなるしかけ)
・展示物、什器備品、材料や道具等
・実施環境(建物、雰囲気、場所、日時、温湿度、混雑状況など)
・スタッフ(エデュケーターやインタープリター、ボランティア等)の知識や技能、彼らとの交流ややりとり
・他の参加者や同行者の知識や関心、彼らとの交流ややりとり
・そして参加者の個人的なバックグラウンド(個人的コンテキスト)

などが含まれる。

※時には、一つのアクティビティ(カードゲーム、紙芝居など)や学習支援ツール(ワークシートやセルフガイドなど)が一つのプログラムとなる場合もある。また、各館によっての定義が異なる場合もあり得る。

プログラム実施の際、想定していた以上に効果がうすかった場合、スタッフのスキル、参加者同士の会話や相性、会場となった環境の快適さ、開催日時の設定、参加者のニーズとのズレなど、一つの要素だけでなく、各要素の相互作用も合わせて、総合的に検証を行う必要がある。分析の際、「ふれあい体験モデル」(Interactive Experience Model)の三つのコンテキスト(フォークとディアーキング、1996)が参考となる(図3・表1参照)。

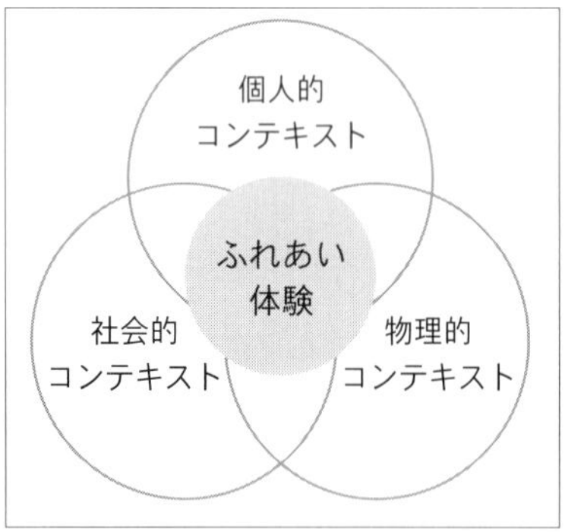

図3 「ふれあい体験モデル(Interactive Experience Model)」
ジョン・H・フォーク、リン・D・ディアーキング著 高橋順一訳 (1996)『博物館体験』(雄山閣出版)

3種のコンテキスト	概　要
個人的コンテキスト	・博物館に対する期待：博物館で何を見、何ができるか、誰と過ごすかなどの期待 ・興味・関心：展示内容に関する興味や知識。何を知りたいと思っているか、何を知っているのか、何を知らないのか等 ・学習スタイル：学習の方法、動機、認知の仕方等
社会的コンテキスト	・同伴者が誰か：個人か集団か等 ・同伴者の知識・関心、および同伴者との交流 ・利用者が属する社会の価値観
物理的コンテキスト	・環境：博物館建物、空間等 ・もの：展示物、ラベルや解説等

表1 三つのコンテキストの概要一覧

3. 主な評価方法

評価方法には、分類の視点によってさまざまな呼び方がある。たとえば、評価を誰がおこなうかによって、自己評価(内部評価)、外部評価(第三者評価・他者評価)に分類される。また何を評価するのかによって、実績を検証するアウトカム評価、途中の進捗を検証するプロセス評価などがある。その他、事前・事後評価等もある。

ここでは、効果的なプログラムを開発するために有効な手段として、開発プロセスの要所要所で実施し、PDCAによって改善・成長へと導いていく評価方法を紹介する。主に展示開発時に導入されている手法ではあるが、教育普及その他の博物館活動でも活用できる手法である。図4は、博物館教育プログラムの開発時の評価方法としてまとめたものである。

	各段階の評価や調査	目的・効果	実施時の留意点	調査方法 情報収集方法
前提	利用者調査	利用者像の把握 評価や博物館事業全体の計画策定などの前提となる基本データを把握	毎年調査し経年的な変化も分析するのが好ましい	質問紙法 インタビュー 等
前提	非利用者調査	非利用者像の把握 ニーズや利用しない理由などの把握	サンプリングに留意 新規利用のターゲット層に実施する場合もある	フォーカスグループインタビュー インターネット調査 等
事前	事前調査 現状分析	プログラムに対するニーズの把握 現状の課題抽出や改善の重要度の把握	改善や新規で開発する必要性を把握し、予算取りのための裏付けデータとして活用できるよう調査設計を評価と考えずに初期段階での情報収集として実施	質問紙法 インタビュー 観察法 レビュー 等
企画段階	初期段階評価 企画段階評価 front-end evaluation	テーマや内容について、想定される利用者の関心・興味、理解の度合いを把握 企画のためのネタ探しやフックをさがすことができる プログラムの目標や目的が適切であるかを検証	テストだと思わせるような設問は避けること、自由回答式が好ましい 目標・目的、伝えたいメッセージを設定することが重要	質問紙法 インタビュー フォーカスグループインタビュー 二次資料分析 等
制作開発中	制作途中評価 形成的な評価 formative evaluation	手法や表現が妥当であるか有効であるかを検証 試作品を作ったり、試行をすることによって検証 目標・目的が達成できているかも検証	完成まで継続的に実施 改善につぐ改善 利用者の提案にも耳を傾けるが、観察法の結果も重視し、総合的に判断すること	観察法 質問紙法 インタビュー 専門家によるレビュー 等
完成後・実施後	総括的な評価 summative evaluation	完成後のプログラムが意図通りに目標・目的が達成できているかを検証 修正・改善を目的に行う下記とは区別	展示の場合は総体としての効果分析が重要になるが、教育プログラムの場合は、個々よりも事業全体の評価対象と捉えるのが好ましい	観察法 質問紙法 インタビュー 専門家によるレビュー 等
完成後・実施後	修正的な評価 remedial evaluation	完成後も、問題点を明らかにし、より有効なものにしていくために実施	完成後も、制作途中評価を繰り返していくイメージで実施 改善策は、実現可能性を検証した上で、短期・中期・長期に分けて計画・実施していくのが好ましい	観察法 質問紙法 インタビュー 専門家によるレビュー 等

図4　博物館教育プログラム開発時における各段階の評価方法

次の4～6の項で、プログラムの種別ごとに、各段階の評価方法の一例を紹介する。

4. ワークシートやセルフガイドなどの学習支援ツールの評価

プログラムの一連の流れの中でワークシート等が道具立ての一つとして使われることもあるが、ワークシート自体が一つのプログラムとして成立している場合もある。展示観覧時に、気づき誘発や学習のきっかけづくりを目的に作られたものが後者に当たる。

以下では、展示室で使うワークシート開発時の具体的な評価方法を示したが、紙媒体の他、ディスカバリー・ボックスなどのツール開発時も応用が可能だ。

4.1 企画段階の評価

これまでの利用者アンケート結果(二次資料分析)、館内のスタッフへのヒアリング(グループインタビュー)、専門家のレビューなどから、現状の課題と利用者のニーズをまず大まかに把握する。

目標、テーマ、ターゲット、表現方法や形態、運用方法、作業スケジュールなどを決める。ひとりで観覧しながら使うものであれば、利用ターゲットごとに表現方法や目標設定などを検討する必要がある。

4.2 制作途中の評価

制作途中では、試行を繰り返し、精度を高めていく。下記に進め方の一例を示す。

試作品バージョン1では、まず利用者に使ってもらう前に、想定ターゲットの条件に合う人、あるいは経験豊かなエデュケーターなどに協力してもらい、伝えたいことが伝わっているのか、文言や図などの表現方法が妥当かを検証し、改善版を作成する。

バージョン2では、実際使う場所で、たとえば展示室などの利用者に使ってもらい、観察法で、意図していた行動や発見などを誘発できているか、どんな発話が生まれているかを検証する。時には、ファシリテーターとなって利用者に声がけしながら進め、利用者の疑問や戸惑いが発生した箇所をチェックし、言葉の修正や対象物の選定、フックの変更などをおこなう方法も有効である。

バージョン3では、観察法とインタビューによるアンケート(以下インタビューと記す)を組み合わせて実施し、設定した目標が達成できているかを検証する。目標例:利用者に何らかの変化や気づき、学びはあったか※、メッセージは伝わっていたか、学んでほしかった知識は習得されているか、新たな価値観にめぐり会えたかなど。この段階で、企画側が意図していなかった効果も見られることがある。そうした結果も合わせて検証し、目標やターゲットの設定、手法や表現の妥当性を検討したい。

バージョン4以降は、3を繰り返し、改善に努めていく。また、観察の際、外部の専門家の目を通して検証してもらう場を設けることも有効な方法といえる。

※学びが成立したとは、どういう状況や条件なのかを定義づけすることから始める必要がある。

参加者のニーズ	作り手の思い
・何を求めているのか、期待しているのか ・どんな体験をしたいのか ・興味や知識の度合いは	・プログラムの目標やねらいは ・伝えたいメッセージは、どんな体験を提供したいのか ・想定するターゲットは

すりあわせをして設定
■目標・ねらい
■テーマ

人の条件を設定	手法の選択	場の条件
■参加者のターゲット ■スタッフの構成など	■組み立て ■流れ(導入・展開・振り返り等) ■つながりも重要 ■道具立て	■場所 ■時間

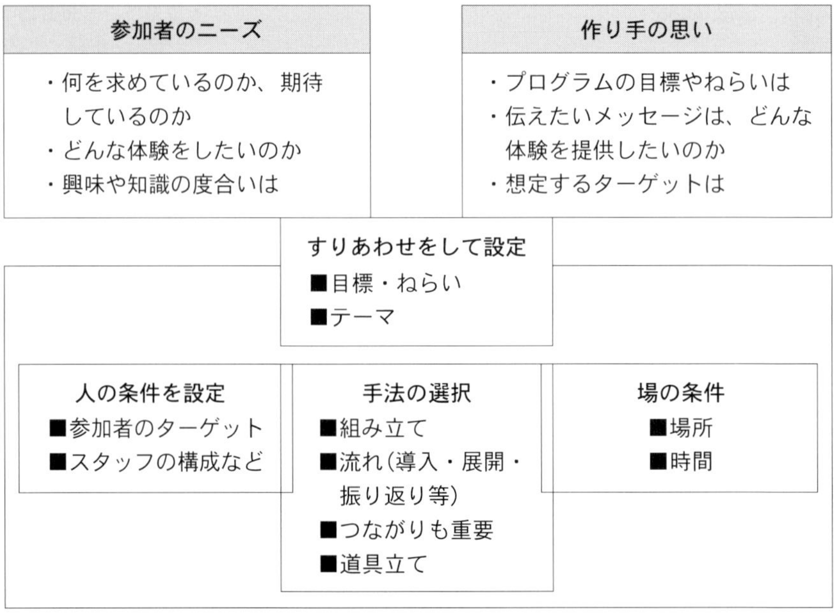

図5 プログラムの組み立て方——企画段階のすりあわせが重要

試行後は、必ず、調査に参加したスタッフでミーティングを開き、データを共有し、課題の抽出、改善点の確認、スケジュールの確認等をおこなう場をもつとよい。

最終的に、できあがりを判断する基準が必要である。たとえば、インタビューで、「ワークシート等を使った体験によって、新たな発見があったと答えた人が20人中18人に達した場合には目標を達成した」と最初に達成目標を設定しておけば、判断ができる。また、観察法によって、「利用者の8割が展示物に興味をもち、観覧し、発見の歓びを感じている」と達成目標を定め、判断することもできる。判断基準は、自分たちで決定する必要がある。この際、ワークシート導入前の観覧者の数値、あるいはワークシートを使わなかった観覧者の数値も調査し比較すれば、より判断しやすくなる。

4.3 制作後の総括的な評価・修正的な評価

制作後・運用後、4.2のバージョン3、4の方法で検証をおこなう。その結果、制作段階で十分に検証したつもりでも、現場で実際に継続的に使い始めると、改善したい箇所が出てくる可能性もある。それは、運用で改善できる可能性(フロアスタッフが一声かける、ホルダーに使用時の留意点を掲示する等)もあるが、紙面を修正する必要も出てくる場合もある。そこで、この段階までを試行と位置づけ、改善後、本格的に印刷するという進め方もある。また、当初は印刷せずに、コピーなどで対応し、様子をみるという方法もある。

ともかく、利用者にとって有用なものを提供する、無駄な予算を使わない、利用者といっしょにつくりあげていくことが、評価を導入する目的であることを忘れずに、プログラムの制作を進めたい。

5. ワークショップやギャラリートークなど人が介するプログラムの評価

学芸員やエデュケーター、ファシリテーター、インタープリター、講師など、人が介して進められる教育普及プログラムも多々ある。

たとえば、ワークショップやオープンアトリエ(前者は決まった日時に定員制で実施される、後者はいつでも自由に参加できるプログラム)、講演、連続講座、研究会、展示室で実施されるギャラリートーク、スポット解説、ガイドツアー、演示、館内をめぐるオリエンテーションツアー、バックヤードツアー、ナイトツアー等がある(呼称は各館によって異なることもある)。

5.1〜5.3は、ワークショップ開発時の具体的な評価方法の一例である。実施される場所が館内、野外であっても、環境が変わるだけで進め方は変わらない。他のプログラムについては、以下を参考に応用して実施していただきたい。

5.1 企画段階の評価

ワークシートと同様に、現在実施されているプログラムの課題と参加者のニーズをまず大まかに把握する。

ワークショップの場合、企画段階では、参加者の学習への要求度や、テーマに対する知識や経験の度合いによって、プログラムの目標設定が異なってくることに留意しなければならない(表2参照)。主なターゲットを絞り込むのか、あるいはさまざまな要求度の参加者がいっしょにおこなうプログラムにするのかを決め、プログラムの内容や実施体制等を決定していく必要がある。

そこで、プログラムの概要が決まった時点で、想定しているターゲットに対して、テーマに関する関心や知識、プログラム参加への意向の度合い等を個別インタビューやフォーカスグループインタビューで情報収集を行い、さらに企画内容を煮詰め、目標達成できるプログラムへと改善を図る。

学習者層	学習者の要求度	プログラムの目標
要求度1 学習者の65%	自然への興味は少なく、楽しい体験を求める 1→2	感性学習 情意的領域
要求度2 学習者の30%	自然に興味・関心を持ち、知識を求める 2→3	知識学習 認知的領域
要求度3 学習者の4%	自然の知識を持ち評価能力を求める 3→4	価値学習 価値的領域
要求度4 学習者の1%	評価能力を持ち、活動への参加を求める 4→	参加学習 行動的領域

表2　参加者の要求度
「環境学習ガイドブック」発行：福井県福祉環境部環境政策課（平成12年10月）より

5.2 開発途中の評価

紙媒体と異なり、ワークショップの場合は、一連の流れ(数時間から数日)があり、時間の制約や人の確保など、何度も試行するのは難しい。

そこで、モニター調査であることを明確にした上で参加者を募り、実施後、意見や要望の情報収集を行う方法がある。この場合、ふりかえりの時間からそのままグループインタビューをおこない、質問紙による調査を併用することもある。また、モニターであれば、事後(たとえば1か月後)の変化に関するアンケートも依頼しやすくなり、プログラムの精度を高めることができる。

アクティビティやツールを個別に試行するなどして、実施者の負担を小さくし、開発途中で評価を導入しやすくする工夫も必要である。この段階では、手法や進め方、道具立ての過不足だけでなく、目標やターゲットの設定、進行役やサポート役に求められるスキルや役割なども見直しの対象となる。

5.3 完成後の総括的な評価・修正的な評価

初回の実施は、修正的な評価の場としても位置づけ、準備をおこなうのが好ましい。

観察法や参与観察で、参加者の行動・表情・発話・意欲の変化、参加者同士でのかかわり、環境やモノ・コトへの興味・理解、進行や展開、場所や時間帯、目標の達成度等を記録し分析をおこなう。一方で、参加者の主観的な感想や興味喚起の度合い、興味の対象、要望、今後の参加要求度などの情報を修正し、目標の達成度の検証をおこなう。

前記のように複数の調査を組み合わせて、データの分析をおこないたい。行動として外に現れるものは観察法で客観的に分析し、観察法では把握できない参加者の内部でおきている主観的な情緒や認識レベルの変化、興味関心や知識の度合い等のバックグラウンド(個人的コンテキスト)、プログラムに対する満足度や要望は、インタビューでデータ収集をおこなう。
また、初回は、専門家のレビューも併せておこない、専門的な知見からアドバイスを得て、さらに効果的なプログラムへと高めていく評価方法もある。
2回目以降の実施時にも検証をおこない、バックデータの蓄積を図りたい。蓄積されたデータや経験から、年齢、関心や学習意欲の度合い、参加者の構成(ひとりか家族か等)によって、どう声がけすれば関心を引き出すことができるか等を習得できる。つまり、評価導入は、ファシリテーターのスキルを高める効果も期待できるのである。

6. 学校団体向けプログラムの評価

学校の博物館利用促進、博物館の利用者数拡大に向けた学校誘致や社会的な役割アピールなど、双方の歩み寄りから博学連携が進んでいる。こうした中、多くの博物館が、学校向けのプログラムを積極的に開発し始めている。
学校向けワークシート、単科用あるいは「総合的な学習の時間」用のワークショップやアクティビティ、年間通してのプログラム展開、グループ学習への対応、職場体験や実習生・インターン・ボランティアの受入等の他、貸出キット・移動展示・出張講座・出張博物館等のアウトリーチプログラムなどが精力的に開発され始めている。また、遠足や修学旅行の誘致も盛んになってきている。
各館では、独自の資源を活かしつつ、有意義な学習の場となるよう、プログラム開発が進められている。ここでは、「総合的な学習の時間」用プログラム開発をする際、評価をどのように進めていけばよいかの一例を示したい。

6.1 企画段階の評価

5. ワークシート、6. ワークショップと同様に、現在実施されているプログラムの課題と参加者のニーズをまず大まかに把握する。その他、他館の事例調査(既存の調査報告書でも、独自に情報収集するのでも可)も有効活用したい。
まず、学校関係者や教育委員会のキーパーソンにフォーカスグループインタビューを実施し、学校側のニーズや利用時の阻害要因、利用促進の条件、博物館内に活かせる資源はあるかなどについて、情報を収集することから始めたい。
小中高など校種によって、博物館の利用条件が異なることを把握した上で、プログラム開発に当たりたい。すべての校種に、すべての学校に来館という形態で利用してもらうことは望めないことがこの段階で理解できるはずである。いくらカリキュラムを研究し、それに沿ったプログラムを開発しても、利用できる条件が学校側に整っていなければ、無駄になってしまうことになる。評価のステップを導入すれば、効率的な開発を進めることができるのである。
また、企画段階から、教育関係者を中心に、市民団体や大学など協働体制をとり、プログラムの開発に当たりたい。上記のフォーカスグループインタビューが体制整備の足がかりになる可能性があるので、将来を見据えて人選をおこなうことも検討したい。

6.2 開発途中の評価

大まかなプログラムができた時点で、フォーカスグループインタビューなどを実施し、実現可能性や利用条件、ニーズとの合致、利用したいと思える魅力的なプログラムとなっているか等の検証を行い、実現可能で魅力あるものに改善し、バージョンアップを図る。

試行できる段階になった場合、モニター校を募り、実際に進めながら、課題を抽出し、改善策を学校側といっしょに検討し、プログラムの改善を図っていく。プログラムが机上で完成しても、すぐに学校側を受け入れるのではなく、開発スケジュールに必ず試行のステップを組み込んで進める。

この段階での活動の様子をPR用のパンフレットやホームページに活用すれば、より具体的にプログラムを紹介するツールも作成できる(学校によっては、児童生徒の写真などが公開されることを禁止している場合もあるので、モニター校選定の際には注意が必要)。

もう1点、学校向けのプログラムを企画する際、留意したい点がある。それは、固定的なプログラムではなく、学校側といっしょに作り上げていくことができるよう、柔軟にアレンジできる仕様にしておくことである。基本コース(動機づけ→発展→発表の場の提供)+オプション、推奨コースや展開事例などは紹介するが、学校側と館側が相談しつつ、児童生徒のニーズや意欲に合わせて、独自のプログラムづくりができる余地も残したい。学校側のニーズはさまざまだ。単発で利用したい学校もあれば、1年を通して利用したい学校もある。教員も博物館利用に対して、受動的だったり能動的だったりとさまざまである。こうした状況から、アレンジできる余地を残しつつ、プログラムの開発を進めたい。

6.3 開発後の総括的な評価・修正的な評価

開発時からアレンジ可能にしてあるので、本格的な実施後は、プログラム全体の修正よりも、個々のアクティビティや道具立て、環境、進行役の人など、プログラムの構成要素別の改善が中心となる。外部環境や内部環境等が変化した場合には、基本コースや推奨コースの流れの見直しをする必要も出てくる可能性もありうる。

実施後は、ワークショップと同様、観察法や参与観察、インタビュー、質問紙による調査(児童生徒向け、教員向け)、参加した教員に集まってもらいフォーカスグループインタビュー、専門家によるレビューなどを実施。複合的にプログラムを検証し、価値ある体験を提供し、学習効果を高めることができるよう、改善に努めたい。

学校団体の利用の場合、利用の前後で質問紙による調査を児童生徒におこないやすい環境にあるため、プログラム目標の達成度を測定することができる。また、1か月後、半年度、1年後の変化を追うこともできる。学校の協力を仰ぐことができれば、学校団体の博物館利用の有効性を実証できるデータを獲得することも可能となる。

さらに、学校での学習計画のどの時点で博物館を利用したか(事前学習後に来館、あるいは来館後に学習)によっても、児童生徒の反応が異なる傾向が見られる。このことから、実施前の十分な情報交換やコミュニケーションが、効果的なプログラムを提供できるかどうかの分岐点であることがわかる。

7. 評価実施のための調査方法・情報収集方法

調査方法や情報収集方法の概要は次ページ表3参照の上、さらに詳しい調査手法や統計解析方法は、専門図書を参照のこと。本書では、調査実施の留意点をまとめるにとどめることにする。

7.1 調査設計

一つの調査方法だけで判断せず、複数の調査を実施し、視点やデータを補い合いながら、多角的に分析をおこなうことができるよう、当初から調査の設計をおこなう。

7.2 サンプリングとサンプルサイズ

定量調査をおこなう際には、全数調査と標本調査がある。母集団が年間入館者数となると全数調査の実施は難しい。そこで、母集団の規模が大きい場合には、標本調査をおこなう。

サンプリングとは、調査対象となる母集団を忠実に代表するように対象者の一部を抽出することをいう。そのため、調査票を出口などに置いておき、自由に記入してもらう方式は非標本調査となり、母集団を代表するデータとはなり得ない。そうしたデータであることを理解した上で分析する必要がある。博物館でおこなう調査の場合には、母集団が大きい場合には、抽出間隔数のルールを定めておこなう系統的抽出や層別抽出法のうち比例割当(母集団の層別割合がわかっている場合)でおこなうとよい。また、ワークショップ参加者が対象であれば全数調査でおこなうのがよい。

サンプルサイズは、許容できる標本誤差を定めて計算する(ここでは詳細な計算式は省略する)。一般的社会調査の場合は、5%以内なので、どんなに母集団の数が大きくても400件以上とればよいことになる。誤差を10%に設定すれば100件程度となる。

定性調査の場合は、分析カテゴリーの一つのセルに5～10件と同数確保するように設定すると比較分析がしやすくなる。たとえば、六つの年齢層(10代、20代等)×はじめての来館・リピーターで12個のセル、その1つのセルに5件とすれば、60件となる。カテゴリーの分け方によるが20～60件ほどのサンプル数を確保すれば分析可能となる。

7.3 分析・判断

事前のニーズ調査や総括的な評価の場合は、定量調査で誰もが納得できるよう、数値データ(科学的根拠)を示し、分析結果を示す。これに対して、企画段階評価では、データ数が少なくとも、有効なアイデアが潜んでいることが多い。また、制作途中評価(観察法)では、数値ではなく、現場でのムーブメントが判断の大きな要因となる場合もある。このように、プログラムの企画・制作段階では、企画側が何を有効とするかは、数値データとは限らない場合もあることを理解した上で、評価を導入したい(評価は判断するためにおこなわれるもの。前述1.2参照)。

7.4 調査対象者の権利保護

調査をおこなう際には、子どもおよび若年者保護(保護者への承諾が必要な場合もある)、個人情報保護、対象者の権利保護(拒否する権利、肖像権、著作権、録音録画の許可など)に留意する他、調査実施中であることを承諾の上、利用してもらえるよう、入口に告知板などを設置することも忘れずにおこないたい。

段階	調査目的	調査方法	概要
事前	ニーズや現状の課題分析	質問紙あるいはインタビューによるアンケート	想定するターゲットに対して、現状の課題およびニーズ把握のために実施。改善すべきプログラムやツールの優先度を決定するために、重要度×満足度の二つの尺度で分析。あるいは利用者が求めているプログラムの方向性や内容などを把握できる調査にするとよい。
		フォーカスグループインタビュー	ターゲットだけでなく、スタッフやボランティアなどを対象に実施することによって、運用上の課題、利用者の声(代弁者として)等の情報も収集できる。低コストでかつ短期間に実施できる有効な方法。
		専門家によるレビュー	課題抽出や改善方法についてのアドバイスを的確に得ることができる。この段階では定性的な調査なので、レビューを参考に仮説を立て、定量調査の設計等にも役立てることができる。
		観察法	企画開発スタッフが、現場で現状分析。上記の専門家によるレビューといっしょに実施し、意見交換会の場を設けると相乗効果あり。
企画段階	企画のための情報集め	二次データ収集分析調査	すでに公開されている出版物や統計資料や調査報告書、非公表の内部資料などを、市場分析や外部環境分析、利用者像やニーズの把握など、現状を概観したり、仮説組み立てにも役立つ。実査(1次データ)よりも低コスト、短時間でデータを得られるが、ほしいデータが手に入るとは限らない短所もあり。
		フォーカスグループインタビュー	ターゲットのニーズだけでなく、現状の課題について情報収集できる。また、興味や知識の度合いなどの大まかな状況を把握することができる。参加人数は6〜8名ぐらいが好ましい。多いと発言の機会を得られない参加者も出る可能性があるため。
		インタビューによるアンケート	上記のフォーカスグループインタビューを元に、調査票を作成し、テーマやフック探し、興味や知識の度合いを定性的に調査。質問は自由回答で答えてもらい、連想式にさまざまな既知情報や興味の領域を探る。この段階は、あくまでも企画内容をまとめていくための情報集めが目的。
		質問紙によるアンケート	興味や知識の度合い、参加要求度などを定量的に分析したい時には、質問紙への自記式で調査をおこなう。設問内容が試験のようにならないように留意。また設問の意図が伝わっているかの試行を十分にしてから実施をおこなうとよい。
制作・開発途中・試行／完成後・実施後	利用者や参加者の主観的な意見等を収集	インタビューによるアンケート	質問方法によって、構造化、半構造化、非構造化に分類される。初心者がおこなう場合には構造化(設問文と回答の選択肢が決まっている形式)が好ましい。慣れてきたら、半構造化(質問の順番を入れ替えたり省略したり、被験者に応じて柔軟に対応する形式)でおこなうとよい。企画開発者が直接、利用者の声を聞くことで、判断材料を得る機会を得ることができる。観察法の後、同じ被験者におこなうと、客観的なデータと主観的なデータを総合的に分析をすることもできる。この方法は制作途中や修正的な評価の際に向いている。短時間に結論を導き出すことができるため。 出口調査で単独でおこなう場合には、参加したワークショップや使ったワークシート等が同定しやすいように、実物やヴィジュアル資料を準備し、確認してからおこなうことが重要。曖昧ではデータの信憑性が薄れてしまうため。この方法は、制作後の総括評価に向いている。筆者がおこなう場合には、実査日の効率を高めるために、録音して後でテキストを起こしている。かつ、真剣に被験者の声に耳を傾けるように心がけている。(録音の許可は必要)
		質問紙によるアンケート	プログラム参加者に終了後、満足度や感想・要望等を記入してもらい、情報収集を図る。 その他、総括的な評価の際、定量的な調査を実施したい場合に向いている。この際、サンプリングには留意したい。
		フォーカスグループインタビュー	試行終了後のモニターに集まってもらい、インタビューをおこなうのは有効。 制作後も、修正を目的とする場合には、課題抽出や改善点の要望などの情報を収集するのに役立つ。専門家に集まってもらいヒアリング調査するのも有効。
	利用者や参加者の行動や反応を客観的に分析	観察法	ビデオカメラ等の機械を用いておこなう場合もあるが、ここでは、基本は人による観察法とする。展示室などで使うワークシートの評価の場合には、トラッキング(追跡)の手法も用い、調査票は平面図をベースに作成すると使いやすい。その際、立ち止まって、注目した、動かしてみた、発話があった、誰とかかわりをもったか、動線などを記入し、ワークシートの効果を分析する。基本的な行動パターンは記号やコード化し、調査員間でルールを作っておくとよい。ワークショップなど、時間軸があるプログラムは、流れに沿って参加者やスタッフがどのような行動や発話をしたかを記入できる調査票を用いて、参加者の変化を分析する。また、会場となった場所の物理的な条件、道具立てなども分析の対象とする。
		参加観察・参与観察(手法の応用)	ワークショップなどの参加者あるいはスタッフとして参加し、その場に起こっていることを、参加者と観察者の両方の役割を使い分けて観察する。たとえば、ファシリテーターのアシスタントとして参加すると、参加者の表情の変化や、参加者間での役割分担などが見えてくる。さらに、プログラム目標の達成度も定性的に判断しやすいと筆者は考えている。
		専門家によるレビュー	短時間で低予算で、定性的な評価をしたい場合に向く。一人よりも、数人で行うことによって信用度・妥当性も担保できる。将来に向けた提言や改善・発展のためのアドバイスも得ることができる。

表3　評価をおこなう際の調査方法／情報収集方法

参考文献

●フォーク, J. H., ディアーキング, R. D.（1996）『博物館体験』高橋順一訳　雄山閣出版
●マックリーン, K（2003）『博物館を見せる』井島真知・芦谷美奈子訳　玉川大学出版部
●小笠原善康・チルドレンズミュージアム研究会編著（2006）『博物館の学びをつくりだす』ぎょうせい
●ハイン, G（2010）『博物館で学ぶ』鷹野光行監訳　同成社
●上山信一監訳・監修（2001）『行政評価の世界標準モデル ── 戦略計画と業績測定 ── 』東京法令出版
●ケッログ財団（2003）『ロジックモデル策定ガイド』（財）農林水産奨励会・農林水産政策情報センター訳・発行
●村井良子・上山信一・三木美裕・佐々木秀彦・平田穣・川嶋-ベルトラン敦子共著（2002）『入門ミュージアムの評価と改善』ミュゼ
●安田節之・渡辺真登（2008）『プログラム評価研究の方法』新曜社
●辻新六・有馬昌宏（1987）『アンケート調査の方法』朝倉書店
●杉山明子（1984）『社会調査の基本』朝倉書店
●林英夫・上笹恒・種子田實・加藤五郎（1993）『体系マーケティングリサーチ事典』同友館
●石井栄造（2001）『マーケティングリサーチ』日本能率協会マネジメントセンター
●酒井隆（2003）『アンケート調査と統計解説がわかる本』日本能率協会マネジメントセンター
●酒井隆（2005）『マーケティング・リサーチ・ハンドブック』日本能率協会マネジメントセンター
●中澤潤・大野木裕明・南博文（1997）『心理学マニュアル観察法』北大路書房
●鎌原雅彦・宮下一博・大野木裕明・中澤潤（1998）『心理学マニュアル質問紙法』北大路書房
●中澤潤・大野木裕明・保坂亨（2000）『心理学マニュアル面接法』北大路書房
●福井県（2000）『環境学習ガイドブック』福井県福祉環境部環境政策課
●千葉県（2002）『環境学習ガイドブック』千葉県環境生活部環境政策課
●Belcher,M.（1991） *Exhibitions in museums*, Smithsonian Institution Press
●Museums & Galleries Commission（1996）Producing a forward plan , Guidelines for Good Practice
●Serrell,B.（1996）*Exhibit Labels: an interpretive approach*, AltaMira Press/American Association for State and Local History
●Museums & Galleries Commission（1998）Effective exhibitions , guidelines for Good Practice
●Anderson,G.（1998）*Museum Mission statements: building a distinct identity*, American Association of Museums
●McLean,K.（1993）*Planning for people in museum exhibitions*, Association of Science-Technology Centers
●Dierking,L. and Pollock,W.（1998）*Questioning Assumptions: an introduction to front－end studies in museums*, Association of Science-Technology Centers
●Borun,M. and Korn,R.（1999）*Introduction to museum evaluation*, American Association of Museums
●Diamond,J.（1999）*Practical evaluation guide*, AltaMira Press
●Diamond,J, Luke,J.and Uttal,D.（2009）*Practical evaluation guide*, second edition, AltaMira Press
●W.K.Kellogg Foundation（2004）*Logic model development guide*

第7章　社会教育施設としての博物館活動

7-1

成人教育の今日的意味と課題

佐藤 晴雄

1. 成人教育の意味の変遷──啓蒙から自己決定学習へ──

1.1 民衆啓蒙と殖産興業の手段して成人教育

わが国の近代社会教育の歴史は博物館の創設に始まった。明治4(1871)年、文部省に博物局が設置され、湯島大正殿を会場に観覧場が置かれ、後にこれは上野公園内に移設され、現在の国立科学博物館の母体となる。当時、博物館の所管をめぐって、民衆啓蒙・教養普及を意図する文部省と殖産興業を推進する内務省とで対立することもあったが、いずれにしても近代文明の知識・技術を国民に浸透させる手段として、実物資料を観覧させる博物館への期待が強かったのである。

戦前までは、公民館のような社会教育の専用施設がなかったため、社会教育施設である博物館は成人教育の場として重要に位置を占めていたものの、国民にとって身近な成人教育の場だとは言えなかった。また、明治～大正期には通俗教育と呼ばれた成人教育は、啓蒙を主眼にした営みとして機能し、戦時中には国民教化の手段として推進された。他方では、大正時代から政府とは独立した成人教育運動も展開されるようになり、これは自己教育運動と呼ばれた。

1.2 戦後復興と郷土振興のための成人教育

戦後、公民館が創設されると、それは戦後復興と郷土振興などを目的に、成人教育の場と機会を提供するようになる。学習サークルに学習室等を提供するとともに、個人には学級・講座等などの学習機会を提供してきた。博物館には、館によっては、学級・講座型の学習事業を実施したり、調査室や学習室などを一般に提供したり、学芸員が利用者に直接指導・助言する機会を設けたりするところも現れた。こうして、戦後の社会教育は公民館や博物館、図書館など専用施設を中心に展開されるようになったのである。

その後、成人教育の考え方は一つの節目を迎える。1965年ユネスコの会議で、ユネスコ成人教育部長ポール・ラングラン(Paul Lengrand, 1910-2003)は、社会の時代的変化に対応するために、人々が生涯にわたって教育を受けることができる仕組みが必要だと主張したのである。科学技術やイデオロギーなどの変化についていくためには、学校時代に学んだ知識・技術では十分でないと考えたからである。

Paul Lengrand
財団法人野村生涯教育センターHPより

わが国でもこの考え方が受容され、1984(昭和59)年に発足した臨時教育審議会が「生涯学習体系への移行」を提言してからは、「生涯学習」という言い方で徐々に浸透してきた。わが国の生涯学習は社会教育と関係づけられ、社会適応という意味だけでなく、自己実現や地域づくりとの関係づけが重視されるようになる。

2. 成人教育の在り方の変化

2.1 アンドラゴジーの提唱

成人教育の形態に注目すると、学級・講座等に象徴されるように、旧来から指導者によって学習が進められる傾向にあった。サークルによる学習でも指導者やリーダーがメンバーを指導する形が多く見られた。そうした状況の中で、新しい成人学習の考え方が日本にも紹介されるようになる。

アメリカの成人教育学者マルカム・ノールズ（Malcolm S. Knowles, 1913-1997)は、子どもの教育をペタゴジー(pedagogy)に位置づけ、これとは対照的な特性を有する成人固有の学習を援助する技術・科学をアンドラゴジー(andragogy)と名付けた(ノールズ、2002)。ペタゴジー・モデルにおいて子どもは教師の指導に従う立場にあり、教師や教材に盛られた知識・技術を学ぶことになるが、アンドラゴジー・モデルにおいて成人は自らの学習ニーズに基づいて、自らの経験を活かし、自己決定的に学習すると捉えた(表を参照)。ワークショップなどはアンドラゴジー・モデルに属すると解せる。そうした成人の学習は自己決定学習(self-directed learning)と呼ばれるようになった。

いろいろな年齢の大人がワークショップで地域問題を考える

ペタゴジー・モデルとアンドラゴジー・モデルの考え方要素

要　素	ペタゴジー	アンドラゴジー
学習者の概念	依存的なパーソナリティ	自己決定性の増大
学習者の経験の役割	学習資源として活用されるよりは、むしろその上に積み上げられるもの	自己および他者による学習にとっての豊かな学習資源
学習へのレディネス	年齢段階ーカリキュラムによって画一的	生活上の課題や問題から芽生えるもの
学習への方向づけ	教科中心的	課題・問題中心的
	外部からの賞罰による	内的な誘因、好奇心

M.S.ノールズ著、堀薫夫・三輪建二監訳『成人教育の現代的実践』鳳書房、2002年、p.513より引用

しかしノールズのその考え方は、若年成人期と高齢期をひとくくりにしていること、子どもと成人も学び方を学ぶという教育の目標に違いはないことなどの点で批判されるようになる(堀薫夫、2004)。その後ノールズは、アンドラゴジーはペダゴジーと対立する概念ではなく、むしろ人の成長に伴って徐々にペタゴジーから移行していく概念であると修正した。つまり子どもの教育であっても、学習者として成熟するに従ってペタゴジー・モデルからアンドラゴジー・モデルへと変容し、成人の場合でも最初はペダゴジー・モデルから始まりアンドラゴジーをめざすようになることがあるというように、両モデルを連続するものと捉え直したのである。今日の成人教育の在り方を考える上で、それら二つのモデルは重要な鍵になる。

2.2 成人教育と市民文化活動

日本でも戦後の伝統的な成人教育の在り方を疑問視する声が現れた。政治学者の松下圭一は、成人が行政によって「オシエ・ソダテ」られる対象になっている事態を批判し、成人にとって必要なのは「教育なき学習」、つまり市民文化活動だと主張した(松下、1981)。この考え方は啓蒙としての伝統的な成人教育の在り方を否定するもので、社会教育関係者から社会教育終焉論と呼ばれた。しかし、松下は実際の成人教育の現場を十分把握していなかったようである。公民館等の学級・講座には、「オシエ」を求めて参加する市民が全国的に存在するからである。

おそらく松下は、ノールズが自らの理論を後に修正したような、成人の学習にはペダゴジーからアンドラゴジー・モデルへと発展していく側面があることを見逃したのかも知れない。

成人講座のワークショップで学ぶ人たち

2.3 成人教育の諸相

しかしながら、松下が行政依存の成人教育の在り方に疑問を投げかけた点には意味がある。伝統的な成人教育の在り方では学び方を学び、自律的に問題解決を図っていく主体としての市民がめざされないからである。松下の影響が直接及んだ訳ではないが、最近では、市民文化活動が盛んに展開され、NPOなどの自律的な団体が行政から離れて学習に取り組むようになった。その意味で、成人教育は「オシエ」なしの傾向が強まったが、たとえ成人であっても学びの入り口では「オシエ」が不可欠である。たとえば、韓流ブームの中で初めて韓国語を学びたい人は、教師的存在に「オシエ」を請うことになる。この学習者は、いずれはノールズが重視した自己決定型学習の主体へと成熟していくことが期待されるのである。

成人講座のワークショップで学ぶ人たち

3. 素材としての展示、ソフトとしての教育プログラム

3.1 成人教育の今日的意味

以上述べてきたように、戦前までの成人教育は、民衆啓蒙や殖産興業、国民教化などの手段として機能してきた。そして、戦後には戦後復興と郷土振興に資することが期待され、今日において社会適応や自己実現、現代的課題解決という視点と結びつけられるようになる。これらのうち今日的意味に絞って以下に整理してみたい。

第1に、成人が社会の変化に対応するための学びを提供するという意味がある。成人教育は成人が学校時代に身につけた知識・技術を更新するという側面である。たとえば、IT講習や年金講座等は、成人が社会に適応するための学習になる。

博物館では、最新の科学技術や学問の成果を取り上げた企画展などが開催されているので、これら展示は成人が社会の変化に適応していくために必要な知識を習得する機会になる。

第2に、成人の自己実現を図る有力な手立てとしての意味がある。高齢者や勤労者、主婦が学びを通して、やりがいや生き甲斐をもとめる傾向が強まってきている。そうした成人にとって、学習自体が目的であり、楽しみであると同時に、ボランティア活動や趣味のための手立てにもなる。初めて囲碁や美術鑑賞を学びながら新たな楽しみを見つけて余暇を有意義に過ごし、さらにその成果を活かしたボランティア活動に取り組むような例がある。そうした学びの発展に成人教育は重要な役割を果たす。

博物館においては、成人によるボランティア活動が各種展開されている。見学者に対する展示物の解説を担当する展示解説ボランティアや資料の調査や整理などを行う学芸ボランティア、そして展示物や施設の管理を行う運営ボランティアなどの活動がある。これら活動は、ボランティア自身の自己実現の場としても機能しているのである。

第3に、地域づくりなど現代的課題の解決を促すという意味がある。わが国の社会教育は伝統的に地域との関係性が重視され、今日では成人によるボランティア活動や地域活動を推進するためのきっかけづくりの役割を果たしてきている。成人が地域活動を初めて行うことを「地域デビュー」と呼ぶことがあるが、このデビューを公民館等の社会教育施設が支援している。たとえば、「地域再発見講座」、「地域ボランティア入門講座」、「環境問題」、「健康づくり」などがある。

公立博物館などでは、設置者の市町村などにかかわる産業や文化・歴史、自然などをテーマ化した展示を開催し、地域の活性化につなげようとする試みが目立つようになった。これら展示は、特に長年企業等勤務のために地域を顧みなかった成人が改めて地域を見直す機会として活用されることが期待される。

こうして、成人が博物館を利用することによって、社会的変化に適応して、自己実現を図り、そして地域づくりにかかわっていくことが、ペタゴジーからアンドラゴジーへの進展の過程にほかならない。

学校支援ボランティアとして学習成果を活かすシニア

3.2 成人教育の今日的課題

最後に、成人教育の今日的課題について述べておこう。

第1に、成人の学習を自己決定学習へと進展させる指導者の養成と配置である。アンドラゴジー・モデルのもとで自己決定学習者に自ずと進展する成人もいるが、学級・講座で生徒のように受け身学習を続けるリピーター的学習者も存在する。だが、これでは新たな学習者を取り込むことが困難になり、当人の自己実現レベルが高まりにくい。そこで、学習者を自己決定学習へと誘う人材の養成と人員配置が課題になる。学芸員にもそうした役割が期待されよう。

第2に、学習格差の拡大にどう対応するかという課題がある。アメリカでの研究によれば、学歴の高い人ほど卒業後も自ら学習の場に参加する傾向があると言われる(麻生、1991)。そうだとすると、生涯学習が盛んになればなるほど、学歴の高い成人とそうでない成人との間に学習量の格差が生じやすい。そこで、行政や施設には、多くの成人が気軽に学習できるような趣味的内容も取り上げ、また利用時間を延長するなどの条件づくりが求められる。博物館には、高度な文化だけでなく、身近な文化や風俗などを取り上げ、利用者層の拡大を図ることが期待される。

第3に、学習ニーズの多様化と高度化への対応がある。近年の成人教育は明治期の通俗教育とは大きく異なり、高学歴化の影響で学習ニーズの内容が多様化し、そのレベルが高度化しつつある。たとえば、外国語会話の場合、英語だけでなく中国語や韓国語などへとニーズが広がり、しかも上級レベルを求める人たちも少なくない。これらへの対応は、行政や施設だけで対応しにくい。そこで、自己決定学習を経た人材をボランティアとして活用するなどの工夫が求められてくる。成人教育の場で学んだ成人がボランティアとして他の人たちを指導し、そこで学んだ人が自己決定学習へと進み、新たなボランティアとなるような「学びの循環」づくりが大きな課題になる。博物館でも成人が参観者から講座参加者へ、さらにボランティアへのコマを進めるような道筋づくりが求められる。

参考文献

- M.S.ノールズ著、堀薫夫・三輪建二監訳（2002）『成人教育の現代的実践』鳳書房
- 堀薫夫（2004）「アンドラゴジーと人的能力開発論」日本社会教育学会編『成人の学習』東洋館出版社：24
- 松下圭一（1981）『社会教育の終焉』筑摩書房：3-4
- 麻生誠（1991）『生涯学習論改訂版』放送大学教育振興会：35

7-2
ボランティアを活かす

船木 昭芳・湯原 徹

1. 博物館ボランティアとは

日本におけるボランティア活動の歴史は、20数年と非常に浅く、広く認識されるようになったのは、阪神・淡路大震災(1995年)以降のことである。ボランティア活動には、福祉や国際協力などのさまざまな活動領域があるが、博物館でおこなわれるボランティア活動は、それらの領域とは少し異なる教育領域に当たる。この「博物館ボランティア」の活動は、他人のために何かをしてあげるという奉仕面のほかに、ボランティア活動によって自己開発や自己実現をめざすという学習面が大きな割合を占めるのが特徴である。

近年の日本は、平均寿命の伸長による自由時間の増大、物質的な豊かさから精神的な豊かさへ移行するなどの社会変化により、生涯学習社会へと変わってきた。その中で博物館は、“生涯学習の地域における中核的拠点”として期待されており、そこで活動する「博物館ボランティア」は、来館者の学習を援助しながら、自らも学習することに喜びや生きがいを感じることができるため、その活動はまさに生涯学習の実践となる。一方、博物館にとっての博物館ボランティアは、利用者や地域住民と博物館を結ぶ橋渡し役にもなっている。

博物館ボランティアの活動は、近年軌道に乗り始めたとはいえ、その制度は十分に確立されてはいない。しかし、今や博物館になくてはならない存在であり、「かけがえのないパートナー」となっている。

2. 博物館ボランティアに求められるもの

ボランティアによる植物標本の整理

博物館ボランティアの活動内容には、展示解説やイベントの援助・指導などの「教育普及に関する業務」、資料の整理や保管などの「調査や研究にかかわる業務」がある。また、展示の監視や会場整理・受け付けなどの「来館者接遇補助の業務」、博物館内外の清掃や草木の手入れなどの「環境整備に関する業務」、刊行物の発送作業やチラシの配布などの「広報に関する業務」などがある。予算や人員が削減され、業務の効率化が課題となっている昨今は、ボランティアは博物館職員と同等の業務を行っており、その活動内容は多岐にわたっている。このため、博物館ボランティアには、コミュニケーション能力、豊かな知識、専門性、責任感などのさまざまな資質が求められることになる。また、ボランティア活動を継続するためには、強い熱意や高い意欲も求められる。

これらの高い資質をもつ人材を博物館ボランティアとして確保するには、受け入れの基準、登録条件、活動条件などを明確にしておく必要がある。また、博物館の運営方針に適正な人材を集め、ボランティアの資質を維持・向上していくためには、養成研修やフォローアップ研修などの各種研修を定期的に実施する必要もある。効率的かつ円滑な研修を進めるために、博物館運営の理念、博物館の規則や慣習、接遇の仕方、博物館の設備などの基本的な情報や知識やボランティアの条件をまとめた「ボランティアハンドブック」を製作している博物館も少なくない。

3. ミュージアムパーク茨城県自然博物館のボランティア活動

ミュージアムパーク茨城県自然博物館のボランティア活動は、1994(平成6)年の開館と同時にスタートし、草創期のメンバーと博物館職員とが共に試行錯誤しながらその活動を広げ、現在に至っている。

3.1 組織

約100名(2010年現在)のボランティアが在籍しており、13のチームに分かれて活動している。ボランティアは，個々の興味や関心に応じて所属チームを選択している。その際、博物館全体の活動を理解したり、自らの生涯学習の幅を広げたりするため、複数のチームに所属することを勧めている。活動内容も多岐にわたり、活動者数も多いため、世話役的な存在の役員(代表や副代表と各チームのリーダー)を中心とするボランティア組織が構成されている。役員は、博物館との連絡や調整をするとともに、有意義で充実感のある活動になるように各ボランティアを援助している。また、役員会が2か月ごと、総会が年1回ほど開催され、ボランティア組織全体の意思統一を図る仕組みになっている。

茨城県自然博物館の
ボランティア組織

代表、副代表、チームリーダー
チーム (13)
- イベント
- 化石クリーニング
- 地学
- きのこ
- 研修
- 昆虫
- 植物
- DP・展示解説
- 図書
- 友の会
- ネイチャーゲーム
- 里山
- 野鳥

ボランティア組織

3.2 活動概要

大きく分けて、教育普及、調査研究、資料整理、維持管理の四つの活動内容があり、13チームがそれぞれの特性に合わせて活動している。活動の頻度は、毎週か各週の同一曜日、または月に2〜3回である。また、規模の大きいイベントなどの支援活動では、そのつど参加を募っている。なお、当館には展示解説員がいるため、ボランティアは基本的には館内の展示解説を行わない。

ボランティア活動の内容

(1)教育普及に関すること
- 学芸員が行うイベントの補助
- 子ども向けイベントの企画と運営
- 木の葉化石のクリーニングの指導
- 博物館野外施設の自然に関するスポットガイド
- 博物館野外施設の季節の花だよりの更新　など

(2)調査研究に関すること
- 菅生沼に飛来する野鳥の調査
- 博物館野外施設の植物およびキノコの調査　など

(3)資料整理に関すること
- 昆虫寄贈標本整理の補助
- 維管束植物のさく葉標本製作の補助　など

(4)維持管理に関すること
- 図書の整理修繕
- 博物館友の会のイベント補助
- 博物館野外施設の竹林や雑木林の間伐および炭づくり　など

3.3 研修体制

より多くのボランティアを受け入れるため、年間2回の「養成研修」を実施している。養成研修では、ボランティアとしての基本的な態度や姿勢を養うこと、博物館の基本理念を理解することを目的としている。また、来館者と接することも多いため、接遇の研修もおこなっている。なお、研修受講者の参加状況に応じて、ボランティア活動を数か月にわたって体験してもらっている。これは、研修受講者が考えるボランティア活動の内容と実際の活動とに、大きな食い違いが生じていないかどうかを確認してもらうためでもある。養成研修を終了した者を、当館ではボランティアとして認証・登録している。

ボランティア登録後には、「フォローアップ研修」「更新研修」などの研修を実施している。これらの研修は、より質の高い学習援助、接客スキルの向上など、活動において必要な資質向上のトレーニングに当たるものである。また、「博物館が求めるボランティアに自らが近づいているか？」、「自らが成長するとともに自己実現ができているか？」など、自らのボランティア活動を客観的に振り返る場としている。この振り返りは、活動のモチベーションを維持するとともに、理想とする活動の方向性も再確認できると考えている。

さらには、ほかの博物館のボランティア活動を見学したり、ボランティアと交流したりする「研修視察」を実施している。ほかの博物館のボランティアの現状や考え方を知るとともに、ボランティア自らの見識を深め、以後の活動に活かすための研修としている。

3.4 意欲向上のための工夫

ボランティアが長年にわたってその活動を継続していくには、活動に対する熱意や意欲、充実感や達成感が重要となる。

(1)ボランティアの個性や能力の発揮

博物館側から一方的に活動を依頼するのではなく、ボランティア自身が活動を考えたり、イベントを計画・実践したりするなど、ボランティアの主体的な活動を可能な限り認めるようにしている。これにより、ボランティア自らが創造的な工夫を重ねた活動ができ、実りのある充実した活動となっている。

博物館ボランティアの活動のやりがい（ボランティア活動の感想　一部抜粋）

思い返せば、開館前の夏、県の広報誌ひばりに、ボランティア募集の記事をみつけて、格別の考えもなく飛び込んだ世界でした。何ができるという資格もありません。ただ中川志郎前館長が「館とお客さんとボランティアと一緒に博物館を育てていきましょう。ひとつの小さなことを積み重ねていく、それが力です。」とおっしゃったことがありました。その一言が私の背中を押してきたのかもしれません。連休の迷子シール配り、秋のウォークラリー、サイエンスデーのイベントの手伝い等その時々の行事に参加しながら15年間を歩んできたと思います。

そしてボランティアとしての私の柱は、元友の会事務局長であり、地学研究室の嘱託であった遠藤先生の貝化石の資料整理のお手伝いです。県内外から発掘、寄贈されたたくさんの貝化石を遠藤先生が図鑑や資料で調べて同定していかれます。それをラベルに記入して、整理番号をつけて収蔵庫に整理していきます。かれこれ12年間、そのお手伝いをして、博物館での資料の大切さ、保存の重要性を学びました。虫メガネでみる小さな貝化石のひとつでも、将来研究の役に立つことを考えると、おろそかにはできません。ラベルの記入というだれにでもできることですが、私には博物館にいるという意味があります。

…………

こうして15年間、私なりに続いてこられたのは、博物館が好き！　そしてそこで出会える仲間がいるということにほかならないと思います。もうしばらくそんな気持ちですごせたらと思います。

ボランティアの感想

(2)ボランティアとの調査研究や資料整理

チームごとに学芸員を担当として配置し、ボランティアと一緒に学術的な調査研究をする場を設定することで、個々のボランティアの知識や技能を活かすとともに、ボランティアが新たな知識や技能を得るための生涯学習の機会を提供するようにしている。

(3)ボランティアが企画する自主研修

ボランティアの自立を促すためにも、ボランティアの興味や関心に応じ、ボランティア自らが企画・運営する「自主研修」を設けている。互いのボランティア活動の成果を報告したり、活動を深めるために講師を招いたりしている。これにより、スキルアップが図られ、ボランティア活動の士気が高まるとともに、活動内容の広がりが生まれている。

ボランティアが企画する子ども向けイベント

4. ボランティア活動の課題

4.1 蓄積した技能や知識の継承

ボランティアが蓄積してきた活動の成果やノウハウは、博物館の大切な財産であり、支えでもある。しかし、個々のボランティアの知識や技能に依存する面が多く、中核的な存在のボランティアがいなくなったときの影響は大きなものである。そのため、ボランティア同士が協力して活動する状況をつくり、大切な知識や技能の継承がおこなわれるように工夫する必要がある。また、より多くの市民にボランティア活動に参加してもらうとともに、若い世代にも積極的に参加してもらうための環境整備も必要である。さらには、ボランティア活動を理解してもらえるよう、広報活動の工夫や改善が重要である。

4.2 コーディネート役の博物館職員の育成

ボランティアの人員が増え、活動内容が広がるにしたがって、ボランティア活動への助言、ボランティアの人間関係の調整などが必要となる。このため、ボランティア担当職員が配置される場合があるが、対応のノウハウは、担当職員個人の資質に大きく依存している。ボランティア担当職員がもつ理念や方向性を、次の担当にしっかりと引き継ぐためのシステムも必要である。

博物館ボランティアは、博物館の活動を支える大切なパートナーである。生涯学習の視点に立つと、ボランティアは、利用者の学習を支援する立場であるとともに、自らも生涯学習をする学習者である。しかし、活動中は利用者からみれば博物館のスタッフとみられ、職員と何ら変わらないという自覚をもって活動してもらう必要がある。博物館ボランティア、利用者、博物館のいずれもが満足できるボランティア活動となるように、ボランティアを支援していく必要がある。

参考文献

●加藤有次；鷹野光行；西源二郎（他）（1999）『新版・博物館学講座　第10巻　生涯学習と博物館活動』雄山閣出版
●大堀哲（1997）『博物館学教程』東京堂出版
●ミュージアムパーク茨城県自然博物館博物館（2004）『茨城県自然博物館10周年記念誌　ボランティア10年の歩み』

7-3

ジュニア学芸員を育てる

内海 美由紀

足元に落ちている化石を探す

1. ジュニア学芸員とは

茨城県自然博物館(以下、茨城県博)には、中高生向け教育普及プログラムである「ジュニア学芸員プログラム」(以下、Jr. P)というものがある。これは、単に中高生向けの連続講座・教室といったものではない。参加する中高生が学芸員の指導のもと、自らの課題を見つけ研究していく力をつけようとするものである。ここではJr. Pの細かい内容よりも、長期的な教育プログラムの展開が、どのように学習者のライフコースに影響しているのかということに着目していきたい。というのも、博物館が学校とは違う教育施設として意味あるものだとすれば、それはどのようなものかを考えたいからである。長期的な教育の場を提供し続けることは、単に知識を身につける場の提供であるだけでなく、その人の人生全体にかかわる可能性をもつことなのではないだろうか。

そこでまずJr. Pについて触れておきたい。「ジュニア学芸員プログラム」とは、茨城県博で2001(平成13)年度から始められた教育活動である。正式には「ジュニア学芸員育成事業」と呼ばれ、「自然に関心のある中学生や高校生が博物館で活動できるためのプログラム」とされている。Jr. Pは中学校1年生から高校3年生までを対象に設定されており、最短で1年間、最長で6年間の参加が可能である。参加者は1年間にわたりあらかじめ設けられた各講座(1)をすべて受講し、自身が興味関心をもった分野の研究成果の発表をおこなう。そしてその手続きを経て、はじめて正式に「ジュニア学芸員」として認定される。2年次からは、「認定済みジュニア学芸員」として学芸員の支援のもと、自身の興味関心がある専攻分野の研究を進めていくことができる。またJr. Pの活動には、自身の研究活動だけではなく同館の企画展示他のイベント補助も含まれる。さらに大阪市立自然史博物館ジュニア自然史クラブとの交流や、ニュージーランドの姉妹館へジュニア学芸員を派遣するなど、国内の博物館だけに留まらず国外へも活動の範囲を広めている。

以上の活動内容を踏まえたうえで次節からは、Jr. P第1期生にあたるAのライフヒストリー記述をもとに、ジュニア学芸員がどのようにJr. Pを利用し、育てられていくのかを考察していこう。

2. ジュニア学芸員第1期生Aのライフヒストリー

本節で触れるAとは、Jr. Pの第1期生であり、そこでの経験をきっかけに現在大学院の博士課程で博物館教育を研究している人物である。本節ではAのライフヒストリーをもとに、ジュニア学芸員がどのようにしてJr. Pという教育制度を利用しているのかを検証していきたい。

以下は、AがJr. Pに参加していた時期(高校1年生から高校3年生までの3年間)から、学芸員になることをめざして学芸員コースを正式に履修するまで(大学2年生)を中心に記述したライフヒストリーである。なおAが参加した初年度では、来館者に向けた展示解説などの実習をもってジュニア学芸員と認定されたが、その翌年度からは研究発表を中心にしてジュニア学芸員として認定されるようになる等、各年によってプログラム内容に若干の変更が見られる。

Aは幼少時から恐竜に強い関心を抱いていた。そのため、高校1年生の時に恐竜について研究するためにJr. Pに参加した。そして、茨城県博に展示されているデイノニクスという恐竜を研究対象に選び、「デイノニクスはなぜ速く走ることができるのか」という疑問から、デイノニクスの爪の構造に着目し、レプリカを作成した。さらにそのレプリカをもとに、来館者に対してデイノニクスがなぜ速く走ることができるのかを解説し、その展示解説実習をもってJr. Pを修了した。

高校2年の時には、1年生の時に指導を受けていたT学芸員が受け持つ化石班に所属し、大子町まで化石の調査採集に向かった。①Jr. Pの活動が設けられる高校2年の夏は進路を意識しはじめる時期である。高校1年の時のJr. Pの経験から、すでに学芸員の仕事そのもの、さらに博物館での教育活動に興味をもつようになっていたAは、学芸員になるために何が必要であるかをT学芸員に相談し、学芸員課程を設置する大学を選ぶこと、そしてできれば大学院まで修了することが望ましいと勧められる。さらに博物館で教育活動をおこなう「博物館教員」(2)の存在を示唆される。そして「博物館教員」になるために、教職課程を並行して受講し、教育現場に必要な知識を身につけることをすすめられる。

高校3年生では、塩原まで化石の採集調査に向かった。また、その年の大学受験で②学芸員課程を設置している大学の教育学科に進路が決定し、進路結果の報告に同館を訪れる。なお、この年には③博物館からの送迎バスがコストカットに伴いなくなっている。そのため④Aは親戚に往復約4時間かかる博物館までの送迎を頼んでいる。

大学1年生の時にAは教職課程と並行しながら学芸員課程を履修するようになる。Aの在籍していた大学では、大学2年時に学芸員課程履修者の選抜試験がおこなわれる。⑤面接の際Aは、学芸員を志望する理由を、Jr. Pの経験によると述べている。

その後もAは学芸員資格の取得や大学院進学の報告などの折に触れて、しばしば茨城県博を訪れている。また博士後期課程進学後は、⑥ジュニア学芸員OBという立場からJr. Pの活動補助とフィールドワークをおこなっている。

3. Aのライフヒストリーから読み取れるもの

傍線部①から⑥に着目すると、Jr. Pでの経験がAのライフコースに大きな影響を与えていること、そしてA自身もまたJr. Pの影響を強く認識していることがわかる。特に傍線部①では、AがJr. Pの体験から、当初の恐竜への関心よりも「学芸員」という仕事、それも教育普及という仕事に関心をもつようになっていることが明らかにされている。さらにAは高校卒業でJr. Pを修了した後も、しばしば進路決定などの折に触れてJr. Pを訪れており、現在はジュニア学芸員OBという立場から活動の補助と参与観察をおこなっている。

地層について説明を受ける様子

ボランティアの先生に聞きながら化石を探す

ここから読みとれることは、茨城県博がJr. Pという一つの活動を長期にわたり展開し続けることによって、Aに博物館での居場所を提供していることである。そしてそれはさらに、「博物館教育」という興味関心に沿った研究の場を提供することにまでつながっている。しかしその一方で、長期にわたるプログラムだからこそ抱える課題もある。たとえば、誰もがAのように恵まれてJr. Pに参加することができるかといえば、それは難しい

中間発表の様子

といわざるを得ない。

傍線部③を見てみよう。この年、茨城県博では予算のカットに伴い博物館への送迎バスを停止している。現在では都心から筑波学園都市までを結ぶ「つくばエクスプレス」が開通しているため、博物館へのアクセス条件は上がっている。しかしつくばエクスプレスがなかった当時、マイカーを持たず、また経済的に恵まれているとはいいがたいAが近隣路線から遠い郊外の博物館に通うことは、交通費の工面等を含めて容易ではなかった。そのため傍線部④でAは、車を持っている親戚に往復約4時間かかる送迎を頼んでいる。

予算カットに伴いAは博物館に通うことが困難となる。しかし周りの理解を得ることができたAは博物館に引き続き通い、Jr. Pを続けることが可能になった。つまり、もし周りの理解を得ることができなかった場合Aは、Jr. Pでの活動を望むにもかかわらず、途中で辞めざるを得なかったのである。このような問題は、Jr. Pが長期的に展開していく限り尽きることのない課題でもある。プログラムへの予算をどのように獲得していくのか。そしてAのような状況に置かれる学習者への救済策をどのように展開していけばよいのか。長期的学習プログラムを維持し、発展させていくことをめざす上でこの事例は常に念頭におかなければならない課題であるといえるだろう。

4.「開かれた博物館」をめざして

パワーポイントを使った発表の準備

それでは、ここで改めてJr. Pのような長期にわたる学習プログラムを展開していく意味について考えてみよう。現在「開かれた博物館」をキーワードにして、多くの博物館[3]でワークショップ等の教育普及プログラムが展開されている。そしてそのプログラムの多くが、一度きりのイベント的なものである。そのような単発のワークショップをおこなう利点、そしてねらいには、多くの人が博物館に抱く、いわゆる「敷居の高さ」を解消し、学習の「入り口」を提供するというものがある。しかしながらその方式では、学習者の博物館での学びがその一度限りで終わってしまう場合も多く見られる。つまり学習への「入り口」を提供したとしても、その先で学習者がどのように学習を続けていくのかに関して、博物館はノータッチな状況にあるといえるのである。

もちろん学習者が一人で学習を続けていく姿は、まさに博物館が求めるあり方だろう。しかし現実問題としてそれは難しい。どれだけ心躍る興味関心を抱いたとしても、それに関する学習を一人で続けていくことは容易ではないためである。換言すれば、よほどのモチベーション、そして研究をおこなうためのスキルや周囲の理解や経済的な条件などをもったある種の「特別な人間」でなくては、博物館を利用した学習を続けることはできないのである。とすればそれは、果たして誰に対しても「開かれた博物館」の姿といえるだろうか。

Aは恐竜に関心をもっているものの、「ごく普通」の高校生であった。しかしJr. Pという活動を通してT学芸員らの指導を受ける中で、次第に博物館での学習という居場所を見出していくようになる。Aは恐竜への関心という、学習の「入り口」は知っていた。そのため、博物館で学習をおこなうようになる可能性を秘めていたといえる。しかし従来からおこなわれているような一度きりのプログラムを受けつつ、自力で継続的な学習をおこなっていくことは恐らく容易ではなかっただろう。このように、長期的なプログラムを展開するなかで潜在的な可能性をもった「ごく普通」の学習者を育てていくことが、さらによく「開かれた博物館」になる一歩につながるのではないだろうか。

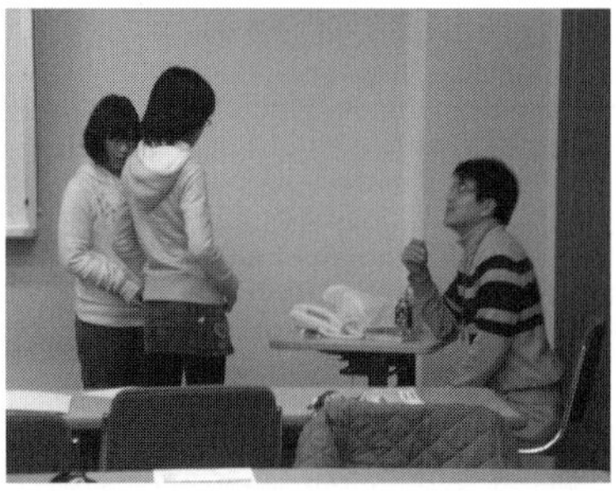
担当学芸員と相談しながら発表方法の検討をする

5. おわりに ― ジュニア学芸員を「育てる」ということ ―

「学校は教育施設である」という言葉には、誰もがしっくり来るだろう。しかし「博物館は教育施設である」と考えたとき、意外とそのイメージはわきにくいのではないだろうか。そこで本節では、博物館を教育施設としてAが利用し、博物館でジュニア学芸員として成長していく様子を記述してきた。

それではしめくくりとして、博物館での学習を進めていくなかでの、学習者の関心や学び方の変化について触れておきたい。この事例で取り上げたAは、Jr. Pに参加するなかで関心を恐竜から教育普及へと移す。さらに、現在は「ジュニア学芸員OB」という立場に変わり、「ジュニア学芸員」であった高校生の時とはまた違う立場からJr. Pに参加し続けている。これは単に、名称の変化にはとどまらない。ジュニア学芸員OBには、Jr. Pの活動補助をすることが求められるためである。

現役のジュニア学芸員は、ジュニア学芸員OBの補助や助言を得ながら自身の研究を進める。ジュニア学芸員OBは、現役のジュニア学芸員との活動を通して、OBという新しい立場から自身の研究を進めていく。Jr. Pという一つの活動のなかで、ジュニア学芸員とジュニア学芸員OBが、ともに学芸員の指導を仰ぎながらそれぞれの研究を進めていくのである。

この姿は、学習者がその時々の興味関心やライフスタイルに合わせて、自身の学び方をカスタマイズしていることを意味する。長期にわたる学習機会のなかで、学習者は常に成長や変化を続け、より自らの関心に沿った研究方法を採択し、研究をすすめていく。つまり少し堅苦しく言うのならば、その時々の学習のあり方が、その時々の学習者のアイデンティティをも反映するようになるのである。

そしてこの学習のあり方は、従来行われてきた、誰もが画一的に享受するという近代学校の教育システムのあり方に一石を投じるものになりうるのではないだろうか。

ジュニア学芸員を「育てる」ということ、それは近代学校の教育システムという枠組みにとらわれない、新たな可能性を秘めた人材の育成であると言えるのである。

本文注釈

(1) 講座内容は各年度により異なる場合がある。平成23年度は、全8回の開講が予定されている。また講座の他に、発表用の個人サポートのための予備日がプラスアルファとして予定されている。
(2) ここでいう「博物館教員」は現在でいうエデュケーター(educator)などの用語の訳に近い。
(3) ここでいう「博物館」は、美術館や自然史系博物館、歴史系博物館、水族館や動物園などを含めており、館種の別などは問わない。

参考URL

●茨城県自然博物館　http://www.nAt.pref.ibArAki.jp/index.html

第8章　博学連携の意義と課題

8-1

博学連携の諸形態

新 和宏

千葉県立中央博物館外観

博物館における学び

学びの中の発見

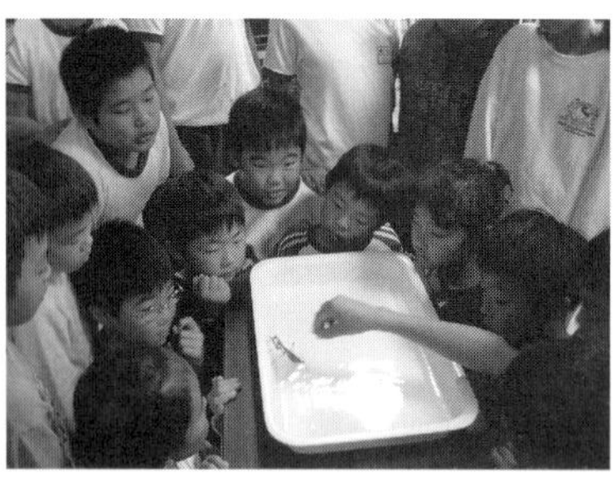

興味関心が学びを創出

本論に入る前に、あらためて現在の博物館を取り巻く状況について、社会的情勢、および、国家的施策・法的な両面から明確にする。

社会的情勢においては、昭和30年代以降、各地で博物館構想が高揚し、特に、公の施設の博物館・資料館が設置され始めた時期を起点として、世情はさまざまな形で博物館の変革を求めてきた。

その変革は、博物館自体の使命等の変革はもとより、多岐にわたる文化財の維持管理と、後世への継承にかかる考え方、国民の余暇の多様化にかかる対応、そして、何よりも重大な命題として「教育」にかかる諸事情・諸形態への対応であった。

続いて、博物館を取り巻く国家的施策および法的な面においては、2008(平成20)年2月19日に策定された「新しい時代を切り拓く生涯学習の振興方策について～知の循環型社会の構築を目指して～」(中央教育審議会)をはじめ、同年6月3日の「社会教育法の一部を改正する法律案に対する附帯決議」(参議院文教科学委員会)、同年7月1日の「教育振興基本計画　教育基本法を受けて」(文部科学省)がある。この中で、博物館側は館種を超えたネットワークを構築し、さまざまな事業展開を図ることで地域の学習の場を提供すること、「市民の知」を全面的に支援すること等が謳われ、学校側(利用者側)は、博物館等を活用して、多様な学習形態を構築する必要性が提起されている。

つまり、学習のプロセスの中で、博物館や、地域の自然、歴史、文化資産等を利活用することで、**教科書の域を超えた「学び」を創出**することが可能となる。このレベルの「学び」は、「見る」、「感じる」、「触れる」、「かかわる」のフローを経験することにより、「発見する」、「感動する」という実体験が生みだす**「忘れることのない記憶」**につながる。

この「記憶」は、教科書を暗記することにより得られた一時的な記憶とは一線を画したものであり、「知」の究極の姿といえる。

ここで、「博学連携」の意味を明確にする。

まず、「連携」とは何か。文字通り、「連」＝つながる、「携」＝手を取り合う(情報を共有する)の語彙であり、二者(二つの組織)以上が協力し合って一つの物事を成し得ることである。

つまり、**「博学連携」は、博物館と学校とが協力し合って、一つの事業を成し得ること**である。そして、今ひとつ重要なことは、**「連携」においては、両者間にメリットが発生**する必要があることである。

しかし、実際はこの関係が成立しているケースは少ない。当章で取り上げる教育機関(特に学校)との連携はもとより、地域、他の博物館・研究機関等との連携と、多岐にわたるが、どの事業も、大方、博物館側が主体となり、他機関はそれに便乗しているだけというのが現実である。

これは**連携ではなく、博物館側の「支援」**である。

2000年に入った頃、学校教育において大きな起点があった。

他でもない「総合的な学習の時間の導入」である。当時、この導入にあたり、博物館業界を中心とした学会等においてさまざまな議論が行われた。その際、従来の「博学連携」という範疇で捉えるのではなく、さらに両者の関係を深めた「博学融合」の域に昇華させようという動きがあった。

しかしこれは、言葉尻のみを置き換えただけで、本質を議論するものではなかった。同時に、「博物館からミュージアムへ」の議論にも発展したが、当議論も同レベルの内容であり、本質を変えるものではなかった。

あれから10年を経た現在、博物館を利活用する能力として取り上げられている**「ミュージアム・リテラシー」**の議論において、博物館、学校、地域等関係機関との間で、当時とまったく同様のレベルの議論が成されていることは何を意味しているのか。

当時、総合的な学習の時間を経験した小中学生たちが10年の歳月を経て社会人となっている現在、中には指導する側の教員として教鞭をとっている例も少なくないであろう。このような状況の中、学会や研究会で10年前と同様の議論を繰り返している現状から、その答えは見えてくる。

こういった本質を伴わない議論の繰り返しが、“本来の連携”構築を抑制していることは明白である。

それでは“本来の連携”は、どのようにして構築していけばよいのか。

それは、連携するもの同士が両者の使命を理解し合い、その使命達成のためにどのような手法で連携事業を推進していくかについて、共通の認識をもった上で、個々の目標に向けて事業を構築していくことである。

次に、本題である博学連携の形態について、カテゴリー別で記述する。

1. 学習する場所(学ぶ場をどこに置くか)による諸形態

パターン1　博物館内における学習

一般的に、学校が博物館を利活用する場合、その学習の場は博物館内というのが大半である。つまり、児童生徒が、教室という日常的な空間を抜け出し、博物館という異空間で学習する形態である。

博物館の展示を活用したプログラムの実施、ものづくりを主体とした体験講座、実験・観察を主体とするプログラム等、非常に多岐にわたる。

この学習で基本的な学習素材となるのは、博物館の収蔵・展示資料であり、その資料に類似、派生する二次資料である。

この形態の場合、児童生徒は、日常と異なる空間において学びを推進していくことになることはもちろん、その学習内容も、教室ではおこなうことができない多角的な視点からの「学び」を得ることが可能となる。

これらのことから、「学び」の場を博物館に置くこの形態は、学習効果という面からは非常に有効な手法といえる。

パターン2　学校現場における学習

学校の教員以外の人材を活用し、教科書の域を超えた学習を実践する際、その舞台を学校現場に置くことは、学校側が一番望む形態といえる。

学校側が期待する学習内容、教員側が考える指導計画を遂行する過程において、児童生徒を引率して校外に移動する必要がないため、安全性の面のみならず、経済的な面からも非常にリスクの少ない形態である。

さらに、児童生徒にとっても、日頃慣れ親しんだ場所で学習を進めてい

学習プログラム「中央博調査隊」の導入

展示資料からの発見、学び

学校における学び

学校における学び

フィールドにおける学び

フィールドにおける学び

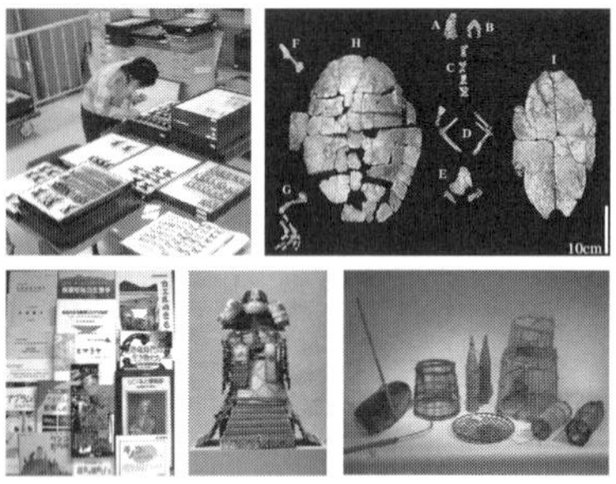
中央博物館の収蔵資料の一例

収蔵資料の活用

学芸員による解説

くことになるため、日常と同環境の中で、学芸員等による、より専門的で高度な内容の授業を受けることができるメリットは大きい。

しかし反面、パターン1に記述した異空間における学習という新鮮さや集団行動における達成感が少ないこと、そして、何よりも豊富な博物館資料に触れることが難しいという課題があることも忘れてはいけない。

パターン3　フィールドにおける学習

教室以外の異空間における学習として、屋外であるフィールドを活用する形態である。この場合、児童生徒は、学校、博物館という建物から抜け出し、海、山、川、町等において学びを展開することになる。

そこでは、生きものや地形、地層等の観察をはじめ、地域や郊外の工場や商業施設等の見学、そして、職人の技や営みといった生活・習俗の体験等、多岐にわたる学習を構築することができる。

この場合、博物館側は、フィールドにおいて学習の全行程を誘導する引率者、および、解説者の一人として学芸員を提供することとなる。

併せて、この形態は、学校現場や博物館現場における学習の発展的プログラム(次の学習指導計画)として展開されることが多い。

2. 博物館の利活用素材による諸形態

パターン1　収蔵資料の利活用

教員が博物館において学習指導計画を構築する際、最初に考えることが展示の活用である。言うまでもなく、展示室の資料は、その博物館が収蔵している資料のごく一部でしかない。世でよくいわれる「展示資料は収蔵資料の氷山の一角にしか過ぎない」という語彙が如実に言い表しているように、博物館の収蔵庫には、多くの物的財産が保管されている。

一般的に、教員がこの形態で学習プログラムを構築する場合、常設展示に代表される公開されている展示資料の利用が主体となる。

しかし、「学び」の展開において利活用することができる学習素材は、既に展示されている資料や、あるテーマで構成されている展示だけではなく、収蔵されている資料全域である。

これらの学習素材を「学びの創出」に活用することで、単に、さまざまな種類の資料に接することが可能となるだけではなく、体系的かつ多角的な視点でプログラミングすることができるというメリットも生まれる。

パターン2　学芸員の利活用

資料は、何の目的で博物館という特定の施設に収蔵されているのか。

博物館の使命として、収集・保管・調査・研究・展示・情報発信等と謳われて久しいが、博物館が大学や研究所等と決定的に異なる部分は、国または地域の自然、歴史、文化資産を理想的な収蔵環境の中で保管し、後世にまで永続的に継承していく機能を有していることである。

この収蔵環境とは、収蔵スペースや温湿度管理のレベルに留まらず、修復保全技術とそのシステム全域にかかる物的・人的環境を意味している。

学芸員がフィールドにおいてサンプリングする他、寄付・購入により受け入れた自然・歴史・文化資産は、この段階では、「モノ」でしかない。

「モノ」は、学芸員が一つの仮説のもと、空間軸(地域)、時間軸(時代・年代)等において、既存の全資料と比較検証する研究過程を経て、初めて「博物館資料」へと昇華し、活用可能な領域に達する。

つまり、**モノから資料へと昇華させる役割を有している人材が学芸員**であり、また、**それらの資料がもっているさまざまな情報を伝達する人材**としても、学芸員は重大な使命を抱えている。

このことから、学校、教員等が博物館を利活用する際、展示資料であろうが、収蔵資料であろうが、資料のみを学習媒体として考えるのは、両輪の片方のみで学習プログラムを推進していることと同義である。

以上より、これらの資料を研究し、既に資料の発するさまざまな情報（単に資料に関する情報だけではなく、研究者情報等）を多方面の視点から入手している学芸員を利活用することは、博物館を「学び」の場とする中で、欠くことのできない手法と言える。

ただし、その「学び」を展開する中で、学校教育のプロセスを学芸員に丸投げするのではなく、教員が構築した学習指導計画を具現化するにあたり、いかに、**学芸員と緻密な連係（事業構築）を展開できるか**が、大きなポイントとなることは自明の理である。

ここで、「資料および学芸員の利活用」を推進していく際、「学び」を効果的に展開することができる資料の展示手法（モノの見せ方）について提言する。これは博物館において、「発見」、「感動」といった「知の喜び」を誘発し、「学びのきっかけづくり」を展開することができる手法である。

下記に、筆者の論文（2008.2）[註1]より関連部分を抜粋する。

なお、語彙の言い回し等、若干の修正を行った。

学芸員による指導

学校現場における学芸員

提言「モノと対話できる博物館」

展示では、**利用側が発見する喜びと、感動を得る**ことができたかが重要なポイントとなり、対して、博物館側は、**利用側が気づき、考えることができる展示手法**を採っているか、併せて、**展示を見て何を発見して（学んで）ほしいか**を明確にしているかが重要である。

博物館には口頭と文字による展示解説（情報提供）があるが、それは、**きっかけ作り、気づき、考えるための、ほんの少しのアドバイス**で良い。

つまり、情報提供は重要だが、全てを提供する必要はなく、利用者に気づき、考える**「間（ま）」という時間を提供する**ことが必要である。この**「間」がモノとの対話であり、何かを発見し感動する**ことに繋がる。

モノと対話するとは？

それでは、ここで**「モノと対話する」**ことができる展示手法について、「ゾウの全身骨格標本」の展示事例を通して提言したい。

右の画像は自然史系や考古系等の博物館において、展示している例が多い「ナウマンゾウの全身骨格標本」である。

全国的に見ても、同系統の展示例はかなり多いが、その展示方法（解説方法）に工夫が見られない。大半は、同資料を説明する際の解説文として、学名、産出地、時代、類例・分布、生態等を一様に列記している。

しかし、ゾウの骨格で一番注目すべき点に気づかせる工夫を取り入れている例は少ない。それは言うに及ばず、特徴的な鼻部の存在である。幼児であってもゾウの絵を描く際、必ず表現するこの鼻部は、骨格の段階では想像できない部分である。もし、アフリカゾウ等の現生種が存在していなければ、幼児はもとより、古生物学者であっても骨格からあの鼻部を復元することは難しい。

ナウマンゾウ全身骨格標本（中央博物館）

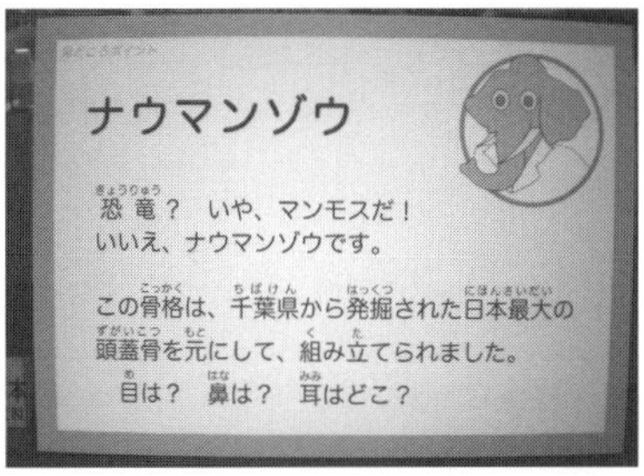

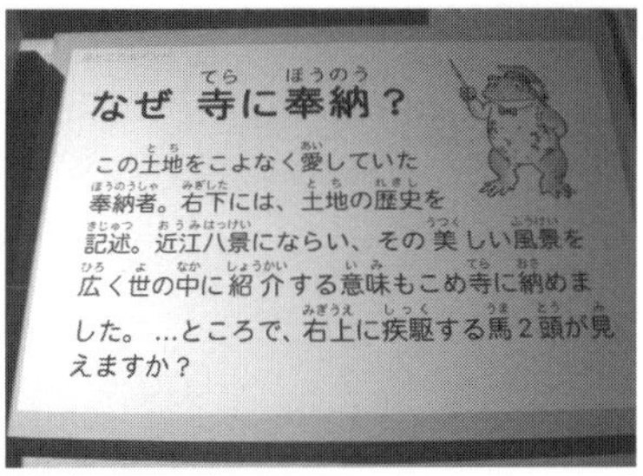

中央博物館の「みどころポイントパネル」によるきっかけづくり

では何故、その部分を“**気づき、考えるためのきっかけ作りの素材**”としないのだろうか。

常套句のような解説文で詳細に情報提供することも間違いではないが、次の一文だけの問いかけでも、充分「きっかけ作り」になる。

「これはナウマンゾウの全身骨格です。さあ皆さん、生きているゾウを想像してください。何か不思議に感じるところはありませんか。」

モノと対話している子どもたち

この問いを投げかけられた見学者は、少なくとも「生きているゾウを想像する(実体験ではないとしても、テレビや図鑑等から得た間接的体験でも可)」、「脳裏に映像化した現生種と目の前の骨格を比較する」、……、といった過程を踏む。つまり、**思考し、モノを観察する行為**に出る。

人により時間差はあるが、この観察過程が**「モノと対話する間」**である。さらに、観察しながらスケッチしていく行為が理想的であるが、その過程を経ていないとしても、多くのことに気づくことになるであろう。

逆に、常套句の解説文だけの場合は、懸念される点が二点ある。

一つは、長文の解説を敬遠し、読む行為まで到達せずに、「大きいねー」で素通りする例。

クジラの骨格との対話→何に気づくだろうか

今一つは、読む行為に達したとしても、文章を読むことで満足し、理解したと錯覚してしまう例である。さらにこの場合は、読む行為に熱中するばかりに、肝心のモノ(展示資料)は見ていないことが多い。

当然、展示を構築する際、全てがこういった構成では、不親切で分かりづらい展示という評価を受けることになるだろう。しかし、展示の相乗効果や、教育効果を上げるためにも、**解説媒体の抑揚**は必要である。

重要なことは、展示室が学芸員にとって研究成果の公開の場であるのと同時に、見学者にとっては、**何かを発見し、感動を得る場である**、ということを忘れてはならないことである。

註1「21世紀型博物館評価制度の課題と提言──その導入、そして博物館の変革に向けて──」
(平成19年度笹川科学研究助成　研究番号19-816G　新　和宏 2008.2)

展示解説「地層について学ぶ」

3. 学習内容による諸形態

前項において、学びの場の設定による形態、および、利活用すべき博物館の財産(資料・人材等)による形態について解説するとともに、その課題等についても提起した。

次に、学びの場をどこに設定するかは教員の考え方により選択するとして、「学び」を具現化する際、どの教材(学習内容)で実践していくかについて、いくつかにカテゴライズした形態を、その課題とともに提起してみよう。

ただし、ここでも、**学校と博物館、教員と学芸員とが、文字通り連携した形態で事業推進にあたることは必須条件**である。

映像を併用した展示解説

パターン1　展示解説

「収蔵資料の利活用」でも説明した展示室における「学び」である。

学びの手法は、指導者(学芸員・教員)による解説から、ワークシート等を併用したプログラム、資料の観察を主体としたスケッチ、……等々、多岐にわたる。

展示室を舞台にすることから、「学び」の中心となる資料や展示手法等において博物館側のメッセージ(情報)を直接得ることができるだけでなく、他の資料や展示との比較、関連性、そして、検証・考察が可能となることから、「学び」を多角的にかつダイナミックに創出することができる。

当然、この形態の場合は展示が「学び」の素材となることから、博物館側としては、前述のとおり、「気づき、考えることができる展示」を構成しているかが重要であり、一方、学校側は、「展示を見て何を発見して(学んで)ほしいか」を明確に設定して学習にあたることが必須である。

さらに、博物館側は、2011(平成23)年度から実施された新学習指導要領に即した教科書改訂に伴い、教員が学習指導計画を構築する際、個々の展示資料が、どの学年の、どの教科の指導に活用可能か等について、容易に把握することができる展示手法を検討、導入することも期待されている。

バックヤードにおける学び

パターン2　バックヤードツアー

バックヤード、つまり、博物館の裏方部分(本来、利用者側は立ち入ることができない部分)を「学び」の素材とする形態である。

海の生物に触れてみる

バックヤードであるところの収蔵庫、荷解室、燻蒸室、資料点検室、展示工作室、空調室・機械室等々、そして、何よりも学芸員が文献調査や計測、実験、論文執筆等をおこなう研究室等は、研究活動の基盤であるとともに、博物館自体の運営・事業展開の根幹を成す領域である。

これらの場所は、本来、博物館職員にのみ使用が許可された領域であり、収蔵資料の適切な保存環境の維持と管理上の安全性、研究の特異性、情報の隔離性等にかかるリスク・マネージメントを考慮すれば、可能な限り部外者の立ち入りは避け、むしろ、閉鎖された空間であることが望ましい姿と言える。

化石を見つける！

しかし、秘密裏になればなるほど、立ち入りが禁止であればあるほど「知」の欲求は強まるものである。そして何よりもこのバックヤードは、表舞台にはない非常に魅力的な姿を見せてくれる領域である。ここでは、先に記述した氷山全体を見渡せる格好の場であるばかりでなく、学芸員一人一人の研究を支えるプロセスを垣間見ることができる点においても、「学び」には欠かせない領域である。

パターン3　講座・ものづくり・ワークシート等

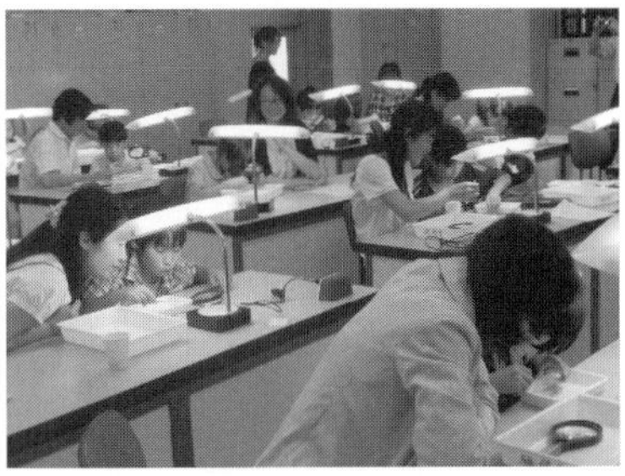

微少貝を見つける(県生涯学習課との共催)

博物館の講座や観察会、体験教室、ワークシート等を活用する形態であり、これらの事業に参加することで、「学び」を展開する手法である。

実施するプログラムの種類にかかわらず、教員と学芸員が、設定・構築したテーマ・内容で児童生徒と向き合い、学習することができるため、深いレベルにまで「学び」を掘り下げることができる。

さらに、これらの事業を起点として、展示室学習、バックヤード学習、フィールド学習等の別領域へ発展させていくことが可能であることから、発展性のある学習プログラムとしても挙げることができる。

さて、このように「学び」のプロセスを、多角的に、かつ、多機能的に展開していくことが可能なカテゴリーであるが、実際の学習事例を検証していくと、**博物館側における大きな課題**が浮き彫りになってくる。

好評だった市民企画による「ものづくり」

その一つが、主流を占める「ものづくり」に関する手法である。

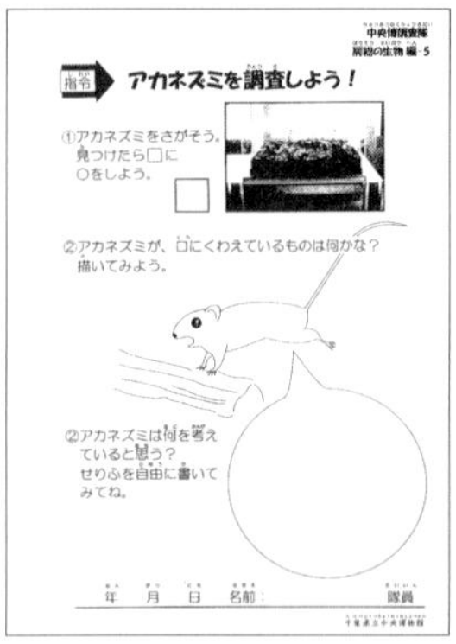

中央博調査隊ワークシート
（自らが考え、発見する形態）

博物館の使命に沿った「ものづくり講座」は、学校や地域の子供会等が博物館において「何か体験する」際の定番メニューと言える。

この「ものづくり」の種類は非常に多岐にわたり、科学的(化学的)な工作や実験、キットの組み立てと完成品によるプレイゲーム、音楽や美術に関する創作、地域や郷土の特産物を使用した料理教室、民具・工芸品の制作、……等々、多彩である。

しかし、数多くあるこれらのプログラムで多く見ることができる傾向が、**「単なるものづくり」に終始している講座**である。

同様の「ものづくり講座」を実践している教育施設として公民館があるが、博物館と公民館との相違点は何か。

それは、学術的な専門領域で研究をおこなっている学芸員の有無である。

「ものづくり」を展開していく中で、学芸員の役割は、「その作ろうとしているモノ」の背景を明確に解説することである。この解説とは、「ものづくり」の組み立て方法や制作方法、調理方法等ではなく、まさに、その作ろうとしている「モノ」が有しているバックグラウンドである。

このバックグラウンドの例は、次のようなことを挙げることができる。

○科学的(化学的)・物理的な原理・現象等

○物理学・化学・生物学・地質学等の学術的な裏付け、研究史等

○モノが有している地域・時代的な背景と特質、性格、特異性等

○モノがその形態、特産品となった経緯(地域的・時代的)と技術等

この部分が「ものづくり」のプログラムに含まれているか否かで、完成品(目標)が同じであっても、「学び」と「遊び」の違いが生じる。つまり、博物館の「ものづくり」は、モノの制作・完成が最終目標ではなく、**「そのモノ自体の背景全域を知ることができるプログラム」**として、構築されたものであるべきである。

次に、ワークシートについて言及してみよう。

前記の「ものづくり講座」と同様に、博物館の学習プログラムの中で定番と言えるのがワークシートによる「学び」である。

利用者がワークシートを活用して「学び」を展開する場合、その学習効果(理解度・興味関心度)がどのレベルに到達するかは、教員や学芸員の指導方法の在り方に起因されることは当然であるが、何よりもワークシート自体の構成、内容に大きく左右される。

全国の博物館や美術館には、実にさまざまな形態のワークシートが存在しているが、大方、二通りに分けることができる。

一つ目は、いくつかの設問を設定し、それに回答していく形式であり､今一つは、利用者自らが、気づき、発見するプロセスを経て、答えを導き出していく形式である。さらに、この両者には、文字を主体として構成したワークシートと、資料写真やイラスト等を多用したワークシートに大別される。

中央博調査隊ワークシート

このように、多様な形式があるが、実際の「学び」の段階では、その学習に介在する教員や学芸員のかかわり方により、満足度、理解度、学習効果等はかなり差が生じてくる。それゆえ、ここでは、それらの諸形態、諸形式の是非を問題にはしないが、博物館において「学び」を創出することを基軸に考えた場合、ワークシート作成時の留意点は次の点である。

○「何について学ぶのか」、「学習の目的・到達点がどこなのか」等が明

白であること。

〇利用者の学習意欲を促進する装丁(見た目)であること。

〇設問形式あろうが、自らの気づき・発見を優先する形式であろうが、解説パネルやキャプションの文字情報を読むことだけで回答できるのではなく、「博物館の資料・展示」と対峙し、それらを観察することで答えが得られる構成になっていること。

※答えは一つでなくても可の場合もある。

〇文章や語句、〇×の回答形式だけではなく、資料を観察することにより、得ること(発見すること)ができる回答形式を取り入れるとともに、資料をスケッチする(描く)プロセスを取り入れること。

※スケッチすることにより、見るだけでは発見できなかった部分、現象等に気づく。

〇対象としているテーマ、資料に対して、多角的な視点、視野でアプローチすることが可能な構成になっていること。

〇利用者側のメッセージ(考え)が伝えられる項目を設定すること。

〇さらに詳しく学びたい・知りたいと考えた利用者が、何を、どこで、どういう手法で調べたらよいか等、次の学習へのステップアップのヒントが明記されており、その構築ができる流れになっていること。

以上、「博学連携の諸形態」として、【学習する場所による諸形態】、【博物館の利活用素材による諸形態】、【学習内容による諸形態】の各カテゴリーにおいて課題も併せて定義してきたが、「博学連携」を展開する際、基本的な概念として捉えておく必要がある事項を提示しよう。

それは、**実施するプログラムが博物館の既存の事業に限る必要はない**ということである。これは、「博学連携」というカテゴリーで、その趣旨、手法を考え、事業を具現化していく中で、過去・現在に至るまで幾度となく提言し続けているが、一向に改善されない課題である。

前述のとおり、総合的な学習の時間の導入が図られた当時はもとより、それ以前もそれ以後においても、博物館は利用者が活用することができるさまざまな学習プログラムを構築し、併せて、受け入れ体制の強化を推進してきた。

実際、現在の博物館全般を見回してみても、講座やワークシート等を含めた学習プログラムが一例も無い施設を探すことは不可能に近い。

ここで考えなければならないことは、博物館を利活用して「学び」を展開していく主役は、博物館側なのか利用者側なのかということである。

答えは明白で、**「博物館活用の目的を明確にし、博物館で何を学び、何を学ばせたいか」を考え、その目標を達成するための活用内容を構築していく主体は、博物館側ではなく利用者側**である。

ここで課題が見えてくるはずである。

博物館のプログラムが充実していればいるほど、利用者はそれに便乗する。つまり、利用者のプログラム構築の意識が希薄となり、実施主体の逆転現象が生じてくるのである。

ここで再度、筆者論文(2008.2)註1より、博学連携の課題と今後の展開

博物館学実習生によるワークシートつくり

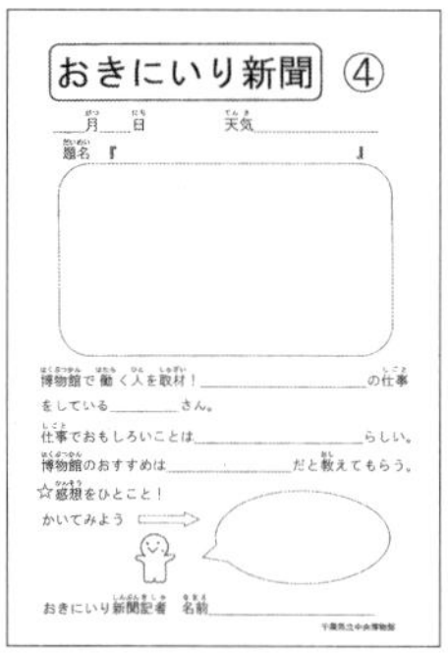

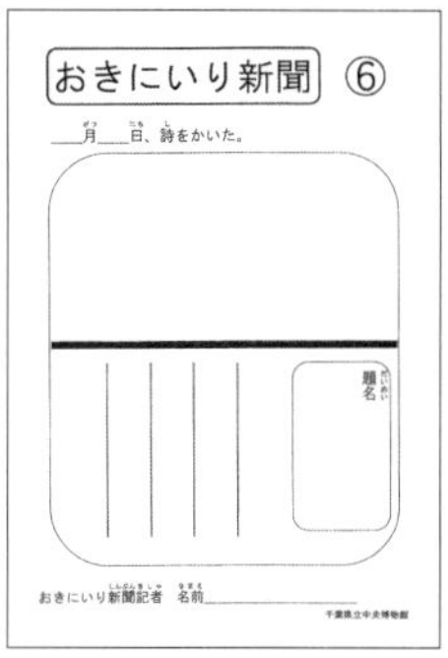

中央博物館の「おきにいり新聞」
(記者になって記事を完成させる)

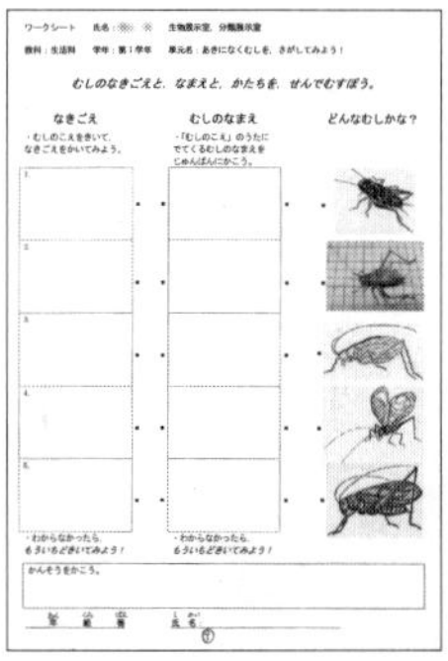

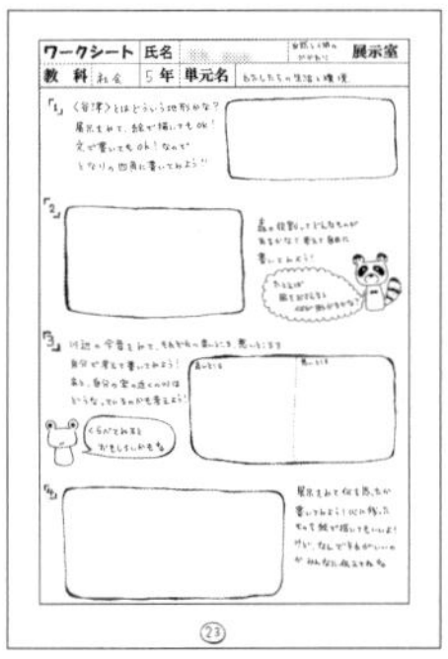

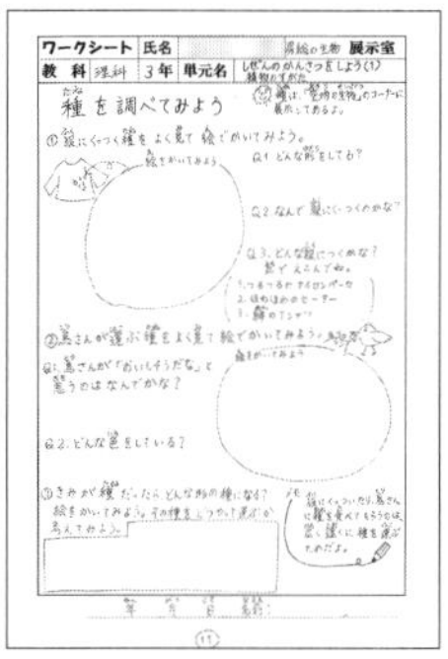

実習生のワークシート

等について抜粋する。なお、一部加筆修正を行った。

【博学連携に関する実態の検証】

「博学連携」の議論で必ず課題となることが両者の意識の違いである。

まず、博物館側の課題として挙げられるのが、次の点である。

①学校教育、社会教育、生涯教育等への認識・知識の不足

②専門性意識の高慢と教育普及事業の遅延

③博物館及び学芸員評価の偏り　etc.

元来、学芸員は、大学や研究機関の研究者と同様に自らの専門分野の調査研究が主体であり、その成果を博物館の研究紀要や学会等で発表し、併せて、展覧会等において一般に公開することを使命・責務としている。

その一方、博物館活動の普及や教育普及、地域との連携等は二の次の事業という考え方や捉え方をしている博物館、学芸員がいまだに多い。

これらの思考や意識が、無意識のうちに地域から博物館を精神的に遠ざけ、俗に言う「博物館は堅苦しく敷居が高い、難しくて専門的なことばかり言っている、どう活用してよいか分からない」といった虚像を、博物館側が自ら作り出しているのではないか……、と推察する。

次に学校側の課題は、次の点である。

①博物館自体に対する認識・知識の不足

②博物館利用の目的が不明確、学習の丸投げ意識の蔓延

③学習プログラム構築意識の欠如と遅延　etc.

博物館を利活用して学習を実施する学校は年々増加傾向にあり、昨今は、アウトリーチの依頼も増加の一途をたどっている状況だが、効果的に博物館利用を実践している学校となると極めて少ない。

まず、「博物館がいかなるものなのか」、「博物館を利用するとはどういうことなのか」等が明白に認識されていない。

次に、博物館利用の目的、学習の目標が不明確な例も多い。

遠足で来るのか、学習主体なのか等により、校外活動の実施方法が異なってくるはずだが、とりあえず何かやろう、といった観が強い。

さらに、**「体験＝制作体験(形になるモノを作る)」の意識・考え方**があまりにも強く、「何らかの完成品」を作って帰らなければ、校外学習の成果は何もなかった(行った意味がなかった)と考えている場合も多い。この思考が、既成のプログラムに安易に便乗する結果を生んでいる。

言うまでもなく、本来、体験とはもっと多岐にわたるはずである。例えば、茅葺(かやぶ)き屋根の民家に宿泊する、竈(かまど)でご飯を炊く、蝋燭(ろうそく)の明かりで本を読む、……といったことも博物館における立派な「体験」である。

以上のように、両者間において諸課題を明確にした上で共有し、理解し合い、解決策を講じていくことは、比較的容易であるともいえるが、その根本的な解決には、もっと違う次元の論議を展開しなければならない。

それは**「我が国における教育システム全体のあり方」**についてである。

ゆとり教育が推奨されたかと思うと、その結果、基礎学力が低下したため、また軌道修正するといった一貫性のないプロセスを繰り返していることから、常に学校教育本体が動揺し続けている。今、改めて説明するまでもないが、ゆとり教育推進と基礎学力向上とが目指すところは異なる。

つまり、最初から相反する方向(目標)を設定しているわけであり、ゆと

様々な体験
(フィールドミュージアムの山の学校)

様々な体験
(フィールドミュージアムの山の学校)

様々な体験(野鳥観察)

様々な体験(児童らによる研究発表)

様々な体験(児童らによるシンポジウム)

り教育推進＝基礎学力低下は容易にシミュレーションできていた。

しかし、昨今の我が国の実態を考えた場合、ゆとり教育は必要である。

一方的な「学び」から脱却し、**児童生徒が学びの課題を設定し、その解決方法や答えを自らの力で導きだし、さらに、このプロセスを通して、「命」、「生きる力」、「生物多様性」等について考える機会とする教育**は、時代や世情、一部の有識者の見解で変更される施策であってはならない。

では何故、軌道修正を余儀なくされることになるのか。

それは、教育方針や課程、教育手法等を変えてみたところで、それを**取り巻く社会情勢や受験制度自体が従来通りで変革されていない**ことが要因であることは明白と言える。

つまり、上述の部分のみ改善しても、我が国の教育システム自体は、相変わらず「偏差値や点数、評価点等」による選考が優先され、「学び」も教科書等を中心とした活字情報を暗記する手法が主流であることから、結果、何も変わらない(変わりようがない)状況を生み出している。

さらに大きな課題は、こういった施策・方針に対して対応策を講じ、一生懸命取り組んでいる学校と教員、博物館等教育機関とその関係者、そして何よりも、児童生徒が翻弄される結果となっていることである。

このように、我が国の教育情勢の課題は多々あるが、その課題に対し、教育界全体が真摯に受け止めた上で、**「誰のための教育なのか」**という根本的な視点に立ち返って議論していくことが必要であろう。

様々な体験(児童らによるシンポジウム)

4. 連携の起点による形態—最初のアプローチは博物館か学校か—

1〜3までの諸形態は、連携の起点が学校側にあるケースで提起してきた。この形態は博学連携のほぼ全域を占める傾向と言える。

しかし、昨今の博物館の使命には、一つの事業を実施するにあたり、博物館側だけの展開ではなく、**市民や学校等の利用者側と一体となり、多角的な視野に基づいて事業自体を構成する**役割が加味されている。

展覧会やシンポジウム等の事業はもとより、運営においても利用者側と連携した構成にすることで、さまざまな可能性が生まれてくる。

さらに、調査研究活動においては、利用者側と連携することで、学術的な視点だけに留まらない研究体制の構築と、その情報を活用した展開が可能となる。逆に利用者側にとっては、博物館と共同で調査研究することにより、地域学をグローバル・レベル(国際水準)に昇華させることができる等、調査研究活動の多様化を図ることができる。

また、博物館と利用者との連携強化は、ボランティア等に代表される人材育成としての教育的メリットの面からも期待することができる。

こういった新しい展開を試みる場合、**連携の起点は、基本的なノウハウを有している博物館側にある方が、業務の遂行上効率的と言える。**

当節では博学連携の諸形態について論じてきたが、博物館を取り巻く状況は日々変革しており、利用者の意識等も多様化の傾向を呈している。

このような状況の中、教育に携わる教員や学芸員、行政等、関係者は、今後ますます多様化することが予想される社会情勢、教育情勢についてタイムリーな情報収集を行うと共に、自らの使命とその実施体制を、常時、見直すことができるシステムの構築と強化を図っていくべきである。

地域との連携
(中央博物館おばあちゃんの畑事業)

市民参画の企画展示
(平成21年生物多様性展)

NPO企画の発表会
(平成21年生物多様性展関連事業)

8-2

博学連携の手順と注意点

新 和宏

教員が「学び」の場を博物館に設定した時点が「博学連携」の起点となる。その一般的な手順は次のとおりである。

ⅰ学習活動計画(校外学習計画)の立案

・学習目的、実施日、来館時間、滞在時間、交通手段、事前事後学習展開等を立案する。

ⅱ博物館への連絡

・上記の情報を伝え、校外学習の概略について打ち合わせをおこなう。

・実踏(下見)の日程調整も併せておこなう。

ⅲ博物館の実踏(下見)

・博物館において、学習内容とその展開方法(プログラミング)、全体の時間配分、昼食場所等について、学芸員と打ち合わせをおこなう。

ⅳ学習指導計画構築

・教員自らの学習指導計画に即して、さまざまな情報収集を図り、見学のしおり、ワークシート等を作成する。

ⅴ学校における事前学習

・児童生徒一人一人に課題をもたせ、学習の予想や観察の観点等を明確にさせ、博物館学習における目標を明確にする。

ⅵ博物館における学習活動

・博物館までの道程において児童生徒の学習意識高揚に努める。

・学習指導計画に即して現場学習を展開する。

ⅶ学習のまとめと事後展開

・学習のまとめを行い、発表会・報告会等により学習成果を児童生徒間で共有する。

・学習目的の達成度の評価等を経て、次段階の学習計画を構築する。

学校における指導案構築

博物館における学び

千葉県立現代産業科学館における超伝導の実験

ここで、ⅰからⅶまでの各項目における留意点を明確にしてみよう。

ⅰは校外学習の最も基礎的な部分といえる。よって、その学習が成功裏に終わるかどうかは、各教員の企画力および実践力によって大きく左右されるが、ここで重要な点は、**余裕をもった校外学習の日程を設定**することである。しかし、実態は欲張った日程構成をしているケースが多い。

昨今、校外学習の数が減少している中、せっかく学外に出るのだから、少しでも多くの場所、施設を活用したいと考えることは当然である。

しかし、こういった日程構成は、移動区間や施設までの道程上、多大なリスクを生み出すばかりか、何より、**児童生徒たちにとっては学習対象が多岐にわたるため、学習の視点が不明確になり、個々の学習効果が希薄**な状態で終了してしまう。

次に、ⅱの留意点は、博物館への打診が校外学習の起点となるゆえ、旅行業者任せではなく、**教員自らが連絡し学芸員と対話**することである。

しかし、実態は、行程をはじめ、学習内容についても旅行業者に任せているケースが多く、その大半が利用目的については希薄な傾向が強い。

ⅲの実踏については、学芸員と、直接、打ち合わせを行う時間をもつことである。学習内容が展示見学のみであったとしても、「何を学ばせたいのか、何を見せたいのか」という**学習の目標を学芸員に伝える**ことで、展示や資料の見所(その学習に適した展示物等)を知ることができる他、「学び」のポイントを明確に設定することが可能となる。

ⅳの指導計画は、校外学習の最も重要な点である。この計画の有無、良し悪しで「学び」の効果は大きく変わる。ここで重要なポイントは、教員が**「学び」の目標を明確にする**ことと、**「学び」を展開する際の、素材(博物館の展示や資料、人材等)の情報を把握する**ことである。

さらに、学習に使用するワークシート、テキスト等がどれだけ工夫されているかも大切である。このことは、前節でも記述したとおり、**教員が「学び」の素材として活用できるものは無限にある**ことを意味している。

教員は自らが設定した学習目標を達成するため、プログラムを一から自由に構築すればよい。学習内容が既存のプログラムを活用することで達成できるのであれば、それも可であるが、本来、教員が自由発想で設定した指導計画案であるならば、100%合致することは希であろう。

そうであるならば、既存のプログラムを利用するのではなく、学芸員と話し合い、**指導案に即した独自のプログラムを構築する**ことである。

続くⅴ、ⅵ、ⅶは、学校における事前学習、博物館における現場学習、そして、学校における事後学習の一連の学習として位置づけられる。

まず、学校における事前学習では指導計画に即した授業の中で、**児童生徒に学びの課題(何を知りたいのか、なぜそうなるのか、どうすればわかるのか等の問題意識)をもたせる**ことが重要である。児童生徒がこの課題をもって博物館に来ることで、学びのプロセスは順調に推移する。

博物館現場においては、**児童生徒自らが課題と対峙することができるよう学習環境を設定**すべきである。

そして、**博物館における指導の主体は教員**であることを忘れてはいけない。学芸員は、あくまで学習支援の補助的な役割を担うべきである。この両者のスタンスが逆転すると、いわゆる**「学びの丸投げ現象」**となり、字面だけの「博学連携」という事業の消化で終わってしまう。

最後に、事前学習や博物館現場における個々の学習の成果をまとめ、発表会・報告会等により、**個々の学びを児童生徒間で共有**する。

これは、児童生徒同士がさまざまな視点や考え方による発見、驚き、感動等を共有するという相乗効果を得ることができる有効なプロセスである。

さらに、教員は、次の学習に向けて取り組んでいくことも重要である。自らの**指導計画を達成するために、博物館等の一現場で完結する必要はない。**というよりも、学習自体を段階的に拡張するとした場合、一現場で完結するとは考えにくい。そこで、次の学習計画を構築し、その計画遂行のための「学びの場」を新たに設定していく。その「学びの場」は、別の博物館、フィールド全般、地域や企業等、多岐にわたる中から自由に選択すれば良い。まさに「学び」の素材は無限である。

併せて、児童生徒に次の学習(課題)に向けて、そのプロセスを考えさせることも、自分たちで課題設定するという「学び」の手法であろう。

博物館における学び(学びのきっかけづくり)

屋外施設における学び(中央博森の調査隊)

学校における事後学習

学校における事後学習

博物館活用の流れ

学校　教　員：学習指導計画

→ 活用依頼 →

博物館　学芸員：展示・講座等企画

↓ 実踏（下見） ↓

博物館　教　員／学芸員：学習内容の打ち合わせ

← 指導計画 事前学習 ←

学校　教　　員：指導計画
児童生徒：事前学習

↓ 校外学習 ↓

博物館　教　　員：学習指導
学 芸 員：講師・助言
児童生徒：博物館学習

→ 事後学習 →

学校　教　　員：事後学習計画
児童生徒：成果等の共有

8-3

博学連携の実際例

新 和宏

当節は博学連携の実例を紹介するところであるが、一般的な博物館と学校の連携ではなく、さらに多様な連携体制を導入した事例を紹介する。

事業は袖ヶ浦市平岡公民館主催の「ひらおかジュニアサイエンスセミナー」といい、小学生を対象とした夏休み科学論文作成支援事業である。

実践事例：「ひらおかジュニアサイエンスセミナー」

1. 事業趣旨

袖ヶ浦市のひらおか子ども広場(子ども理科教室)事業の一環である同セミナーにおいて科学論文作成にかかる指導・助言等をおこない、児童の理科への興味を涵養し、科学論文作成能力の向上を図る。

2. 事業日程および対象

6月～8月までの間で3日間　　小学校3～6学年の児童30名

3. 連携体制

中央博物館、市教育委員会、平岡公民館、市教育研究会理科部会

4. 事業内容

セミナーの内容は、研究テーマの設定、研究の実施方法、データのまとめ方、論文の全体構成とまとめ方について構成している。

1日目：研究テーマの設定と研究(実験、観察、計測等)方法

2日目：研究活動の中間報告と今後の展開(追加調査や実験等)

3日目：研究のまとめと論文作成の最終報告

5. 研究テーマ事例

○「サビを作りやすい気体はどんな気体？」、「地味な建築屋　アリジゴク」、「アメンボなぜ浮くの」、「カメとすごした夏休み～カメのくらしと実験」、「なんでも吸ばん大作戦！ ～究極の吸ばん作り～」

6. 事業の特徴と今後の課題

当事業は、博物館と学校、公民館、教育委員会、企業等が連携し、児童の理科的スキルの向上を図る目的で実施しており、単に、論文作成時の手順やまとめ方について指導することだけが趣旨ではない。

セミナーの導入部では実物の資料に触れさせることで、理科的な興味関心を引き出すとともに、テーマ設定のきっかけづくりの意識喚起を行っている。中でも研究テーマについては、個々の児童がどういった分野に興味関心があり、どういう研究方法(実験、観察)を望んでいるのか等について導き出すところから始める。

また、研究を進めていく中で、調査・実験手法やデータの取り方、表やグラフ、考察の書き方等についても指導している。

以上の実施体制からも検証することができるが、**博学連携の推進に際しては、指導者側のファシリテーター能力とその向上が必要不可欠な機能**であると強く確信しているところである。

導入(研究の展開、まとめ方等を説明)

導入

個別指導

科学論文審査

科学論文展示

第9章　博物館教育をになう学芸員の役割

9-1-1

教育担当学芸員の仕事の多様性 歴史博物館

小島 道裕

1. 歴史展示の特性

歴史系博物館の難しい点は、歴史は実体ではないため、展示や資料を見ただけでは、なかなか意味がわからない、という問題である。展示は物を見せることによって成り立っているが、見せたいのはその物自身では必ずしもない、という重層構造があり、その二つの関係をうまく理解していただかないと、展示の意味が通じにくい。

したがって、教育活動を行うためには、展示や資料の内容自体についての深い理解が必要となり、教育担当者は、展示担当者と緊密な連絡を取り、チームとして活動することが、他の館種以上に求められる。

まず考えられるのは、展示自体に参画すること、もしくは既存の展示を改善することだろう。

歴史博物館は、資料自体というより、資料の背後にある歴史を理解するための博物館だから、かなり説明をしないとわからない。展示担当の学芸員はわかっているかもしれないが、それを伝えるすべには通じていないし、また一方で学芸員の理解を押し付けることは慎まねばならない。

すなわち、観客が自分で資料の意味を開き、自らの歴史像を形作れるように工夫しなければならないのであり、そのような観点に立つなら、自ずとなすべきことは見えてくるだろう。

2. 解説の多様化

歴史系の展示は、どうしても解説が多くなるが、観客はさまざまだから、相手に応じた解説のあり方が必要になる。特に問題になるのは、年齢ないし前提となる知識で、歴史の基本的な知識を学習していない場合である。その場合は、歴史の用語や概念を直接用いない、ないしは解説付きで用いなければならない。ひとつの解説ラベルだけで対応することは難しく、たとえば子ども向けの解説ラベルや、手持ち用の解説を別に作る、といった形で補う必要が生じる。

資料自体も、読み解きの工夫が必要になる。歴史は文字資料で研究される面が強いが、古文書などの文字資料は、内容を読まなければ理解できないため、読みや現代語訳を補う必要がある。

また、絵図のような資料なら、それがどこの場所を描いたものであり、どの部分に何が描かれているのかを示さないと、意味がわかりにくい。

このように、多くの歴史資料は、そのままでは資料の意味自体の理解が困難なため、情報を付加していく必要がある。展示室にパネルなどを置くこともできるし、タッチパネルなどに情報を入れることもできる。

また、展示自体に手を入れなくても、ソフト的に補うこともできる。音声ガイドで聞くことは、資料をよく見ることと相互補完になるので、効果が高い。

解説シートやワークシートは、資料を一見しただけでは気づきにくい理解を促すことができ、歴史資料がもつ意味の多様性を活かして、展示シ

展示資料の写生会

ナリオとは別の面から意味を開いていくこともできる。これもやり過ぎると押しつけになるが、適度な「おすすめ」や「うながし」を行うことで、観客が主体的に見る支援をすることは可能であろう。

なお、資料や展示に直接結びつかないテーマ解説的なシートは、集めるだけで満足しがちになるので、展示と連動したものであることが重要である。

3. イベント系の活動

展示された資料をよく見る、という点では写生は効果が高い。ワークシートに取り入れる他、独立した写生会にすることもでき、参加者が説明し、展示担当者がその意味を補うことで、展示する側と見る側がコミュニケーションをはかることにもなる。

夏休みなどの学校休暇中には、独自のプログラムを用意できる。体験型にする場合は、体と五感を使う体験もできるが、資料を客観的に分析する研究体験も、能動的な歴史像の構築という意味で重要であろう。

学校の先生に「自由研究相談室」のような形で協力していただくと、先生自身に博物館をよく知ってもらい、学校教育とどのようにかかわるかを理解してもらうことにもつながる。

研究体験型プログラム（お金を調べる）

4. 学校対応

日常の学校対応はもちろん、ガイダンスやワークシートなど、どうしたら限られた時間で有効な見学になるか、ユーザーの意見を聞いて開発・改善を進めなければならない。学校の先生方にアドバイザリー・ボードを作っていただき、そこで協議していくとよいが、博物館としての基本は、やはり資料をよく見てそこから歴史像を作ること、である。

具体的には、単眼鏡を貸し出したり、それに向いた観察を促す形のワークシートをつくったり、あるいは事前学習のためのビデオを作ったりすることができる。

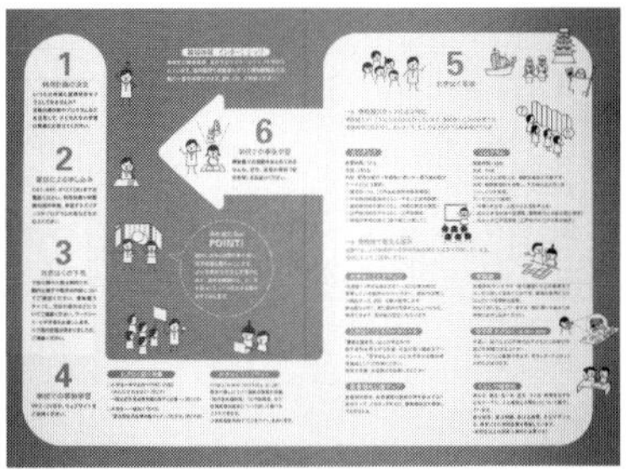
学校向け利用ガイドの例

これらの参考資料は、ホームページにアップしてダウンロードできるようにすることも可能だし、また、デジタル化した資料のデータを適当な解説を付けてホームページに載せれば、教材としてのみならず、資料公開としても意義が大きい。

5. ボランティア教育、講座など

展示室での活動は、ボランティアに一部を任せることもできるが、歴史展示の場合は解釈の余地が大きいため、自説を押し付けるような解説をしないように、十分トレーニングを積む必要がある。体験的なコーナーの運用や資料整理などに限ることもひとつの方法であろう。

展示を用いるものだけではなく、資料自体に関する教育活動も重要である。たとえば、古文書などは、展示室で中身をすべて読んで理解することは時間的にもなかなかむずかしく、むしろ、古文書教室のような形でじっくり中身を読む方がふさわしい。

こうした点では、友の会と講座を開くこともできるし、またそれが地域の文化財調査などに広がる可能性もあるだろう。この他、成人向けの活動としては、講演会・シンポジウムなどの企画運営があるが、これもやはり、テーマ的に資料や地域の問題と密接に関係する活動といえよう。

9-1-2

教育担当学芸員の仕事の多様性 科学館

島 絵里子

1. 展示や実物資料を通して生まれる交流

今、目の前にしている展示や実物資料。一緒に見ている友人や家族。そこで出会うボランティアや学芸員。展示を見ることで、まわりの人々との会話がはずみ、さまざまに発見をし、疑問が湧いてくる。そして再度、展示を見つめ、感じる。実物資料を見つめることで、いろいろな思いや会話、交流が生まれる。このように、博物館に集まった人々が、このとき、この場でしかできないことを体験し、出会い、つながっていく――このような「場」をつくること。これが、私がいつも大切に意識していることである。

2. 博物館体験プログラムの開発と実践――交流を生み出す――

2007(平成19)年から2010年にかけて、千葉県立中央博物館(以下:中央博)において開発、実践を手がけてきた博物館体験プログラム(以下:プログラム)を紹介したい。

2.1 プログラム開発のねらい――博物館の資源を活かす――

中央博は、房総の自然誌と歴史に関する総合博物館であり、50名もの研究員がおり、収蔵資料も豊富にある。また、小学校などの子ども団体の利用が多い。しかし、私が採用された当時は、子どもたちは展示室を回ることに精一杯で、中央博の魅力が十分には伝わっていない様子だった。そこで、子どもたちが博物館の資源を活用できるように、学校等の団体向けにプログラム『中央博調査隊』を開発した[1]。プログラムづくりにおいて大切にしたことは、**子どもが、展示、子ども同士、博物館ボランティアと相互にやり取りをしながら、中央博の資源や魅力を体験できる**、ということである。このようなプログラムを通して、**子どもたちの発見や疑問、興味・関心を引き出し、「なぜ？」「好き！」「楽しかった！」「また来たい！」という思いへ**とつなげたい。そして、ここでの経験が、**子どもたちの日常と、自然や歴史の面白さ、楽しさを結びつけるきっかけになる**ようにしたいと考えた。従来のように博物館の知識を一方的に伝えるのではなく、子どもたち一人ひとりが主体的に、自由に楽しく、発見し学んでいくことのできるプログラムを目ざした[2](図1)。

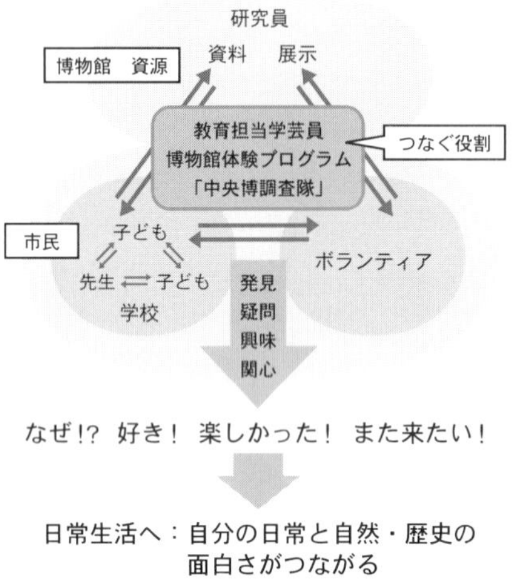

図1 博物館体験プログラム『中央博調査隊』開発のねらい

写真1 ワークシートによって子どもと展示との対話および子ども同士の交流が促進される

2.2 プログラム概要

『中央博調査隊』では子どもたちが博物館の探検・調査をする「隊員」になり、ワークシート(以下:シート)をときながら展示物を観察する。そして、1枚とき終わるごとに、博物館ボランティアや教員に自分たちの発見を報告し、シートに関連する本物の標本に触ったり、間近で観察する。博物館ボランティアや教員は質問を投げかけながら、子どもたちの発見や感動をどんどん引き出し、子ども自身の言葉で表現してもらう。中央博調査隊では、この「**対話する**」「**実物にさわる・観察する**」時間が活動の核となっている。

シートは、展示パネルを書き写せば終わりというものはなく、**子どもたちが展示資料をじっくりと観察でき、さらにそこから彼らの自由な発想を引き出せる**ようなものにした。また、シートをとくだけではなく、**実物資料に触れ、博物館スタッフとコミュニケーションをとる**「体験プログラム」という形で博物館に親しんでもらい、子どもたちが自然や歴史、博物館に興味をもつきっかけになるように意識した(写真2)。さらに、引率の教員にも協力をお願いし、子どもたちの発見を聞いてもらっている。教員は、子どもたち一人ひとりのことをよくわかっているので、上手にほめ、問いかけ、発見や感動を引き出してくれる。同時に、ふだんの授業とは違う角度から子どもたちの活動の様子に触れられるので、教員が子どもたちのユニークな発想や鋭い観察力に驚き喜んでくれることが多い。このように、博物館ならではの学びをつくり出すと同時に、**学校の教員にも一緒にプログラムに参加してもらう**ことで、より子どもたちの学びが促され、**日常へとつながる**ように心がけた[(3)]。

2.3 ワークシート──探検型と探究型──

シートは2タイプ「探検型」と「探究型」を作成した(図2)。探検型では、子どもは**シートに提示されたキーワードとつながる展示物を自由に探し、選び、観察して、その絵や特徴を描く**。こうして、展示室内をぐるっと回る楽しさ、その中から自分が選ぶ楽しさを感じてもらうと同時に、たとえば生物展示室では、生物の多様性に気づくきっかけになるようにという思いも込めている。探究型シートでは、子どもはシートで指定された**展示物を探し(①)、それをじっくりと観察し(②)、さらに子ども自身がその展示の生き物になりきるなどして自由な想像ができる(③)**ような問いかけにしている。さらに関連する実物資料を用意し(写真3)、**触ったりじっくり観察**してもらい、そこから生き物の不思議などさまざまなことが感じられるよう工夫している。

2.4 実施と改善

プログラムでは、子どもたちはのびのびと楽しそうに活動してくれる。できあがったシートの報告や実物資料に触れながらの会話をとおして、どんどん笑顔になる。家やそのまわりで自分が発見したことも教えてくれて、さらに新たな疑問も発してくれる。プログラムが終わるとそばへ来て、「楽しかった！」「またやりたい！」と感想を伝えてくれる。このような経験を重ねられることは、とても幸せなことだと感じている。

また、プログラムを実施した後は、つねにその内容についてふり返り、同僚やボランティアと話し合いをもちながら、反省点などを改善し、実施と改善を重ねている。

2.5 プログラムの発展──学校向けから個人向けへ。毎日来館する子どもたちの登場──

団体向けに開発したプログラムであったが、来館者が誰でもいつでも参加できるよう個人向けプログラムとしても開設した。すると、夏休み中、毎日参加するリピーターの子どもたちが登場し、子ども同士はプログラムを通して友人になり賑わった。1か月をかけてすべてのシートを終えてしまう子どもや、展示を観察するだけでなく、研究員に取材したり、研究員のミュージアムトークや講座・観察会等に参加したりする子どもも登場した。

写真2　ワークシート、実物資料、解説資料を介して、子どもと博物館ボランティア、教員との交流が促進され、子どもの発見や興味・関心が引き出される

図2 『中央博調査隊』 ワークシート探検型(上)と探究型(下)

写真3　実物資料と解説資料を載せたワゴン。ワークシート1枚1枚に対応した実物資料があり、子どもたちはワークシートがおわるごとにその実物資料をさわったり間近に観察することができる。

3. 学校と博物館を「つなぐ人」―学校連携ボランティアの養成―

続いて、2010(平成22)年から2011年にかけて、国立科学博物館(以下：科博)において担当した、学校連携ボランティアの立ち上げおよび養成について紹介する。

3.1 つなぐ―来館者と展示・資料、学校と博物館―

Hein(1998)[4]によれば、来館者は博物館で意味を創出し、来館者自身の理解を構成することによって学ぶ。来館者の学びを促すためには、来館者と展示をつなぐ仕組みを築く必要があるという。

日本の「学校と博物館」に目を向けると、平成19年度に告示された学習指導要領では、理科や総合的な学習の時間などで、博物館などとの積極的な連携を促す記述がみられる。学校と博物館の連携には、博物館側では、博物館ならではの体験学習プログラムをもつことが大切であること、子どもの対応には特別な知識や経験が必要であること、博物館が学校の利用にこたえる体制をもつことが必要であることが布谷(2005)[5]によって指摘されている。また、小川(2010)[6]によれば、学校と博物館が継続的に連携し、学習活動を展開するには、両者を「つなぐ人」が重要な役割を果たすと考えられるという。

そこで、科博では、**子ども(来館者)と展示・資料をつなぎ、学校と博物館をつなぐ仕組みの一つとして、「つなぐプログラム」の開発、実施及び「つなぐ人」の養成**に取り組んでいる[7]。本節では、「つなぐ人」の養成を目的として開始した、科博教育ボランティアの新たな**「学校連携ボランティア」活動**を紹介する。

3.2 「つなぐ人」養成研修の概要

学校連携ボランティア(以下：ボランティア)の養成においては、国立科学博物館、流山市教育委員会、流山市立向小金小学校の平成22年度連携モデル事業『みつける・しらべる・伝える―向っ子夢ミュージアム―』[8]をボランティア研修の機会とし、子どもたちの調べ学習を支援する活動をおこなった。また、活動の事前、事後、およびその期間内に研修会をおこなった。

事前研修会においては、科博のこれまでの学校連携の取り組みや、学校連携ボランティア活動を始めるねらいについて説明した後、**「子どもの疑問や興味を引き出し、展示・資料の観察や、子どもの日常につなげるには」をテーマに、ワークショップ「聴く&引き出す・つなげる」をおこなった。**実際に博物館に来た子どもの展示に関する質問をもとに、ボランティア2人1組で大人役、子ども役になり、お互いにやりとりをしながら、子どもの疑問や興味を引き出す方法を見出し、参加メンバーで共有していった。

写真4　子どもたちがボランティアと対話を重ね、展示を深く観察する

写真5　子どもたちが展示の前で成果を発表し、友人やボランティア、教員に、学んできたことを伝える

子どもの活動日には、**ボランティアは、子どもたちの調べ学習のテーマや疑問を聞き、一緒に展示を観察し、子どもの興味をさらに引き出していった**(写真4)。子どもたちは、ボランティアと対話を重ねることで、展示を深く観察し、考え、学校に戻ってはふりかえり次回博物館で調べることを整理するというように、学習を続けた。最後の来館日には、子どもたちは博物館の各展示の前で学習成果を発表し、友人やボランティア、教員に、学んできたことを伝えた(写真5)。

事後研修会においては、半年間の活動をふりかえり、得られたことや課題を参加メンバーで共有した。

3.3 研修を終えてみえてきたこと

ボランティアからは、「子どもの学習を支援することで、子どもの視点、疑問が刺激となり、自分自身が楽しみながら学んだ」という声や、「研修時に示された子どもへの対応の仕方は、通常のボランティア活動に有効に生かせる」、「継続して見学する、テーマをもって見学するとはこんなに有益なのだとよく分かった」との感想が寄せられた。

「つなぐ人」の養成研修においては、**(1)博物館教育の特性をふまえた博学連携のねらいの理解、(2)学校の教育活動の理解(学習指導要領等)、(3)子どもとの対話(子どもの疑問や興味を引き出し、展示・資料の観察や、子どもの日常につなげる)、(4)学習プログラムの習得**の内容で整理し、今後はさらに研修内容を精査していきたいと考えている。

4. おわりに

展示や実物資料を介して、いろいろな人々がつながっていく。博物館が、このつながるきっかけをつくり、人々の思いを引き出し、その人が輝く場、学びの場であれるように。一人ひとりを大切に、日々の仕事に取り組みたいと考えている。

本文注釈および参考文献

(1) 旧個人向けプログラム『中央博調査隊』から名前とイラスト、ワークシートの一部を引き継いだ。また、中央博附属生態園の子ども向けプログラム『森の調査隊』を参考にして、開発を進めた。森の調査隊については、浅田正彦（2006）「自然体験プログラム「森の調査隊」のわけ――その３　学校連携、ボランティア活動への発展――」『ミュゼ』74：28-29を参照。
(2) 島絵里子（2009）「結ぶ・つなぐ・伝える」田中若代編著『素敵にサイエンス　先生編』近代科学社：162-185を参照。
(3) 島絵里子（2009）「展示解説員から体験交流員へ――知識の伝達から双方向交流への転換――」『日本ミュージアムマネジメント学会会報』No.53, Voi.14、No.2：28-31を参照。
(4) George E. Hein（1998）*Learning in the museum.* Routledge.
(5) 布谷知夫（2005）博物館の理念と運営－利用者主体の博物館学. 雄山閣.
(6) 小川義和（2010）新学習指導要領と博物館の利用. 博物館研究. Vol.45 No.1：2-5を参照。
(7) 国立科学博物館（2011）平成22年度国立科学博物館・流山市立向小金小学校連携モデル事業「みつける・しらべる・伝える――向っ子夢ミュージアムわくわくたんけん隊――」実施記録を参照。
(8) 島絵里子（2011）「博物館を効果的に見学するには」国立科学博物館編著『授業で使える！博物館活用ガイド――博物館・動物園・水族館・植物園・科学館で科学的体験を』少年写真新聞社：14-19を参照。

9-1-3

教育担当学芸員の仕事の多様性 美術館

稲庭 彩和子

展覧会場でのライブ

1. 美術館を社会とつなぐ学芸員の役割

美術館学芸員の業務の中で教育普及活動は最も来館者に近く位置する仕事だ。学芸員は教育普及活動の業務に携わる過程で、美術館の社会的な役割について、自ら我がこととしてかかわりながら考える必要がでてくる。社会と美術館活動のかかわりについて常に関心をもち、情報をアップデートできる能力が求められる業務である。

欧米のある博物館では、新任の学芸員は最初に教育普及部門で研修として数か月仕事をするという。これは、大学院で美術史などの研究をおこなってきた新米の学芸員が、そのまま各自の専門の部署に配属されてしまうと、美術館が人々とどのようにかかわり合っているか実感としてつかみにくいため、社会における美術館の役割について考えやすい教育普及部門でまず研修をするのだという。

日本の美術館における教育普及活動の重要性や専門性は長らく軽視されてきた。美術館の公的役割についての議論が、日本においては希薄であることがその背景にある。また、美術館学芸員の多くが専門として学んでいる美術史は学問として蓄積があり研究者の層も厚く、世の中に評価される土壌がある一方で、美術館の教育普及活動という現場で磨かれる専門性は、実学としての研究者の数も少なく、その専門性を評価する人材の層や、客観的な評価の場が十分熟していないのが現状である。

しかしバブル崩壊以降、公共セクターがおこなう業務の見直しがおこなわれ、公的資金で運営されている美術館が社会で果たすべき役割が検証される機会が増加した。そのことで美術館を支える市民、行政など広く利用者(ステークホルダー)の視点との橋渡しをする教育普及活動の役割に関心が広がっていった。こうした流れと同時に1980～90年代頃より活発になっていった美術館における教育普及事業の実績が次第に実って関心をもつ世代も育つなど、いくつかの要素が相まって、美術館と社会の接点を広げるこの分野の重要性が近年になって意識されてきた。

2. 教育普及業務とその専門性

日本の美術館では、教育普及分野の業務を専門として分業している学芸員は国立や一部の公立美術館に限られ、多くの美術館では、学芸員が展覧会業務などとともに教育普及事業を一体的に担っている。しかし、学芸員が教育普及業務に関して学ぶ機会は多くはなく、関心をもつ学芸員が展覧会業務と平行しながら自主的に自己研鑽を積むか、または担当を命じられた学芸員がまったく自分の専門ではないと感じながらも、業務を通して試行錯誤しているのが現実である。美術館の教育普及分野で国内外でどのような試みが行われているのか知るにも、専門の書籍は少ない。その中で主に国内の教育普及活動の事例を次々と取り上げたミュージアム・マガジン『DOME』(1992年〜2006年)は日本の美術館の教育普及活動を知るのには欠かせない雑誌であった。また、学芸員のネットワークとしては、全国美術館会議(2011年現在全国の国公立私立の363館の美術館加盟)の教育普及研究部会が活発な活動をおこなっており、年2回の会合や研修会などで、国内外の事例を検証するなどして、その報告書も刊行している。この分野の専門書が少ない現状の中で、貴重な参考資料となっている。

3. 鑑賞教育と学芸員の役割

ひとりでじっくり鑑賞する

第5章の美術館(p.108)でも取り上げたが、美術館の教育普及活動は第5章図1や図2のように多岐にわたる。また、ミュージアム・リテラシー向上を図るプログラムの推進や、地域連携など行政に対するアドボカシー活動も教育普及を担当する学芸員の仕事の重要な側面だろう。しかしさまざまな博物館の業務を考えたときに、他の博物館にはない特に美術館に特徴的なのは、鑑賞教育に関する仕事だろう。

文部科学省が示した新たな「学習指導要領」(小学校では平成23年度、中学校では平成24年度から完全実施)には、図工や美術の授業で「鑑賞」の充実や美術館との連携が明記された。このことにより、学校現場での鑑賞教育に対する関心が高まり、美術館への来館や鑑賞教材の貸出しの問い合わせが増加している。図工・美術の専科の教員など美術鑑賞にもともと関心が高い教員からの問い合わせも多いが、鑑賞の授業をどのようにおこなったらよいのか途方に暮れている教員もいるのが現実である。特に小学校の図工専科でない教員の場合、美術鑑賞に対して苦手意識をもっていることも多く、そうした教員から美術館に連絡があった場合、どのようにサポートをするか課題である。

アーティストの話を聞く

神奈川県立近代美術館では、団体で来館する場合はできれば引率の先生の事前見学を勧め、当日の展覧会場内での具体的な活動スケジュールを組むところまで相談に乗っている。初めての展覧会場である場合、先生は児童生徒たちへ与える課題と具体的な会場内での動きについて、案が浮かばないことも多く、学芸員はこれまでの事例などを話し、先生の希望の授業内容との擦り合わせをしていく。必要な画像を貸し出し、当日までに先生が工夫をしてワークシートの用意をしてくることもある。事前に先生と学芸員が一緒に展覧会場で鑑賞をしながら、当日の児童生徒への声かけについての意見交換などをするうちに「鑑賞するには先生が事前に知識をもって児童生徒にレクチャーをしなくてはならない」というような鑑賞学習の誤解をほぐすこともできる。

来館ではなく貸出し教材を通しての鑑賞学習の場合も、電話でのケアの他、授業事例を掲載した印刷物を教材とともに送るなどして、なるべく具体的にサポートをする。教員側からは授業後に、他の教員のために参考になればと児童生徒たちの鑑賞の様子や実施した指導案を美術館に寄せてくれることもあり、学校と美術館の連携はそのような形で緩やかに豊かになっていく。鑑賞教材『Museum Box 宝箱』に関しては美術館と教員が連携をして学校で実践された授業案をウェブ上で掲載し、手軽に参照できるようにしている。また、教員向けのワークショップ型の研修を夏休み期間などに開き、実践と理論を深められるようにしている。

9-1-4

教育担当学芸員の仕事の多様性 動物園

赤見 理恵

市民にとって、動物園はとても親しみやすい博物館の一つだろう。しかし博物館であるという認識が十分にされているとは言い難い。佐々木(1975)は、日本の動物園はヨーロッパのZoological Gardenを見本とし博物館の附属施設として始まったが、「戦後の新しい動物園の多くは幼児向きのもの、あるいは安直な大衆娯楽施設として発足した」と指摘する。そんな中、1956(昭和31)年に設立された財団法人日本モンキーセンター(以下JMC)は登録博物館として登録され、学芸員が教育活動にあたった。石田(2010)によると、その後1973(昭和48)年には上野動物園と多摩動物公園に普及指導係が置かれ、平成に入ってよこはま動物園やいしかわ動物園などいくつかの動物園で教育を担当する部署が設けられた。

JMCは動物園としては唯一の登録博物館であり、現在4名の学芸員が在籍し、多岐にわたる仕事を担っている(表)。また自らの研究に加え死亡個体の標本化や研究利用受入れを担う研究員も在籍し、動物管理を担う飼育員や獣医師とともに、博物館活動には欠かせない存在となっている。

■収集・保存
- 飼育動物から派生する資料(写真、映像、手型足型等)の収集と保存
- 死亡した動物の標本化と保存(骨格、皮革、臓器、寄生虫など)
- 霊長類に関する民俗資料や図書、新聞記事の収集と保存
- 地域の自然や環境に関する資料や情報の収集と保存

■調査・研究
- 動物自体に関する調査研究
- 展示方法に関する調査研究
- 教育活動に関する調査研究
- 地域の自然や環境に関する調査研究

■教育
- 展示(常設展、特別展、動物舎前の解説パネル等)
- ガイド等の教育的イベントの企画・実施
- ガイドブックやセルフガイド、ワークシートなどの作成
- 団体向け教育プログラムの実施とコーディネート
- 学校や文化センター等へのアウトリーチ活動
- 学校と連携した授業づくりや教材開発
- 教員研修会の実施および受入れ
- 博物館実習や職場体験学習の受入れ
- レファレンス(窓口、電話、メール等)
- メールマガジンやWebサイトでの情報発信
- 大人向け連続講座の開講
- 子ども向けキャンプの指導
- 地域の企業や団体など外部組織と連携した教育イベントの企画・実施
- 写生大会やフォトコンテストの企画・実施
- 自然素材を使った工作を通じて行う五感教育
- 各種教育活動の評価・改善

■その他
- 広報・取材対応
- インフォメーション(窓口、園内放送、電話対応等)
- チラシ等の宣伝物の作成
- オリジナルグッズの開発・制作・販売
- ビジターセンターの日常管理(掃除、除草等)

表　日本モンキーセンターの学芸員の仕事(代表的なもの)

1. 動き、生まれ、死んで、再び保存される「資料」

動物園が扱う資料の特徴は、なんと言っても「生きている」ことである。展示にあたっては、動物の健康に配慮することはもちろん、「どんな姿を見せたいのか」という方針が大切である。たとえば2006(平成18)年にオープンしたモンキースクランブルでは、3種のサルが来園者の頭上を行き来する(図1)。樹上生活に適応した3種の行動や体の使い方を観察し科学的理解を深めるだけでなく、頭上で悠々と活動する姿を仰ぎ見ることで、驚きや感動も伝えたいと願って実現した施設である。

動物はいつも思い通りの姿を見せてくれるとは限らず、ガイド等の場面では動物の動きに合わせた臨機応変さが要求される。一方で常に変化していることを利用した教育プログラムもある。大人向けのプログラム「行動観察入門」では、参加者が観察したデータを持ち寄り、個体比較、種間比較をし、考察する。得られたデータは他にはないオリジナルのものであり、自ら観察したことを語り合い共有し比較する楽しさを体験することができる。

JMCでは動物が死亡すると、ほぼすべての個体を標本として残してきた。設立から55年で蓄積された標本は、骨格標本で4,060点、液浸標本で6,264点にのぼり(平成22年末現在)、年齢や生前の記録が付随した飼育霊長類の標本コレクションとしては世界一と言ってよいだろう。これらは研究者に利用されるだけでなく、教育への活用も試みている(2.にて後述)。

2. 学校教育との連携

学校団体を中心に、年間約160件1万人以上が教育プログラムを利用している。学芸員が窓口となり、学芸員によるレクチャー(図3)、飼育員に

よる紙芝居や動物舎前でのガイド、小動物ふれあい施設での体験などを組み合わせて、学校ごとにオリジナルの教育プログラムを作り上げていく。事前打ち合わせではいわゆる「おまかせ」にならないよう、団体の指導者には学習のねらいを明確化してもらい、時には事前事後学習まで踏み込んで子どもたちの体験を有意義なものとするために努力している。また団体の指導者への事後アンケートを実施し、評価・改善に取り組んでいる。

学習指導要領を踏まえたプログラムもある。たとえば中学校理科「動物の生活と種類」では、ヒトとサルの骨格を比較し共通点や特徴を学ぶプログラムを教員とともに開発した(図4)。来園の事前もしくは事後に学芸員が標本をもって学校を訪問し、数回にわたる授業を実施することもある。

このような連携は教員とのコミュニケーションから生まれるものであり、学芸員は地域の学校にしばしば足を運んでいる。またJMC主催の教員研修会を年に数回開催したり、教員らが組織する研修会を受け入れたり、講師派遣なども行っている。

3. 来園者、そして広く利用者へ

動物園には多様な来園者が訪れる。特にJMCは遊園地を併設しているため、遊園地のついでに動物園に立寄ることも少なくない。そのため一聞して興味がもて、楽しみながら学べる話題を提供するよう心がけている。特別展は、標本やパネルだけでなく多くの生体を展示し、狭いスペースながら変化に富んだ展示となっている(図5)。

学芸員が園内で実施する教育活動としては、ミニレクチャー、園内でのガイド、園内をまわるクイズラリーの制作と受付、森の工作室の受付などのほか、夏休みの自由研究向けに骨のレプリカ作りなども実施している。小学4～6年生対象のキャンプは1泊2日でレクチャー、飼育体験、夜と朝の貸切動物園ガイドなどを体験するもので、主に学芸員が指導している。大人向けには6か月の連続講座「モンキーカレッジ」を開講し、第一線で活躍する研究者からじっくり学ぶことができる機会を提供している。

学芸員と飼育員が協力して展開する教育活動もある。たとえば「○×クイズ」は200名まで参加できる大人数対応プログラムで、進行役の飼育員と博士役の学芸員が掛け合い形式でクイズ大会を進めることで、ゲーム感覚で楽しく学ぶことができる。

利用者は来園者だけではない。文化センター等と協力して園外で講座を開講することもある。Webサイト制作やメールマガジン発行、マスコミからの取材や問い合わせも教育活動の一環と捉え、学芸員が対応している。

JMCの学芸員はレクチャーやガイドなどまさに教育といった仕事から、案内窓口業務やチラシ作成、グッズ開発、取材対応など一見教育とはみなされにくい仕事まで、幅広い仕事を担っている。「学芸員は雑芸員」と揶揄されることもうなずける。これには良い点も悪い点もあろうが、利用者が接するさまざまな場面に学芸員がかかわることで、動物園での体験全体を学びの楽しさにあふれたものにできるのではないだろうか。

図1　頭上にサルを見上げる、モンキースクランブルでのガイド

図2　学芸員が常駐しているビジターセンター

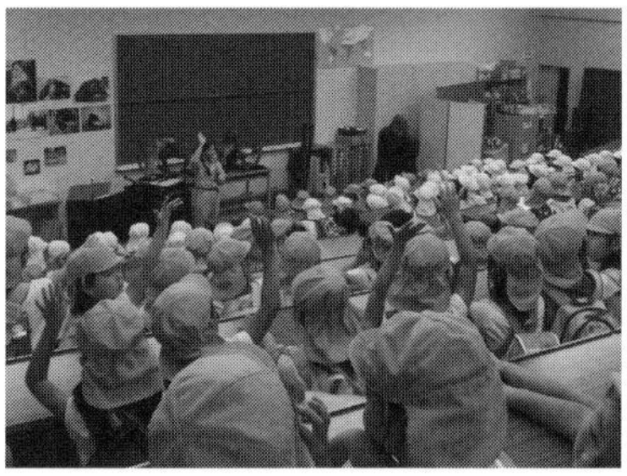
図3　学芸員によるレクチャーの様子

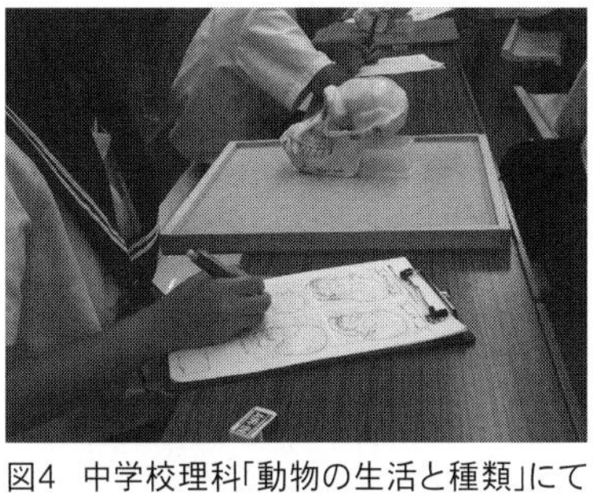
図4　中学校理科「動物の生活と種類」にて骨格標本をスケッチする

図5　2010年開催の特別展「進化の異端児・有害有毒生物展」

参考文献

●佐々木時雄(1975)『動物園の歴史──日本における動物園の成立』西田書店
●石田おさむ(2010)『日本の動物園』東京大学出版会

9-2

学校教師との違いにみる難しさ

梨本 加菜

1. 学校の教師はどのような専門職か

1.1 学校教師の身分・資格

日本の博物館は社会教育施設として教育行政のなかに位置づけられている。また、多くの公立館は教育委員会が所管している。広義に博物館は、学校と同じように公的な教育施設であり、学芸員も学校教師と同じく「教育」を担う専門職と言えよう。

では、学芸員と学校教師に求められる専門性は、どのような相違があるのだろうか。そもそも教師とはどのような専門職なのか。

学校の教職員は法律上は「教諭」であり、事務職員と区別して「教員」と呼ばれる。特に公立校の教員は、地方公務員に加えて「教育公務員」としての責務を負う。もっとも国立、私立校の教師も「公共の利益」のために奉仕する専門職であることにかわりはない。

授業だけでなく、クラスの運営や学校行事、部活の指導も重要である。進路指導や委員会などの校務、PTAなどとの協力関係もある。このように子どもを直接、間接的に支えるプロフェッショナルが「教師」である。

1.2 学校教師の養成・研修

学校教員の免許は、幼稚園、小学校などの校種や、中・高では国語、数学などの教科に分けられている。また大学などで得られる一種、二種免許のほか、上位免許として大学院レベルの専修免許がある。

表1は、小学校教論の一種免許を取るための大学の科目群である。この他、憲法や各教科の授業、社会福祉施設などでの介護等体験などが必

教職に関する科目		単位数
教職の意義等に関する科目	・教職の意義及び教員の役割 ・教員の職務内容(研修、服務及び身分保障等を含む。) ・進路選択に資する各種の機会の提供等	2
教育の基礎理論に関する科目	・教育の理念並びに教育に関する歴史及び思想 ・幼児、児童及び生徒の心身の発達及び学習の過程(障害のある幼児、児童及び生徒の心身の発達及び学習の過程を含む。) ・教育に関する社会的、制度的又は経営的事項	6
教育課程及び指導法に関する科目	・教育課程及び編成の方法 ・各教科の指導法 ・道徳の指導法 ・特別活動の指導法 ・教育方法及び技術(情報機器及び教材の活用を含む。)	22
生徒指導、教育相談及び進路指導等に関する科目	・生徒指導の理論及び方法 ・進路指導の理論及び方法 ・教育相談(カウンセリングに関する基礎的な知識を含む。)の理論及び方法	4
教育実習		5
教職実践演習		2
教科又は教職に関する科目		10

表1　大学での小学校教論一種免許状取得に求められる教職専門科目

必要事項	到達目標
使命感や責任感、教育的愛情等に関する事項	・教育に関する使命感や情熱を持ち、常に子どもから学び、共に成長しようとする姿勢が身に付いている。 ・高い倫理観と規範意識、困難に立ち向かう強い意志を持ち、自己の職責を果たすことができる。 ・子どもの成長や安全、健康を第一に考え、適切に行動することができる。
社会性や対人関係能力に関する事項	・教員としての職責や義務の自覚に基づき、目的や状況に応じた適切な行動をとることができる。 ・組織の一員としての自覚を持ち、他の教職員と協力して職務を遂行することができる。 ・保護者や地域の関係者と良好な人間関係を築くことができる。
幼児児童生徒理解や学級経営等に関する事項	・子どもに対して公平かつ受容的な態度で接し、豊かな人間的交流を行うことができる。 ・子どもの発達や心身の状況に応じて、抱える問題を理解し、適切な指導を行うことができる。 ・子どもとの間に信頼関係を築き、学級集団を把握して、規律ある学級経営を行うことができる。
教科・保育内容等の指導力に関する事項	・教科書の内容を理解しているなど、学習指導要領の基本的事項を身に付けている。 ・板書、話し方、表情など、授業を行う上での基本的な表現力を身に付けている。 ・子どもの反応や学習の定着状況に応じて、授業計画や学習形態等を工夫することができる。

中央教育審議会答申「今後の教員養成・免許制度の在り方について」(2006年)より作成
「教職実践演習」は平成22年度課程認定大学入学生より適用、最終学年の後期に実施

表2　「教職実践演習」の必要事項・到達目標一覧

須である。4週間の教育実習に加え、2010(平成22)年度より教職課程の学びのブラッシュ・アップを行う「教職実践演習」がおかれることとなった。教育実習前の学習ボランティアをうながす自治体もある。公立校教員は、採用後は2回の法定研修の他、管理職対象の研修や民間企業などでの社会体験など、国や自治体による各種の研修がある。2009(平成21)年度より教員免許の有効期間は10年間と定められ免許状更新講習も導入された。学芸員と比べ、養成・研修システムはかなり厳しい。

1.3 学校教師に求められる専門性

近年は国や自治体が、「望ましい教員像」や養成・採用の要件を相次いで示している。表2は、新設の「教職実践演習」に関して示された目標であるが、国の指針と考えてよいだろう。いわゆる授業のスキルだけでなく、使命感や情熱、社会性・協調性、コミュニケーション能力など、人間関係や職務環境を築く資質が求められていることがわかる。

2. 学校教師と比較した際の学芸員の専門性

2.1 学習支援者としての学芸員

学芸員を「教育」の専門職と考えると、学校教師のありようはきわめて示唆に富む。英国の博物館教育研究者のアイリーン・フーパー＝グリーンヒル(Eilean Hooper-Greenhill)は、博物館職員は、コレクションに関する専門知識・技術に加え、学校や大学、コミュニティ教育での指導経験が豊富な人物が理想だとする。国としての学芸員資格制度をもたない英国で、多くの教師出身の学芸員や関連機関職員が活躍してきたのは決して偶然ではないだろう。資料をわかりやすく魅力的に示し、利用者の顕在的・潜在的なニーズを探って未知の世界に引きこむ学習支援者として、教師と学芸員は本質的に似通った専門性をもつ。

しかし一方で、学芸員ならではの「難しさ」がある。

第1に、「教育」の対象が特定されないことである。乳幼児から高齢者まで、学校などの組織的な見学から「一見さん」の観光客まで、すべてが対象となりうる。

第2に、「教育」の内容が定まっていないことである。特に日本の初等・中等教育では学習指導要領を教育内容の基準としている。幼稚園の教育要領もある。学校の「教科」や「単元」の考え方に比べ、博物館の専門分野や事業のテーマは幅広く、輪郭がわかりづらい。

第3に、「教育」の方法である。博物館は、資料そのものから知の体系を組み立てる。言語による説明に慣れている来館者は定型のメッセージやストーリーが与えられることを求め、資料を自分で「見る」行為をもどかしく感じる場合がある。

第4に、おそらく一番やっかいであるが、生涯学習行政が教育法の体系を超越した仕組みをもつ問題がある。1980年代以降、生涯学習政策において他の行政分野や民間事業者などとの連携が推奨されたが、事業の系統・領域や予算、人員などの法的根拠は十分でない。公立館では設置者やときの首長に一任される部分が大きく、事業の組織化や発展・継続が不明確となりやすい。

2.2 学芸員に求められる専門性

教師の専門性に比べての学芸員の「難しさ」は、オルタナティブな学習支援として、むしろ「強み」となりうる。2007(平成19)年に示された「新しい時代の博物館の在り方について」において、学芸員に求められる専門性は以下の四つとされた。

○ 資料及びその専門分野に必要な知識及び研究能力

○ 資料に関する収集・保管・展示等の実践技術

○ 高いコミュニケーション能力を有し教育活動等を展開できる能力

○ 一連の博物館活動を運営管理できる能力

この4項目を教師の専門性と照らすと、以下のようにまとめられる。

(1)資料や専門分野を熟知し、研究できる力

いわばゼネラリストである教員に比べ、それぞれの資料や専門分野について高い識見をもち、研究者としての資質をもつ。学位をもち、学会などで活躍する学芸員は少なくない。一次資料を直接扱うことによる(“object-based”の)知の創成の現場にいる。

(2)資料の扱いを知り、展示できる力

学芸員は、実物や複製、映像などを含めた資料の扱いや価値を理解し、「見せる」プロフェッショナルである。資料を媒介として展示を構成できる。時には専門分野(学校での教科)の枠組みを超えた学際的な知の体系を構築することができる。

(3)高いコミュニケーション能力をもち、教育活動を展開できる力

学年、学級のように特定の層だけでなく、子どもから学生、高齢者、観光客、講座参加者などのさまざまな来館者に対応した教育普及事業を展開できる。一般的な発達の特性や効果的な教育方法、調達可能な資料や人材などを熟知し、地域や館の実情に合わせた事業を展開できる。教育委員会や行政関係機関、資料所有者、専門家、専門業者、ボランティアなどとも協同できるコミュニケーション能力が求められる。

(4)博物館を運営管理できる力

学級の人数や教育課程などが細かく定められた学校運営と異なり、博物館運営は関係者の認識や力量によって大きく左右される。学芸員は、教育活動方針や予算の策定・実施に責任をもち、行政職やビジネス・パーソンとしての能力が求められる。公立館の学芸員は、教育委員会や首長部局などの専門的職員として位置づけられる。行政のラインの中で、館内外の協力関係を築きながら教育事業を展開できる力量が求められる。

3. 学芸員に求められるスキル—学校教師との協同に向けて—

3.1 学校および教育の制度と内容を理解する

学芸員と学校教師が、互いの専門性を活かして学習を支援するために、学芸員は学校や教育の仕組みを理解する必要がある。児童生徒による利用を、放課後や休日の学校外の利用も含めて活性化させるために、地域の学校の行事などの年間計画や児童館などの福祉施設の状況、可能であれば子どもの様子、予算繰りを把握しておくとよい。

特に学校・学級単位の利用では適切な教育プログラムを提示できるよう、学習指導要領・教育要領を理解しておくことが望ましい。2011(平成23)年に全面実施された小学校の指導要領で、たとえば「社会」では「博物館や郷土資料館等の施設の活用を図るとともに、身近な地域及び国土の遺跡や文化財などの観察や調査を取り入れるようにすること」とある。「理

科」は科学学習センター、「図画工作(鑑賞)」は地域の美術館の利用と連携が記されている。特色あるテーマが組まれ、校外学習が実施されやすい「総合的な学習の時間」では、「地域の教材や学習環境の積極的な活用」のために博物館などとの連携が掲げられている。

3.2 子どもの発達・学習方法を理解する

特に教育担当者は、具体的に利用時のテーマ、教育方法を学校教員と相談できる力量が必要である。子どもの発達特性や教育課程に合わせたプログラムと、可能であれば授業の目的に合わせた教材や学習指導案が提示できると、学校教師の理解と信頼を得られやすい。また、教師は一人ひとりの子どもの状況を知り、話し方や指示に卓越しており、プログラムの実施時は教師の協力も得られるとよい。

しかし、学校の授業の単なる延長でなく、資料を媒介とした未知の世界との出会いを大切にするプログラムも、本来は重要である。平塚市博物館館長を務めた浜口哲一(1947-2010)は、頻繁に訪れる「放課後博物館」と、その対となる「遠足博物館」のモデルを示した。前者が日常的なつながりを重視するとすれば、後者は珍しい資料やその土地ならではの情報を得られ、非日常的な体験ができる場所である。「放課後博物館」モデルの学校との連携は望ましいが、日程や予算などの制約から「遠足博物館」とならざるをえない実情もある。子どもがわくわくできる非日常的な世界を「見せる」ことが、教育担当者の力量であろう。

3.3 社会教育の内容・方法を提示できる

博物館職員は、学校と教科に準じた学習内容・方法とは別の、社会教育のアプローチを示すことも求められる。教師が学校教育のプロフェッショナルであるとすれば、学芸員や教育担当者は社会教育・生涯学習の分野のエキスパートである。いわば文字文化に基づき固定化された「学校知」のシークエンスを、学際的でオルタナティブな世界に導く専門家である。さらに言えば、現代社会や生活の課題や「インクルージョン(包摂)」の視点を反映させる必要がある。

たとえば博物館には、資料貸出や特定のターゲットに向けたイベントなどのアウトリーチ活動がある。居住地や時間などの物理的な制約で単に「来られない」のではなく、生活・経済面の問題、民族・文化的なマイノリティ、障害やジェンダーなどの何らかのバリアから「来ない・関心がない」人々に対するアプローチが必要である。

展示や解説などのあらゆる博物館活動において、特に国公立館は存在そのものが政治的・文化的に「公」という権威を与えられていることを自覚する必要があろう。博物館以上に学校は「公」の施設で、その教育内容・活動は一般に「正しい」と見なされる。しかし博物館は、単に来館者や児童生徒の「学校知」を補強し、「正しい」文化に埋め込もうとしてはならない。博物館に「来ない・関心がない」層の文化も含め、多様な文化や表現を柔軟に受け入れる姿勢を、学校教師にも共有してもらうことが重要である。

「展示解説者と来館者(1920年)」
写真提供:The Natural History Museum, London
ロンドンの大英自然史博物館では、1912年より専門の解説者(lecturer)が置かれた。大量の陳列ケースが並ぶ非日常的な「知の海」を見せる案内人(ガイド)である。

参考文献

● Hooper-Greenhill,E., (1991), *Museum and Gallery Education,* London: Leicester University Press
● 浜口哲一 (2000)『放課後博物館へようこそ──地域と市民を結ぶ博物館──』地人書館

9-3

これからの博物館教育

布谷 知夫

1. これからの博物館

日本の博物館の議論の中では、将来像やあるべき姿を正面から扱ったものは意外と少ない。そしてそういう中で博物館の教育活動についても、事例紹介は多いが、将来像に言及したものはごく少ない。たとえば博物館のあるべき姿を総合的に示した数少ない例としては伊藤寿郎(1947-1991)の「地域博物館論　現代博物館の課題と展望」があげられる。だが、その中でチェックリストにしてあげられている第三世代の博物館の活動内容においては、「公開・教育」の「教育事業」では、「継続的な事業中心。ワークショップ」、担当者では「教育事業担当者(ミュージアム・エデュケイター)の存在」、講演会では「問題提起を中心とするシンポジウムと記録の出版」などであり、友の会では「一定期間を経たら自主グループへの自立を促す」とされているだけであり、博物館教育のあるべき姿としては、現代の状況からみるとやや弱いように思われる。

伊藤の議論からすでに25年が経過しており、これからの博物館教育を考える前提として、博物館像をある程度は明確にしておくことが前提となるだろう。それは簡単に論じることができる問題ではなく、またその内容についてはまだ共通認識といえるような議論はされていない。しかし伊藤がまだ日本には存在しないと述べた第三世代の博物館の内容は、個別に見ていくとかなり実現されてきている。逆に参加型というスタイルの内容が曖昧になってきているように感じる。

これからの博物館の基本的な姿は、博物館の事業をすべて総合的に関連させながら行い、特にそのどの事業においても利用者が参加できる余地があり、その意見を聞いて事業方針、運営方針にも変更が可能というような姿勢をもった博物館ではないかと考える。そして伊藤の定義する参加型に加えて、地域社会との関係をどのようにするのか、ということが大きな課題となるだろう。これまでの博物館像は基本的に博物館の場に人を集め、博物館そのものの資源を活用してもらうことだけを考えてきた。これからの博物館では、蓄積してきた情報や研究成果を地域の人々のもとに届け、活用してもらうことの比重が高まるであろう。これからは、地域で活動する住民団体などとのつながりを深めて、地域全体の大きなネットワークのようなものを作っていき、その中心になって全体に目配りができるような博物館の姿が考えられる。そしてこのときに博物館の教育機能のあり方が課題となる。

近年の博物館の議論では、博物館の教育活動について話題になることが多い。博物館の活動に参加して、日常的に利用している利用者を除いて、一般的な博物館利用者は、まず博物館のもつ情報とその利用の具体化である教育機能を活用する。つまり博物館がうまく利用され、地域社会の中である影響力をもつためには、博物館の基本的な事業が十分におこなわれており、その成果を教育活動として発信していくことが重要になる。そういう意味で、博物館の資料や研究などの活動を背景にしながらの教育活動は外部に発信する非常に重要な活動といえる。

2. 博物館で経験することができる学び

博物館利用者が経験できる学びは、単に知識を得ることではない。むしろ学ぶ楽しさを経験し、継続的な学びの機会を得ることこそが、博物館ならではの学習活動であろう。博物館でおこなわれる教育は、展示室で来館者に対しておこなう教育と、博物館がおこなう事業の中でおこなうものとがある。

展示室は、伝統的に教育の場、知識を伝える場と考えられてきた。パネルやキャプションを少しでも多くし、一つでも覚えて帰ってほしいという学芸員の気持ちが現れている。しかし一方で学芸員は、展示が意図したようには見られておらず、またパネルを読んでいる人はごく少数であることもすでに気がついている。展示室の中での主体は来館者自身であり、展示の楽しみ方は来館者自身が決めているのである。多くの人は展示を見ながら、自分が関心のあること、記憶の中に何かかかわりがあることに注目する。来館者自身の個人史や経験、知識に対して、それに付け加わる情報となる展示が、選んで注視される。したがってある個人にとって気に入った展示コーナーや展示物が、博物館の展示室の中で数か所、場合によっては1か所だけでもあれば、いい展示と感じられることになる。

たとえば古い民家を再現した展示は、ある時代の暮らしの様子を知ってもらう展示として作られる。実物を目の前にしながら、民家の暮らしについて学ぶことができる。その民家を見た来館者は、自分がそういう民家に住んでいたときのことや田舎に行ったときのことを思い出し、そのときの家族との会話や出来事などを回想し、その当時を思い出しながら、現在の自分や暮らしについて振り返ることができる。博物館の展示室は自分自身について考える場なのである。そしてそのような経験を通して自分が暮らす地域や地域の暮らしに対しても関心を深め、機会があれば、それを調べてみようと考えるであろう。博物館の展示を通して、人は情報を得るとともに、自分自身について考え、自主的な学びに向かう。

一方で展示を見る以上に、博物館がおこなう事業に参加するという、より積極的な学習がある。博物館はあらゆる人を受け入れる場である。同時に関心をもった人が選択的に選んで訪れ、あるいは博物館が企画する事業である観察会や展示会、講演会などに参加する。そのようにして博物館という場と触れ合うことで、何らかの分野のテーマや場合によっては対応してくれた学芸員に関心をもって、継続して博物館を利用するようになる。そしてやがて学びを続けることが自分自身にとっての喜びであり、目的となる。これが強制されておこなわれる学習との大きな違いである。

たとえば神奈川県立博物館(当時)が『神奈川県植物誌(1988)』を編集発行した例は、その典型的な例といえる。この場合には、博物館が希望者を一般募集し、そのメンバーで植物の分類の勉強会を繰り返した。また実際に現場の採集会をして実地での勉強をし、難しい分類群の場合にはその専門家を呼んで講義をしてもらった。そして県内を108の区域に区分して区分地ごとに担当グループを決め、結果としてこれまで例がないよう

神奈川県植物誌　1988年

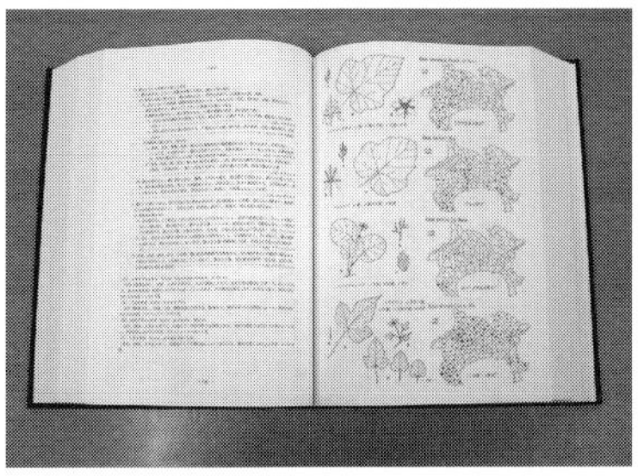

神奈川県植物誌　1988年の中の1ページ

図1　琵琶湖博物館フィールドレポーター募集のチラシ

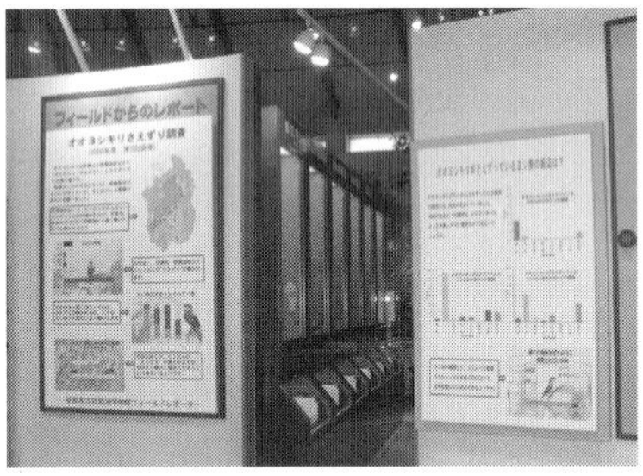
図2　琵琶湖博物館の展示室内にあるフィールドレポーターの調査結果展示コーナー

な県内の108区分のどこにあったかがわかり、典型的な分布環境も明記した植物誌を10年間かけて完成した。

これほど大規模な例は少ないが、まったくの素人が博物館と一緒に活動する中で興味のある分野を見つけ、アマチュアの専門家になっていく。ひいては自分の楽しみであり、人生の新しい目的を手に入れるというような例は、全国各地の博物館で見られる。琵琶湖博物館でもフィールドレポーターという一般募集したグループ(図1)で、メンバーの世話役が年に2種類ほどの調査内容を決めて、調査方法や何がわかるかなどを会員に伝え、全県の一斉調査をして、皆で集まったデータを解析する、というような活動をしている。その成果はニュースレターにして公表するとともに、展示室でフィールドレポーターの展示コーナーに展示される(図2)という公表の達成感も得ることができる。1回の調査では無理なこともあり、個別のテーマに関心をもったメンバーが翌年にはフィールドレポーターとは別にグループを作り、継続して調査を行う、などという例もある。フィールドレポーターから派生した研究会などもでき、博物館に来て議論をするのが楽しくて仕方がない、と言ってもらえるような人が増えてきている。

博物館には地域の情報、あらゆる分野の情報が集積されている。利用者はそのような情報や知識を目的にしたり、あるいはその博物館という場と環境を活用して自主的な活動をおこなうような人たちである。利用者が自分で選択して活動を始めるのであり、博物館の教育活動は、その個人の生きがいや自立にかかわるような部分にまで踏み込んだものとなる。

3. 博物館の学びを支えるスタッフ

日本の博物館では学芸員が博物館の教育活動のほぼすべてをおこなっており、学芸員以外のスタッフがいることはあまりない。しかし近年、博物館教育を専門にするスタッフを配置する例が増えつつある。それには、学校教員が博物館スタッフとして対応する場合、教育活動に関心の深い臨時的な職員が対応する場合、そして教育学の訓練を受けたエデュケイターが対応している場合とがある。

学校教員の場合には、以前から学芸員として数年ごとに交代で勤務するという形態をとってきた博物館は意外と多い。それに対して、博物館の教育活動担当の職員として、学校の教員が当てられる例が増えており、学芸員と協力して事業を行うことで成果をあげている。臨時的な博物館スタッフの場合には、どちらかというと子どもづれの家族向けのワークショップなどを任されて実施している場合が多い。非常に楽しいプログラムが作られており、博物館の新しい魅力を作り出しているが、もちろん継続性はなく、人材の使い捨てのように見えてしまう。

エデュケイターを常勤のスタッフとしている博物館はまだ少ないが、おそらく日本の博物館の中で、今後は人数も増え、その存在感を増していくだろう。エデュケイターを配置することで、すでに実績を上げているからである。エデュケイターは、博物館教育の専門家で、学芸員の知識を取り入れ、学芸員と相談しながら博物館の教育プログラムを作成するのが仕事である。学芸員が自分の専門知識と情熱だけで教育活動を行うのではなく、学芸員の力と博物館教育の専門家の両方の視点で博物館での教育活動を行うことで、利用者の成長につながる活動を行うことができるだろう。

4. 博物館の学びがもたらすもの

博物館でおこなわれる教育活動は、個人に対する情報と場の提供による個人の自主的な学習、そしてそういう個人をつなぎ合わせてネットワークを作り、グループを作り上げて自主的な活動に結び付けていくことがあげられるだろう。しかしそのような教育活動自体の目的としては何があげられるのだろうか。それは博物館という場が個人に対する教育活動を行うことによって、地域社会に対して影響を与えることだろうと考える。

博物館がおこなう教育活動は、個人やグループが地域に目を向けることにつながっていく。博物館の教育活動は、文字や本による教育から始まったとしても、必ず次には地域に出て,調査活動や地域の人へのヒアリングをおこなうことになるからである。自分で資料を集め、現場を自分で体験することによって、身につく学びが実現できる。自分が暮らしている地域を調査し、地域に目を向けることは、もっとも納得ができる調査内容となる。このように個人やグループが地域社会に目を向けると、その地域の中にある地域資源と呼ぶべき事柄、地域の素晴らしさに気がつき、その地域の良さをもっと伸ばそうとするようになる。そしてその良さを残そうと考えるであろう。博物館の教育活動は、地域の良さを伸ばし、新しい街づくりへとつながる力となるものである。そして自立した個人やそのグループが地域で活動することで、人のネットワークが生まれ、地域でのコミュニケーションを強め、自立した社会を形作っていくことにもつながっていく。博物館の教育活動は地域社会に働きかけていくものである。

フィールドレポーターの例会

フィールドレポーターの野外での調査

フィールドレポーター「ドングリ調べ」の発表会の際の展示

現代の成熟した社会は、これまでの人の暮らしとは根本的に異なった様相を帯びつつある。変わりなく継続する日常に対する漠然とした得体のしれない不安や、消費社会の中で具体的な目標がもてないこと、言葉にできない欲望などが、現代社会の特徴である。このような状態は地域社会のコミュニケーションを希薄なものとし、地域社会の荒廃の原因となってきている。不可解とも思えるような事件、犯罪の多発などもそういう現代社会を反映したものであろう。

こうした中で人が望むのは、自己表現であり、熱中できることを求め、集中して夢中になって何かをしたい、と考えるという。このような集中して夢中になれることは世の中にいろいろとあるだろうが、それは博物館が最も得意とする活動である。博物館が、その活動の情報を人に伝え、その使い方を情報発信し、外から見て敷居を下げる努力をすることで、その教育活動を多くの人に体験してもらうことができるようになるだろう。博物館が行う教育活動は単なる個人の学びではなく、その結果は安定した社会、自立した社会の確立にも役に立つのである。

参考文献

- 伊藤寿郎（1986）「地域博物館論──現代博物館の課題と展望──」長浜巧（編）『現代社会教育の課題と展望』明石書店　第6章
- 神奈川県植物誌調査委員会・神奈川県立博物館（1988）『神奈川県植物誌　1988』神奈川県立博物館　ぎょうせい
- 神奈川県植物誌調査会・神奈川県立生命の星・地球博物館（2001）『神奈川県植物誌 2001』神奈川県立生命の星・地球博物館　ぎょうせい

演　習

演習1

博物館教育実地調査

小笠原 喜康

調査の概要と目的

自分の興味ある博物館・美術館・動物園・水族館などの基本情報や展示や教育プログラムを調査しレポートにまとめる。調査は、二段階でおこなう。最初は、Web調査をおこなう。そしてそれに基づいて、次に実地調査をおこなう。

この調査の目的は、博物館・美術館等を客観的な目で調査・研究することで、展示の工夫や問題点、そしてどのような教育プログラムをおこなっているのかを理解し検討することにある。ただの来館者として訪ねるのとは少し違った目で博物館・美術館を見ることができる力を養ってもらいたい。

レポートの作成方法と提出の方法は、下記文献に準拠すること。

小笠原喜康(2009)『新版 大学生のためのレポート・論文術』講談社現代新書

課題1：Web調査

Web調査では、調べたい館・園の基本情報(利用方法、アクセスなど)や展示内容、教育プログラムなどを調べ、ワープロソフトで報告書を作成する。具体的に次の手順でおこなう。

① 博物館等のポータルサイトでの検索

下記のポータルサイトで、調査したい館・園を検索する。

◇ インターネット・ミュージアム(http://www.museum.or.jp/)

左図トップページの左側・上部にある「博物館・美術館 情報検索」にフリーワードを入れて検索する。「ミュージアムをさがす」の「(＞詳細な検索)」をクリックして、地域などを限定してさがしてもよい。

検索するとミュージアムのリストが表示される。その中にホームページのURLが表示されているので、それをクリックして調べたい博物館・美術館のホームページにいく。

※注意：リストにURLが表示されていない場合でも、その館・園の名前で一般の検索エンジンからの検索を試みること。

② 基本情報を調べる

ホームページに載っている次の情報をレポートする。

a. 館・園名・URL：館・園名と建物写真は、レポートの主題として表紙に記載してもよい。

b. 設立主体や趣旨：運営形態やミッション、設立年など。

c. 利用方法：休館日、料金、時間など。

d. アクセス方法：住所、交通手段、駐車場の有無など。

e. フロアマップ：HP上の図をコピーして貼り付ける。

③ 展示・収蔵品と教育プログラム

展示や収蔵品の利用も教育の一環であるので、これを含めた館・園の教育活動全般を調べる。

a. 主な展示と収蔵品：シンボル展示や特徴的な展示・収蔵品を調査。
b. 収蔵品の利用方法：収蔵資料の閲覧方法、アーカイブの有無とその利用法。
c. 企画展情報：その年度の企画展の内容・時期など。
d. 教育プログラム：館内と館外に分けて調べる。館内の講座やワークショップ、館外の出張授業プログラムなど。
e. 貸し出し教材：資料・実験装置などの貸し出し教材の有無とその方法。
f. ボランティア、友の会、ジュニア学芸員などの人的な活動制度。

課題2：実地調査

Web調査に基づいて実際にその館・園に行って調べ、レポートを作成する。その際、次の点を詳しく調査する。ただし来館者や館・園に迷惑をかけないように、細心の注意を払っておこなわなくてはならない。

a. 施設：バリヤフリーの状況、図書館等の調査研究施設、ミュージアム・ショップ、手洗い、休憩などの施設設備が充実しているかどうか。
b. 展示：パンフレットや説明などが外国人、視・聴・色覚障害者、幼児・お年寄りなど幅広い来館者への配慮ができているかどうか。案内板などはわかりやすいか。壊れている展示はないか。良い展示、問題のある展示それぞれを検討する。
c. 来館者：年長者、カップル、親子づれ、学校の児童・生徒が、どのような会話や行動をしているか。
d. 教育関係：説明パンフレット、ワークシート・ブック、ハンズ・オンコーナー、はてなボックスなどの教材や、教育プログラムの実施状況はどうか。

◇ 学芸員などにインタビューする場合

単なる来館者として観察調査する場合は問題ないが、撮影禁止の場所で写真を撮ったり、学芸員などの職員にお話を聞く必要がある場合は、調査館・園に相談の上、右のような文書を作成し、指導教員等の印をもらって提出しなくてはならない。

こうした文書なく単なる来館者として観察調査する場合でも、他の来館者の迷惑にならないように、十分注意しなくてはならない。

期　日

○○○館長
△△△ 殿

◇◇◇大学・・学部
教授　×××× 印

貴館の訪問調査について（お願い）

拝啓
　貴職におかれましては、貴館の運営ならびに 社会への貢献につき、日々ご努力なさっていらっしゃるものと拝察申し上げます。
　さて本学では、授業において博物館における展示や教育プログラムにつき、学生による実地調査・研究を課題としております。つきましては、下記の要領で貴館の訪問調査をさせていただきたいと存じますので、なにとぞご高配くださいますようお願い申し上げます。　敬具

記

1. 調査期日：○○年○○月○日
2. 調査学生：学生番号　氏名　電話番号
3. 調査内容：・・・・・
・・・・・・
4. 調査方法：観察と学芸員からの聞き取り
※方法に関しては、貴館の指示に従います。

以上

演習2

教育プログラムの作成

小島 道裕

館の性格を知る

はい、みなさんこんにちは。ではこれから、どんなふうに教育プログラムをつくったらよいか、一緒に考えてみましょう。

教育プログラムは、当然それぞれの館の目的に沿ったものでなければなりません。歴史系、美術系、自然系など、館種はいくつもありますが、今回は歴史系の博物館に来ていただきました。他の館がよかった方は、ちょっとがまんしてくださいね。

まず館の特色や理念を理解していただかないといけないので、講義を受けてもらいますが、歴史系については、本書では第5章でコジマさんという人が書いていますから、わかりにくいですが読んでおいてください。

館の性格を理解したら、次は館内を見学しましょう。一般のお客様が入れない所にも行きますから、どんな人がどんな仕事をしているか、よく見てください。こういうのもプログラム作りの参考になりますよ。

展示の意図を知る

展示担当者の解説を聞く

館内の様子がわかったところで、展示担当者に解説をしてもらいます。それぞれのコーナーの担当者に来てもらっていますから、一緒についていってください。

……いかがでしたか？　面白いでしょう。だいたい、展示を作った人のギャラリートークというのは、まず例外なく評判がいいです。「何かよそよそしかった展示が急に身近なものに思えるようになりました」——そうそう、そういう感覚が大事なんです。それをぜひ、お客様にも感じてもらえるようなプログラムを作りたいですね。

来館者の行動を知る

でもまだプログラム作りには入りません。次は、展示室で立っていてもらいます。フロアスタッフのみなさんにご挨拶しましょう。よろしくお願いします。では、スタッフのまねをして、立っていてください。お客様がどんな風に展示をご覧になっているか、よく観察させていただきましょう。といっても、ジロジロ見ているだけとか、追いかけたりするのはだめです。お客様から見ればフロアスタッフの一員ですから、「何かあればお手伝いします」という、お客様支援のつもりで立つんですよ。わからないことは、いいかげんに答えないで、すぐスタッフに聞いてください。

展示室での考案

……お帰りなさい。疲れたでしょう。立っているのも、なかなかつらい労働ですね。で、お客様はどんな様子でしたか？　あはは、なかなか作った側が思ったようには、ご覧になってないですよね。

「さっきの学芸員の先生の話をちゃんと理解させなくては」——いえいえ、いいじゃないですか、それはそれで。お友達とおしゃべりして帰っただけでも、楽しい思い出です。でも、せっかくなら展示を話題にしてほしいですよね。来館者同士の会話が弾むプログラム、なんてすてきだと思いますよ。

「生徒さんが一生懸命解説を写していました」―― それはあまり感心しませんねえ。図書館じゃないんですから、解説じゃなくて、資料から何かを読み取ってほしいですね。

「年配のお客様が昔のことを思い出して話しかけてこられました」―― そういう話は、ぜひ聞いてください。昔のことを回想できただけで、そのお客様には意味があるんです。展示の内容を理解させよう、なんて力まなくていいですよ。それに、現代史や民俗学にとっては、昔の記憶はとても重要ですから、むしろこちらから教えていただくプログラムがあってもいいわけです。

「知識を自慢している子どもがいました」―― 来なさい来なさい！　博物館は、ある意味オタクの世界ですからね。でもただの知識じゃなくて、資料をとことん見ないとわからないような、おもいきり難しい問題を作ってあげましょうよ。

プログラムの作成

さて、ではいよいよプログラムを作っていただきます。まず、グループに分かれてもらいます。一人で作るより、何人かで知恵を出し合い、議論しながら作る方が、いろいろな見方が出てきて面白いですよ。実際の現場でもチームワークが必要で、ひとりよがりにならないように、展示の担当者などと十分コミュニケーションをとりながら作らなければなりません。

今回の条件は、常設展示を使うこと、とします。既存の展示を、プログラムを介在させることで、どのように活かしていくことができるかを考えてください。

制作に当たって一番気をつけることは、対象をどのように設定するか、です。子ども向けなのか、成人向けなのか、子ども向けにしても、学校で来た場合か、家族と来た場合か、というふうに、いろいろな場合が想定できます。それを明確にした上で、展示のどの部分、あるいはどんなテーマをプログラムの対象にするかを考えてみてください。

実際に来館者が使うものを班ごとに制作して、明日の午後に発表してもらいます。

文房具などの材料はそれぞれの机に置いておきます。参考になりそうな事例も置いておきますから、適宜見てください。

ツールの制作

学習プログラムの開発　企画シート

○ テーマ

○ 対象とする利用者（年齢、家族・学校団体の別、など）

○ プログラムの意図

○ プログラム実施の手順
（実際にどのように用いるか、予想される行動、など）

○ 設問・デザインの工夫

<制作メンバー>　第　班

年　月　日

プログラム制作の企画シート例

プログラムの検証

……では、各班の発表をお願いします。

今日は職員の方にも何人か来ていただいていますから、発表を聞いて批評してもらいましょう。

このプログラムは、何歳くらいが対象ですか？　子ども向けはいいとして、年齢はある程度想定しておかないと。歴史を勉強し始めるのは小学校6年生からですから、それ以前の子は歴史の知識がないので、「平安時代の」といった言い方はだめです。

それと、発達段階としても、抽象的な過去を認識できるようになるの

プログラム発表会

は、だいたい10歳、4年生くらいからとされていますから、それ以下の年齢を対象にするなら、そもそも歴史的な思考を求める方が無理です。「さがしてみよう」といった、もう少し単純なものにした方がいいですね。

これは、実際のところ、どうやって使うんですか？　どこで配るのか、道具はどうしてだれがどうサポートするのか、といったシチュエーションも考えないと、実用的ではないです。

それからスケッチ問題は、資料をじっくり見ることをうながすので、重要な方法ですが、あまりやらせると、絵の苦手な子は苦痛になってしまいます。一部だけ埋めるようにするとか、少し負担を減らした方がいいですね。

これは三択問題ですね。ねらいは悪くないんですが、選択問題はボケるのが難しいです。これでは、こっちも間違いとは言えない、というのが出てしまいますね。

そもそも歴史の正解は一つではないですし、資料のもつ意味は大変多様ですから、よほど考えて作らないと、特定の理解を押し付けることになってしまいます。展示担当者の話が面白かったといっても、それは一つの側面の一つの理解に過ぎないので、それだけを教え込むようになると、かえって危険です。

これは、歴史の知識を前提にして、正解を求める出題になっていますね。これだと、学校で勉強した知識をためすだけの試験問題のようなものになってしまいますから、博物館としてはおすすめしたくない内容です。そうではなくて、資料を見ることで何か発見していくことをうながすようなプログラムにしたいですね。

これはイラストが入っていてわかりやすいですね。ただ、当時の衣服はこんな風じゃないですよ。今回は仕方ないですが、博物館は情報の正確さが命ですから、プログラムを作る側は、まず中身をちゃんと理解していないとだめです。自分が専門家でないなら、専門家である展示担当者に十分監修してもらう必要があります。

これは、少し時間がかかりすぎませんか？　途中で投げ出してしまいますよ。以前おこなった調査では、プログラムをした場合としなかった場合では、滞在時間にあまり差がでません。普通のお客様は、展示を見に来ているのであって、プログラムをやりに来ているわけではありませんから、そこは誤解しないように。プログラムだけをやるイベントでない限り、あくまでもお客様の観覧を支援するツール、ということです。

これは……館の外にある史跡公園と、館内の展示を両方見て、はじめて答えが出るようにしたわけですね？　館の外ももちろん重要な資源ですし、むしろ実際の歴史は展示室の中にはないわけですから、何にしても現地と展示を結んで考えるのはよいことです。

でもこれでは歩く量がハードすぎて、ちょっと疲れてしまいそうですね。たまたま班のメンバーがみんな体育会系だった？　なるほど。

何ですかこれは？　ただの白紙って、どういう意味？　「自分で展示解説を作る、究極の自由に見るプログラム」ですって？　それはそうですが、もう少し「とりつく島」を作らないと。それに、資料の意味がわかっている大人ならまだしも、歴史の知識のない子どもでは、まず展示されている資料が何なのかを理解するところから始めないといけないですからね。むしろ、先生の研修のような場で使うと有効かもしれません。
……さて、だいぶ時間も過ぎましたので、コメントはこのくらいにしておきましょう。

プログラムの改善

ただ、実際にプログラムを運用するには、まだまだいろいろな手続きが必要になります。

ここで批評してもらったことは、展示を見せる側の立場、専門家としての評価ですから、実際に使う立場からの評価は当然別です。お互いにプログラムを交換して、実際にやってみて意見を交換する、という検証方法もありますが、一番いいのは、もちろん対象に想定した層の方々にモニターになっていただくことです。

子ども向けなら子どもにやってもらうと、必ず気がつかなかった問題点が出てきますし、学校向けならまず先生とよく相談して、生徒さんの見学で実際に使っていただくことが必要です。そのために、博物館の活動に対して意見を言ってもらえるアドバイザーの組織を活用したいところです。

また、事前のモニターだけではなく、プログラムを始めてからも、アンケートを実施したり、様子をうかがったりして、利用者サイドからの反応を見ながら改善していくことが重要です。

展示室を利用したプログラムだと、対象の資料がどこにあるかがわかりにくいので、フロアスタッフにも協力してもらわないといけませんし、利用者の様子も教えてもらえます。こういうところでも、情報の共有やチームワークが大事ですね。教育プログラム作りは、担当者ひとりの仕事ではないのです。

では、みなさんがお作りになったプログラムで楽しめる日を期待しています！

（本節は、国立歴史民俗博物館でこれまでに行った、学生向けの博物館実習、総合研究大学院大学の集中講義、博物館職員向けの研修、などの経験を元に構成した。実際は、最短一日から一週間余りまで、期間に応じてカリキュラムを作っている。）

参考文献

●小島道裕（2003）「ワークシートによる家族向け教育プログラム──『れきはく親子クイズ』の実施結果から──」『国立歴史民俗博物館研究報告』108：353-378
●小島道裕（2005）「博物館教育員実習の試行」『国立歴史民俗博物館研究報告』121：423-432

編著者

氏名・所属	執筆項目	プロフィール
小笠原　喜康 (おがさわら　ひろやす) 日本大学文理学部教授	第1章1-2-2、 第2章、演習1	在外研究でアメリカにいる時、ボストンなどの子ども博物館を見学して、帰国後Children's Museum研究会を立ち上げる。なんでも自分で確かめないとダメで、授業でお勉強するのが苦手なタイプ。小学校から高校まで理科室にこもってばかり。この辺りが、博物館に踏み込む遠因。『博物館の学びをつくりだす』(ぎょうせい)他
並木　美砂子 (なみき　みさこ) 千葉市動物公園飼育課主査	第3章	1984年千葉大学大学院教育学研究科(教育心理学専攻)修了後、同年より千葉市動物公園に勤務している。お茶の水女子大学人間文化研究科において、動物展示を仲立ちとしたコミュニケーションについて研究する。著書に『動物園における親子コミュニケーション』(風間書房)など。博士(学術)。
矢島　國雄 (やじま　くにお) 明治大学文学部教授	第5章5-3-2、 5-4-2	明治大学大学院文学研究科史学専攻修士課程修了。1878年、明治大学文学部専任助手となり、以来、博物館学研究に従事。現在、明治大学文学部教授。博物館学、特に博物館の社会史的研究に取り組んでいる。主著に『新編 博物館学』(共著、東京堂出版)、『博物館学事典』(共編・東京堂出版)、『博物館学人物史(上下)』(共編・雄山閣出版)など。全日本博物館学会会長。

著者

氏名・所属	執筆項目	プロフィール
赤見　理恵 (あかみ　りえ) 〔財〕日本モンキーセンター学芸員	第9章9-1-4	2000年東京大学大学院総合文化研究科卒業(修士(学術)・学芸員資格取得)。2005年より財団法人日本モンキーセンター学芸員。2008年より至学館大学非常勤講師を兼務し、博物館学を教える。
生田　美秋 (いくた　よしあき) 世田谷文学館学芸部長	第5章5-2-2、 5-2-3	新聞社、出版社を経て同館勤務。「谷川俊太郎　絵本の仕事展」など13回の企画展を担当。主な著書に『東京美術館への散歩道』(全3巻、東京新聞出版局、分担執筆)、『別冊太陽　365日、まいにち絵本！』(平凡社、監修、執筆など)。
石川　宏之 (いしかわ　ひろゆき) 八戸工業大学工学部講師	第5章5-6-3	1993年明治大学理工学部建築学科卒業。横浜国立大学大学院工学研究科博士課程計画建設学専攻修了。日本学術振興会特別研究員、英国国立レスター大学客員研究員、川崎市総合企画局専門調査員を経て、2005年より現職。博士(工学)。著書に『エリアマネジメント』(学芸出版社)、『環境キーワード事典』(第一法規)(以上、共著・分担)など。
稲庭　彩和子 (いなにわ　さわこ) 東京都美術館学芸員 アート・コミュニケーション担当係長	第5章5-2-1、 第9章9-1-3	青山学院大学大学院修士修了(美術史)、ロンドン大学大学院修士課程修了(美術館学)。東京国立博物館に非常勤勤務の後、神奈川県の助成を得て大英博物館教育部にて職業研修。2003年より神奈川県立近代美術館に勤務し教育普及事業を中心に担当、2011年より現職。
内海　美由紀 (うちうみ　みゆき) 日本大学大学院博士後期課程	第7章7-3	茨城県自然博物館でジュニア学芸員第一期生になって以来、博物館教育に強い関心をもつ。現在は大学院で研究をしながらフィールドワークをしたり、研究会でワークショップの企画や運営をしている。

氏名・所属	執筆項目	プロフィール
大即　洋子 （おおつき　ようこ） 清和大学法学部専任講師	第5章5-6-2	東京農工大学大学院工学教育部電子情報工学専攻博士後期課程修了。博士（工学）。情報処理学会代表委員、情報処理学会論文誌編集委員会委員等を歴任。現在の所属大学では、情報系科目および教職課程科目等を担当。
小野　和 （おの　かず） 東京成徳大学子ども学部教授	第4章4-5	造形的な視点からの体験的な学びに関心をもち、子育て支援の一環として、親子による造形ワークショップ「わくわく造形ひろば」等を企画・実施している。著書に『博物館の学びをつくりだす』（共著、ぎょうせい）、『すべての感覚を駆使してわかる乳幼児の造形表現』（共編著、保育出版社）など。
木下　周一 （きのした　しゅういち） コミュニケーションデザイン代表	第4章4-1、4-2、4-3	販売促進、広報、エディトリアルのデザインを経て、博物館の解説計画やサイン計画とそのデザインを中心に活動。博物館のワークショップやコミュニケーションツール・教育ツールの開発にも力を入れている。著書に、『ミュージアムの学びをデザインする』（ぎょうせい）、共著に『博物館の学びをつくりだす』（ぎょうせい）、『展示論』（雄山閣）など。
小島　道裕 （こじま　みちひろ） 国立歴史民俗博物館教授	第5章5-1-1、第9章9-1-1、演習2	1989年から現任館で中世史を担当。総合研究大学院大学日本歴史研究専攻で「歴史展示研究B」「集中講義：博物館とはなんだろう」を担当。博士（文学）。
五月女　賢司 （さおとめ　けんじ） 吹田市立博物館学芸員 国立民族学博物館外来研究員	第5章5-1-2	ザンビア、英国、セントクリストファー・ネーヴィス、千葉の博物館を経て、2011年3月まで国立民族学博物館機関研究員。現在、吹田市立博物館学芸員・国立民族学博物館外来研究員。ロンドン大学大学院教育学研究所よりMA取得。
佐藤　晴雄 （さとう　はるお） 日本大学文理学部教授	第7章7-1	複数の大学で学芸員課程の「生涯学習概論」を担当。学生時代に、上野動物園と科学技術館で博物館実習。単著に、『生涯学習概論』（学陽書房）、『生涯学習と社会教育のゆくえ』（成文堂）ほか。
佐藤　優香 （さとう　ゆうか） 国立歴史民俗博物館助教	第1章1-1-1	博士（教育学）。博物館におけるコミュニケーションについて、歴史と実践の二つの手法で研究。博物館の貸出教材やワークシートの開発、表現と鑑賞を循環させた学びの場のデザインなどを手がける。代表的なものに、国立民族学博物館の民族学学習キット「みんぱっく」、ワークショップ「ふでばこてんらん会」などがある。
柴山　英樹 （しばやま　ひでき） 聖徳大学児童学部准教授	第1章1-1-2-d	博士（教育学）。シュタイナーの教育思想を手がかりに、芸術活動を通した認識のあり方について研究してきたが、問題意識の先に見えたのが博物館教育。現在、視聴覚教育メディア論などの授業を担当し、博物館における学びの可能性を探っている。
島　絵里子 （しま　えりこ） 元国立科学博物館事業推進部 学習企画・調整課リエゾン担当	第9章9-1-2	北海道大学大学院農学研究科博士後期課程単位修得退学。北海道石狩翔陽高等学校非常勤講師（理科）、千葉県立中央博物館体験交流員を経て、国立科学博物館に勤務。現在マレーシア国立マラヤ大学大学院教育学研究科。著書に『素敵にサイエンス 先生編』（共著、近代科学社）、『授業で使える！博物館活用ガイド―博物館・動物園・水族館・植物園・科学館で科学的体験を―』（共著、少年写真新聞社）など。

氏名・所属	執筆項目	プロフィール
新　和宏 （しん　かずひろ） 千葉県立中央博物館 教育普及課長	第8章	専門は古生物学、博物館学（展示・教育論）。学芸員。千葉の県立博物館および国立博物館、県教育委員会において専門の研究をおこなうとともに、各種事業企画とその評価制度を構築。千葉県文化財救済ネットワーク事業のプロジェクトリーダー。日本科学協会奨励賞、JMMA日本ミュージアムマネージメント学会賞を受賞。
鈴木　みどり （すずき　みどり） 東京国立博物館博物館教育課 ボランティア室長	第1章1-1-2-c	マンチェスター大学大学院（英国）で博物館・美術館学MA修了。1999年より東京国立博物館の研究員。専門は博物館教育。幅広い層への教育普及事業の展開とともに、館内外への発信、人材育成にかかわる。近年、盲学校のためのスクールプログラムを立ち上げる。
染川　香澄 （そめかわ　かすみ） ハンズ・オン プランニング 代表	第5章5-6-1	楽しく学べるステキな博物館がたくさん増えることを願って、展示開発、展示評価、教育プログラム開発、教育事業企画、職員養成などをお手伝い。全国のさまざまな館種での博物館運営委員などを歴任。共編著に『ハンズ・オンは楽しい──見て、さわって、遊べるこどもの博物館』（工作舎）ほか。
臺　由子 （だい　よしこ） 日本大学理工学部主任	第1章1-1-2-e	明治大学文学部史学地理学科卒業。在野の研究者としてフランスの博物館史を研究。明治大学博物館学研究会会員。全日本博物館学会会員。
高田　浩二 （たかだ　こうじ） 海の中道海洋生態科学館館長	第5章5-5-2	1976年東海大学海洋学部卒業後、大分生態水族館、1988年海の中道海洋生態科学館入社。博士（学術）。日本動物園水族館教育研究会会長・福岡教育大学・福岡大学非常勤講師、九州産業大学非常勤教授。著書に『博物館をみんなの教室にするために』（高陵社書店）、『魚のつぶやき』（東海大学出版会）、『居酒屋の魚類学』（東海大学出版会）ほか多数。「水族館は教育産業」をめざしている。
田邊　玲奈 （たなべ　れな） 国立科学博物館職員	第5章5-4-1	科学館職員を経て、2003年より国立科学博物館職員となり、学習支援活動や常設展示等に関する仕事に携わっている。学芸員資格、教員免許状（小・中・高）有り。
長倉　かすみ （ながくら　かすみ） 〔財〕横浜市緑の協会動物園部 動物職	第5章5-5-1	1999年、神奈川県より助成を受け、欧州およそ80か所の動物園・水族館における教育活動を調査する。2000年より、よこはま動物園に勤務。動物飼育、教育普及担当を経て、2011年より野毛山動物園へ。既存の枠にとらわれないプログラム開発を積極的におこないながら、動物園の可能性を開拓している。
中山　京子 （なかやま　きょうこ） 帝京大学文学部准教授	第1章1-1-2-b	学術博士。国際理解教育・社会科教育を中心に、博物館と学校の連携における教材開発や教員研修を行ってきた。共著『学校と博物館でつくる国際理解教育』（明石書店）、編著『入門　グアム・チャモロの記憶』（明石書店）など。
梨本　加菜 （なしもと　かな） 鎌倉女子大学准教授	第1章1-1-2-a、 第9章9-2	教育学修士。旧姓・久保内。共著書は『博物館概論』（樹村房）、『視聴覚メディアと教育』（樹村房）、『生涯学習の基礎』（学文社）など。学芸員や学校教師の養成課程で博物館概論、教育学概論などの授業を担当。

氏名・所属	執筆項目	プロフィール
布谷　知夫 (ぬのたに　ともお) 三重県立博物館館長	第1章1-2-1、 第9章9-3	大阪市立自然史博物館、琵琶湖博物館で学芸員を勤めた後、現博物館を維持しながら新博物館の建設をおこなっている県立博物館の館長を勤めている。専門は博物館学、博士(文学)。
坂東　宏和 (ばんどう　ひろかず) ポトス株式会社主任研究員	第5章5-6-2	東京農工大学大学院工学研究科電子情報工学専攻博士後期課程修了。博士(工学)。大学講師を経て、現在は教育支援ソフトウェアの開発・研究に従事。非常勤講師として大学の情報系・メディア系の講義を担当。
船木　昭芳 (ふなき　あきよし) 茨城県つくば市立並木小学校長	第7章7-2	国立科学博物館に教育普及官として2000年から3年間勤務。ミュージアムパーク茨城県自然博物館に教育課長として2009年から2年間勤務。
星合　重男 (ほしあい　しげお) 元国立歴史民俗博物館 情報資料研究部研究支援推進員	第5章5-3-1	コニカ(株)時代の調査は、「企業博物館戦略の研究1(1994)」として、1998年から国立歴史民俗博物館勤務中の調査は「企業博物館戦略の研究2(2004)」として、Webにて公開中。現在は、企業博物館の指導援助と調査研究。
村井　良子 (むらい　よしこ) プランニング・ラボ代表取締役 (ミュージアム・コンサルタント)	第6章	新設施設の計画・設計、既存施設のリニューアルプランや改善計画・戦略計画の策定、利用者調査・マーケティング調査の計画・実施、エバリエーションを組み込んだ展示やプログラムの開発など、幅広い領域で文化施設の活動をサポート。また全国の博物館施設の各種委員、理事、研究員もつとめている。
山本　哲也 (やまもと　てつや) 新潟県立歴史博物館 専門研究員	第4章4-4	教育普及担当の学芸員。「縄文」をキーワードとする総合的学習を支援し、市町村を越えて博物館と学校をつなげる「火焔街道博学連携プロジェクト」を実践している。また、長岡造形大学で博物館学の授業の一部を担当。
湯原　徹 (ゆはら　とおる) 茨城県龍ヶ崎市立城ノ内中学校 教諭	第7章7-2	ミュージアムパーク茨城県自然博物館に、教育課主任学芸主事として2006年から5年間勤務。在勤中はボランティア担当として、ボランティア活動に支援にあたる。
横山　千晶 (よこやま　ちあき) 群馬県高崎市立西部小学校 教諭	第4章4-1、 4-2、4-3	群馬県埋蔵文化財調査事業団に調査研究員として5年間勤務。「イギリス考古学教育の旅」としてイギリスの博物館教育を調査。榛東村耳飾り館「子ども考古学クラブ」、かみつけの里博物館「古代再現劇・王の儀式」にスタッフとして参加。子ども向け、大人向けの歴史・考古系ワークショップを数多く実施する。共著に『博物館の学びをつくりだす』(ぎょうせい)、『群馬の古墳を歩く』(みやま文庫)など。

※所属は執筆当時

博物館教育論

新しい博物館教育を描きだす

2012年３月１日　初版発行
2024年７月20日　８版発行

編　者　小笠原 喜康・並木 美砂子・矢島 國雄

発行所　株式会社 ぎょうせい

〒136-8575　東京都江東区新木場1-18-11
URL：https://gyosei.jp

フリーコール　0120-953-431
ぎょうせい　お問い合わせ　検索　https://gyosei.jp/inquiry/

〈検印省略〉

印　刷　ぎょうせいデジタル株式会社

ISBN978-4-324-09246-0（5107723-00-000）　［略号］：博物館教育